Stephanie Gamm

Freizeitimmobilien und Stadtentwicklung in Hamburg

WIRTSCHAFTSWISSENSCHAFT

Stephanie Gamm

Freizeitimmobilien und Stadtentwicklung in Hamburg

Immobilien-Projektentwicklung, Veranstaltungsmanagement und Standortfaktoren

Dargestellt anhand der Entwicklung einer multifunktionalen Großveranstaltungshalle in der Freien und Hansestadt Hamburg

Mit einem Geleitwort von Prof. Dr. Jürgen Oßenbrügge

Deutscher Universitäts-Verlag

Bibliografische Information Der Deutschen Nationalbibliothek
Die Deutsche Nationalbibliothek verzeichnet diese Publikation in der Deutschen Nationalbibliografie; detaillierte bibliografische Daten sind im Internet über <http://dnb.d-nb.de> abrufbar.

Dissertation Universität Hamburg, 2006

1. Auflage September 2006

Lektorat: Ute Wrasmann / Anita Wilke

Der Deutsche Universitäts-Verlag ist ein Unternehmen von Springer Science+Business Media.
www.duv.de

Umschlaggestaltung: Regine Zimmer, Dipl.-Designerin, Frankfurt/Main
Druck und Buchbinder: Rosch-Buch, Scheßlitz
Gedruckt auf säurefreiem und chlorfrei gebleichtem Papier
Printed in Germany

ISBN-10 3-8350-0520-0
ISBN-13 978-3-8350-0520-4

Geleitwort

Obwohl sich die Wirtschaftsgeographie bereits lange und intensiv mit Standortfragen beschäftigt, ist die Immobilienbranche ein untererforschter Bereich. Dieses gilt gleichermaßen für Aspekte der Projektentwicklung und der komplexen Standortbewertung. Es ist das Verdienst der Dissertation von Frau Gamm, dass diese defizitäre Situation nicht nur in genereller Hinsicht verbessert, sondern durch die Wahl eines sehr interessanten Anwendungsfalls für die Untersuchung von Freizeitimmobilien ausgeglichen wird. Vor dem Hintergrund der neuen Rahmenbedingungen für die Freizeit und den Tourismus bietet die vorliegende Arbeit Konzepte und Lösungsvorschläge für die Projektentwicklung von Freizeitstandorten an und führt dabei Ansätze aus den Wissenschaften der Geographie und der Ökonomie zusammen.

Die Hauptteile der Schrift befassen sich mit Aspekten zur Immobilien-Projektentwicklung im Bereich des Veranstaltungsmanagements und der Bewertung von Standortfaktoren. Als Forschungsumfeld dient die Freie und Hansestadt Hamburg, die trotz ihrer Metropolfunktion in Norddeutschland erst seit dem Jahr 2002 eine Arena als Bestandteil ihrer Freizeitinfrastruktur aufweisen kann. Die Fallstudie thematisiert typische Konfliktpotenziale, die in der Projektentwicklung von Freizeitimmobilien durch konträre Zielvorstellungen häufig entstehen. So stehen auf der einen Seite die Rendite-Erwartungen der privaten Investoren und Anleger. Auf der anderen Seite artikulieren sich die Forderungen und Wünsche von öffentlichen und privaten Akteuren mit dem Ziel, gesamtstädtische Qualitäten zu fördern und eine ökologische Verträglichkeit zu garantieren. In diesem Kontext fügt sich die Arbeit ein. Die Verfasserin benennt strukturelle und situationsspezifische Probleme und diskutiert Lösungswege zur Aufhebung etwaiger Differenzen.

Das Thema ist gleichermaßen grundsätzlich wichtig und von hoher aktueller Relevanz. Aus wissenschaftlicher als auch praxisorientierter Sicht bietet die vorliegende Abhandlung neue Einsichten und liefert damit einen durch zahlreiche aktuelle Debattenbeiträge angereicherten und differenzierten Beitrag zur Wirtschaftsgeographie.

Prof. Dr. Jürgen Oßenbrügge

Vorwort

„So eine Arbeit wird eigentlich nie fertig. Man muss sie für fertig erklären, wenn man nach Zeit und Umständen das Möglichste getan hat."

(Johann Wolfgang von Goethe)

Die vorliegende Arbeit wurde im Januar 2006 vom Department für Geowissenschaften der Universität Hamburg als Dissertation angenommen. Sie entstand während meiner beruflichen Tätigkeit für ein Hamburger Unternehmen im Bereich der Immobilien-Projektentwicklung.

Meine gesammelten Erfahrungen in der Projektentwicklung im Bereich der Freizeitimmobilien veranlassten mich dazu, besondere Aspekte dieser speziellen Immobilienart näher zu beleuchten und zu hinterfragen. Dabei interessierten mich vor allem Fragestellungen im Zusammenhang mit der Hamburger Arena, denn wesentliche Planungsziele des Entwicklungskonzepts der Bietergemeinschaft sind bis heute nicht umgesetzt. So entstand meine Idee, eine Dissertation über multifunktionale Großveranstaltungshallen am besonderen Beispiel der Entwicklung der Hamburger Arena anzufertigen.

Mit diesen Überlegungen diskutierte ich im Herbst des Jahres 2002 mit meinem späteren Doktorvater, Prof. Dr. Jürgen Oßenbrügge, der zusammen mit Prof. Dr. Britta Klagge und Dr. Susanne Heeg das Begleitgutachten im Auftrag der Senatskanzlei der Freien und Hansestadt Hamburg „Metropole Hamburg – Wachsende Stadt" entwickelte. Die Frage nach der räumlichen Veränderung im Zusammenhang mit standorttheoretischen Problemstellungen in der Stadtentwicklung entsprach genau der Themenstellung, mit der ich mich auseinandersetzen wollte und von der ich hoffte, ihre Beantwortung könnte einen positiven Beitrag für die Praxis leisten.

Auch wenn eine Doktorarbeit eine vom Verfasser eigenständig erstellte wissenschaftliche Arbeit ist, tragen durch fachliche Diskussionen und motivierende Beiträge viele indirekt Beteiligte zum Entstehen eines solchen Projekts bei.

An erster Stelle möchte ich meinen Eltern, Horst und Karin Gamm, danken. Sie haben mich während meines gesamten Studiums der Betriebswirtschaftslehre an der Universität Hamburg stets bedingungslos in jeder nur erdenklichen Weise unterstützt. Ich konnte mir ihrer ehrlichen Meinung jederzeit sicher sein und auf ihre Ratschläge zählen. Meine Dissertation widme ich meinen Eltern.

Meinem Ehemann, Stephan A. Gamm, danke ich für seine grenzenlose Bereitschaft, sich geduldig und ungeachtet der Uhrzeit neue Aspekte für den Markt der Freizeitimmobilien und der Stadtentwicklung anzuhören und mit mir kritisch zu diskutieren.

Ganz besonderer Dank gebührt meinem Doktorvater, Prof. Dr. Jürgen Oßenbrügge, der mich in der Untersuchung des gewählten Forschungsgebiets stärkte und mit konstruktiven Anregungen zum Gelingen dieser Arbeit beigetragen hat. Seine ständige Diskussionsbereitschaft und das harmonische Arbeitsklima an seinem Lehrstuhl wirkten sich positiv auf mein Promotionsvorhaben aus. Die wissenschaftliche Arbeit im Rahmen meiner Promotion werde ich vor allem seinetwegen in sehr guter Erinnerung behalten.

Dr. Susanne Heeg danke ich für die Übernahme des Zweitgutachtens.

Mein verbundener Dank gebührt Dipl.-Ing. oec. Rainer Mehring für die Einbringung seiner bemerkenswerten analytischen und logischen Kompetenz, mit der er in unseren Gesprächen dazu beigetragen hat, dass ich viele meiner Ansätze nochmals hinterfragt habe und schließlich weiterentwickeln konnte.

Für wertvolle Anregungen und spannende Erörterungen möchte ich mich bei Dr. Frank Keebingate bedanken, der mich besonders auf Grund seiner wissenschaftlichen Erfahrung unterstützen konnte.

Zum Abschluss danke ich all jenen Gesprächspartnern aus Wirtschaft und Politik, die trotz ihrer engen Terminkalender die Gelegenheit zu ausführlichen Interviews und Gesprächen gaben und auf diese Weise den Brückenschlag zwischen Theorie und Praxis ermöglichten.

Stephanie Gamm

Inhaltsverzeichnis

Abkürzungsverzeichnis

€	Euro
Abb.	Abbildung
AbfallG	Abfallgesetz
Abs.	Absatz
Arch.Komm.wiss.	Archiv für Kommunalwissenschaften
AS	Alsterdorfer Sporthalle
Aufl.	Auflage
Ausg.	Ausgabe
B.A.T.	British American Tobacco
BauGB	Baugesetzbuch
BauNVO	Baunutzungsverordnung
Bd.	Band
BGF	Bruttogeschossfläche
BIP	Bruttoinlandsprodukt
BSP	Bruttosozialprodukt
bspw.	beispielsweise
bzw.	beziehungsweise
ca.	circa
CBD	Central Business District
CDCR	Cashflow Debt Coverage Ratio
D+J	Deuteron und Jokerit
DGfG	Deutsche Gesellschaft für Geographie
DIN	Deutsches Institut für Normung
DOG	Deutsche Olympische Gesellschaft
DTB	Deutscher Tennisbund
e. V.	eingetragener Verein
EKZ	Einkaufszentrum
EMR	Europäische Metropolregion
et al.	et alii (und andere [Autoren])
etc.	et cetera
EU	Europäische Union
f.	folgende
ff.	fortfolgende
FHH	Freie und Hansestadt Hamburg
GATT	General Agreement on Tariffs and Trade
GFZ	Geschossflächenzahl
ggf.	gegebenenfalls
GPI	Genuine Progress Indicator
GRZ	Grundflächenzahl
H.	Heft

HDI	Human Development Index
Hg.	herausgegeben von (mehreren [Autoren])
Hrsg.	Herausgeber
HVV	Hamburger Verkehrsverbund GmbH
IEWB	Index of Economic Well-Being
inkl.	inklusive
insg.	insgesamt
ISEW	Index of Sustainable Economic Welfare
IT	Informationstechnologie
IzR	Informationen zur Raumentwicklung
Jg.	Jahrgang
k. A.	keine Angabe
KWG	Kreditwesengesetz
LAGA	Länderarbeitsgemeinschaft Abfall
lt.	laut
max.	maximal
min.	minimal
Mio.	Millionen
MIV	motorisierter Individualverkehr
Mrd.	Milliarden
MwSt.	Mehrwertsteuer
No.	number
Nr.	Nummer
o. g.	oben genannte
o. O.	ohne Ortsangabe
o. S.	ohne Seitenangabe
o. V.	ohne Verfasser
ÖPNV	öffentlicher Personennahverkehr
p. a.	pro anno
PAK	polyzyklische aromatische Kohlenwasserstoffe
Pkw	Personenkraftwagen
PPP	Public Private Partnership
QM	Qualitätsmanagement
rd.	rund
REK	Regionales Entwicklungskonzept
ROIC	Return on Invested Capital
S.	Seite
S-Bahn	Straßenbahn
sog.	so genannte
Tab.	Tabelle
u. a.	und andere
U-Bahn	Untergrundbahn

UEC	Urban Entertainment Center
UmwR	Umweltrecht
UNO	United Nations Organization
USA	United States of America
USP	Unique Selling Proposition
usw.	und so weiter
uvm.	und viele(s) mehr
vgl.	vergleiche
VKF	Verkaufsfläche
VoFi	Vollständiger Finanzplan
Vol.	volume
WM	Weltmeisterschaft
WTO	World Trade Organization
z. B.	zum Beispiel
Z0 bis 2	Zuordnungen 0 bis 2

Abbildungsverzeichnis

Tabellenverzeichnis

1 Einleitung

Der internationale Städtewettbewerb, der mit einer nachhaltigen Veränderung von wirtschaftlichen und gesellschaftlichen Rahmenbedingungen einhergeht, zwingt die Städte, ihr Standortprofil zu schärfen. Vor diesem Hintergrund gewinnt die Freizeitinfrastruktur einer Stadt als weicher Standortfaktor und Imagekomponente an Gewicht. Insbesondere im Kontext städtebaulicher Entwicklungsplanungen wird der Freizeitimmobilie verstärkt Aufmerksamkeit geschenkt. In der Bundesrepublik Deutschland wurden in den letzten Jahren eine Reihe von publikumswirksamen Großveranstaltungshallen (Arenen) entwickelt, neu gebaut und modernisiert.[1] Bereits die Ankündigung solcher Entwicklungsvorhaben impliziert oftmals enthusiastische Reaktionen, die auf einer positiven Grundeinstellung der ansässigen Bevölkerung basieren.

Warum hat es in Hamburg trotzdem Jahrzehnte gedauert, bis die einwohnermäßig zweitgrößte Stadt Deutschlands eine Arena in ihrer Infrastruktur aufweisen konnte?

In den USA ist es schwierig, nahezu unmöglich, eine Großstadt zu finden, die keine Arena zu ihrer eigenen Profilierung in der Stadtarchitektur etabliert hat.[2] Die Befürworter dieser Freizeitimmobilien argumentieren für den Bau mit den einhergehenden positiven Standortauswirkungen, vor allem im Bereich der Tourismusförderung und der Entwicklung zusätzlicher Arbeitsplätze innerhalb der Region.[3] Besonders das letzte Argument ist für die städtische Politik oftmals ausschlaggebend, um für Freizeitprojekte zu plädieren. So wurden Mehrzweckhallen und multifunktionale Großveranstaltungshallen in Deutschland früher ausschließlich öffentlich initiiert und finanziert; dies hat sich heutzutage geändert.[4]

Die Dynamik des Freizeitmarktes verlangt in diesem sehr spezifischen Marktsegment nach ständig neuen Attraktionen und Verbesserungen und führt so zu schnellen Veränderungen. Die Bereitstellung von Freizeitinfrastruktur bewegt sich dabei im Rahmen von inhaltlichen Vorgaben der Stadtplanung. Somit steht die Forschung in diesem Gebiet in enger Verzahnung mit der Planungsverwaltung der Städte.[5] Dennoch gibt es nur

---

[1] Im Jahre 2005 existieren 14 multifunktionale Großveranstaltungshallen in Deutschland, drei Hallen sind in Planung (Berlin, Magdeburg und Frankfurt). Vgl. Sportstättenstatistik der Länder (2002), S. 43 ff.; vgl. Hatzfeld, U./Roters, W. (1998), S. 521 ff.; vgl. Hatzfeld, U. (1997), S. 282 ff. Der Begriff „multifunktionale Großveranstaltungshalle" wird in der vorliegenden Arbeit synonym mit dem Begriff „Arena" verwendet. Vgl. zur ausführlichen Begriffsdefinition Gliederungspunkt 2.2, S. 58.

[2] Vgl. Petersen, D. C. (2001), S. 2.

[3] Hingegen sprechen sich involvierte Interessengruppen, Umweltschutzorganisationen und externe Kritiker oftmals gegen die Freizeitprojekte aus.

[4] Vgl. Bundesforschungsanstalt für Landeskunde und Raumordnung (Hrsg.) (1994), S. 1.

[5] Vgl. ebenda.

vereinzelt wissenschaftliche Analysen; diese beschäftigen sich vornehmlich mit Umweltproblemen, die von groß angelegten Freizeitstandorten ausgehen können.

Die vorliegende Arbeit ist als Beitrag konzipiert, in die diskutierten Themenfelder einzuleiten, die theoretischen Bezugspunkte zur Immobilien-Projektentwicklung herauszuarbeiten und in einigen Bereichen zu vertiefen und zu erweitern. Im Mittelpunkt der Betrachtung steht die Frage, welche stadtwirtschaftlichen Effekte sich im Prozess der Immobilien-Projektentwicklung einer Arena nachweisen lassen. Um diese zentrale Frage beantworten zu können, integriert die Arbeit stadtplanungsbezogene Elemente in eine wirtschaftsgeographische Betrachtungsebene und versucht abschließend einen adäquaten konzeptionellen Rahmen aufzustellen. Auf dem Weg zur Erarbeitung dieses Rahmens werden grundsätzliche Zusammenhänge zwischen der Immobilie und ihrem Umfeld im Verlauf der Strukturentwicklung und Wandlungen der Stadt im räumlichen Kontext dargestellt. Vorgaben der Stadtentwicklungspolitik sind näher einzubeziehen und zu beleuchten, da die Politik die Rahmenbedingungen beeinflusst, die es Investoren und Projektentwicklern ermöglichen, ihre Vorhaben in die Realität umzusetzen. In diesem Kontext stellt die Immobilien-Projektentwicklung eine vermittelnde Tätigkeit dar, die in enger Abstimmung mit den beteiligten Akteuren[6] aus Stadt- und Bauplanung, Stadtentwicklung und Initiierung des Projekts durchzuführen ist. Der simplifizierte Diskussionsansatz „Ökologie versus Ökonomie“ greift zu kurz. Genauso bedeutend sind die strukturellen Folgen für das städtische und gesellschaftliche Umfeld und die Raumentwicklung. Bei der Etablierung von Großveranstaltungshallen kann es somit nicht nur darum gehen, stadtwirtschaftliche Effekte über Gesetze und Regelungen zu induzieren. Vielmehr wird versucht, das Wechselspiel zwischen Stadt und Immobilie über einen kontinuierlichen ressourcenschonenden Weg, bei dem möglichst viele beteiligte Akteure integriert werden, beiderseits aufrechtzuerhalten.

Als Forschungsumfeld dient die Freie und Hansestadt Hamburg. Auf Grund der Lage der Hamburger Arena inmitten der Metropolregion Hamburg ist kritisch zu hinterfragen, inwieweit diese Freizeitimmobilie über die gewachsene Anziehungskraft Hamburgs hinausgehend zusätzliche stadtwirtschaftliche Effekte generieren kann.

---

6 Unter Akteuren werden in der vorliegenden Arbeit sowohl Individuen (Projektentwickler, Investoren, Kommunalpolitiker, administrative Führungspersonen, Städtetouristen etc.) als auch Organisationen (Unternehmen, Tourismusagenturen, politische Organisationen, Behörden etc.) verstanden.

Aus den bis hierher formulierten Aspekten leiten sich die zentralen Fragestellungen der Arbeit ab:

- Welche Besonderheiten ergeben sich bei der Immobilien-Projektentwicklung einer Arena im Vergleich zu anderen Immobilienarten?
- Welchen Einfluss nehmen die Stadt und die Region einer Arena auf die Entstehung und die unterschiedliche Ausprägung von stadtwirtschaftlichen Effekten?
- Welche Potenziale endogener Stadtentwicklung lassen sich in Bezug auf den Standortraum ableiten?
- Wie könnte sich die Raumgestaltung des Standortes nach der Inbetriebnahme einer Arena entwickeln? (Infrastruktur, Verkehrsaufkommen, Flächenentwicklung et cetera)
- Welche Schlussfolgerungen lassen sich aus den gewonnenen Erkenntnissen für die zukünftige Entwicklung von Arenen ableiten?

Auf der Basis dieser Problemstellung hat die vorliegende Arbeit die Recherche nach sowohl positiven als auch negativen stadtwirtschaftlichen Auswirkungen zum Inhalt, die durch Großveranstaltungshallen entstehen können. Hierfür sollen Einflüsse, Chancen und Risiken der Immobilien-Projektentwicklung von Arenen im stadtentwicklungsspezifischen Zusammenhang dargestellt werden.

1.1 Unterschiedliche Forschungsfelder und deren Zusammenführung

Verknüpfungen und Fragestellungen aus den Wissenschaften der Geographie und Ökonomie stehen im Mittelpunkt der Betrachtung. Doch es fließen auch Ansätze aus den Politik-, Sozial- und Kulturwissenschaften ein. Die Arbeit ist multiperspektivisch angelegt und führt disziplinübergreifende Themen zusammen.[7] Als übergeordneter Orientierungspfad, der die unterschiedlichen Denkansätze zusammenführt, sollen ökonomische Prozesse aus räumlicher Sicht analysiert werden. Abbildung 1 stellt diesen Zusammenhang in Form eines Schnittmengenbildes dar. Das Forschungsobjekt „multifunktionale Großveranstaltungshalle“ wird einleitend aus der betriebswirtschaftlichen Sichtweise betrachtet, die das Einzelobjekt in den Vordergrund stellt. Darauf aufbauend, fließen über die wirtschaftsgeographische Sichtweise raumbezogene Parameter und die Verknüpfung der Immobilie mit ihrem Umfeld in die Untersuchung ein. Dabei sollen theoretische Zusammenhänge beschrieben werden, um ihre Wirkung später praxisbezogen zu untersuchen. Die kontextrelevanten Fakten schließen sich über diese

[7] Vgl. zur disziplinären Verknüpfung von Geographie und Wirtschaftswissenschaften weiterführend Schätzl, L. (2003), S. 17 ff.

multidimensional vernetzte Sichtweise zusammen und ergeben dadurch einen übergreifenden ganzheitlichen Konzeptionsansatz.

Abbildung 1: Bezugsrahmen der Arbeit

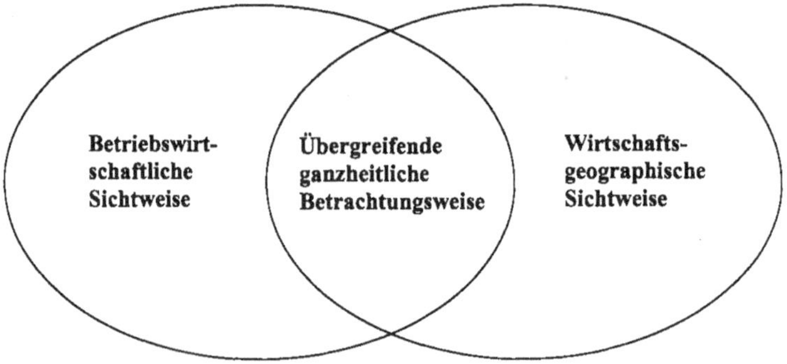

Auf das Einzelobjekt „Immobilie" bezogen	Auf die Auswirkungen des Zusammenwirkens von Immobilie und Umfeld bezogen	Auf das Umfeld des Einzelobjektes „Immobilie" bezogen

Die wirtschaftsgeographische Sichtweise eröffnet eine Reihe von Themen und Problemstellungen, die unterschiedliche Forschungsgebiete berühren, wobei die Untersuchung von wirtschaftsräumlichen Determinanten und Prozessen zentraler Bezugspunkt ist. Abbildung 2 verdeutlicht, dass Wirtschaftsgeographie und Wirtschaftswissenschaften in einem Netzwerk von Theorien und Methoden benachbarter Forschungsfelder zueinander stehen. Die dargestellten Forschungsfelder tragen dazu bei, räumliche Zusammenhänge und Prozesse zu erklären. Alle Teilpunkte sind miteinander verflochten. Es ist zu betonen, dass die Übersicht keinen Anspruch auf Vollständigkeit erhebt und die Auswahl infolgedessen selektiv getroffen wurde. Insofern sind die Forschungsgebiete mit unterschiedlich starker Gewichtung in eine relative Beziehung zueinander gesetzt. Die Wirtschaftsgeographie gibt die Frageperspektiven in der Arbeit vor.

Warum sind ökonomische Prozesse in verschiedenen sozio-institutionellen Kontexten unterschiedlich organisiert? Wieso kommt es folglich zu beobachtbaren und messbaren sozio-ökonomischen Differenzen in räumlicher Perspektive? Warum finden lokalisierte Ballungs- und Spezialisierungsprozesse bestimmter Wirtschaftssektoren statt, und wie laufen sie ab?[8]

8 Vgl. Bathelt, H./Glückler, J. (2003), S. 10.

Es werden Standortfragen diskutiert, bei denen strukturerklärende Ansätze eine Rolle spielen. Der Aspekt der Versorgung der räumlich verteilten Bevölkerung mit Gütern und Dienstleistungen bildet das Zentrum im regionalökonomischen Kontext wissenschaftlichen Bemühens.[9]

Abbildung 2: Netzwerk benachbarter Forschungsfelder

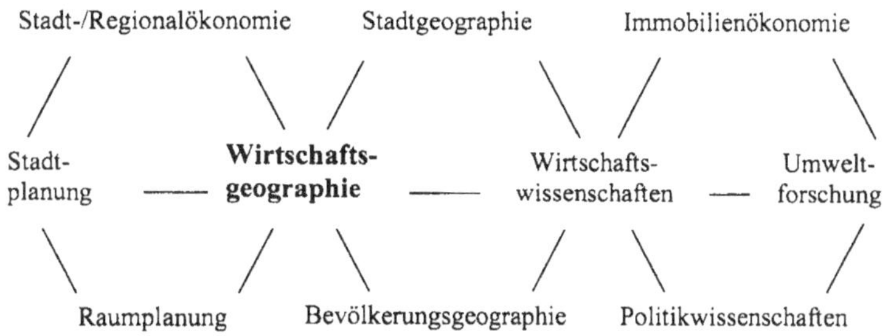

Diese vorerst allgemein gehaltenen Fragen werden von weiteren Wissenschaften beeinflusst. Es ist zu berücksichtigen, dass wirtschaftliche Prozesse stets an bestimmte Akteure, wie zum Beispiel Arbeitskräfte und Unternehmer oder Akteurkollektive wie Unternehmen und formelle Institutionen, gebunden sind.[10] Das Handeln dieser Personen oder Institutionen bezieht sich wiederum auf einen physischen Ort, sodass die von ihnen ausgehenden Prozesse des Handelns lokalisierbar sind. Dabei konzentrieren sich wirtschaftliche Aktivitäten an einem gegebenen Ort, und es kann zu Agglomerationswirkungen kommen.

Wie beeinflusst die Ansiedelung von Immobilien-Projekten im Veranstaltungsbereich die Region? Können durch die Immobilien-Projektentwicklung geographische, freizeit-kulturelle, regionalökonomische, verkehrliche und nachhaltige stadtwirtschaftliche Strukturen des Umfelds verändert oder gestaltet werden?

---

9 Vgl. vertiefend zur Regional- und Stadtökonomik die Werke von *Maier* und *Tödtling*. *Christallers* Theorie der zentralen Orte in Süddeutschland aus dem Jahr 1933 prägte die ökonomisch-geographische Forschung.

10 Vgl. Maier, G./Tödtling, F. (2001), S. 9 f.

Diese Fragestellungen implizieren nun die Vermengung von wirtschaftsgeographischen und betriebswirtschaftlichen Schwerpunkten sowie von räumlichen Bezügen und regionalen Zusammenhängen. Mithilfe des dargestellten Betrachtungsfeldes zur Bestimmung und Erklärung spezifischer Phänomene wird versucht, ganzheitlich an die Thematik heranzugehen.

1.2 Aufbau der Arbeit

Bereits der Titel der vorliegenden Arbeit lässt erkennen, dass zwei Schwerpunkte zu setzen sind: ein theoretisch-konzeptioneller und ein praxisbezogener Betrachtungsrahmen. Die nachfolgende Abbildung 3 zeigt, dass die Themenfrage „Welche nachhaltigen stadtwirtschaftlichen Effekte ergeben sich durch die Immobilien-Projektentwicklung einer multifunktionalen Großveranstaltungshalle (Arena)?“ in sieben Kapitel untergliedert ist.

Den Ausgangspunkt der Arbeit bildet die prozessorientierte Betrachtung der Immobilien-Projektentwicklung (zweites Kapitel). Der Prozess beginnt bei der Projekt-Konzeption, führt über die Markt- und Wirtschaftlichkeitsanalyse, die Strategiefindung und Projektrisiken bis zum Projekt-Management, der Konkretisierung des Immobilienvorhabens und der Vermarktung. Nach der thematischen Auseinandersetzung mit der Immobilien-Projektentwicklung folgt die Darstellung der Parameter des Veranstaltungsmanagements (drittes Kapitel) und der nachhaltigen stadtwirtschaftlichen Effekte (viertes Kapitel) im theoretischen Zusammenhang.

Worin begründet sich die ausgewählte Reihenfolge der Ablaufbetrachtung?

Einerseits impliziert das Arbeitsthema diese Vorgehensweise, andererseits sind zuerst die Begrifflichkeiten herauszuarbeiten, da sie zu dem weiteren Verständnis der Untersuchung dienen. Anhand der Fragestellung „Welche Projekt-Konzeption lag der Entwicklung der Hamburger Arena zu Grunde?“ lässt sich der Ablauf erklären. Die Projekt-Konzeption ist der ersten Phase des Prozesses der Immobilien-Projektentwicklung zuzuordnen. Sie wird im Theorieteil A bestimmt. Erst wenn die Bestimmungskriterien der Projekt-Konzeption bekannt sind, lässt sich anhand der Hamburger Arena überprüfen, ob es sinnvoll ist, die theoretischen Grundlagen in die Praxis zu übernehmen.

Abbildung 3: Aufbau der Arbeit

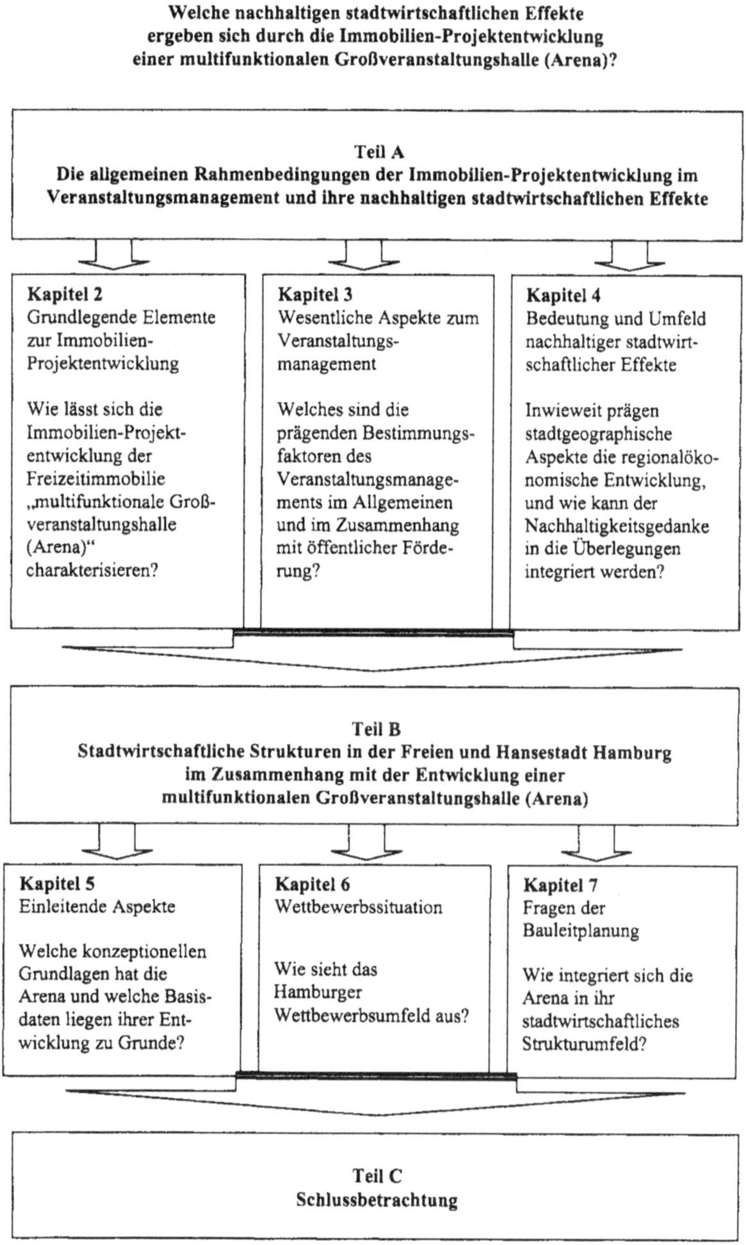

Die verfügbare Literatur zur Immobilien-Projektentwicklung ist sehr umfangreich. Insbesondere die Arbeiten von *Schulte*[11] haben dieses Gebiet stark geprägt. Es ist darauf hinzuweisen, dass sich die Literatur zur Immobilien-Projektentwicklung schwerpunktbezogen auf Büro-, Gewerbe- und Wohnimmobilien konzentriert. Um das Untersuchungsobjekt „multifunktionale Großveranstaltungshalle" näher zu analysieren, soll in dieser Arbeit der Versuch unternommen werden, offene Fragen im freizeitwirtschaftlichen Bereich zu beantworten. Das vorhandene Literaturmaterial und Datenangebot wird dahingehend überprüft, inwieweit es planungsrechtliche Informationen enthält und welche konzeptionellen Überlegungen anzuwenden sind, um dieses Datenangebot auf den Bereich der Freizeitimmobilien zu übertragen. Darauf aufbauend, lassen sich die gewonnenen Erkenntnisse auf die Spezialimmobilie „Arena" zusammenfassen.

Im dritten Kapitel zum Veranstaltungsmanagement wird geprüft, welchen Einfluss öffentliche und private Akteure ausüben können und welche Effekte sich dadurch für die Region ergeben. Es ist zu berücksichtigen, dass statistische Angaben zum Freizeit- und Tourismussektor in unterschiedlichen Wissenschaften und Marktforschungsergebnissen zu finden sind. Viele Daten beruhen auf Schätzungen, weil genaue Erhebungen nicht vorliegen.[12] Deshalb sollen auf der Basis von Literaturauswertungen das Gebiet des Veranstaltungsmanagements und dessen prägende Bestimmungsfaktoren beleuchtet werden.

Im vierten Kapitel ist der historische Zusammenhang zwischen Theorie und bestehender Stadtstruktur darzustellen. Die Literaturauswahl in diesem Bereich stützt sich auf bedeutende Theorien zur Stadtentwicklung mit sozio-ökonomischer Prägung, um geographische Strukturen zu kennzeichnen. Es lassen sich Stadtstrukturen aufzeigen, aus denen verschiedene gesellschaftliche Prozesse resultieren.

Christallers Konzept der zentralen Orte leitet anschließend von der Theorie der Stadtentwicklung auf einen wirtschaftsgeographischen Ansatz zur Standorttheorie über. Die Verankerung der zentralen Orte in der Stadt- und Raumplanung ist an dieser Stelle zu hinterfragen. Ausgehend von dem Konzept der zentralen Orte wird versucht, eine räumlich-gestalterische Perspektive für zukünftige Phänomene in der Stadtentwicklung aufzuzeigen. Der aktuelle Stand der Diskussion um die so genannte verstädterte Landschaft ist weiterer Bestandteil dieses Kapitels.

---

[11] In diesem Zusammenhang sind folgende Werke zu nennen: Schulte, K.-W./Bone-Winkel, S. (Hrsg.) (2002): Handbuch Immobilien-Projektentwicklung, 2. Aufl., Köln, und Schulte, K.-W. (Hrsg.) et al. (2000): Immobilienökonomie, Bd. 1, Betriebswirtschaftliche Grundlagen, 2. Aufl., München/Wien.

[12] Vgl. Freizeit- und Erlebniswelten Services GmbH (Hrsg.) (2003), S. 9 ff.

Vor dem Hintergrund einer immer tieferen gegenseitigen Durchdringung von Stadt und Land sind umweltbezogene Fragestellungen interessant. Ein Ansatz in diesem Bereich, der Umwelt und zukünftige Entwicklung vereint, ist das Sustainable-Development-Konzept (Nachhaltigkeitskonzept). Auf der Basis dieses Konzepts lässt sich im Teil B analysieren, ob die Immobilien-Projektentwicklung einen nachhaltigen freizeitkulturellen Nutzen generieren kann.

Die Anmerkungen zum Sustainable Development fußen auf einem breiten fachspezifischen Literaturbestand. Die Fülle an Datenmaterial begründet sich vor allem aus bereits veröffentlichten Forschungsaufträgen, deren Ergebnissen und Beiträgen in der Fachliteratur.

Zum Schluss des vierten Kapitels ist die Möglichkeit zu hinterfragen, welche stadtwirtschaftlichen Effekte durch Großveranstaltungen entstehen können und wie sich ein Stadtimage aufbauen ließe.

Die Fallstudienbetrachtung der Hamburger Arena im Teil B wird über einen entstehungsgeschichtlichen Kontext eingeleitet (fünftes Kapitel).[13] Nun bietet sich die Möglichkeit, eine potenzielle Umsetzung der zu Grunde gelegten Theorien zu überprüfen. Beispielsweise sind die theoretischen Ansätze *Porters* im Bereich der Wettbewerbsstrategie auf den spezifischen Freizeitimmobilienmarkt zu transponieren (sechstes Kapitel). Auf dieser Grundlage folgt dann die Beschreibung und Evaluierung der Wettbewerbssituation der Hamburger Arena. Im Zentrum des siebten Kapitels steht der Bebauungsplan, der als Ausgangspunkt dient, um herauszuarbeiten, in welcher Form sich die Arena in ihr stadtwirtschaftliches Strukturumfeld integriert.

Teil C beinhaltet die Schlussbetrachtung und einen Ausblick auf zukünftige Projektplanungen.

---

[13] Hervorzuheben ist an dieser Stelle die Recherche des *Institut für Landes- und Stadtentwicklungsforschung des Landes Nordrhein-Westfalen (ILS)*, das sich mit dem Gebiet der kommerziellen Freizeit-Großeinrichtungen in einer breiten und differenzierten Forschungsweise auseinander gesetzt hat.

1.3 Methodisches Vorgehen

In der Wissenschaftstheorie werden theoretische und pragmatische Wissenschaftsziele unterschieden.[14] Die theoretische Untersuchung ist dadurch gekennzeichnet, dass über die Betrachtung realer Zusammenhänge normative Aussagen („Immer- und Überall-Wenn-Dann-Aussagen") gewonnen werden.[15] Im Gegensatz dazu besteht das pragmatische Wissenschaftsziel darin, Aussagen zu erarbeiten, die nützlich für die Lösung von Problemen in der Praxis sein können.[16] Die vorliegende Arbeit verfolgt ein pragmatisches Wissenschaftsziel: Sie versucht, im Rahmen einer kritischen Auseinandersetzung mit der Immobilien-Projektentwicklung deren Nutzen für die Stadtentwicklung zu überprüfen. Die bislang geringe Aufarbeitung von schriftlichen Materialien zur Immobilien-Projektentwicklung im Bereich der Freizeitimmobilien bestimmte die Vorgehensweise in der Untersuchungstechnik und die anzuwendenden Forschungsstrategien. Abbildung 4 zeigt die unterschiedlichen Bausteine der Untersuchungstechnik im Überblick.

Auf Grund der noch geringen Verbreitung von aussagekräftigen Dokumenten für die Immobilien-Projektentwicklung von Freizeitimmobilien sind in einem ersten Schritt ***begriffliche Aussagen*** zu formulieren, um eine geeignete Sprachbasis zu schaffen, die Immobilien-Projektentwicklung, Veranstaltungsmanagement, Standortfaktoren und daraus resultierende stadtwirtschaftliche Effekte miteinander verknüpft. ***Deskriptive Aussagen*** beschreiben die tatsächliche Situation, wie sie zurzeit zu beobachten ist. Darauf aufbauend, sollen anhand von ***explanatorischen Aussagen*** komplexe Zusammenhänge durchleuchtet werden, um Handlungsgrundlagen zu entwickeln. Schließlich lassen sich aus diesen Grundlagen ***praxeologische Aussagen*** generieren.

Vorrangiges Ziel der Arbeit ist die Zusammenführung von Aspekten, Typologien und bestimmenden Faktoren des Freizeitimmobilienbereiches sowie die Herausarbeitung von existierenden nutzbaren Konzepten für ein Untersuchungsgebiet, das bisher noch wenig Beachtung in der bestehenden wissenschaftlichen Literatur gefunden hat. Insofern haben die hier gewonnenen Erkenntnisse nicht den Anspruch der umfassend gesicherten Allgemeingültigkeit; sie bilden aber ein Fundament, auf dem weitere Forschungen mit erläuterndem Charakter aufbauen können.[17]

Die Forschungsfrage dieser Arbeit nach den stadtwirtschaftlichen Effekten, die über Immobilien-Projekte im Freizeitbereich entstehen können, sucht nicht nach Antworten

---

14 Vgl. weiterführend Chmielewicz, K. (1994), S. 169 ff.

15 Eine Theorie kann sich letztendlich aus einer systematisch geordneten Vielzahl solcher Aussagen ergeben. Vgl. Hamprecht, M. (1996), S. 12.

16 Vgl. beispielsweise für den Bereich der Wirtschaftswissenschaften Grochla, E. (1976), S. 632; vgl. zudem Zimmermann, H. (1980), S. 414.

17 Vgl. begründend zum Verständnis des Fortschritts in der Wissenschaft von Hayek, F. A. (1972), S. 18.

der Art „stimmt" beziehungsweise „stimmt nicht". Vielmehr sollen bestimmte Sachverhalte und Zusammenhänge erkundet werden.

Diese Problemstellung verlangt neben der Aufarbeitung von begrifflichen Grundlagen eine offene und flexible Forschungsmethode.[18] Es wurde einerseits eine Dokumenten-Inhaltsanalyse der schriftlichen Materialien zum Fallbeispiel der Arena in Hamburg und zu Vergleichsprojekten vorgenommen. Zu den Dokumenten, die in die Untersuchung eingeflossen sind, zählen insbesondere unternehmensbezogene Projektstatusberichte der Entwicklungsgesellschaften, Gutachten zur standortbezogenen und verkehrlichen Anbindung, Umweltuntersuchungen, Machbarkeitsstudien, Bürgerschaftsdokumente, Vortragsreihen und fachspezifische Immobilienzeitschriften. Andererseits dienten Interviews zur Informationserhebung, die in narrativ-informatischer und teilstrukturierter Form abgehalten wurden.

Abbildung 4: Bausteine der zu Grunde gelegten Untersuchungstechnik[19]

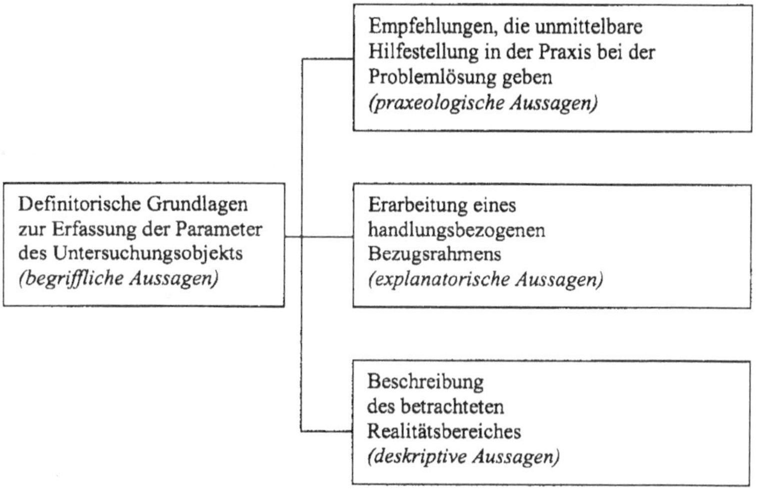

[18] Im Bereich der Interviewtechnik lässt eine offene Forschungsmethode die Möglichkeit zu, dass der Befragte Anregungen zur theoretischen Struktur der Arbeit geben kann. Vgl. weiterführend Lamnek, S. (1993), S. 63.

[19] Abb. in Anlehnung an Grochla, E. (1976), S. 637, und Hamprecht, M. (1996), S. 13.

In der vorliegenden Arbeit wurde die Interviewtechnik weniger zur Primärerhebung von Daten eingesetzt, sondern vielmehr schwerpunktbezogen als unterstützendes Mittel, um praxisbezogene Problemstellungen zu erfahren. Ziel dieser Vorgehensweise war es, ein Verständnis für immobilien-projektentwicklungsspezifische Zusammenhänge herzustellen und dadurch Parameter für die spätere fallbezogene Projektbewertung zu erarbeiten.

Die narrativ-informativen Interviews sind dadurch gekennzeichnet, dass der Befragte zunächst aufgefordert wird, zu dem in dem Gespräch benannten Untersuchungsgegenstand frei zu erzählen; der Interviewer vertieft die Diskussion durch Nachfragen. Diese Methode hat den Vorteil, dass Zusammenhänge aus der Sicht des Experten den ihm eigenen Sprach- und Formulierungsmustern dargestellt werden. Danach folgte die Befragung anhand eines Interviewleitfadens, der sich in die folgenden Bereiche gliedert: Immobilien-Projektentwicklung, Standort, Verkehr, Wettbewerb/Einzugsgebiet, Konzept und zukünftige Entwicklung. Obwohl Fragen aus den genannten Bereichen gestellt wurden, war die Frageform durchgehend offen, was eine breite und tiefe Informationserhebung zuließ.

Da die Wettbewerbsuntersuchung der Hallenstandorte Hamburg, Hannover und Bremen einen Schwerpunkt der Arbeit ausmacht, zählen zu den Befragten die Geschäftsführer/Manager der jeweiligen Halle; weitere Interviewpartner kommen aus den Bereichen „Immobilien-Projektentwicklung von Freizeitimmobilien“ und „Stadtentwicklung“. Die Interviews fanden grundsätzlich in den Räumen der Interviewpartner statt. Wie es die bestehende Lehrmeinung vorgibt, ist die Idealform der Datenerfassung in diesem Gebiet die Tonbandaufzeichnung, woran sich auch die vorliegende Arbeit orientiert hat.[20] Nach der Durchführung der Interviews erfolgte zunächst eine Einzelbetrachtung der gewonnenen Informationen und dann eine generalisierende Analyse.

Aus jeder Forschungsmethode resultieren spezifische Probleme, durch die die Glaubwürdigkeit der gewählten Methode infrage gestellt werden könnte. Hinsichtlich der hier gewählten Herangehensweise besteht zunächst auf Seiten der qualitativen Elemente, die in die Untersuchung einfließen, wie die Dokumenten-Inhaltsanalyse der unternehmens- und verwaltungsbezogenen schriftlichen Materialien, der Interviews und Informationen, die im Rahmen von Vorträgen und Seminaren gewonnen wurden, die Notwendigkeit des Nachweises ihrer Validität. Diesem Risiko wurde im Bereich der geführten Interviews dadurch begegnet, dass die ausformulierten Ergebnisse den Interviewpartnern nochmals zur Durchsicht vorgelegt wurden, um Missverständnisse in der Interpretation auszuschließen. Für die weiteren Arbeitsinstrumente wurde, soweit möglich, zur Aussagenbildung jeweils eine Kombination der zur Verfügung stehenden Literaturquellen (wissenschaftsbezogene und praxisbezogene Dokumente) herangezogen.

---

[20] Bortz, J./Doering, N. (1996), S. 218.

Teil A

Die allgemeinen Rahmenbedingungen der Immobilien-Projektentwicklung im Veranstaltungsmanagement und ihre nachhaltigen stadtwirtschaftlichen Effekte

2 Grundlegende Aspekte zur Immobilien-Projektentwicklung

Der Begriff „Immobilien-Projektentwicklung" ist in der Literatur uneinheitlich definiert.[21] Um sich der ausgewählten Thematik anzunähern, die in der wissenschaftlichen Betrachtung bisher nur unzureichend gewürdigt wurde, sind zunächst beeinflussende Rahmenfaktoren des Begriffs festzusetzen. Als Bezugsrahmen dient hierfür die Begriffserläuterung von *Diederichs*, der seine Definition der Immobilien-Projektentwicklung ausgehend von den Produktionsfaktoren des Projektentwicklungsprozesses im einzel- und gesamtwirtschaftlichen Kontext formuliert.[22] Dieser Kontext korrespondiert mit dem Thema der Arbeit, das die Immobilien-Projektentwicklung nicht isoliert, sondern in wechselseitigen und übergreifenden Prozessen betrachtet, wodurch die Auswahl der Definition als Grundlage für die zu erarbeitenden Ausführungen begründet ist. Die Formulierung von *Diederichs* lautet:

„Durch Projektentwicklungen sind die Faktoren Standort, Projektidee und Kapital so miteinander zu kombinieren, dass einzelwirtschaftlich wettbewerbsfähige, arbeitsplatzschaffende und -sichernde sowie gesamtwirtschaftlich sozial- und umweltverträgliche Immobilienobjekte geschaffen und dauerhaft rentabel genutzt werden können."[23]

Es kommen zwei unterschiedliche Ebenen in der Definition von *Diederichs* zum Ausdruck. Die einzelwirtschaftliche Betrachtungsweise zielt auf Bestimmungsgrößen wie Wettbewerbsfähigkeit und Nutzenstiftung des Projekts für die Beteiligten und deren Problemlösung ab. Es geht darum, eine gegebene betriebswirtschaftliche Strategie umzusetzen, in deren Fokus die Erreichung und Sicherung der Wettbewerbsfähigkeit und insbesondere der Aufbau von Wettbewerbsvorteilen stehen.[24] In diesem Zusammenhang kristallisieren sich potenzielle Risikoausprägungen heraus, die sich idealtypisch in die Kategorien technologisch, ökonomisch, sozial und politisch einteilen lassen.[25]

---

[21] Das Themengebiet der Immobilien-Projektentwicklung zielt in der Literatur im Allgemeinen vorrangig auf die Untersuchung von Einzelhandels-, Gewerbe-, Büro- und Wohnimmobilien ab; Freizeitimmobilien werden vernachlässigt. Vgl. Schulte, K.-W./Bone-Winkel, S./Rottke, N. (2002), S. 32.

[22] Vgl. Diederichs, C. J. (1994), S. 46.

[23] Ebenda.

[24] *Porter* definiert Wettbewerbsvorteile wie folgt: *„Wettbewerbsvorteile entstehen im Wesentlichen aus dem Wert, den ein Unternehmen für seine Abnehmer schaffen kann, soweit dieser die Kosten der Wertschöpfung für das Unternehmen übersteigt. Wert ist das, was Abnehmer zu zahlen bereit sind, und ein höherer Wert resultiert aus dem Angebot zu Preisen, die für gleichwertige Leistungen unter denen der Konkurrenten liegen, oder ergibt sich aus einzigartigen Leistungen, die den höheren Preis mehr als wettmachen."* Porter, M. E. (1999), S. 27. In Anlehnung an *Porter* wird später weitergehend auf die Thematik der Wettbewerbsstrategie eingegangen und ein Versuch unternommen, Teile dieser Strategie, ausgehend von der ausschließlichen einzelwirtschaftlichen Betrachtungsweise, auf den Freizeitimmobiliensektor zu übertragen. Vgl. Gliederungspunkt 2.1.2, S. 27.

[25] Vgl. Porter, M. E. (1996), S. 61.

Sie sind nicht allein stehend zu betrachten, sondern werden auf Grund existierender vielschichtiger Interdependenzen einer ganzheitlichen Betrachtungsweise unterzogen. Dies wird in der gesamtwirtschaftlichen Ebene der Definition zum Ausdruck gebracht. Hier ist die Durchsetzung öffentlicher Interessen, beispielsweise die Einbettung eines Immobilien-Projekts in seine Umgebung im sozialen wie im umweltpolitischen Gesamtzusammenhang, intendiert. Die öffentliche Hand nimmt Einfluss auf Verordnungen und Gesetze, um zum Beispiel ein charakteristisches Stadtbild nicht zu gefährden oder die Interessen der Gemeinschaft zu befriedigen.[26]

Die gesamtwirtschaftliche Ebene ist geprägt durch geopolitische Veränderungen wie die Öffnung der Märkte und die zunehmende Liberalisierung des internationalen Handels, vorangebracht durch Internationalisierungs- und Globalisierungstendenzen von Marktteilnehmern.[27] Diese sich verändernden Rahmenbedingungen führen dazu, dass detaillierte Marktkenntnisse für den einzelnen Marktteilnehmer an Gewichtung gewinnen.[28]

Schließlich stellt *Diederichs* auf die Rentabilität des Projekts ab, indem er in seiner Formulierung eine dauerhaft rentable Nutzungsfähigkeit der Immobilie fordert. Dies impliziert, dass der Entwicklungsprozess erst dann als abgeschlossen anzusehen ist, wenn der Erfolg des Projekts stetig nachgewiesen werden kann.

Anhand der zu Grunde gelegten Definition ist zu untersuchen, ob sich die Definition auf die Entwicklung von Freizeitimmobilien adaptieren lässt.

Stimmen die Zieldimensionen „Kombination der Produktionsfaktoren im einzel- und gesamtwirtschaftlichen Bereich“ und „dauerhaft rentable Nutzungsfähigkeit des Projekts“ mit denjenigen im Freizeitimmobilienmarkt überein, oder werden abweichende Maßstäbe gesetzt?

Um diese Wirkungszusammenhänge genauer zu durchleuchten, soll die Verzahnung der dargestellten Zielebenen anhand eines prozessorientierten Ansatzes zunächst theoretisch veranschaulicht werden. Vor dem Hintergrund der einzelnen Prozessphasen gilt es dann, die Immobilien-Projektentwicklung auf den Bereich der Freizeitimmobilien zu erweitern. Zum Schluss dieses einleitenden immobilienökonomischen Zugangs ist ein eigenes, den Aspekt der einzel- und gesamtwirtschaftlichen Analyse unterstützen-

---

[26] Vgl. Schulte, K.-W./Bone-Winkel, S./Rottke, N. (2002), S. 32 f.

[27] Gemeint sind historische Ereignisse wie die deutsche Wiedervereinigung, der Zusammenbruch des Ostblocks und die Rückgabe Hongkongs an China. Die Rahmenbedingungen der Marktteilnehmer werden auch durch Vereinbarungen wie die Allgemeinen Zoll- und Handelsabkommen (GATT, 1994) und die Errichtung einer Welthandelsorganisation (WTO) beeinflusst. Diese Regelungen ermöglichen den Staaten des asiatisch-pazifischen Raums, sich ökonomisch in die Weltregionen einzubringen. Insbesondere Japan und die „vier kleinen Tiger“ (Hongkong, Südkorea, Singapur, Taiwan) profitieren wirtschaftlich von den getroffenen Abkommen. Vgl. zu den sich entwickelnden Volkswirtschaften auch Khanna, T./Palepu, K. (1997), S. 41 ff.

[28] Vgl. Porter, M. E. (1999a), S. 7 ff.

des Projektprofil für die Freizeitimmobilie „multifunktionale Großveranstaltungshalle (Arena)" zu entwickeln.

Nachdem diese grundlagenbezogene Einleitung in den Gesamtkontext als Teil A abgeschlossen sein wird, soll hieran anknüpfend im Teil B das theoretische Rahmengerüst anhand der praxisorientierten Beispielbetrachtung der Immobilien-Projektentwicklung der multifunktionalen Großveranstaltungshalle (Arena) in der Freien und Hansestadt Hamburg auf seine Praxistauglichkeit untersucht werden.

2.1 Prozessorientierter Ansatz der Immobilien-Projektentwicklung

Der Ablauf der Projektentwicklung einer Immobilie ist, wie es die bestehende Lehrmeinung sagt, über ineinander greifende Bausteine darzustellen, die sich in der Gesamtbetrachtung zu einem Prozess zusammenfügen. Dem Prozess übergeordnet stehen zunächst zwei Grundsätze, die während des gesamten Prozesses zu beachten sind:

- Umsetzung der Projekt-Konzeption durch ein nutzenorientiertes Team,
- kontinuierliche Kommunikation zwischen allen beteiligten Akteuren.[29]

Werden die genannten Grundsätze erfüllt, lässt sich aus Sicht des Investors auch eine öffentliche Akzeptanz, eine Aufwertung des Standortes und darüber hinaus im Optimalfall ein wirtschaftlicher Erfolg sicherstellen. Zentrale Inputfaktoren des Prozesses sind die von *Diederichs* genannten Produktionsfaktoren Standort, Projektidee und Kapital. Sie wirken in den einzelnen Prozessphasen zusammen und produzieren als Output am Ende des Prozesses schließlich das wirtschaftlich nutzungsbereite Immobilienobjekt. Je nach dem anstehenden Immobilien-Projekt ist eine spezifische Gewichtung und Verzahnung der Faktoren mithilfe der Projektentwicklung zu erarbeiten.[30]

Grundsätzlich ordnet sich der Prozess der Immobilien-Projektentwicklung je nach Aufgabenstellung in unterschiedliche Phasen. Als Hilfsmittel zur Erklärung der einzelnen Entwicklungsphasen werden derzeit so genannte Phasenmodelle (Event-Sequence Models) diskutiert.[31] Mit diesen deskriptiven Modellen lässt sich ein in der Realität auftretender Prozess in zeitliche Abschnitte zerlegen. Phasenmodelle setzen ihren Schwerpunkt in der betriebswirtschaftlichen Analyse und insbesondere in der Steuerung des Entwicklungsprozesses. Sie bilden somit die wesentlichen Handlungsschritte in der Entwicklung eines Immobilien-Projekts ab.

---

29 Vgl. von Nell, J./Emenlauer, R. (2002), S. 115.

30 Vgl. Bone-Winkel, S. (1994), S. 51; vgl. Hendler, B. S. (1986), S. 15; vgl. Schulte, K.-W./Bone-Winkel, S./Rottke, N. (2002), S. 38 ff.

31 Vgl. zu weiteren Phasenmodellen Barrett, S. M./Stewart, M./Underwood, J. (1978), o. S.; vgl. Hendler, B. S. (1986), S. 16; vgl. Bone-Winkel, S. (1994), S. 54; vgl. Gore, T./Nicholson, D. (1991), S. 712; vgl. Miles, M. E. et al. (1991), S. 5.

Die postulierte Abgrenzung der unterschiedlichen Phasen ist in der Praxis allerdings oftmals nicht eindeutig vorzunehmen. Die Phasenübergänge können durch Rückkoppelungseffekte und temporäre Überschneidungen gekennzeichnet sein.[32] Im Folgenden wird in Anlehnung an das von *Bone-Winkel*[33] umgeformte und weiterentwickelte Modell der *School of Advanced Urban Studies* der *University of Bristol* ein Modell zur Immobilien-Projektentwicklung erarbeitet.[34] Das für die Arbeit zu differenzierende Modell dient als Referenzmodell zur Erläuterung der einzelnen Prozessphasen der Immobilien-Projektentwicklung. Wie aus Abbildung 5 ersichtlich, besteht es aus den Bausteinen Projekt-Konzeption, Projekt-Studie, Projekt-Konkretisierung, Projekt-Management und Projekt-Vermarktung.

Den Ausgangspunkt der Immobilien-Projektentwicklung bildet die Projekt-Konzeption, die von den beteiligten Akteuren (Personen oder Institutionen) entworfen wird oder durch deren interdisziplinäre Zusammenarbeit entsteht. Der Projektentwickler koordiniert diese Akteure. Insofern besteht die Aufgabe des Projektentwicklers nicht unbedingt ausschließlich in der Ideengenerierung; vielmehr koordiniert er den gesamten Entwicklungsprozess und stellt eine effektive Arbeitsweise zwischen seiner Person, seinem Team und den externen Akteuren sicher. Zu der Gruppe der externen Akteure zählen zum Beispiel Bauunternehmer, Maklerunternehmen, politische Interessengemeinschaften, Stadtverwaltungen, Gutachter, Grundstückseigentümer, Architekten, Investoren und Beratungsgesellschaften.[35]

---

32 Vgl. Gore, T./Nicholson, D. (1991), S. 706.

33 Vgl. Bone-Winkel, S. (1994), S. 70 ff.

34 Vgl. Barrett, S. M./Stewart, M./Underwood, J. (1978), o. S.; vgl. Bone-Winkel, S. (1994), S. 70 ff.

35 Vgl. Schnermann, J. (1992), S. 301 f.; vgl. Amelung, V. E. (1996), S. 6 ff.; vgl. Griffith, G. (1989), S. 51; vgl. Falk, B. (Hrsg.) (1996), S. 502.

Abbildung 5: Prozessphasen der Immobilien-Projektentwicklung

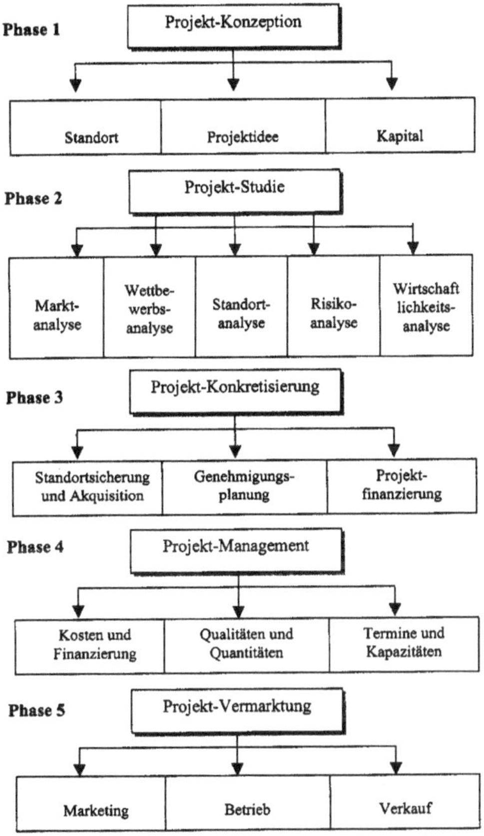

In der ersten Phase, der Projekt-Konzeption, wird das bisher nur grob angedachte Immobilien-Projekt näher spezifiziert. Die Literatur zur Immobilien-Projektentwicklung unterscheidet typischerweise drei Ausgangssituationen. Wie Abbildung 6 zeigt, setzen

diese Situationen die genannten Faktoren Standort, Projektidee und Kapital in eine komplementäre Beziehung.[36]

Abbildung 6: Zusammenwirken der Produktionsfaktoren

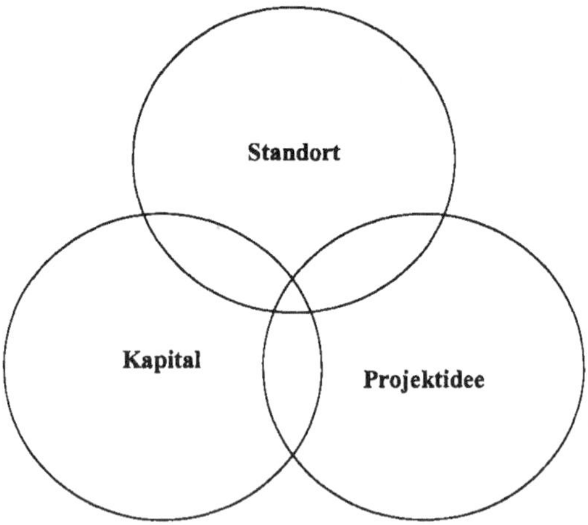

Standort sucht Projektidee und Kapital

Die Ausgangssituation „Standort sucht Projektidee und Kapital" ist dadurch gekennzeichnet, dass bereits eine Standortentscheidung feststeht. Der Standort ist somit der Leitfaktor in dieser Situation.

Nun beginnt der Bauherr beziehungsweise der Grundstückseigentümer damit, die weitere Entwicklung des Standortes zu planen. Hierzu bedarf es einer optimalen Projektidee und einer adäquaten Investitions- und Finanzierungsstrategie (Kapital), die für den vorhandenen Standort geeignet erscheint. Bevor jedoch detaillierte und gegebenenfalls kostenintensive Analysen des Immobilienmarktes durchgeführt werden, lässt sich ein erster Eindruck von der Lage des Grundstücks durch die natürlichen Eigenschaften der Liegenschaft gewinnen.

Die formale Belegenheit des Grundstücks stellt die Flurkarte dar, die im Katasteramt einzusehen ist. Grundstücksgröße und Grundstückszuschnitt können den Spielraum für die Anordnung der Baukörper erheblich einschränken. Folgende Kriterien lassen sich

---

36 Vgl. Diederichs, C. J. (1996), S. 351.

zunächst durch eine Begehung in der Regel bereits umreißen und in die Projekt-Konzeption aufnehmen:

- Grundstücksgröße und -schnitt,
- Zufahrtsmöglichkeiten,
- Anbindung an den öffentlichen Personennahverkehr (ÖPNV) und die städtische Infrastruktur und
- Bodenbeschaffenheit des Grundstücks.[37]

In der zweiten Phase des Prozesses, der Projekt-Studie, dient die Standortanalyse zur weiteren vertiefenden Untersuchung der Situation, um zu prüfen, ob der vorhandene Standort für spezifische Immobiliennutzungen geeignet ist.[38]

Resümierend besteht eine Aufgabe der Immobilien-Projektentwicklung darin, eine geeignete Projekt-Konzeption zu entwickeln, die eine Einschätzung des Immobilienmarktes hinsichtlich ökonomischer, geographischer, politisch-rechtlicher, soziokultureller und technologischer Faktoren beinhaltet. Auf dieser Grundlage ist die Finanzierbarkeit des Projekts für den Investor sicherzustellen. Die Wirkungszusammenhänge sind variabel, das heißt der Entwicklungsprozess kann durch Grundstückseigentümer, Architekten, Gutachter, Bauunternehmen, Interessenvertreter oder andere externe Akteure beeinflusst und gegebenenfalls verändert werden.[39]

Es ist festzuhalten, dass die Projektentwicklung im Kern die Koordination zwischen mehreren Parteien und deren Interessen mit dem Ziel übernimmt, aus gegebenen Fakten einen größtmöglichen ökonomischen Entwicklungserfolg herbeizuführen.

Projektidee sucht Standort und Kapital

Steht die Projektidee bereits fest, ist die Suche nach einem geeigneten Standort zur Umsetzung des Projekts und die Sicherstellung der Finanzierung als nächstes anzugehen.

Genau wie in der ersten Situation beschrieben, beeinflusst die Basis an Informationen über den Immobilienmarkt auch in diesem Fall die Projektentwicklung. Vor allem die Grundstückserwerbskosten und unter Umständen weitere Erschließungskosten können oftmals entscheidend für die wirtschaftliche Tragfähigkeit eines Projekts sein. Bei vielen innerstädtischen Immobilien-Projekten bilden die Grundstückskosten den größten Anteil an den Gesamtkosten. Hinzu kommt, dass eine positive Korrelation zwischen der Güte des Grund und Bodens und den Wertschöpfungsmöglichkeiten des Projekts

---

[37] Vgl. Muncke, G./Dziomba, M./Walther, M. (2002), S. 163 f.

[38] Vgl. Schnermann, J. (1992), S. 300; vgl. Gliederungspunkt 2.1.3, S. 35.

[39] Vgl. Falk, B. (Hrsg.) (1996), S. 501.

besteht und deshalb die Auswahl des Standortes und damit des Grundstücks einen hohen Stellenwert innehat.[40]

Erfüllen verschiedene infrage kommende Grundstücke die Anforderungskriterien des Entscheidungsträgers, wird im Rahmen einer groben Standortuntersuchung eine Entwicklungsfläche ausgewählt. Die Entscheidung lässt sich mit dem Instrument der Nutzwertanalyse treffen und begründen.[41] Unterschiedliche Standortfaktoren werden dafür zusammengetragen und entsprechend ihren Nutzen gewichtet. Ob sich ein Standort für eine bestimmte Nutzung eignet, kann mit diesem Hilfsmittel qualitativ beurteilt werden.[42] Wenn schließlich der geeignete Standort zur Umsetzung der Projektidee gefunden ist und eine in sich schlüssige Projekt-Konzeption vorliegt, dient diese als Mittel, um potenzielle Investoren für das Projekt zu gewinnen.

Kapital sucht Standort und Projektidee

Bezug nehmend auf die ersten beiden Situationen wirken auch in diesem letzten Szenario die drei Entwicklungsfaktoren Standort, Projektidee und Kapital zusammen; Ausgangspunkt ist nun das Kapital. Der potenzielle Investor ist auf der Suche nach einem Immobilien-Projekt, das eine von ihm festgesetzte Mindestverzinsung erbringen soll, deshalb wird er die Projekt-Konzeption dahingehend prüfen, ob das wechselseitige Zusammenspiel der Faktoren Standort und Projektidee seinen Vorstellungen entspricht. Als Kriterium dient dabei auch die anvisierte Nutzungsausrichtung der Immobilie.

Freizeitanlagen bedingen in der Regel hohe Finanzierungsbudgets, auch für ihre Ergänzungsinvestitionen, weshalb die Auseinandersetzung mit Trends im Rahmen der Entwicklungsplanung, aber auch darüber hinaus im Hinblick auf eine potenzielle spätere Erweiterung, Modernisierung oder Attraktivierung der Immobilie aus ökonomischer Sicht unabdingbar ist.[43] Potenzielle Kapitalgeber werden demnach schon in der Planungsphase darauf achten, dass die Anlagen so moduliert sind, dass sie für zukünftige Ergänzungsvorhaben ausbaufähig bleiben.

---

[40] Die Entwicklung von Shoppingcentern in der Bundesrepublik Deutschland bietet sich als Beispiel für die Wertschöpfungsmöglichkeit eines Standortes an. Mit dem Ziel, Standorte „auf der grünen Wiese" zu entwickeln, wurden Shoppingcenter in peripheren Lagen gebaut. Es wird mit der Verlagerung von Projekten in die Peripherie versucht, der Abhängigkeit vom Kostendruck (wie bei innerstädtischen Grundstücken) zu entgehen und die Wertschöpfung über Maßnahmen wie Kundenbindung und Preispolitik zu erhöhen. Vgl. Schulte, K.-W./Bone-Winkel, S./Rottke, N. (2002), S. 33.

[41] Vgl. tiefer gehend Väth, A./Hoberg, W. (1998), S. 92.

[42] Vgl. Isenhöfer, B./Väth, A. (2000a), S. 165 f.

[43] Vgl. o. V. (2004l), S. 1.

Um beurteilen zu können, ob aus einer Projektinvestition ein angestrebter Rendite-Erfolg entspringen kann, werden so genannte Projektrechnungen (beziehungsweise Developer-Rechnungen) durchgeführt.[44] Diese Rechnungen sollen Kenntnis darüber geben, ob das angestrebte Projekt wirtschaftlich tragfähig ist. Sie dienen insbesondere als Orientierungsleitfaden für den Investor; auf ihrer Basis ist zu entscheiden, ob weiterführende Studien durchgeführt werden.[45]

Die Betrachtung der ersten Phase des Prozesses der Immobilien-Projektentwicklung konnte verdeutlichen, dass die drei Produktionsfaktoren Standort, Projektidee und Kapital bestimmend für die zukünftige Entwicklung eines Immobilien-Projekts sind.

Nun schließt sich an die Projekt-Konzeption die zweite Phase an: die Projekt-Studie. Sie untermauert die bis hierher gesammelten Kennzahlen mit weiteren Recherchewerten, um die Marktchancen eines Projekts zu spezifizieren. So umfasst die Projekt-Studie nicht nur Markt-, Standort- und Wirtschaftlichkeitsanalysen, sondern auch bautechnische, rechtliche und vertragsgestaltende Fragestellungen; somit sämtliche Daten und Informationen, die Auskunft über die Umsetzungschancen des Immobilien-Projekts geben können. Vor diesem Hintergrund ist beispielsweise die Schaffung von Baurecht ein wichtiger Bestandteil der Projekt-Studie, um das geplante Entwicklungsvorhaben im Einklang mit dem geltenden Bebauungsplan durchzuführen.[46] Schließlich ergibt sich ein Entscheidungsrahmen für die Realisierung des Investments. Dabei sollten die standort- und marktseitigen Restriktionen und Entwicklungspotenziale ebenso wie die objekt- respektive konzeptspezifischen Vor- und Nachteile des Objekts für den Investor deutlich werden.[47]

Insofern kommt der Projekt-Studie ein ganz besonderer Stellenwert im gesamten Prozess der Immobilien-Projektentwicklung zu. Sie bildet sozusagen den Kern der Immobilien-Projektentwicklung, denn insbesondere Investitionen in umfangreiche Projekte beanspruchen fundierte Analysen. Es ließ sich in diesem Zusammenhang über die letzten Jahre beobachten, dass auch die bestehende Lehrmeinung das Bedürfnis der Unternehmer nach aussagekräftigen, aber vor allem umfangreichen Informationsdaten aufgenommen hat. Häufig werden ganze Informationspakete geschnürt, die alles beinhalten, was für das Investitionsprojekt bedeutend sein könnte.[48] In der Vielzahl an Informationen liegt jedoch auch eine gewisse Gefahr, denn die Beurteilungsmaßstäbe der gewonnenen Daten könnten subjektiven Auswahlkriterien unterliegen. Von welchen

---

[44] Vgl. weiterführend Schulte, K.-W. (2002), S. 244 ff.; vgl. Gliederungspunkt 2.1.5, S. 41.

[45] Vgl. Isenhöfer, B./Väth, A. (2000a), S. 166.

[46] Vgl. Falk, B. (Hrsg.) (1996), S. 502; vgl. Schnermann, J. (1992), S. 304; vgl. Stich, R. (2002), S. 383 ff.

[47] Vgl. Muncke, G./Dziomba, M./Walther, M. (2002), S. 197.

[48] Vgl. ebenda, S. 196.

Einflüssen Marktstrukturen abhängen können, soll im folgenden Gliederungspunkt untersucht werden.

2.1.1 Die Relevanz der Marktstrukturen

Die Märkte bestimmen das Handeln und die Zieldimensionen des jeweiligen Betrachters und stellen deswegen aus ökonomischer Sicht das Handlungsumfeld für die Immobilienökonomie dar. Um die Bedeutung von Angebot und Nachfrage für die Immobilien-Projektentwicklung zu verdeutlichen, werden in diesem Abschnitt unterschiedliche Marktbegebenheiten systematisiert; bestimmendes Instrument ist die Marktanalyse.

Grundsätzlich untersucht die Marktanalyse einen räumlich und zeitlich eingegrenzten Markt, um Angebot, Nachfrage und Preisgestaltung zu beschreiben. So können entweder die Marktsituationen der Vergangenheit, die gegenwärtige oder die prognostizierte Marktbegebenheit beurteilt werden.[49] Dabei legt die Marktstruktur die effektiven und potenziellen Bedarfe fest, denn jedes Marktsegment weist unterschiedliche Prämissen und Rahmenbedingungen auf.[50] Für Spezialmärkte, wie beispielsweise für den Freizeitimmobilienmarkt, sind teilweise Primärerhebungen notwendig, um immobilienbezogene Daten zusammenzutragen.[51] Die Marktanalyse ist ein Instrument, um die Nachfragepräferenzen der potenziellen Immobiliennutzer sichtbar zu machen. Aufbauend auf den so gesammelten Informationen lässt sich das Immobilien-Projekt zielgruppenspezifisch planen und ausrichten.

Marktanalysen lassen sich in aggregierte Analysen, die den Gesamtmarkt untersuchen, und in disaggregierte Analysen untergliedern, die lediglich Teilmärkte abbilden.[52] Die objektbezogene Immobilien-Projektentwicklung fasst den gesamten Immobilienmarkt zusammen. Dieser Gesamtmarkt (aggregierter Markt) integriert alle vorstellbaren Immobilienarten; von Wohn- über Büro- und Gewerbeimmobilien bis hin zum geförderten Wohnungsbauprojekt.

Wie sich unterschiedliche Märkte ineinander fügen können, soll nun in Form eines Beispiels verdeutlicht werden. Um einer Arena eine Marktstruktur zuzuordnen, stellt sich zuerst die Frage, welche weiteren Freizeitimmobilien um Investitionen in Freizeitprojekte konkurrieren. Abbildung 7 stellt hierzu unterschiedliche Immobilienmärkte dar, die alle in Verbindung zur Immobilien-Projektentwicklung stehen.

---

49 Vgl. Isenhöfer, B./Väth, A. (2000), S. 323; vgl. weiterführend Kyrein, R. (Hrsg.) (2002), S. 211 f.

50 Vgl. Mellerowicz, K. (1967), S. 172.

51 Vgl. Schneider, W./Völker, A. (2002), S. 53 f.

52 Die aggregierte Analyse des Immobilienmarktes soll wegen ihres umfangreichen heterogenen und theoretischen Charakters im Folgenden unberücksichtigt bleiben. Vgl. weiterführend Siegel, R. A. (1986), S. 32.

Abbildung 7: Arenen innerhalb ihrer Marktstruktur

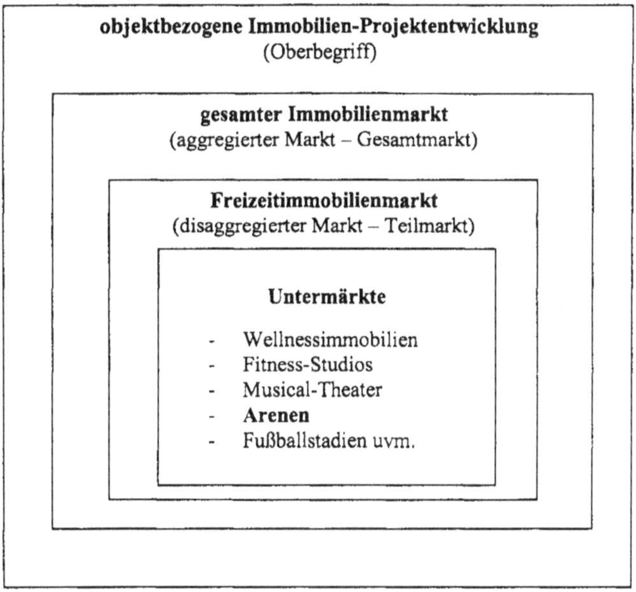

Den Input für die Immobilien-Projektentwicklung stellen die Dienstleistungen des Projektentwicklers[53] dar. Projektentwickler spezialisieren sich nicht unbedingt auf eine Immobilienart oder ein bestimmtes Marktsegment, sodass ihr Aktivitätsradius interdisziplinär ausgerichtet ist. Das Angebot kann von der Research- und Beraterfunktion über die Aufsicht der Bauträger bis hin zur Betreibertätigkeit sämtliche Dienstleistungen umfassen. Oftmals setzen Projektentwickler jedoch spezielle Entwicklungsschwerpunkte und bauen spezifisches Know-how auf.

Der Freizeitimmobilienmarkt bezieht sich nur auf Immobilien-Projekte im Freizeitbereich und ist dementsprechend ein Teilmarkt (disaggregierter Markt), der Markteinschätzungen mit empirisch belegten Daten in einem überschaubaren Rahmen abbildet und damit ein gängiges Analyse-Instrument für die Projektentwicklung darstellt. Letztendlich lassen sich einzelne Untermärkte des Freizeitimmobilienmarktes unterscheiden: Multiplex-Kinos, Urban Entertainment Center (UEC), Fitness-Center, Wellness-Immobilien, Musical-Theater, Fußballstadien und viele mehr – auch der Untermarkt für Arenen ist hier zu finden.

[53] *Schulte* setzt Projektentwickler mit Bauherren gleich: „*Sie initiieren das Projekt, überwachen die Planungs- und Bauphase und vermarkten die Flächen. Mit der Fertigstellung der Immobilie und Übergabe an den Nutzer endet die Projektentwicklung.*" Schulte, K-W. (2000), S. 39.

Quantitative und qualitative Einflussfaktoren auf die Marktsituation

Neben der Einschätzung der Marktposition einer Immobilie gibt die Marktanalyse Auskunft über spezifische Merkmalsausprägungen des zu betrachtenden Marktes. Diese Merkmalsausprägungen setzen sich aus sämtlichen marktwirksamen quantitativen und qualitativen Elementen des Angebotes und der Nachfrage zusammen, die das Immobilien-Projekt beeinflussen. Die Marktchancen des Projekts sind so exakt wie möglich einzuschätzen, um dadurch eine potenzielle Marktposition antizipieren zu können.[54]

Zu den quantitativen Einflussfaktoren einer Marktanalyse zählen das Flächenangebot, die Flächennachfrage und die daraus resultierenden Preise auf dem Immobilienmarkt.[55] Dabei ist der Ausgangspunkt eine Ex-post-Betrachtung der Flächenbestandsentwicklung, die sich unter anderem in Lagemerkmale, regionale Verteilung, Leerstandsraten und jüngere Baufertigstellungen differenzieren kann. In einen Zusammenhang mit dem Flächenbestand wird der Flächenbedarf gesetzt, der anhand von Kriterien wie Flächengesuche, Absorptionsgeschwindigkeit und Marktsättigungsgrenzen gekennzeichnet ist.

Doch auch externe Einflussfaktoren des Immobilienmarktes sind relevant, um das gesamtwirtschaftliche Marktvolumen einzuschätzen. Zu diesen Kenngrößen gehören zum Beispiel die folgenden: Konjunkturentwicklung, Kaufkraftströme, Auslastung respektive Frequenzen, rechnerisches Umsatzpotenzial, rechnerisches Flächenpotenzial, Beschäftigungsstruktur und -wachstum.[56] Mit diesen Daten lässt sich die Marktpreisentwicklung beurteilen, um schließlich ein abgerundetes Bild des jeweiligen Marktgebiets zu zeichnen.

Quantitative Marktdaten ergeben sich größtenteils durch ordinale Berechnungen. Der potenzielle Nutzer des Immobilien-Projekts wird sich jedoch nicht nur von quantitativen Werten leiten lassen. Oftmals ist der ausschlaggebende Entscheidungsmoment, insbesondere im Fall von mehreren potenziellen Investitionsalternativen, die subjektive Wertbeurteilung der Marktsituation einer Immobilie. Insofern können die gewonnenen quantitativen Daten mit qualitativen Werten wie Funktionalität, Effizienz, Ausstattungsstandards und Bauqualität präzisiert werden. Erst durch die Erweiterung der quantitativen Marktanalyse um Qualitätsmerkmale lassen sich aussagekräftige Rückschlüsse für die Ausgestaltung, Planung und Realisierung des angestrebten Immobilien-Projekts ziehen. Falls es sich um Immobilien handelt, bei denen der Nutzer bereits in der Planungsphase bekannt ist, können individuelle Interessen von Anfang an berücksichtigt werden. Wenn der Nutzer noch nicht bekannt ist, gestaltet sich die Daten-

---

54 Vgl. Muncke, G./Dziomba, M./Walther, M. (2002), S. 148.

55 Vgl. Eckenstahler, C. R. (1994), S. 80 f.; vgl. Berger (1995), S. 258.

56 Vgl. Muncke, G./Dziomba, M./Walther, M. (2002), S. 149.

erhebung aufwändiger. In gesättigten Märkten mit verschärftem Wettbewerb ist die qualitative Marktanalyse besonders ausschlaggebend für die Projektumsetzung.[57]

Bezug nehmend auf die eingangs ausgewählte Begriffsbestimmung der Immobilien-Projektentwicklung von *Diederichs*, welche die Wettbewerbsvorteile in der einzelwirtschaftlichen Ebene betont, soll an dieser Stelle die Strategie im Wettbewerb beleuchtet werden. Der nächste Gliederungspunkt stellt einleitend dazu eine Spezialform der Marktanalyse vor, die Wettbewerbsanalyse. Vorab ist zu betonen, dass die Markt- und die Wettbewerbsanalyse keineswegs zeitlich nacheinander zu erfolgen haben; sie lassen ein paralleles Vorgehen zu.

2.1.2 Wettbewerbsanalyse: Orientierungsleitfaden zur Strategiefindung?

Nach der ausführlichen Darstellung marktspezifischer Einflussfaktoren, die zum Gelingen des Projektvorhabens beitragen können, stellt sich nun die Frage, welchen Stellenwert Wettbewerbsstrukturen einnehmen.

Können Wettbewerbsstrukturen grundlegend für die Strategiefindung sein?

Zur Beantwortung dieser Fragestellung beschäftigen sich die nächsten Ausführungen mit der Theorie des Wettbewerbs.

Die Wettbewerbsanalyse untersucht die Marktposition des zu betrachtenden Immobilien-Projekts im Vergleich zu Wettbewerbsimmobilien, die bereits vorhanden sind, sich im Bau befinden, bereits sicher projektiert sind oder sich noch in der Planung befinden.[58] Zu der Gruppe der bereits vorhandenen Wettbewerbsimmobilien zählen auch Objekte aus branchenfremden Gebieten, die in komplementärer Beziehung zu der betrachteten Immobilie stehen. Die Errichtung von Immobilien für den gastronomischen Bereich kann beispielsweise den Umsatz einer Arena positiv beeinflussen.

Sämtliche Grund- und Marktdaten der jeweiligen Objekte und deren Nutzern sind mithilfe der Wettbewerbsanalyse zu ordnen. Es entsteht eine Übersicht derjenigen Kriterien, anhand derer das Projektvorhaben mit den Wettbewerbsimmobilien verglichen werden kann. Diese Kriterien leiten sich aus den bereits vorhandenen Daten der Marktanalyse ab, aber auch Gebäude- und Standortmerkmale fließen in die abschließende Wettbewerbseinschätzung ein. Das Ergebnis der Wettbewerbsanalyse, die relative Wettbewerbsposition des Immobilien-Projekts, kann dazu beitragen, Stärken und Schwächen der Projekt-Konzeption herauszufiltern.[59] Somit stellt die Wettbewerbsanalyse ein aussagekräftiges Instrument dar, um die eigene Wettbewerbsposition ein-

---

[57] Vgl. Schneider, W./Völker, A. (2002), S. 58 f.

[58] Vgl. ebenda, S. 54.

[59] Vgl. Miles, M. E. et. al. (1991), S. 192.

zuschätzen und sich von Konkurrenzangeboten abzuheben.[60] Mithilfe der Wettbewerbsanalyse wird versucht, das Verhalten der Wettbewerber ersichtlich zu machen und es zum eigenen Nutzen zu beeinflussen. Um den Erfolg des anvisierten Projekts voran zu bringen, sind die Analysedaten in einen komplementären Strategierahmen zu setzen; so lassen sich Wettbewerbsvorteile erarbeiten. An dieser Stelle wird die Verbindung zwischen Wettbewerb und Strategie deutlich und soll noch weiter vertieft werden, denn auch *Diederichs* bezieht sich auf die Wettbewerbsstrategie.[61]

„Im Zentrum der Strategieentwicklung steht das Bestreben, sich im Wettbewerb zu behaupten."[62]

Diese Kernaussage begründet die strategische Ausrichtung eines ökonomisch agierenden Wirtschaftssubjektes im Rahmen seines operativen Handelns. Bezogen auf das Gebiet der Immobilien-Projektentwicklung trägt die unternehmerische Wettbewerbsstrategie demnach dazu bei, nach erfolgter Analyse des Wettbewerbsumfeldes die Intensität des Wettbewerbs in einer Branche[63] und darauf aufbauend ihre Rentabilitätsperspektiven einzuschätzen. *Porter* setzt im Rahmen seiner Wettbewerbsstrategie einen Schwerpunkt auf die Branchenstrukturanalyse, die die Wettbewerbsintensität mit den fünf folgenden Wettbewerbskräften zusammenbringt:

- Rivalität unter den bestehenden Unternehmen,
- Bedrohung durch neue Konkurrenten,
- Bedrohung durch Ersatzprodukte und -dienste,
- Verhandlungsstärke der Abnehmer,
- Verhandlungsstärke der Lieferanten.[64]

Diese fünf Einflussfaktoren, die Abbildung 8 in einem Wirkungszusammenhang zeigt, betonen die interdependenten Wettbewerbsbeziehungen der etablierten Marktteilnehmer. Es stehen jedoch nicht nur die existierenden Wettbewerber und ihre Beziehungen

---

[60] Vgl. weiterführend Isenhöfer, B./Väth, A. (2000a), S. 172 ff.

[61] *Diederichs* bezieht sich dabei auf *Porter. Porter* zählt seit seiner Veröffentlichung „Competitive Advantage" (Wettbewerbsvorteil) aus dem Jahre 1983 zu den führenden Autoren im Bereich der Wettbewerbstheorie. Er entwickelte ein Modell zur Analyse der Branchenstruktur, das aus strukturellen Merkmalen einer Branche auf die Wettbewerbsposition und darauf aufbauend auf das Gewinnpotenzial einer Unternehmung schließen lässt. Vgl. Porter, M. E. (1999), S. 27 ff.; vgl. zudem Porter, M. E. (1999a), S. 25 ff.

[62] Porter, M. E. (1999), S. 27.

[63] *Porter* definiert den Begriff „Branche" (Industry) wie folgt: *„An Industry is a market in which similar or closely related products are sold to buyers."* Porter, M. E. (1985), S. 233.

[64] Vgl. Porter, M. E. (1999), S. 28; vgl. auch Porter, M. E. (1999a), S. 29.

zueinander im Kern der Strategiebetrachtung; auch die Aktivitäten der potenziellen neuen Wettbewerber beeinflussen das Wettbewerbsgeschehen. Die Immobilien-Projektentwicklung ist somit in ein Wettbewerbsgeflecht eingebettet, das branchenabhängig ist.

Abbildung 8: Interdependente Wettbewerbsbeziehungen[65]

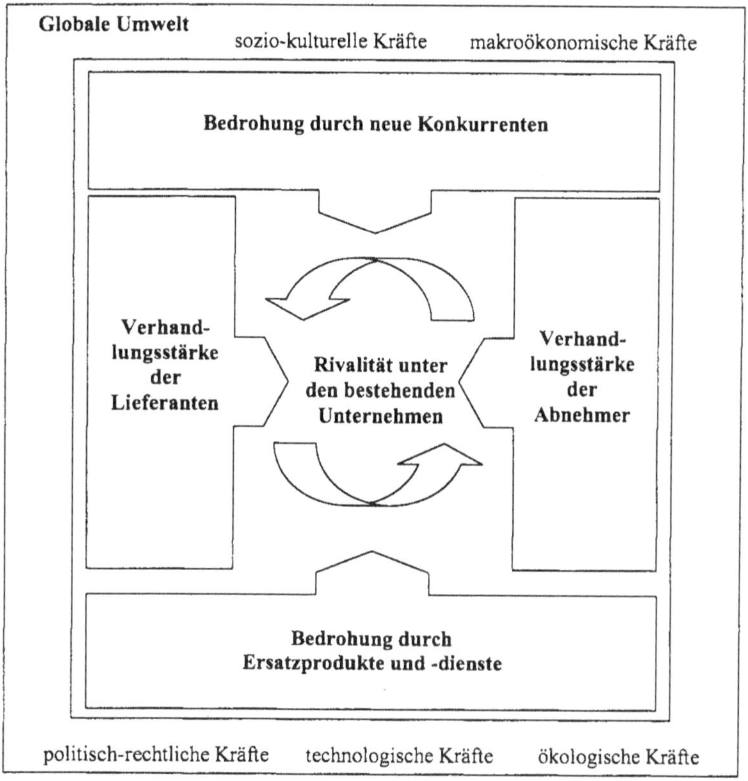

Grundsätzlich sind die genannten Wettbewerbskräfte in jeder Branche bestimmend für die Regeln des Wettbewerbs.[66] Es ist unerheblich, ob die betrachtete Branche national oder international tätig ist, Produkte oder Dienstleistungen anbietet. Allerdings ist die

65 Abb. in Anlehnung an Porter, M. E. (1999a), S. 29.

66 Vgl. Aaker, D. A. (1989), S. 98; vgl. zu den fünf Wettbewerbskräften Porter, M. E. (1999), S. 27 ff.; vgl. Porter, M. E. (1999a), S. 28 ff.

Intensität dieser fünf Kräfte in jeder Branche unterschiedlich und kann sich mit einer konjunkturellen Veränderung verschieben.[67]

Porters Branchenstrukturanalyse basiert auf der Prämisse, dass die Dynamik beziehungsweise der Grad der Wettbewerbsintensität einer Branche über deren Attraktivität ihr Rentabilitätspotenzial – gemessen als Return on Invested Capital (ROIC) – aufzeigt.[68] Das Modell legt eine breit gegliederte Branchenabgrenzung zu Grunde und erlaubt eine umfassende Untersuchung sämtlicher Determinanten der Wettbewerbssituation. Das branchenbezogene Rentabilitätspotenzial ist dabei von den fünf Wettbewerbskräften abhängig.[69] Zur theoretischen Vereinfachung des Modells geht *Porter* von einer gleich hohen durchschnittlichen Rentabilität in allen Branchen aus.

Die Ausführungen zur *Porter'schen* Strategietheorie sollen an dieser Stelle zunächst als Denkansatz dienen. Im Teil B werden sie weiter vertieft, um die theoretischen Elemente anhand von Freizeitimmobilien auf ihre Praxistauglichkeit zu untersuchen.[70] Nun werden zunächst noch Umweltkräfte in die Untersuchung einbezogen.

---

67 Vgl. Porter, M. E. (1999a), S. 27 f.; vgl. Hungenberg, H. (2001), S. 84 ff.

68 Vgl. Aaker, D. A. (1989), S. 91; vgl. auch Meffert, H. (1994), S. 416.

69 Die Bewertung des branchenbezogenen Rentabilitätspotenzials (ROIC) basiert auf dem individuellen Zielsystem eines Unternehmens. Insofern beeinflusst die Unternehmensführung die branchenbezogenen Wachstumswerte. Vgl. Porter, M. E. (2004), S. 6; vgl. Müller-Stewens, G./Lechner, C. (2001), S. 140 f.

70 Es ist zu hinterfragen, ob das Modell in der vorliegenden Form auf die Praxis übertragen werden kann. Auf Grund der vereinfachten Annahmen und des statischen Wettbewerbsverständnisses der Modelluntersuchung wäre ggf. eine modifizierte Form denkbar. Vgl. Gliederungspunkt 6, S. 149.

2.1.2.1 Einbeziehung der Umweltkräfte in die Wettbewerbsuntersuchung

Die Umwelt eines Wirtschaftssubjektes beeinflusst sein Handeln über physische, technologische, ökonomische und soziale Kräfteverhältnisse, die sich in einem gemeinsamen Wirkungskreis befinden.[71] Dies gilt ebenso für die Strategie des Wettbewerbs. Wie Abbildung 8 zeigt, ist die Umwelt der Wettbewerbstheorie von raumbezogenen Parametern geprägt, deshalb kann die globale Umwelt spezifische Umweltkräfte bündeln, die den Wettbewerb zwischen Marktteilnehmern beeinflussen.[72] Die folgenden fünf Umweltkräfte stellen nach der bestehenden Lehrmeinung Rahmengrößen des Wettbewerbs dar:

- sozio-kulturelle Kräfte,
- makroökonomische Kräfte,
- politisch-rechtliche Kräfte,
- technologische Kräfte und
- ökologische Kräfte.

Für strategische Wettbewerbsentscheidungen ist die ***sozio-kulturelle Umwelt*** einer Immobilie relevant. Es sind diejenigen Einflussfaktoren zu betrachten, die aus der gesellschaftlichen Umgebung auf das Immobilien-Projekt einwirken. Dabei handelt es sich insbesondere um demographische Merkmale einer Gesellschaft. Verändern sich Werte und Einstellungen, sind die Entwicklungsplanungen von Immobilien gegebenenfalls zu überdenken und anzupassen.[73]

In der Freizeit vollzieht sich beispielsweise ein zunehmender Trend weg von den künstlichen Erlebnisparks hin zu natürlichen Ereigniswelten, der auch mit dem Begriff „Edutainment“ einhergeht. Edukative Immobilienanlagen, die den Nutzern die Möglichkeit bieten, den Unterhaltungsanteil ihrer Freizeitgestaltung mit wissensbasierten Elementen zu kombinieren, um einen Lerneffekt zu erzielen, entsprechen diesem Trend.[74]

---

[71] Vgl. Hansmeyer, K.-H./Rührup, B. (1973), S. 7.

[72] Vgl. Steinmann, H./Schreyögg, G. (1997), S. 155 ff.

[73] Vgl. Hungenberg, H. (2001), S. 79 f.

[74] Gemeint sind Museumsnächte, historische Feste, aber auch Erlebnisparks, die spielerisch Wissen vermitteln. Vgl. Deutsche Gesellschaft für Geographie (Hrsg.) (2003), S. 1 f.

Welchen Einfluss könnte die zukünftige ökonomische und gesellschaftliche Entwicklung auf die Nachfrage- und Angebotsstruktur im Freizeitimmobilienbereich nehmen?

Das breite Spektrum potenzieller ***makroökonomischer Einflussfaktoren*** bezieht sich vor allem auf Veränderungen des Bruttosozialprodukts (BSP) und der Einkommensstruktur und -verwendung.[75] So können konjunkturelle Schwankungen der Gesamtwirtschaft die Branchenentwicklung und dadurch die Absatz- und Beschaffungsmärkte (zum Beispiel Preiskonditionen der Beschaffungsmärkte) wandeln.[76]

Unter ***Politisch-rechtliche Kräften*** sind jene Bedingungen zu verstehen, die durch die Aktivitäten des Staates und der Körperschaften mit Gesetzeshoheit vorgegeben sind und an die sich Unternehmen jeglicher Rechtsform zu halten haben. Politische und wirtschaftliche Wirkungskreise sind mannigfaltig miteinander verflochten und unterliegen permanenten Veränderungen.[77] Gesetzesauflagen können die Entwicklungs- und Baubedingungen verändern und zum Teil zusätzliche Investitionsbedarfe entstehen lassen. So wird das Investitionsverhalten von Investoren entscheidend durch das Prozedere und insbesondere die Dauer von Genehmigungsverfahren beeinflusst.[78] Gesetzliche Bestimmungen wirken aber nicht nur belastend, sondern sollen nach den Vorstellungen des Gesetzes Innovationen und Investitionen ankurbeln. Ist das politisch-rechtliche Umfeld stabil, lassen sich Investitionsvorhaben auf ein sicheres Fundament bauen. Dabei kann die Stadt auch Gewährleistungen aussprechen.[79]

---

75 Vgl. Steinmann, H./Schreyögg, G. (1997), S. 159.

76 Es ist dabei abzuschätzen, welcher Indikator gewählt wird. Erscheint das BSP oder das Bruttoinlandsprodukt (BIP) als Wachstumskriterium geeignet? Das BIP setzt, wie das BSP, seinen Schwerpunkt auf Wachstumswerte, die nicht in quantitatives und qualitatives Wachstum, Kosten und Nutzen, kurzfristige und langfristige Perspektiven differenziert sind. Sozio-kulturelle Wertschöpfungsfaktoren, die mit dem Stichwort „Lebensqualität" zusammenzufassen sind, werden vernachlässigt. Kosten, die Mängel ausgleichen, bspw. Kosten für die Verbrechensbekämpfung und Umweltverschmutzung, sind vom BIP abzuziehen. Es gibt einige Ansätze, die Einkommensungleichheit und die Ausbeutung natürlicher Ressourcen berücksichtigen. Formeln, die diese Faktoren aufnehmen, sind der Index of Sustainable Economic Welfare (ISEW), der Genuine Progress Indicator (GPI) und der Human Development Index (HDI) der UN und der Index of Economic Well-Being (IEWB). Vgl. Rifkin, J. (2004), S. 83 ff.

77 Vgl. Hungenberg, H. (2001), S. 78.

78 Vgl. zur Genehmigungsplanung Gliederungspunkt 2.1.6, S. 46.

79 Um die privatwirtschaftliche Investition in eine Arena zu unterstützen, könnte die Baugenehmigung einer zusätzlichen Mehrzweckhalle verweigert werden, falls diese ihre Leistungen bei geringerer Kapazität kostengünstiger anbietet. Dies kann schließlich dazu führen, dass ein Marktteilnehmer langfristig eine bevorzugte Stellung im Wettbewerb innehat. Vgl. zur Situation in Hamburg Gliederungspunkt 6.1, S. 155.

Technologische Kräfte können beispielsweise die technische Ausstattung von Immobilien beeinflussen. Aus Sicht der Investoren und Betreiber spielen die Nutzerpräferenzen für die Projektentwicklung eine entscheidende Rolle. Dabei lassen sich die Weichen für spätere Wettbewerbsvorteile bereits in der Planung des Immobilien-Projekts stellen, indem Kapazitäten für spätere Modernisierungsmaßnahmen im Voraus geschaffen werden.[80]

Das geographische Umfeld und seine ***ökologischen Einflusskräfte*** sind für die strategische Planung in zweifacher Hinsicht bedeutungsvoll. Einerseits orientiert sich die Immobilien-Projektentwicklung an bestehenden Normen des Umweltrechts, andererseits kann die ökologische Umwelt Chancen zur Erschließung weiterer Flächen ermöglichen.[81]

2.1.2.2 Räumliche Wettbewerbseffekte im Hinblick auf die Marktbedeutung einer Immobilie

Die Marktbedeutung einer Immobilie hängt von potenziellen räumlichen Wettbewerbseffekten ab. Es gibt zwei Ausgangssituationen, durch die ein Standort gekennzeichnet sein kann: Zentralität oder Lokalität. Diese beiden Begrifflichkeiten bedingen unterschiedliche Effekte, die in Tabelle 1 zusammengefasst sind.

Wenn ein Standort noch keine Wettbewerbsbeziehungen aufweist, ist er durch räumliche ***Zentralität*** geprägt.[82] Dieser Standort bietet infrastrukturell und regionalökonomisch noch Erschließungspotenzial. Der erste Wettbewerber, der sich angesiedelt hat, kann somit eine zentrale Bedeutung für weitere Wettbewerber darstellen. Schließlich ließe sich, wenn bestimmte räumliche Effekte eintreten, die Entwicklung des Gebiets fördern.[83]

Den Charakter der ***Lokalität*** weist ein Standort auf, der sich bereits in einem gewachsenen infrastrukturellen Rahmen befindet. Im Gegensatz zur Zentralität ist ein neuer Wettbewerber mit einem bestehenden Geflecht aus komplementären (und/oder substitutiven) Wettbewerbsbeziehungen konfrontiert.

---

80 Vgl. Lüer, C. H. (1998), S. 28.

81 Vgl. Hungenberg, H. (2001), S. 80.

82 Vgl. Zimmermann, M. (2002), S. 32.

83 Gemeint ist ein geographischer Ort, an dem bisher noch kein unternehmerisches Handeln stattgefunden hat. Solche Standorte werden oft mit dem Begriff „grüne Wiese" bezeichnet.

Tabelle 1: Räumliche Wettbewerbseffekte[84]

	Marktbedeutung	
Wettbewerbsbeziehung	**Lokalität**	**Zentralität**
Komplementarität	Andockeffekt	Agglomerationseffekt
Substitutionalität	Verdrängungseffekt	Verdrängungseffekt
keine Anbieter	kein Effekt	Magneteffekt

Der Standort einer Immobilie weist dementsprechend entweder eine besondere (Zentralität) oder eine nachrangige Marktbedeutung (Lokalität) auf.

Die Marktbedeutung einer Immobilie ist des Weiteren von speziellen Wettbewerbsbeziehungen bestimmt, die entweder substitutiven oder komplementären Charakter haben. Im Hinblick auf Tabelle 1 sollen nun die Ursache-Wirkungs-Zusammenhänge zwischen der Marktbedeutung einer Freizeitimmobilie, ihren Wettbewerbsbeziehungen und den daraus resultierenden Effekten dargestellt werden.[85]

Der ***Andockeffekt*** entsteht, wenn sich Nutzungen gegenseitig ergänzen (zum Beispiel ein Gastronomie-Erlebniszentrum im Mantelbereich einer Arena). Das „Andocken" eines weiteren Anbieters schafft ein Zusatzangebot (komplementäre Wettbewerbsbeziehungen), woraus insgesamt steigende Umsätze folgen.[86]

Expansionswirkungen führen nicht nur zu komplementären Wettbewerbsbeziehungen. Durch den Anreiz ungenutzter Umsatzpotenziale siedeln sich im lokalen Umfeld substitutive Wettbewerber an, die eine Verdrängung rezessiver Marktteilnehmer bedingen, sodass der ***Verdrängungseffekt*** eintritt.[87]

---

[84] Tab. in Anlehnung an Zimmermann, M. (2002), S. 32.

[85] Vgl. ebenda, S. 30 f.

[86] Vgl. ebenda, S. 30.

[87] Vgl. ebenda, S. 30 f.; vgl. Craig, S. C./Ghosh, A./McLafferty, S. (1984), S. 24.

Ein ***Agglomerationseffekt*** beschreibt die Ansiedelung von Anbietern, die in konkurrierender Beziehung zueinander stehen.[88] Das erweiterte Angebotsspektrum schließt in diesem Fall jedoch Umsatzzuwächse für die einzelnen Anbieter nicht aus.[89] Dies begründet sich in der Bereitschaft der Nachfrager, räumliche Entfernungen zu überwinden, wenn das Kaufangebot an dem weiter entfernten Ort größer und attraktiver ist.[90]

Das Vorhandensein einer Arena als zentrale Einrichtung an einem bisher ökonomisch ungenutzten geographischen Ort bedingt im Optimalfall einen ***Magneteffekt***, wenn sich weitere Anbieter ansiedeln, wodurch sich eine Region beleben lässt.

Durch die vorangegangenen Ausführungen sollte deutlich geworden sein, dass die Planungsphase eines Immobilien-Projekts auch von räumlichen Parametern abhängt. Dem Standort des Entwicklungsvorhabens kommt dabei eine besondere Bedeutung zu, da raumbezogene Wettbewerbseffekte unterschiedliche Marktstrukturen bedingen. Insofern ist nun zu hinterfragen, wie die Charakteristik und die spezifischen Merkmalsausprägungen des ausgewählten Standortes die Investitionsentscheidung beeinflussen können.

2.1.3 Die Bedeutung des Standortes für die Immobilien-Projektentwicklung

„Der Standort kann als der geographische Ort definiert werden, an dem eine Immobilie situiert ist.“[91]

Die Aufdeckung von Chancen und Risiken eines Marktes mithilfe der Marktanalyse und die Kennzeichnung der Stärken und Schwächen eines Standortes mit dem Instrument der Standortanalyse gehören in der Renditekalkulation des potenziellen Investors untrennbar zusammen. Die Marktanalyse zielt auf die kurz- und mittelfristige Betrachtung des Marktgeschehens ab, die Standortanalyse hingegen bezieht sich auf die langfristige Beurteilung des Standortes. Ausgehend von der ersten Prozessphase, der Projekt-Konzeption, in der eine grobe Standorteinschätzung vorzunehmen ist, präzisiert die Standortanalyse nun über die Betrachtung der Makro- und Mikroebene die Eignung des Standortes für das geplante Immobilien-Projekt.[92]

---

[88] *Schätzl* geht in seiner Betrachtung der Agglomerationsfaktoren darauf ein, dass die räumliche Konzentration ökonomischer Aktivitäten sowohl positive als auch negative Auswirkungen haben kann. Es können somit Agglomerationsvorteile und Agglomerationsnachteile beobachtet werden. Vgl. Schätzl, L. (2003), S. 34 f.; vgl. Craig, S. C./Ghosh, A./McLafferty, S. (1984), S. 24; vgl. Fickel, F. W. (1997), S. 207; vgl. Lerchenmüller, M. (1998), S. 95.

[89] Vgl. weiterführend Maier, G./Tödtling, F. (2001), S. 108 ff.

[90] Vgl. Bathelt, H./Glückler, J. (2003), S. 127 ff.

[91] Falk, B. (1996), S. 573.

[92] Vgl. Muncke, G./Dziomba, M./Walther, M. (2002), S. 143.

Grundstücke, Stadtteile, Städte oder Stadtregionen sind durch ihre Umgebung geprägt. Eine Immobilie wird somit nicht isoliert wahrgenommen, sondern sowohl eingebunden in ihre geographische Umgebung als auch hinsichtlich ihrer bestehenden und zukünftigen Nutzungsstrukturen.[93] Die Evaluation regionaler Entwicklungstrends und Wachstumsstrukturen kann eine Standortentscheidung sogar stärker beeinflussen als die Liegenschaft selbst. Verstärkend wirken in diesem Zusammenhang die ausgeprägte Standortgebundenheit und die langfristige Nutzungsdauer von Immobilien-Projekten, sodass bei der Entwicklung von Großprojekten die räumliche Untersuchung des Makrostandortes zum Hauptbestandteil der Standortanalyse zählen kann.[94]

Wie es die bestehende Lehrmeinung sagt, bezieht sich die Makrostandortanalyse auf das großräumige Verflechtungsgebiet (Stadt, Gemeinde, Region), während der Mikrostandort das unmittelbare Umfeld der Immobilie (nahes Umfeld, Stadtteil, Entwicklungsgebiet, Teilraum mit ähnlichen Merkmalen) beschreibt.[95]

Über harte und weiche Standortfaktoren[96] können Standorte beurteilt werden. Sie sind zweistufig zu erfassen: auf der Makroebene und auf der Mikroebene.[97] Sämtliche Standortfaktoren sind abhängig von der jeweiligen individuellen Nutzereinschätzung. Deshalb könnten schlechte weiche Standortfaktoren gute harte Standortfaktoren kompensieren; die Entscheidung liegt im Auge des Betrachters. Es stellt sich für die jeweiligen Akteure lediglich die Frage, in welchem Umfang dies geschehen kann.

Standortfaktoren verändern sich im Zeitverlauf; die harten Standortfaktoren (Transport, Arbeitsmarkt, Verfügbarkeit von Fläche und Kapital und so weiter) hängen von Veränderungen der Produktionsbedingungen, der Markteinzugsgebiete, der Tertiärisierung und dem gesellschaftlichen und technischen Wandel ab. Die weichen Faktoren (Image, Öffentlichkeit und so weiter) unterliegen stattdessen oftmals einer Bedeutungsverschiebung im Zeitablauf, die unter anderem in einem veränderten Freizeit- und Kulturverhalten oder in variierbaren Ansprüchen an das Wohnen zum Ausdruck kommen kann.[98]

---

93 Vgl. Hellerforth, M. (1999), S. 36; vgl. Isenhöfer, B./Väth, A. (2000), S. 346.

94 Vgl. Isenhöfer, B./Väth, A. (2000), S. 347.

95 Vgl. Kyrein, R. (Hrsg.) (2002), S. 209; vgl. Isenhöfer, B./Väth, A. (2000), S. 350; vgl. Väth, A./Hoberg, W. (1998), S. 88.

96 *Weber* definiert den Begriff „Standortfaktor" als *„ein seiner Art nach scharf abgegrenzter Vorteil, der für eine wirtschaftliche Tätigkeit dann eintritt, wenn sie sich an einem bestimmten Ort oder auch generell an Plätzen bestimmter Art vollzieht."* Weber, A. (1909), S. 16 zitiert nach Heuer, H. (1975), S. 44.

97 Vgl. Kyrein, R. (Hrsg.) (2002), S. 208 f.

98 Vgl. Grabow, B./Henckel, D./Hollbach-Groemig, B. (1995), S. 15 ff.

Zu den harten Standortfaktoren auf der Makroebene zählen unter anderem die Daten der Bevölkerung, zu denen auch die Erfassung von Migrationstrends gehört. Dabei unterscheidet die gegenwärtige Literatur zwischen intra- und interregionalen Wanderungstrends, um Aussagen über die zukünftige Bevölkerungsentwicklung im Untersuchungsgebiet zu formulieren.[99]

Den ökonomischen Daten kommt ebenfalls eine bedeutende Stellung in der Standortanalyse zu. Eine ausgeglichene Beschäftigungs- und Wirtschaftsentwicklung spricht für einen ökonomisch gesunden Standort (gemessen unter anderem über Gewerbesteueraufkommen, Diversifikationsgrad der lokalen Wirtschaft, Flächenverfügbarkeit und Kosten der Flächen beziehungsweise Gebäude, Unternehmensansiedlungen).[100] Außerdem ist die Wirtschaftsstruktur zu nennen, die den Wert von Gewerbeimmobilien beeinflussen kann (gemessen unter anderem über Indikatoren wie Branchenmix, Tertiärisierungsquote und Zentralität des Handels[101]).

Das Image des Makrostandortes ist ein prägender weicher Standortfaktor. So hat jeder Standort ein spezifisches Charakteristikum, das unbewusst bestimmte Imagevorstellungen in der Öffentlichkeit schafft. Beispiele für Imagemerkmale sind unter anderem die örtliche Wirtschaft (Bankenmetropole Frankfurt) oder das gewachsene Stadtbild (Altstadt in Heidelberg), die intuitiv mit einer Stadt verbunden sind. Im Zuge der Imagefähigkeit des Makrostandortes ist auch die natürliche Attraktivität des Standortes und seiner Umgebung (Wohnqualität, Freizeitqualität, Umweltqualität) anzuführen.[102]

Die Mikrostandortbetrachtung bezieht sich nun auf die Rahmenbedingungen des zu untersuchenden bebauten oder unbebauten Grundstücks, dessen Lage und Beschaffenheit für zukünftige Nutzungen wichtig ist. Zunächst ist festzustellen, ob es sich um einen integrierten Standort (gewachsener Standort, der in seine Umgebung eingeflochten ist) oder um einen solitären Standort (der nicht in sein Umfeld eingebettet ist) handelt.

Zu den harten Standortfaktoren auf der Mikroebene zählen unter anderem die infrastrukturelle Erschließung, Verkehrsanbindung und Nahversorgung.[103] Von Bedeutung für den potenziellen Investor sind zudem die rechtlichen und gesetzlichen Rahmenbedingungen.

---

[99] Vgl. Hellerforth, M. (1999), S. 42.

[100] Vgl. ebenda.

[101] Zentralität meint hier die Entfernung zu wichtigen Wirtschaftsräumen (wie Forschungs- und Bildungseinrichtungen, Nähe zu Absatzmärkten und Zulieferern, Anbindung an Straßenverkehr, Autobahnen, Bahn, Flughafen, Wasserstraßen etc.).

[102] Vgl. weiterführend Lanz, S./Becker, J. (2001), S. 40 f.

[103] Vgl. Hellerforth, M. (1999), S. 45.

Im Grundbuch sind eventuelle Grundstücksbelastungen angegeben. Diese könnten Dienstbarkeiten sein, welche die Nutzungs- oder Bebauungsmöglichkeiten des Standortes einschränken, zum Beispiel Geh- oder Zufahrtsrechte Dritter, Erbbaurechte oder Nießbrauchrechte. Zu berücksichtigen sind bei gewerblichen Grundstücken die geltenden Gewerbesteuersätze, bei industriellen Grundstücken sollten zudem Informationen über die Höhe der lokalen Abgaben und Nebenkosten (Wasser, Energie et cetera) eingeholt werden. Vor diesem Hintergrund sollte ebenfalls das geltende Baurecht über die bauliche Nutzung von Grundstücken laut Baunutzungsverordnung (BauNVO) berücksichtigt werden.

Im Flächennutzungsplan sind die Nutzungsmöglichkeiten von ausgewiesenen Bauflächen für Wohnen, gemischte Bauflächen, gewerbliche Bauflächen oder Sonderbauflächen festgehalten; der Bebauungsplan setzt die Bebauungsgebiete (Wohngebiete, Industriegebiete et cetera) nach der Art ihrer zulässigen Nutzung fest.[104] Um das maximale Ausmaß der baulichen Nutzung der Baufläche festzustellen, sind die jeweilige Grundflächenzahl (GRZ) und die Geschossflächenzahl (GFZ) des zu erbauenden Gebäudes von Bedeutung.[105]

Ein typischer weicher Mikrostandortfaktor ist die Qualität der Lage, womit das Image gemeint ist, das bestimmte Stadtteile, Viertel oder Straßen haben. Unterstützt wird ein positives Image durch die Qualität der Bebauung und die Attraktivität des Umfeldes.[106]

Es lässt sich die folgende Tendenz beobachten: Mit zunehmender Projekt- respektive Immobiliengröße steigt die relative Bedeutung des Makrostandortes im Vergleich zum Mikrostandort und umgekehrt, wobei diese Kausalität in Deutschland auf Grund der Raumstruktur noch verstärkt wird.[107] Deutschland weist keine zentralistische, sondern eine polyzentrische Struktur auf, die unterschiedliche regionale Wettbewerbsbedingungen bietet. Dabei spielt die geographische Verfügbarkeit einzelner Standortfaktoren eine entscheidende Rolle, denn sie begründen eine divergierende wirtschaftliche Entwicklung einzelner Regionen.[108]

Neben den Standortfaktoren, durch die der jeweilige Projektstandort gekennzeichnet ist, prägen auch bestimmte Risikoausprägungen die Immobilien-Projektentwicklung.

---

104 Vgl. BauNVO (2004), § 1, S. 255 f.; vgl. weiterführend BauNVO (2004), §§ 2 ff., S. 258 ff.

105 Die Grundflächenzahl gibt an, welcher Anteil der Grundstücksfläche überbaut werden darf, und die Geschossflächenzahl (GFZ) legt fest, in welchem Verhältnis die Bruttogeschossfläche (BGF) zur Grundstücksfläche maximal stehen darf. Vgl. BauNVO (2004), §§ 19 ff., S. 267 ff.

106 Vgl. Hellerforth, M. (1999), S. 45 f.

107 Vgl. Isenhöfer, B./Väth, A. (2000), S. 348; vgl. Franck, J. (1997), S. 10.

108 Vgl. Isenhöfer, B./Väth, A. (2000), S. 349; vgl. Väth, A./Hoberg, W. (1998), S. 88.

2.1.4 Spezifische Risiken von Immobilien-Projekten

Auf Grund des hohen Kapitaleinsatzes, den die Projektinvestition in den meisten Fällen verlangt, und der spezifischen Charakteristik von Immobilien-Projekten kommt der Risikoanalyse eine besondere Bedeutung zu.

Projektentwicklungen können dadurch gekennzeichnet sein, dass die Projektvorhaben in Bezug auf den Faktor Zeit terminiert sind und zudem einen stark zielgruppenorientierten Markt bedienen, über dessen zukünftige Nachfragestrukturen Unsicherheit herrscht.[109] Es besteht ein grundsätzliches Entwicklungsrisiko des Projektentwicklers darin, dass sich seine Projekt-Konzeption im Prozessablauf als nicht marktfähig erweist. Hierfür lassen sich vielfältige Gründe anführen, beispielsweise nicht zutreffende Prognosewerte oder unrealistisch eingeschätzte Nutzerinteressen.[110] So können langwierige Genehmigungsverfahren, Baugrundrisiken oder fehlinterpretierte Ausschreibungsanforderungen zusätzliche Kosten implizieren, die sich direkt auf die Höhe des potenziellen Projektertrages auswirken können.[111]

Weiterhin ist das Risiko der Bodenbeschaffenheit zu erwähnen. Der Grundstückskäufer haftet für eventuelle Schadstoffverunreinigungen im Erdreich, auch wenn er diese nicht verursacht hat. Deshalb ist es ratsam, Bodengutachten heranzuziehen.[112] Wenn noch nicht feststeht, ob das geplante Projekt wirtschaftlich tragfähig ist, und hierzu noch detaillierte Analysen durchzuführen sind, sollte eine Anhandgabevereinbarung[113] getroffen werden.

Im Vergleich zum traditionellen Immobilienmarkt wird die Entwicklung von Freizeitanlagen darüber hinaus durch weitere Risikofaktoren bestimmt.[114] Ein Überblick möglicher Risiken ist in Tabelle 2 zusammengestellt.

---

[109] Vgl. Amelung, V. E. (1996a), S. 15.

[110] Vgl. Sorenson, R. C. (1990), S. 11.

[111] Vgl. Isenhöfer, B./Väth, A. (2000a), S. 180.

[112] Vgl. Falk, B. (Hrsg.) (1996), S. 504.

[113] Bevor der Grundstückskaufvertrag in Kraft tritt, kann der Projektentwickler eine Anhandgabe-, Reservierungs- oder Exklusivitätsvereinbarung mit dem Grundstückseigentümer treffen. Unter Risikogesichtspunkten kann über diese Vereinbarungen das Verhältnis zwischen Kaufpreis und Entwicklungskosten besser eingeschätzt werden. Vgl. Stich, R. (2002), S. 44.

[114] Vgl. Muncke, G./Dziomba, M./Walther, M. (2002), S. 190 f.

Tabelle 2: Spezifische Risiken von Freizeitimmobilien[115]

Risiko	Begründung
Konjunkturabhängigkeit	Kein lebensnotwendiger Bedarf. Prognose des Nachfrageverhaltens birgt Unsicherheit.
Innovationsdruck	Schnelle Abnutzung neuer Attraktionen und Gefahr durch Nachahmung. Möglichkeit zur zukünftigen Erweiterung, Modernisierung und Attraktivierung sollte eingeplant sein.
Lebenszyklus	Diskrepanz zwischen kurzen Lebenszyklen vieler Freizeitanlagen und langen Planungs- und Bauphasen. Schnelle Amortisation der Investition ist somit erforderlich.
Standort	Je größer und spezialisierter ein Freizeitangebot, desto wichtiger ist das erforderliche Nachfragevolumen für den Erfolg. Deshalb ist ein Standort zu suchen, der ein geeignetes Nachfragepotenzial aufweist. Optimale Einbindung in das regionale infrastrukturelle Netz ist vorauszusetzen.
Überangebot	Der Erfolg einiger Freizeitangebote kann eine Expansionseuphorie ohne Rücksicht auf das begrenzte Nachfragepotenzial auslösen. Die schnelle Besetzung vieler Standorte, um eine marktbeherrschende Stellung zu erlangen, führte an einigen Standorten zu deutlichem Überangebot und teilweise starkem Wettbewerb.[116]
Qualitätserwartung	Die Konsumenten erwarten eine hohe Qualität, Stimmigkeit und Faszination des Angebotes, aber zu moderaten Preisen. Der Mindestumsatz zur Deckung der Investitionskosten ist oftmals schwer zu erreichen.
Qualifizierungszwang	Erfahrenes Management und hoch qualifizierte und motivierte Mitarbeiter sind erforderlich, um die spezifischen Risiken zu reduzieren.

115 Tab. in Anlehnung an Muncke, G./Dziomba, M./Walther, M. (2002), S. 190 f.

116 Die bundesweiten Besucherzahlen der Multiplex-Kinos waren im ersten Quartal 2004 im zweistelligen Bereich rückläufig; einzelne Multiplexe verzeichneten im Januar 2004 Umsatzrückgänge zwischen 20 und 25 Prozent. Vgl. o. V. (2004f), S. 13.

Die besonderen Risiken des Freizeitmarktes erschweren es, Einzelprojekte hinreichend genau zu beurteilen. Betriebsvergleiche und Benchmarks[117] sind meist nicht vorhanden, was oftmals in den Alleinstellungsmerkmalen der Feizeitprojekte begründet liegt. So birgt die Investition in Freizeitprojekte in der Regel das Risiko, dass die Spezialimmobilien im Freizeitmarkt nicht für anders geartete Nachnutzungen adaptierbar sind und das Betreiberkonzept nicht austauschbar oder nur mit hohem Kostenaufwand variierbar ist.[118]

Eine fundierte Informationsbasis kann das Risiko des Immobilieninvestments reduzieren, weshalb die Datengewinnung über die Marktanalyse und die Marktforschung die Risikoforschung unterstützt. Die negative Korrelation zwischen Risiko und Information lässt sich wie folgt beschreiben: Je detaillierter die Kenntnis über die zukünftigen Entwicklung beziehungsweise je zuverlässiger die Informationsgrundlagen und je höher das Wissen bezüglich der Rahmenbedingungen einer Investition sind, desto geringer ist das Risiko einzuschätzen.[119]

Es sollte in diesem Gliederungspunkt deutlich geworden sein, dass dem Risikofaktor in der Informationsprognose eine herausragende Stellung zukommt. Insbesondere bei längerfristigen Anlagehorizonten, wie bei Freizeitimmobilien, ist die Ungewissheit über die zukünftig zu erwartenden Kapitalflüsse und zukünftigen Vermögenswerte der zentrale Risikofaktor.[120]

2.1.5 Wirtschaftlichkeitsanalyse für Immobilien-Projekte

In der Endphase der Projekt-Studie wird auf der Basis der Markt-, Standort- und Risikoanalysen die Wirtschaftlichkeit und Renditefähigkeit des Projekts untersucht. Dazu dienen so genannte Wirtschaftlichkeits- und Rentabilitätsanalysen, die im Rahmen der endgültigen Entscheidungsfindung potenzielle Schwachstellen aufdecken sollen. Zur Beurteilung der Wirtschaftlichkeit von Immobilien-Projekten reicht es nicht aus, einfache Saldierungen von Kosten und Nutzen ohne Kapitalisierungseffekte vorzunehmen. Im Hinblick auf die langfristige Nutzungsdauer von Immobilien sollen weitere Informationen über das Projektvorhaben einfließen. Wie es die bestehende Lehrmeinung vorgibt, eignen sich die Verfahren der Investitionsrechnung als Entscheidungsgrundlage zur Beurteilung der Wirtschaftlichkeit.[121]

---

117 Vgl. ausführlich zum Benchmarking Kairies, P. (1997), S. 119 f.

118 Vgl. Muncke, G./Dziomba, M./Walther, M. (2002), S. 190.

119 Nach *Vogler* ist die Messung von Immobilienrisiken mittels Standardabweichung (δ) oder Varianz (δ^2) ein adäquates Risikomaß, wenn das Erreichen eines erwarteten Wertes das originäre Ziel der Risikoanalyse ist. Vgl. weiterführend Vogler, J. H. (1998), S. 277 ff.

120 Vgl. ebenda, S. 277.

121 Vgl. Schneider, D. (1996), 74 ff.

Die Hauptaufgabe der Investitionsrechnung besteht darin, die Vorteilhaftigkeit einer Investition[122] (absolute Vorteilhaftigkeit) zu messen. Es können auch Alternativobjekte verglichen werden (relative Vorteilhaftigkeit). Die Beurteilung einer Arena konzentriert sich auf Grund der Spezialform der Immobilie und der begrenzten Anzahl an institutionellen Investoren in der Regel auf die Analyse der Einzelinvestition und damit auf die Errechnung einer absoluten Vorteilhaftigkeit. Die Investition wird in ihrer monetären Dimension bestimmt, das heißt sämtliche mit der Immobilie verbundenen Einnahmen und Ausgaben[123] sind zu erfassen. Abbildung 9 zeigt das Schema der zu sammelnden Ein- und Ausgabeninformationen.[124]

Direkte Zahlungen: Wie Abbildung 9 zeigt, ordnet sich die Anschaffungsausgabe a_0 dem Gebiet der direkten Zahlungen zu. Insgesamt setzt sie sich aus den folgenden Kosten und Gebühren zusammen:

- Anschaffungskosten für Grund und Boden, gegebenenfalls für bestehende Aufbauten,
- Erstellungskosten des Projekts (Kosten für die Anfertigung von Gutachten, Beratungs- und Baugenehmigungskosten et cetera) und
- Erwerbsnebenkosten (unter anderem Maklercourtage, Notar- und Grundbuchgebühren, Grunderwerbsteuer).[125]

Zu den laufenden Einnahmen gehören unter anderem Mieteinnahmen und Einnahmen aus Stell- und Werbeflächen; zu den periodischen Ausgaben zählen Versicherungs-, Verwaltungs-, Instandhaltungs- und Betriebskosten. Ferner können Abrisskosten und Sanierungs- beziehungsweise Modernisierungskosten anfallen.

---

[122] *Jacob* und *Voigt* formulieren den Investitionsbegriff wie folgt: *„Eine Investition ist die Anlage finanzieller Mittel in Objekten materieller oder immaterieller Art, die im Hinblick auf die Zielsetzung des Investors längerfristig von Nutzen zu sein versprechen."* Jacob, H./Voigt, K.-I. (1996), S. 11.

[123] Vgl. dazu grundlagenbezogen Wöhe, G. (1990), S. 964 ff.

[124] Vgl. Schulte, K.-W. (2002), S. 226; vgl. weiterführend Jacob, H./Voigt, K.-I. (1996), S. 20 ff.

[125] Maklercourtage fällt in Relation zur Immobiliennutzungsart und spezifischen Merkmalen des Immobilienobjekts an. Zudem sind Notar- und Grundbuchgebühren zu kalkulieren. Grunderwerbsteuern werden prozentual auf den Kaufpreis berechnet. Vgl. Schulte, K.-W./Allendorf, G. J./Ropeter, S.-E. (2000), S. 513.

Abbildung 9: Zahlungsströme einer Immobilieninvestition[126]

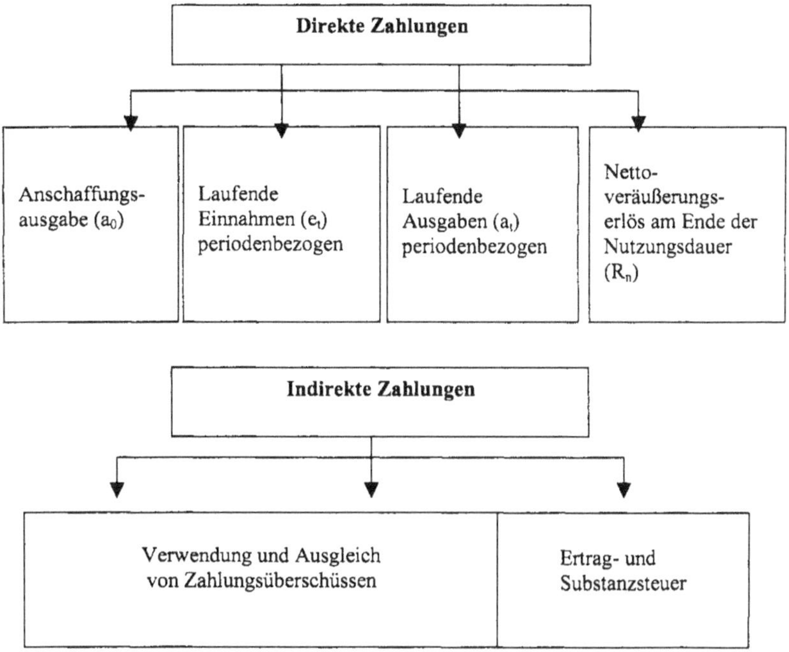

Legende

a_0	Anschaffungsausgabe zu Beginn des Investitionszeitraumes
e_t	laufende jährliche Einnahmen (t = laufende Periode)
a_t	laufende jährliche Ausgaben
n	Lebensdauer der Investition
R_n	Liquidationserlös/Restwert bei Auflösung der Investition

Am Ende des Investitionszeitraumes steht ein Liquidationserlös (R_n), der den Erlös des Verkaufes oder den Restwert des Objektes angibt. Bei Immobilieninvestitionen wird dieser in den Anteil des Gebäudes und in den Anteil für Grund und Boden getrennt. Diese Zweiteilung liegt in der unterschiedlich anzusetzenden Wertentwicklung der

126 Abb. in Anlehnung an Schulte, K.-W. (2002), S. 226.

beiden Komponenten begründet.[127] Die Lehrmeinung hat sich in der Vergangenheit überwiegend an im Zeitablauf konstant steigenden Immobilienwerten orientiert. In den letzten Jahren änderte sich das dahingehend, dass die Beurteilung von Immobilien nun verstärkt anhand der Ertragswerte der Gebäude vorgenommen wird. Dies lässt sich durch anders gesetzte Zieldimensionen der Investoren begründen, die die Anlageform Immobilie auf Grund der abnehmenden technischen und wirtschaftlichen Nutzungsdauern und der höheren Nutzerflexibilität mehr im spekulativen Bereich ansiedeln. Immobilienwerte sind stärker von der effektiven Vermietbarkeit, dem Standort und weiteren gesamtwirtschaftlichen Faktoren abhängig, wodurch sich ihr Verkehrswert bestimmt.[128]

Zu den ***indirekten Zahlungen*** gehören die periodengerechten Überschüsse ($ü_t$), die sich aus den Ein- und Ausgaben ($ü_t = e_t - a_t$) errechnen.[129] Der Investor entscheidet, wozu er einen Periodenüberschuss verwendet. Es ist eine Reinvestition in die Immobilie zur Verbesserung ihrer Substanz in Form einer Modernisierungsmaßnahme denkbar. Des Weiteren können Überschüsse in externe Immobilienobjekte und in Finanzanlagen investiert werden oder bei entsprechenden Prämissen zur Kredittilgung dienen.[130] Darüber hinaus können gehören steuerliche Zahlungen, wie zum Beispiel die Ertrag- und Substanzsteuer, anfallen.[131]

Welches Investitionsrechenmodell ist geeignet, um dem Investor die Vorteilhaftigkeit des Projekts zu begründen?

Die Beschreibung der direkten und indirekten Zahlungsströme sollte den großen Umfang an Eingangsdaten in der Immobilien-Investitionsrechnung verdeutlichen. Deshalb bedarf es im Bereich der Immobilieninvestition mit ihren langfristigen Investitions- und Entwicklungszeiträumen einer möglichst genauen periodengerechten Erfassung der Einnahmen- und Ausgabendaten. Statische Investitionsrechnungen werden diesem Anspruch nicht gerecht, da sie keine periodischen Abgrenzungen berücksichtigen. Die

---

[127] Vgl. Schulte, K.-W. (2002), S. 227.

[128] Vgl. Vogler, J. H. (1998), S. 277.

[129] Vgl. Schulte, K.-W. (2002), S. 229 f.

[130] Vgl. Schulte, K.-W./Allendorf, G. J./Ropeter, S.-E. (2000), S. 520.

[131] Die steuerliche Behandlung von Immobilien ist ein sehr komplexes und einzelfallbezogenes Themengebiet. Insofern ist der steuerliche Gestaltungsspielraum für einen Investor zu beachten, wenn er die relative oder absolute Vorteilhaftigkeit einer Immobilieninvestition beurteilt. Es lassen sich zahlreiche Steuerarten in den einzelnen Phasen des Lebenszyklus einer Immobilie – von der Investitionsphase über die Nutzungsphase bis zur Desinvestitionsphase – unterscheiden. Die Berücksichtigung von Steuern in der immobilienbezogenen Investitionsrechnung ist aus mannigfachen Gründen als schwierig zu bezeichnen. So kommt es des Öfteren zu Überschneidungen einkommens- und immobilienbezogener Steuerregelungen, die eine einzelfallbezogene Betrachtung erfordern. Auf eine detaillierte Analyse des Gebiets der Immobilienbesteuerung soll im Folgenden verzichtet werden, da sie nicht relevanter Bestandteil der Untersuchung ist. Vgl. Schulte, K.-W. (2002), S. 230; vgl. weiterführend Oho, W./Schelnberger, F.-J. (1996), S. 1113 ff.

auf den statischen Methoden aufbauenden dynamischen Investitionsrechnungen (Kapitalwertmethode, Interne-Zinsfuß-Methode, Annuitätsmethode) diskontieren die Zahlungen und den Liquidationserlös einer Investition auf einen gemeinsamen Bezugspunkt (Barwert), der mit dem Investitionszeitpunkt gleichzusetzen ist.[132] Diese barwertorientierten Modelle präferieren eine schematische Erfassung der Zahlungsströme und schränken dadurch die Aussagekraft der betrachteten Zahlungsströme ein.[133]

Den Anspruch einer vergleichsweise einfachen und trotzdem exakten Abbildung der gegebenen Informationen erfüllt der Vollständige Finanzplan (VoFi); er ist eine spezielle Form der dynamischen Investitionsrechnung. Von seinem Ansatz her verfolgt der Vollständige Finanzplan (VoFi) das Ziel, sämtliche Ein- und Ausgaben einer Investition periodengerecht abzubilden. Zudem unterscheidet er sich von den herkömmlichen Investitionsrechnungen, weil er alle Zahlungen auf den Planungshorizont bezieht. Damit kann die Zeitpräferenz des Investors dementsprechend über die Dauer der potenziellen Wiederanlage respektive der notwendigen Zwischenfinanzierung explizit aufgenommen werden.[134] Aufbauend auf den Ergebnissen des VoFi lässt sich zur Betrachtung der potenziellen Investitionsrendite eine Renditekennzahl errechnen, die so genannte VoFi-Rentabilität.[135]

Auf Grund der langfristigen Kapitalbindungsfrist von Immobilien-Projekten besteht in der Immobilienökonomie Einigkeit darüber, dass die mit der Investition zusammenhängenden Zahlungen möglichst differenziert und periodengenau prognostiziert werden sollten. Es ist zu bedenken, dass eine Zahlung umso unsicherer und subjektiver zu beurteilen ist, je weiter sie in der Zukunft liegt. Die Investitionsrechnungen bergen somit stets die Gefahr des Informationsrisikos.[136] Im Vergleich zu den anderen dynamischen Methoden wird der VoFi in der Literatur als adäquates Instrument genannt, um die Zahlungsströme und Risiken aussagekräftig darzustellen.

---

[132] Um die einzelnen Zahlungsströme vergleichbar zu machen, werden alle zukünftigen Ein- und Auszahlungen auf einen heutigen Zeitpunkt abgezinst. Der Barwert einer Investition ist somit der heutige Gegenwartswert einer zukünftigen Zahlung. Vgl. Schulte, K.-W. (2002), S. 233 f.; vgl. Kyrein, R. (Hrsg.) (2002), S. 515.

[133] Vgl. Schulte, K.-W. (2002), S. 233 ff.; vgl. zu den dynamischen Investitionsrechnungen Jacob, H./Voigt, K.-I. (1996), S. 26 ff.

[134] Vgl. Pfnür, A. (2002), S. 335 ff.; vgl. Schulte, K.-W. (2002), S. 240.

[135] Vgl. weiterführend Schulte, K.-W. (2002), S. 243.

[136] Vgl. ebenda, S. 227.

2.1.6 Rahmenbedingungen zur Projekt-Konkretisierung

In der dritten Phase des Prozesses der Immobilien-Projektentwicklung konkretisiert sich die bis dahin konzeptionierte und mit wissenschaftlichen Daten fundierte Projektierung. Im Zuge des seit vielen Jahren fortwährenden Wandels des Marktes der Finanzdienstleistungen haben sich auch die Rahmenbedingungen der Immobilien-Projektfinanzierung verändert. So hat sich die Vergabepraxis von Finanzleistungen der Finanzinstitute durch eine verstärkte bankenaufsichtsrechtliche Normierung, begründet über einen erhöhten Anspruch an die Erfüllungsvoraussetzungen im Risiko-Management, verschärft.[137] Hintergrund dieser veränderten Bankenpraxis ist das Ziel, eine risikoadäquate Adjustierung der voraussichtlichen Risikokosten zu erreichen und nicht mehr, wie in der Vergangenheit, einem durchschnittlichen pauschalierten Ansatz zu folgen.[138]

Grundsätzlich unterscheidet sich die ***Projektfinanzierung*** von der klassischen Immobilienfinanzierung dadurch, dass keine Bestandsimmobilie, sondern ein zu entwickelndes Bauvorhaben finanziert werden soll. Im Optimalfall übersteigt der erwartete Cashflow[139] des Projekts die Fremdkapitalkosten. Insofern ist der Wert der Immobilie zur Beurteilung der Schuldendienstfähigkeit als nachrangig einzustufen; vielmehr interessiert der spätere wirtschaftliche Erfolg des Immobilien-Projekts.

---

[137] Vgl. dazu explizit die Neuen Baseler Eigenkapitalvereinbarungen (BASEL II). Vgl. auch Follak K. P. (2004), S. 159 ff.; vgl. zu weiteren Finanzierungsrisiken in diesem Kontext Orr, R. (2003), S. M 1.

[138] Der frühere Ansatz wurde über den Solvabilitäts-Koeffizienten (12,5) (BASEL I) berechnet. Vgl. Spitzkopf, H. A. et al. (2002), S. 259; vgl. auch Treiber, D. (2005), S. IM 1.

[139] Grundsätzlich erfasst der Cashflow sämtliche Einzahlungen und Auszahlungen einer betrachteten Periode (n) und ermittelt die Liquidität eines Investitionsobjektes am Ende des Betrachtungszeitraums. Die Cashflow-Finanzierung – oder Cashflow-related-Lending – soll für eine positive Kreditentscheidung ergeben, dass sich das betrachtete Projekt aus seinen laufenden Zahlungsüberschüssen heraus selbst finanzieren kann. Wesentliches Kriterium einer Kreditentscheidung ist die Cash Flow Debt Coverage Ratio (CDCR), die sich wie folgt errechnet:

$$\text{Cash Flow Debt Coverage Ratio (CDCR)} = CashFlow \frac{CashFlow_n}{Tilgung + Zins_n}$$

Grundsätzlich ist eine CDCR > 1 erforderlich. Der hier zu Grunde gelegte Cashflow-Begriff errechnet sich für Gewerbeimmobilien aus den Mieterlösen abzüglich nicht umlagefähiger Betriebskosten, Instandhaltungskosten, nicht umlagefähiger Verwaltungskosten, dem Mietausfall und Steuern. Der CDCR ist somit ein Projekt-Cashflow nach Steuern vor Finanzierung. Vgl. Pfnür, A. (2002), S. 286 f.

Die Projektgesellschaft begründet dem Kreditinstitut anhand von unterschiedlichen Prognose-Modellrechnungen (Sensitivitätsanalyse oder Szenariotechnik)[140] die Überschussfähigkeit des Projekts. Neben der Prüfung der Bonität des Kreditnehmers[141] sind auch die Markt-, Wettbewerbs-, Standort-, Risiko- und Wirtschaftlichkeitsanalysen, die Baurechtsprüfung und die Ermittlung des Beleihungswertes im Zuge der Verkehrswertermittlung für die Fremdkapital-vergabe ausschlaggebend.[142]

Das finanzielle Fundament von Großprojekten wird außerdem über die Einbindung von öffentlichen, privaten oder institutionellen Investoren sichergestellt.[143] Des Weiteren besteht die Möglichkeit, die Finanzierung eines Projekts über ein PPP-Modell (Public Private Partnership) umzusetzen.[144] Hierzu kann eine öffentlich-private Projektierungsgesellschaft entstehen. Der Vorteil für die städtische Seite besteht darin, dass nur begrenzte finanzielle Mittel zur Verfügung zu stellen sind und fundiertes Know-how zur Entwicklung des Projekts von privater Seite einfließt. Der Investor erhält dafür Genehmigungszusagen und stellt die Realisierung des Gesamtprojekts sicher.

Nachdem die Projektfinanzierung sichergestellt ist, wird das mithilfe der Standortanalyse anvisierte Grundstück akquiriert. Die ***Grundstückssicherung*** kann über verschiedene Akquisitionsmöglichkeiten erfolgen: über eine Grundstücksoption, ein notarielles Kaufangebot oder durch einen direkten Grundstücksankauf. Von einer Grundstücksoption wird dann Gebrauch gemacht, wenn die Risikoeinschätzung des Grundstücks noch nicht endgültig abgeschlossen ist. So bleibt dem Projektentwickler Zeit, um das Verhältnis des Grundstückspreises zur Bodenqualität zu prüfen.

---

140 Mithilfe der Sensitivitätsanalyse können bestimmte Einsatzfaktoren hinsichtlich ihrer Beeinflussbarkeit auf veränderte Rahmenbedingungen getestet werden. Vgl. Schulte, K.-W. (2002), S. 249; vgl. auch Becker, J. (1998), S. 460. Die Sensitivitätsanalyse ist eine Erweiterung der klassischen Branchen- und Marktanalyse, deren Ergebnisse in ein mathematisches Modell übertragen werden können. Vgl. Vornholz, G. (2002), S. 52 f. Zur Einschätzung unterschiedlicher Entwicklungsszenarien dient die Szenariotechnik. Sie vergleicht jeweils eine optimistische, eine realistische und eine pessimistische Prognose der Marktentwicklung. Vgl. Muncke, G./Dziomba, M./Walther, M. (2002), S. 150; vgl. Becker, J. (1998), S. 96 ff.

141 Vgl. zu den Kriterien der Bonitätsprüfung das Kreditwesengesetz (KWG).

142 Vgl. Spitzkopf, H. A. et al. (2002), S. 266 f.

143 Orientierungsmaßstab ist in der Praxis ein Eigenkapitalverzinsungspotenzial von ≥ 20 Prozent. Vgl. von Nell, J./Emenlauer, R. (2002), S. 125.

144 Public Private Partnership (PPP) ist ein interessenbezogener Zusammenschluss von Personen und Institutionen aus dem öffentlichen und dem privaten Sektor. Vgl. Spitzkopf, H. A. et al. (2002), S. 265; vgl. Gliederungspunkt 3.3, S. 74. Ein Beispiel für ein PPP-Modell ist Hamburgs geplante Elbphilharmonie in der Hafencity. Die Stadt spendet das Grundstück, und private Investoren realisiert den Bau. Vgl. o. V. (2004g), S. 24.

Für die Berechnung von städtischen Grundstückspreisen gibt es spezielle Bewertungsmethoden. Zur Berechnung des Wiederverkaufswertes erwartet die Liegenschaftsverwaltung jedoch genaue Angaben zu den zukünftigen Nutzungsfunktionen der Gebäude.[145]

Immobilien-Projekte bedürfen einer ***Baugenehmigung*** durch die zuständige Bauaufsichtsbehörde, wofür öffentlich-rechtliche Rahmenbedingungen zu erfüllen sind. Es können auch zusätzliche öffentlich-rechtliche Genehmigungen erforderlich werden, wenn ein zum Beispiel neuer Bebauungsplan erlassen werden soll. Um ein bestimmtes Grundstück zu sichern, ist darauf zu achten, ob Optionsregelungen, Rücktrittsrechte oder Genehmigungsvorbehalte existieren. Wenn die Fristen, in denen die Behörde das Genehmigungsgesuch prüft, zu lange dauern, kann ein Konflikt mit der Abnahme der Projektfinanzierung entstehen.[146]

Eine weitere Problematik könnten behördliche Zusatzauflagen beinhalten. So liegt es im Ermessensspielraum der Verwaltung, Forderungen Dritter (Nachbarn, Interessenverbände et cetera) durch spezielle Zusatzauflagen zu berücksichtigen.[147] Wegen nicht geklärter rechtlicher Sachverhalte kann sich der Bau verzögern, oder Finanzierungsengpässe entstehen. Der Projektentwickler sollte prüfen, ob er sich gegebenenfalls rechtlich dagegen absichern kann.[148]

---

145 Vgl. von Nell, J./Emenlauer, R. (2002), S. 125 f.

146 Anzumerken ist an dieser Stelle, dass die Planungs- und Genehmigungsprozesse in Deutschland oftmals langfristige Zeitintervalle in Anspruch nehmen, wodurch die Umsetzung des Immobilien-Projekts gefährdet werden könnte. Vgl. Rometsch, A. (2002), S. 543 ff.

147 Vgl. Schulte, K.-W./Bone-Winkel, S./Rottke, N. (2002), S. 52.

148 Vgl. Falk, B. (Hrsg.) (1996), S. 505 f.

2.1.7 Zielkonflikte des Projekt-Managements

Das Projekt-Management ist nach dem Deutschen Institut für Normung e. V. (DIN 69901) die *„Gesamtheit von Führungsaufgaben, Führungsorganisation, Führungstechniken und Führungsmitteln für die Durchführung eines Projekts."*[149] Es setzt sich aus einem strategischen Element und einem administrativen Element zusammen, dem Facilities Management.[150]

Das Projekt-Management von Großprojekten wird vielfach in Gemeinschaften ausführender Unternehmen durchgeführt.[151] Im Falle einer öffentlichen Ausschreibung übernehmen die speziell zu diesem Zweck gegründeten Managementgesellschaften nicht nur die Auftragsbeschaffung, sondern auch die spätere Abwicklung des Projekt-Managements. Der Zusammenschluss mehrerer Unternehmen als Bietergemeinschaft kann die Position im Wettbewerb um das Projektvorhaben verbessern. Im Mittelpunkt des Projekt-Managements steht dann die kaufmännische Abwicklung mit dem Ziel, den Bauauftrag zu erhalten, jedoch ohne selbst die technischen Bauleistungen auszuführen.[152]

Vor diesem Hintergrund knüpfen die Ausführungen dieses Gliederungspunktes an die Strategie im Rahmen des Wettbewerbs an. Das Projekt-Management soll im Sinne eines erweiterten Prozessverständnisses zur immobilienwirtschaftlichen Wertschöpfung beitragen. Es verbindet regionalökonomische, marktanalytische und wettbewerbsstrategische Gesichtspunkte im strategischen Managementbereich, um ein ganzheitliches Zielsystem zu gestalten. Dieses System beinhaltet die Komponenten der Projekt-Konzeption (Standort, Projektidee, Kapital) und eine Service-Komponente. Der Servicegedanke, der aus der Service-Komponente hervorgeht, spiegelt die folgenden Projekt-Ziele des Projekt-Managements wider.

---

149 DIN Deutsches Institut für Normung e. V. (Hrsg.) (1987), S. 105; vgl. auch Kyrein, R. (Hrsg.) (2002), S. 87 ff.

150 Facilities Management wird im Plural (Singular: Facility) verwendet, denn diese Bezeichnung stellt nicht ausschließlich auf die Immobilie als Objekt ab, sondern vielmehr auf das Zusammenwirken von Immobilie und Betriebsmitteln. Grundsätzlich kennzeichnet das Facilities Management ein strategisches und ein operatives Moment. Die operative Ebene bezieht sich auf das technische, infrastrukturelle und kaufmännische Gebäudemanagement. Die International Facilities Management Association (IFMA) formulierte die nachfolgende Definition: *„Facilities Management ist die Praxis, den physischen Arbeitsplatz mit den Menschen und mit der Organisation zu koordinieren. Es integriert die Grundlagen der wirtschaftlichen Betriebsführung, der Architektur und der Verhaltens- und Ingenieurswissenschaften."* zitiert nach Schulte, K.-W. (2000), S. 278 ff.

151 Dieser Gliederungspunkt bezieht sich auf die strategische führungsbezogene Seite des Projekt-Managements und nicht auf das Facilities Management, denn die vorliegende Arbeit beschäftigt sich nicht mit dem Verwaltungsaspekt von Immobilien-Projekten, sondern mit dessen Entwicklung.

152 Das Gegenteil dieser Form des Projekt-Managements ist der Generalunternehmer, der wesentliche Teile der Bauleistungen selbst ausführt. Vgl. Kalusche, W. (2002), S. 334 ff.

Ziele des Projekt-Managements:

- Niedrige Kosten,
- günstige Finanzierungskonditionen,
- hohe Qualitäten wie Quantitäten und
- schnelle Terminerfüllung bei geringen Kapazitäten.

Diese Projekt-Ziele stehen in einem wechselseitigen Abhängigkeitsverhältnis zueinander, wodurch ein Zielkonflikt entstehen kann. Dem Projekt-Management obliegt die führungsspezifische Aufgabe, durch Organisation, Koordination und Information die Interessen der Beteiligten so zu lenken, dass sich eine von allen Beteiligten akzeptierte Lösung ergibt.[153] Zur Verdeutlichung des beschriebenen Konfliktpotenzials stellt Abbildung 10 die Zielerreichungsgrade schematisch als so genanntes Magisches Dreieck dar, indem die Interessensvektoren gegeneinander wirken.

Niedrige Kosten und günstige Finanzierung

Grundsätzlich erstreckt sich die Finanzplanung auf den gesamten Prozess der Immobilien-Projektentwicklung. Gegenstand der Finanzplanung im Rahmen des Projekt-Managements ist die Einschätzung des Mittelbedarfes und des Mittelabflusses hinsichtlich der Bauplanung und Bauausführung. Die durch den Projektentwickler vorgegebenen Kostenbudgets (Investitionskosten, kalkulierte Nutzungskosten et cetera) sind mit den Kosten des Baumanagements abzustimmen. Zur sorgfältigen Kostenermittlung in der Planungsphase dienen Berechnungen der Architekten und zuständigen Planer. Die kontinuierliche Kostenkontrolle während der Bauphase gehört zu einem minimalprinziporientierten Projektkosten-Management.[154] Hilfsmittel zur Kostenermittlung und -überwachung ist das Projekt-Controlling.[155]

---

153 Vgl. Kalusche, W. (2002), S. 302 f.

154 Vgl. Homola, J. (1993), S. 176; vgl. Schulte, K.-W. (2000), S. 280 ff.; vgl. Kyrein, R. (Hrsg.) (2002), S. 120.

155 Mit Projekt-Controlling ist die systematische Aufbereitung der Informationsbasis gemeint. Vgl. Kalusche, W. (2002), S. 310 ff.; vgl. Heinzmann, O./Bohn, T. (2002a), S. 313 ff.

Abbildung 10: Das Magische Dreieck der Ziele des Projekt-Managements

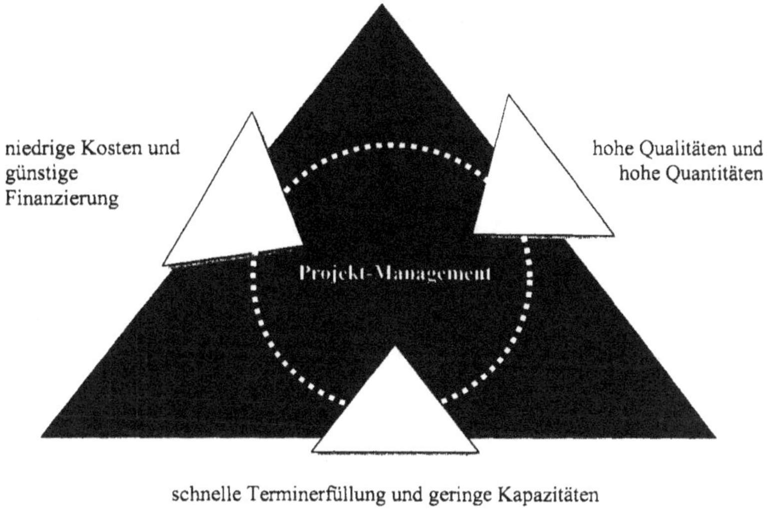

Hohe Qualitäten und Quantitäten

Vorgegebene Leistungsdaten des Bauprojekts, wie zum Beispiel vorgegebene Nutzflächen und Rauminhalte, werden in einem Raumprogramm durch Experten (Architekten, Betriebsplaner und anderen) zusammengefasst. Im Zuge der Umsetzung der bezifferten Planungsvorgaben sind standardisierte Nutzungs- und Qualitätsanforderungen an die Immobilie zu erfüllen. Regelmäßige Kontrollen sollen die technischen Standards (Konstruktionssysteme des Tragwerks, technische Anlagensysteme und vieles mehr) während des Bauprozesses sicherstellen.[156] Das Qualitätsmanagement[157] (QM) ist insofern ein wichtiger Bestandteil des Projekt-Managements, das sich auf den gesamten Entwicklungsprozess, von der Planung bis zur Ausführung, bezieht.

---

[156] Vgl. Müller, W.-H. (1993), S. 130.

[157] Qualität ist *„die Gesamtheit von Merkmalen einer Einheit bezüglich ihrer Eignung, festgelegte oder vorausgesetzte Erfordernisse zu erfüllen"*. DIN Deutsches Institut für Normung e. V. (2005), S. 1; vgl. Heinzmann, O./Bohn, T. (2002), S. 240; vgl. Heinzmann, O./Bohn, T. (2002a), S. 312 ff.; vgl. Weiss, W. H. A. (2002), S. 437 ff.

Schnelle Terminerfüllung und geringe Kapazitäten

Die dritte Zieldimension im Magischen Dreieck des Projekt-Managements ist die Termin- und Kapazitätsplanung, die sich auf die Gesamtdauer der Projektentwicklung bezieht. Über einen Ablaufplan werden die Tätigkeiten der Architekten und Bauingenieure geregelt. Dieser beinhaltet eine vertraglich geregelte und verbindlich einzuhaltende Terminfixierung.[158] Die Honorarordnung für Architekten und Ingenieure (HOAI) regelt in § 31 Projektsteuerung Abs. 1 Nr. 3 die „*Aufstellung und Überwachung von (...) Termin-(...)plänen bezogen auf Projekt und Projektbeteiligte*"[159].

Planung, Organisation, Überwachung, Koordination, Kontrolle und Dokumentation sind somit über das Projekt-Management zu koordinieren. Schwachstellen in der Verzahnung dieser Führungsabläufe bewirken ein Ungleichgewicht innerhalb des Kräfteverhältnisses der Projekt-Ziele und können die Realisierung des gesamten Projektvorhabens gefährden.[160]

2.1.8 Projekt-Vermarktung: krönender Abschluss oder unterstützendes Element?

Die Projekt-Vermarktung ist der letzte Baustein (Phase 5) im Prozess der Immobilien-Projektentwicklung.

Steht die Projekt-Vermarktung am Ende des Prozesses der Immobilien-Projektentwicklung?

Wie es die bestehende Lehrmeinung sagt, begleiten Marketing und Vertrieb, ergo Projekt-Vermarktung, den gesamten Entwicklungsprozess. Die Projekt-Konzeption legt anfänglich den konzeptionellen Grundstein für die Vermarktung, die Projekt-Studie bedient sich unter anderem des Instruments der Marketingforschung[161], die Projekt-Konkretisierung setzt einen Schwerpunkt bei der Öffentlichkeitsarbeit, und das Projekt-Management stützt sich auf die Gebäudevermarktung. Darüber hinaus wird mit der Projekt-Vermarktung nach der Realisierung des Immobilien-Projekts der laufende

---

[158] Vgl. Kalusche, W. (2002), S. 300 f.

[159] Honorarordnung für Architekten und Ingenieure (2002), o. S.

[160] Vgl. Kalusche, W. (2002), S. 302.

[161] „*Marketingforschung ist die systematische Anlage und Durchführung von Datenerhebungen sowie die Analyse und Weitergabe von Daten und Befunden, die in bestimmten Marketingsituationen vom Unternehmen benötigt werden.*" Kotler, P./Bliemel, F. (1999), S. 188.

Betrieb der Immobilie unterstützt. Dies impliziert zudem, dass möglichst viele unterschiedliche Interessengruppen einzubeziehen sind.[162]

Mit der Projekt-Vermarktung wird das Ziel verfolgt, dem Immobilien-Projekt eine besondere Stellung im Wettbewerb zu sichern; über spezielle Werbemittel lassen sich hierzu Wettbewerbsvorteile aufbauen. Ein prägender Bestandteil der Projekt-Vermarktung ist das Immobilien-Marketing, das sich im Allgemeinen auf die obligatorischen Grundsteine des Marketing-Mix bezieht. *Bruhn* definiert den Begriff „Marketing-Mix" in Anlehnung an *Borden* und *Becker* wie folgt: *„Der Marketing-Mix eines Unternehmens ist der kombinierte und koordinierte Einsatz der Marketinginstrumente mit dem Ziel, durch eine harmonische Abstimmung der Instrumentenausprägungen die Unternehmens- und Marketingziele möglichst effizient zu erreichen."*[163]

Zu den klassischen, konsumgüterspezifischen Marketingaufgaben gehören die Produkt-, die Kontrahierungs-, die Distributions- und die Kommunikationspolitik.[164] Für die Vermarktung einer Immobilie können die folgenden Marketingaufgaben zu Grunde gelegt werden.[165] Sämtliche ökonomischen Maßnahmen, die sich auf die Gestaltung der Preise und Konditionen des Immobilien-Projekts beziehen, zählen zur ***Kontrahierungspolitik***. Die Ausdehnung der kontrahierungspolitischen Handlungsfelder reicht von der Wirtschaftlichkeitsanalyse des Projekts im Rahmen der Investitionskalkulation

---

[162] Gemeint sind neben den Investoren vor allem öffentliche Interessen, politische Zielsetzungen und spezifische Interessengemeinschaften, wie beispielsweise Umweltschutzorganisationen. Vgl. Bobber, M./Brade, K. (2002), S. 583; vgl. zum Vertriebsweg und zur Ansprache der Akteure Kotler, P. (2004), S. 23.

[163] Bruhn, M. (1997), S. 46; vgl. Borden, N. H. (1964), S. 2; vgl. Becker, J. (1993), S. 459 f.; vgl. ausführlich zur Gestaltung des Marketing-Mix Nieschlag, R./Dichtl, E./Hörschgen, H. (1997), S. 890 ff.; vgl. kritisch im Licht neuer Herausforderungen Meffert, H. (1999), S. 22 ff.

[164] Originär stammen die „4 plus 3 Ps" aus dem Englischen und haben nachfolgende Bedeutung: Product (Produktpolitik), Price (Preis- oder Kontrahierungspolitik), Place (Distribution) und Promotion (Kommunikationspolitik) im Konsumgüterbereich. Hinzu kommen im Dienstleistungs-Mix: Personnel (Personalpolitik), Physical Evidence (Ausstattungspolitik) und Process (Prozesspolitik). Vgl. Kotler, P./Bliemel, F. (1999), S. 138 ff.; vgl. Bruhn, M. (1997), S. 45 ff.

[165] Eine immobilienbezogene Produktpolitik stellt darauf ab, eine spezielle Immobilienart festzulegen und diese dann über die Standortwahl, die Akquisition, die nutzungsspezifischen Merkmale und die Markterschließungsmöglichkeiten zu definieren. Umfangreiche Erörterungen dazu bietet die Projekt-Studie, weshalb an dieser Stelle darauf verwiesen wird. Vgl. Gliederungspunkt 2.1.1, S. 24. Vgl. zur Darstellung der klassischen Produktpolitik Nieschlag, R./Dichtl, E./Hörschgen, H. (1997), S. 151 ff.

über die Finanzierungskonditionen bis hin zur Festlegung der marktorientierten Betreiber- und Verkaufsbedingungen.[166]

In der Immobilien-Projektentwicklung wird mithilfe der Distribution versucht, das Zusammenspiel zwischen Projektentwickler, Investor und unterstützenden Akteuren zu koordinieren, um das nutzungsfertige Immobilien-Projekt seinem Endnutzer zuzuführen.[167] Die ***Distributionspolitik*** steht in enger Verknüpfung mit der Kommunikationspolitik.

Kern der Projekt-Vermarktung ist die ***Kommunikationspolitik*** mit der Aufgabe, eine Identifikation des Immobilienkäufers und Nutzers mit der Immobilie zu erlangen. Dazu stehen eine Reihe von Kommunikationsinstrumenten zur Verfügung. Diese reichen von den klassischen Instrumenten der Werbung (Projekt- und Imagebroschüren, Direct Mailings, Telefonmarketing, Plakate et cetera) bis hin zu den speziellen Formen des Marketing (Baustellenmarketing, Sponsoring, Event-Marketing, Promotion und viele mehr).[168]

Ein spezielles Vermarktungsinstrument ist das Sponsoring. Sponsoring ist die Bereitstellung von Geld- oder Sachmitteln, Dienstleistungen oder Know-how zur Förderung von Personen beziehungsweise Organisationen, um als Gegenleistung eigene Kommunikationsziele und -erfolge zu erreichen.[169] Potenzielle Sponsorenziele können Imagetransfer, Bekanntheitsgrad, Incentive-Maßnahmen zur Mitarbeitermotivation, Marken-Aktualisierung oder Leistungsdemonstration sein.[170]

---

[166] In Bezug auf die Preiselastizität von Angebot und Nachfrage weisen Immobilien preisspezifische Besonderheiten auf. Auf Grund der Tatsache, dass Immobilien langfristige Entwicklungszeiten in Anspruch nehmen, ist von einem kurzfristig unelastischen Angebot auszugehen. Denn bei steigenden Preisen lässt sich das Angebot nicht sofort ausbauen, und bei sinkenden Preisen entsteht schnell ein Überangebot an Flächen. Die Flächennachfrage, insbesondere nach Mietflächen, kann unelastisch sein. Variationen des Mietpreises führen nur zu einer geringen Änderung der Nachfrage, was u. a. in den anfallenden Transaktionskosten (Umzugskosten, Langfristigkeit von Mietverträgen etc.) begründet liegt. Vgl. Bobber, M./Brade, K. (2002), S. 634 ff.; vgl. Bone-Winkel, S./Sotelo, R. (1995), S. 203.

[167] Distributionspolitik ist gleichbedeutend mit Vertriebspolitik. Vgl. Bruhn, M. (1997), S. 47 f.; vgl. Bobber, M./Brade, K. (2002), S. 627 ff.

[168] Vgl. tiefergehend Nieschlag, R./Dichtl, E./Hörschgen, H. (1997), S. 528 ff.

[169] Vgl. weiterführend Bruhn, M. (1997), S. 608 ff.; vgl. auch Netzle, S. (1987), S. 11 ff.

[170] Vgl. Brannasch, A. (1993), S. 65.

Sponsoring-Maßnahmen wurden in der Vergangenheit als Teil innovativer Unternehmenskommunikation etabliert.[171] Als Indiz dafür dienen die Ausarbeitungen von *Hermanns*, der im Rahmen seiner empirischen Studie Trends des Sponsorings in Deutschland untersucht hat. Er konnte belegen, dass die werbetreibenden Unternehmen ihr Engagement im Sponsoringbereich verstärken. Knapp 70 Prozent der befragten Unternehmen gaben das Sponsoring als festen Bestandteil ihres Kommunikations-Mix an.[172]

Drei unterschiedliche Typen der Implementierung des Sponsorings lassen sich unterscheiden:

- Passives Sponsoring (temporäres Engagement in einem Bereich),
- fokussiertes Sponsoring (gezieltes, dauerhaftes Engagement in ausgewählten Bereichen) und
- aktives Sponsoring (Spezialisierung auf den Bereich Sponsoring als ein zentrales Thema in der Kommunikationsarbeit in vielen unterschiedlichen Bereichen).[173]

Mit Bezug auf Immobilien-Projekte können einerseits das Sponsoring von Sport- und Konzertveranstaltungen und andererseits das Sponsoring einer Arena als Immobilie untersucht werden.

Sponsoring von Sport- und Konzertveranstaltungen in der Arena

Sportsponsoring ist die älteste Form des Sponsorings (Sponsoring von Einzelsportlern, Mannschaften und Sportveranstaltungen).[174] Zu den vornehmlich gesponserten Sportarten zählen Fußball, Tennis, Reiten, Golf, Ski und Motorsport. Im Vergleich zu anderen Sponsoringarten (zum Beispiel Kultur-, Medien-, Sozio-, Wissenschafts- und Ökosponsoring) wird dem Sportsponsoring das größte Wachstumspotenzial beigemessen.[175]

Dabei lässt sich das Sportsponsoring durch das Event-Marketing und Promotionmaßnahmen unterstützen (Happenings im Arena-Foyer, in Medien- und Geschäftskonfe-

---

171 Vgl. Hermann, A./Bob Bomliz Group GmbH (Hrsg.) (2002), S. 36 f. *Rattmann* weist sogar darauf hin, dass die Bruttowerbeausgaben in den Jahren 2001 und 2002 gesunken sind. Die Ausgaben für Sponsoring stiegen jedoch in dieser Zeit. Im Jahre 2001 betrugen sie rund 2,5 Mrd. €, in 2002 sogar 2,7 Mrd. € mit steigender Tendenz. Vgl. Rattmann, C. (2004), S. 32.

172 *Freyer* schreibt, dass Sponsoring über die enge kommunikationspolitische Sichtweise weit hinausgeht und demzufolge ausschließlich als Gesamtkonzept zu behandeln sei. Vgl. Freyer, W. (Hrsg.) (1991), S. 352 f. *Bruhn* erkennt die Erscheinungsformen des Sponsorings als Kommunikationsinstrument im Marketing-Mix an. Vgl. Bruhn, M. (1997), S. 605 f.

173 Vgl. Bruhn, M. (1991), S. 78 f.

174 Vgl. Bruhn, M. (1997), S. 611; vgl. Meffert, H. (1998), S. 708 f.

175 Vgl. Hermann, A./Bob Bomliz Group GmbH (Hrsg.) (2002), S. 26.

renzen, in gastronomischen Fazilitäten, durch Einkaufs- und Servicestraßen).[176] Eine Sponsoring-Performance kann sich aus den folgenden Einzelmaßnahmen zusammensetzen: Bandenwerbung, Trikot-Werbung, Werbung auf Sportgeräten oder Transportfahrzeugen, Nutzung von Titeln im Zusammenhang mit der jeweiligen Veranstaltung und Werbung auf Eintrittskarten, Programmheften und Fahnen.[177] Des Weiteren ist auch die Bereitstellung von temporären exklusiven Lounges zur Grundsteinlegung oder zum Richtfest zu nennen.[178]

Schließlich gehört zu einer erfolgreichen Vermarktung auch die Zusammenstellung von so genannten Sponsoring-Paketen (Kombinationen unterschiedlicher Einzelmaßnahmen).[179]

Sponsoring der Arena als Immobilie

Die Namensgebung einer Arena und die dadurch bedingte Penetration des Namens in der Öffentlichkeit, weit über regionale Grenzen hinaus, stellt einen bedeutenden kommunikationspolitischen Faktor dar. Diese Form des Sponsorings ist deshalb nicht nur für ein Unternehmen geeignet, um gezielten Kompetenz- und Imageaufbau bis hin zur Herausbildung einer Markenidentität[180] zu verfolgen. Auch die Stadt, in der die Arena situiert ist, profitiert von der Öffentlichkeitswirkung. Insofern besteht ein vielseitiges Interesse an der Vergabe von Namensrechten in Verbindung mit der Arena.[181] Dazu zählt nicht nur die Bezeichnung der Arena, auch die Vergabe von Namens- und Ausschankrechten innerhalb der Arena ist von großem öffentlichen Stellenwert und kann Wettbewerbsfähigkeit sichern. Über die Namensvergabe kann zudem ein Teil der benötigten Finanzierung einer Arena erzielt werden.[182]

---

176 *Meffert* versteht unter Event-Marketing die *„Inszenierung von Ereignissen mit deren Planung, Organisation und Kontrolle im Rahmen der Unternehmenskommunikation"*. Meffert, H. (1998), S. 714; vgl. Sistenich, F./Zanger, C. (2000), S. 374 ff.; vgl. zum Event-Marketing in Arenen Sohns, M./Weilguny, M./Klotz, P. (2002a), S. 20 ff.

177 Vgl. Brannasch, A. (1993), S. 68 ff.; vgl. beispielhaft zur Trikot-Werbung Sohns, M./Weilguny, M./Klotz, P. (2002), S. 24 ff.

178 Vgl. Blomeyer, G. (2002), S. 519 f.

179 Vgl. Bruhn, M. (1997), S. 611; vgl. Bruhn, M. (1991), S. 53; vgl. Becker, J. (1998), S. 607.

180 Vgl. vertiefend Meffert, H. (1998), S. 812 ff.

181 Vgl. o. V. (2005i), S. 1.

182 Die Hamburger Arena hat die Namensrechte an die finnische Reederei Color Line verkauft. Vgl. zu den Sponsoreninvestitionen Maennig, W. (2004), S. 10.

Ein weiteres Beispiel für die Zusammenarbeit zwischen Stadt und Arena ist die so genannte ***Sportstadt-Loge***. Sie ist Bestandteil einer gemeinsamen strategischen Vorgehensweise von Stadt und Arena, um über die Grenzen von Hamburg hinaus bekannt zu werden. Die Hamburg Marketing GmbH versucht, die Arena in das Marketingziel „Sportstadt Hamburg“ einzubinden. Hierzu soll eine Loge in der Arena angemietet werden, um dort einen sportbezogenen Treffpunkt mit Kontaktpersonen aus Sport (Verbandsfunktionäre) und Wirtschaft (potenzielle Sponsoren) einzurichten. Unterstützt wird dieses Sponsoringvorhaben ebenfalls durch gezielte Brandingmaßnahmen innerhalb der Immobilie, damit Hamburg optisch präsent ist.[183]

Im Rahmen des Sponsorings ist die Logenvermarktung ein bedeutendes Marketinginstrument, das aus den USA in Europa übernommen wurde.[184] In der Arena in Helsinki[185] sind die Logen zu Beginn der Bauphase auf Standdauer der Arena verkauft worden. Gegenwärtig besteht eine Warteliste über Jahre zur Logenanmietung, was die Logenpreise steigen ließ.[186] In Hamburg könnte das Konzept der Logenvergabe noch weiter ausgebaut werden, um potenzielle Nachfrage aufzufangen. „*The restructuring of the sales strategy at Color Line Arena demonstrates how difficult and individually different the marketing of premium seats is at sport venues across Germany, revealing how important it is to develop attractive packages to meet the requirements of local customers.*“[187]

Es ist zu konstatieren, dass mithilfe der Projekt-Vermarktung versucht wird, die Verbindung zwischen Arena und Stadt kommunikativ darzustellen. Dabei setzt sich eine Vermarktung nicht nur aus den klassischen marketingpolitischen Medien zusammen; spezielle Formen der Kommunikationspolitik unterstützen die Vermarktungsbemühungen.[188]

---

183 Vgl. Bürgerschaft der Freien und Hansestadt Hamburg (2004a), S. 1.

184 Vgl. o. V. (2001), S. 1; vgl. Dorsey, B. (2001), S. 90.

185 Die Helsinki Arena (Hartwall Areena, Areenakuja 1, 00240 Helsinki/Finnland), die im März 1997 eröffnet wurde, liegt im nördlichen Vorort von Helsinki. Der Namensgeber „Hartwall“ ist ein Bierbrauer. Vgl. zu weiteren Eckdaten der Arean Lemcon Baumanagement GmbH (1999), S. 1.

186 Das Veranstaltungsangebot ist in Finnland überschaubar, weshalb die Arena in der Regel ausverkauft ist. Eishockey ist dort ein Nationalsport, wodurch eine hohe Begeisterungsfähigkeit der Bevölkerung für diese Sportart zu beobachten ist.

187 Klingmüller, A./Siebold, M. (2004), S. 52.

188 Vgl. zum Arena-Marketing und seinen Instrumenten Petersen, D. C. (1997), S. 85 f.

An dieser Stelle ist nun die theoretische Untersuchung des Prozesses der Immobilien-Projektentwicklung abgeschlossen. Es konnte ersichtlich werden, dass die Immobilien-Projektentwicklung ein umfangreiches Tätigkeitsgebiet bedient, das sich aus unterschiedlichen ökonomischen Bereichen zusammensetzt.

Die erarbeiteten theoretischen Grundlagen sollen nun als Ausgangspunkt dienen, um zu prüfen, ob sich die Definition von *Diederichs* auf die Freizeitimmobilie „Arena" übertragen lässt.

2.2 Zum Begriff „multifunktionale Großveranstaltungshalle (Arena)"

Der Begriff „Arena" assoziiert unter anderem Attribute wie Wettkampf, Meisterschaft, Höchstleistung, Publikum, Zuschauersport, Musik und Entertainment.[189] Eine Arena ist nicht nur durch ihre Nutzungsmöglichkeiten und technischen Daten gekennzeichnet. Vielmehr geht es um die Einbettung der Immobilie in ein Beziehungsgeflecht aus Ökonomie (Investition, Sponsoring, Öffentlichkeit), Publikumsinteresse (Exklusivität, positive Rahmenbedingungen vor Ort), sportlichen Interessen (Höchstleistungen, Wettkampf, gute räumliche Rahmenbedingungen) und politischen Zielsetzungen (Imagefaktoren, Standortfragen).[190] Die zu untersuchende Immobilie weist demnach eine spezielle Charakteristik auf, die unter Berücksichtigung der Produktionsfaktoren wie folgt definiert werden kann:

„Eine Arena ist eine kommerziell betriebene, multifunktional nutzbare Großveranstaltungshalle. Das Veranstaltungsprofil umfasst verschiedenartige sport-, unterhaltungs- und kulturbezogene sowie Veranstaltungen von regionaler, nationaler und internationaler Bedeutung, die sowohl periodisch als auch aperiodisch stattfinden. Die auf große Zuschauerzahlen zugeschnittene Kapazität der Einrichtung beträgt mehr als 10.000 Sitzplätze; das jährliche Besuchervolumen liegt bei mehr als 500.000 Personen.

Die Standorte der Großhallen sind in der Regel auf Großstädte und Ballungsräume ausgerichtet. Kleinräumig werden Standorte in räumlicher Nähe zu bestehenden Sport- und Freizeitzentren präferiert. Die zum Betrieb der Arena erforderliche Gebäude- und Mantelfläche beträgt mindestens 3 ha. Zusätzliche Flächen werden durch Angliederung von Komplementärnutzungen (zum Beispiel Freizeit-, Gewerbe/Büro-, Einzelhandels- und Wohnnutzungen) beansprucht, so dass das Gesamtareal einer

---

189 Vgl. Opaschowski, H. W. (1987), S. 29 ff.

190 Vgl. Heinemann, K. (1986), S. 120 ff.; vgl. Bette, K.-H./Schimank, U. (2000), S. 308 ff.

Arena Größenordnungen von 20 ha und mehr erreichen kann. Die Pkw-kunden-orientierten Standorte benötigen ausgedehnte Parkplatzflächen."[191]

Diese Definition setzt zwei entscheidende Kriterien fest, die eine Arena von anderen Hallen abgrenzen:

- Eine Arena kann wegen ihrer hohen Kapazität an Publikumsveranstaltungen eine große Anzahl an Besuchern aufnehmen. Dies setzt jedoch auch eine geeignete Immobilienstruktur voraus, die in der Planungsphase (Projekt-Konzeption) zu bestimmen ist.
- Das Areal einer Arena definiert sich nicht nur über die Halle an sich, sondern immer auch über ihre Ergänzungsflächen.

Um die Unterschiede einzelner Hallentypen im Sport- und Veranstaltungsbereich zusammenzufassen, zeigt Tabelle 3 eine kategorische Hallenübersicht.

Eine multifunktionale Großveranstaltungshalle lässt auf ein weiteres charakteristisches Merkmal dieser Hallen schließen: die Multifunktionalität.

Was bedeutet Multifunktionalität?

Eine multifunktionale Großveranstaltungshalle zeichnet sich durch zwei Bestimmungsfaktoren aus, die beide zu erfüllen sind: Mehrzwecknutzung und Mehrfachnutzung.

Mehrzwecknutzung kennzeichnet das Angebot sowohl sportlicher als auch außersportlicher Nutzungsmöglichkeiten, wenn diese in einem zeitlichen Nacheinander (Nachzeitigkeit) stattfinden können. ***Mehrfachnutzung*** differenziert sich von der Mehrzwecknutzung dadurch, dass sportliche wie auch außersportliche Nutzungen in einem zeitlichen Nebeneinander (Gleichzeitigkeit) stattfinden können.[192]

---

[191] Institut für Landes- und Stadtentwicklungsforschung des Landes Nordrhein-Westfalen ILS (Hrsg.) (1994), S. 24. Als Vorbild zur Immobilien-Projektentwicklung in Deutschland dienen amerikanische Großhallenkomplexe (sog. Superdomes), nach denen multifunktionale Großveranstaltungshallen in der Bundesrepublik auch Arenen genannt werden. Vgl. Petersen, D. C. (2001), S. 9.

[192] Gemeint ist hier zum Beispiel die geschäftliche Nutzung der Logen bei gleichzeitig stattfindender Konzertveranstaltung. Vgl. o. V. (2003), S. 20.

Tabelle 3: Merkmale von Hallentypen[193]

Multifunktionale Großveranstaltungshalle (Arena): mind. 10.000 Sitzplätze
• mögliche Großbühne oder variabler Aktionsinnenraum (Eislauf- und Sportfläche), • umfangreiche Bühnen- und Raumtechnik, • Ergänzungsnutzungen wie halleneigene oder verpachtete Gastronomie, • zusätzliche Messe- und Nebenhallen auf dem Gelände und Freigeländeflächen, • zahlreiche Tagungsräume, • Hotelkapazitäten auf dem Gelände oder in unmittelbarer Nähe, • große Parkraumkapazitäten, gute ÖPNV-Anbindungen (z. B. U- oder S-Bahn, Bus, Straßenbahn)
Großhalle (Mehrzweckhalle): 3.000 bis 10.000 Sitzplätze
• zum Teil Großbühne oder variabler Aktionsinnenraum (Eislauf- oder Sportfläche), • umfangreiche Bühnen- und Raumtechnik, • halleneigene oder verpachtete Gastronomie, • zum Teil zusätzliche Messe- und Nebenhallen auf dem Gelände und Freigeländeflächen, • ggf. zahlreiche Tagungsräume, • Hotelkapazitäten auf dem Gelände oder in unmittelbarer Hallennähe, • Parkraumkapazitäten, ÖPNV-Anbindung (z. B. U- und S-Bahn, Bus, Straßenbahn)
Mittelgroße Halle (Mehrzweckhalle): 1.000 bis 3.000 Sitzplätze
• ausreichende Bühnen- und Raumtechnik, • zum Teil halleneigene oder verpachtete Gastronomie, • teilweise kleinere Veranstaltungssäle und kleinere Tagungsräume, • Parkraumkapazitäten, oftmals unzureichende ÖPNV-Anbindung
Kleinhalle/Stadtsaal (Mehrzweckhalle): weniger als 1.000 Sitzplätze
• ausreichende Bühnen- und Raumtechnik, • teilweise gastronomische Bewirtung und kleinere Tagungsräume, • oftmals unzureichende ÖPNV-Anbindung, • nur teilzeitbeschäftigte Hallenleitung bzw. Hallenvermarktung über Kulturämter

193 Tab. in Anlehnung an Brychcy, U. (1992), S. 21.

Erfüllt eine Arena die genannten Kriterien zur Mehrzweck- und Mehrfachnutzung, ist sie multifunktional angelegt. Dabei erfordert die Multifunktionalität ein integratives, in mehrfache Bereiche gegliedertes Raumsystem (Möglichkeit zur Teilbarkeit, Abtrennbarkeit, Zuschaltbarkeit und Umrüstung für unterschiedliche Nutzungsformen).[194] Eine Sportstätte ist somit multifunktional, wenn in ihr in einem zeitlichen Nacheinander (Nachzeitigkeit) und in einem zeitlichen Nebeneinander (Gleichzeitigkeit) sportliche und auch außersportliche Nutzungen durchführbar sind.[195]

Neben den Ausstattungsmerkmalen einer Veranstaltungshalle lassen sich angebots- und nachfragebezogene Aspekte beschreiben. Zu den Nachfragekräften gehören die Besucher (Kunden), die sich relativ heterogen zusammensetzen: vom Sport- über Konzert- und Opernbesucher bis zum Logengast im Businessbereich. Die Kundennachfrage ist maßgeblich von einem Erlebniswert geprägt, der von Attributen wie Atmosphäre, Wohlempfinden, Spannung und Angebot beeinflusst wird. Das Angebot lässt sich zunächst grob in sportliche und außersportliche Veranstaltungen untergliedern, wobei der Sportbereich weiter in zwei unterschiedliche Ausrichtungen zu unterteilen ist: organisierte Sportaktivität und Spitzensport mit hoher Publikumsattraktivität.[196]

Die ***organisierte Sportaktivität*** wird nicht in den Hallentypen angeboten, die in Tabelle 3 aufgelistet sind. Zur Durchführung der organisierten Sportaktivität werden traditionelle Sportstätten des Schul- und Vereinssports benötigt.[197] Dieser Sportbereich ist durch das selbstbestimmte Sporttreiben in Vereinen geprägt, das über die Mitgliedschaft[198] möglich ist. Zielsetzung der organisierten Sportaktivität ist einerseits das Werben um Vereinsmitglieder, die den Vereinen Beitragszahlungen sichern, und andererseits die Förderung des Ehrenamtes in der Gesellschaft.[199] Eine Arena grenzt sich somit von Hallen ab, die für vereins- und stadtteilkulturelle Nutzungen gedacht sind.

---

[194] Ein flexibler Hallenboden in Kombination mit einer abgestimmten Logistik macht einen Umbau der Halle möglich.

[195] Vgl. Altekamp, K./Dieckert, J./Koch, J./Winkler, J. (1982), S. 63 ff.

[196] Vgl. Wopp, C. (Hrsg.) (1996), S. 201 f.

[197] Vgl. Dietrich, K./Heinemann, K. (Hrsg.) (1989), S. 170 ff.; vgl. zur staatlichen Finanzierung des Sports Kirsch, G./Kempf, H. (2002), S. 254 ff.

[198] Vgl. zur Entwicklung der Vereinsmitgliederzahlen im Deutschen Sportbund Grupe, O. (Hrsg.) (2000), S. 24 f.

[199] In der Literatur stellt das Thema Sport hauptsächlich auf den Sport in Vereinen und insofern auf die organisierte Sportaktivität ab. Vgl. zur Verteilung der Mitglieder in Sportvereinen Freizeit- und Erlebniswelten Services GmbH (Hrsg.) (2003), S. 91 f.

Den ***Spitzensport mit hoher Publikumsattraktivität*** kennzeichnet eine medienwirksame Verbindung zwischen Sportdarbietung und Sportvermarktung. Publikumsintensiver Hallensport ist kommerzialisierter Sport, der an Austragungsorten mit Kapazitäten für Zuschauer angeboten wird. In diesen Bereich gehören somit Arenen und kleinere Hallentypen. Vereine, insbesondere im Ligasport, spielen nur insofern eine Rolle, als sie als Mieter einer Sportfazilität auftreten und sich dadurch mit dieser, oftmals nur regionalbezogen, identifizieren.[200] Vielmehr geht es beim publikumsbezogenen Sport darum, den Sport über den Markt zu verkaufen. Das passive Sporterlebnis steht im Vordergrund. Über das Marktangebot entstehen Leistungsbeziehungen zwischen Marktpartnern, wie zum Beispiel institutionellen Anlegern und Sponsoren, Vereinen und Vertriebsgesellschaften, die Formen des inszenierten Sports fördern.

Die Publikumsintensität des Sports hat außerdem eine politische Komponente, denn die Anziehungskraft von Sportdarbietungen kann zur Ausprägung einer eigenen Sportkultur in einer Region führen. In diesem Fall können Tourismus- und Beschäftigungswirkungen beobachtet werden.[201] Es ist festzuhalten, dass Nachfrage- und Angebotsstrukturen im Bereich des publikumsintensiven Hallensports maßgeblichen Einfluss auf den ökonomischen Erfolg einer Freizeitimmobilie haben können.[202] Zu dem außersportlichen Angebot zählen Konzerte, Opernveranstaltungen, Shows und geschäftliche Veranstaltungen. Nach amerikanischem Vorbild wurden in vielen Hallen in Deutschland so genannte Logen[203] und Businessplätze zur Vermietung implementiert.

Es ist herauszustellen, dass sich die Besucher einer publikumswirksamen Veranstaltung in einer Arena aus vielschichtigen Interessengruppen zusammensetzen. Weil sich das Angebot nicht nur auf Möglichkeiten im Bereich des Hallengebäudes, sondern auch auf die Ergänzungsflächen bezieht, könnte über die Arena sogar ein Freizeitwert für die Stadt entstehen.[204]

---

200 Vgl. Dietrich, K./Heinemann, K. (Hrsg.) (1989), S. 170 ff.; vgl. auch De Moragas Spà, M. (2001), S. 209 ff.

201 Vgl. Grupe, O. (Hrsg.) (2000), S. 25 f.; vgl. auch Gliederungspunkt 3.3.1, S. 77.

202 Vgl. Dietrich, K./Heinemann, K. (Hrsg.) (1989), S. 170 ff.

203 Eine Loge ist eine zu mietende Räumlichkeit mit Balkon in einem separaten Bereich einer Arena, die ca. 30 m² Fläche ausweist. In der Regel ist die Personenanzahl in der Loge begrenzt. Logen werden insbesondere von Großunternehmen über einen langfristigen Nutzungsvertrag angemietet.

204 Vgl. Altekamp, K./Dieckert, J./Koch, J./Winkler, J. (1982), S. 52.

2.3 Besonderheiten der Immobilien-Projektentwicklung von multifunktionalen Großveranstaltungshallen (Arenen)

Der markanteste Unterschied zwischen Freizeitimmobilien und Büro-, Wohn- oder Gewerbeimmobilien liegt in ihrer spezifischen Nutzung begründet. In einer Arena werden Konzert- und Sportveranstaltungen für ein breites Publikum angeboten. Um dieses Angebotsspektrum zu organisieren, ist die Ablauforganisation dieser Immobilien über ein geordnetes hierarchisches System zu lenken. Freizeitimmobilien gehören in Anlehnung daran entweder zu den Managementimmobilien oder zu den Betreiberimmobilien, wobei auch die Möglichkeit besteht, dass sie zu beiden Kategorien zählen.

Worin unterscheiden sich die Managementimmobilien von den Betreiberimmobilien?

Beide Immobilienarten sind dadurch gekennzeichnet, dass ihre Drittverwendungsfähigkeit äußerst gering ist und ihre nutzungsspezifischen Anforderungen bereits in der Planungs- und Konzeptionsphase zu berücksichtigen sind.

Managementimmobilien sind Immobilien, die von unterschiedlichen Nutzern nachgefragt werden und dadurch einer übergeordneten Koordinierung bedürfen. Somit beeinflusst das Angebotsspektrum maßgeblich den Erfolg des Immobilien-Projekts. Insofern trägt das Management das Qualitäts- und Verhaltensrisiko für die einzelnen Betreiber.[205] Das Management einer ***Betreiberimmobilie*** hingegen liegt im Verantwortungsbereich des Betreibers, dessen ökonomisches Handeln grundsätzlich durch die Nutzenziehung aus der Immobilie geprägt ist. Der Betreiber verfügt in der Regel nicht über das Eigentum an der Immobilie, wodurch das Gebäude nur Produktionsfaktor ist und die Leistung des Betreibers sich auf das Erwirtschaften von Zusatznutzen konzentriert.[206]

Eine Arena vereint Komponenten aus beiden Immobilienarten und lässt sich somit nicht eindeutig einer Bezeichnung zuordnen. Schlussfolgernd ist eine Arena eine ***Betreiber- und Managementimmobilie***, da unterschiedliche Betreibergruppen zusammenwirken, die von einer übergeordneten Instanz koordiniert werden können.[207]

Der zweite Unterschied einer Großveranstaltungshalle zu anderen Immobilien liegt in den zusätzlichen Verkaufs- und Dienstleistungseinrichtungen auf dem Areal der Halle begründet. Das Gesamtareal einer Arena erstreckt sich nicht nur auf die Flächenbedarfe für das Gebäude; ein wesentlich größerer Flächenanteil entfällt auf die so genannten Mantelflächen (Erschließungs- und Stellplatzflächen, Außen- und Abstandsflächen).[208]

---

205 Vgl. Schulte, K.-W. et. al. (2000), S. 27.

206 Vgl. ebenda, S. 26.

207 Vgl. ebenda.

208 Vgl. Institut für Landes- und Stadtentwicklungsforschung des Landes Nordrhein-Westfalen ILS (Hrsg.) (1994), S. 29.

In der Definition von *Diederichs* soll ein Immobilien-Projekt „*dauerhaft rentabel genutzt*" werden.[209] Insbesondere im Bereich der Freizeitimmobilien ist dieses Ziel schwer zu erreichen.[210] Um eine rentabel genutzte Arena zu betreiben, versuchen die Initiatoren über die Vermietung der Mantelflächen zusätzliche Einnahmen zu erwirtschaften.[211] Diese Flächen können unter anderem an Gastronomiebetriebe, Bistros oder Souvenir-Läden vermietet werden. Es ist zudem denkbar, Hotels, Gewerbenutzungen und Wohnnutzungen zu implementieren. Das Umfeld von Freizeitimmobilien trägt somit zum wirtschaftlichen Erfolg des Projekts bei, indem es aktiv in ein Angebotskonzept integriert ist.

Der Wirkungskreis von großangelegten Freizeitimmobilien ist auch von öffentlichen Rahmenbedingungen, Meinungen und Bedürfnissen der Bevölkerung abhängig. Eine Arena prägt das Stadtbild und fördert stadtwirtschaftliche Effekte. Die Standortentwicklung der Freizeitimmobilie ist kein isoliertes Projektvorhaben, sondern besteht aus ineinander greifenden Projektierungen mit unterschiedlichen raumbezogenen Gestaltungsspielräumen. Dementsprechend ist es nur dann möglich, eine Arena zu entwickeln, wenn dies in enger Abstimmung mit der regionalen Stadtentwicklung geschieht.[212]

Es haben sich drei Kriterien ergeben, die eine Arena im Vergleich zu anderen Immobilienarten kennzeichnen:

- Immobilienart (Betreiber- und Managementimmobilie),
- Einnahmen aus Ergänzungsnutzungen,
- stadtwirtschaftliche Bedeutung für die Region.

Aus diesen Hauptmerkmalen lässt sich die Definition der Immobilien-Projektentwicklung einer Arena bestimmen. Im Vergleich zu *Diederichs* Definition sind hierfür nun die Besonderheiten der Freizeitimmobilie herauszustellen.[213] Die Betonung soll auf der Zielsetzung liegen, den Immobilienstandort und die Region im regionalen, nationalen und internationalen Betrachtungsraum über das Angebotsspektrum der Immobilie und ihre ergänzenden Projektierungen aufzuwerten. Die nachfol-

---

[209] Vgl. Gliederungspunkt 2, S. 15.

[210] Nach Angaben des Internationalen Verbandes der Stadt-, Sport- und Mehrzweckhallen e. V. (VDSM) weisen die deutschen Freizeitfazilitäten ohne Ausnahme einzelwirtschaftliche Defizite bei Ansatz aller induzierten Kosten aus. Vgl. Institut für Landes- und Stadtentwicklungsforschung des Landes Nordrhein-Westfalen ILS (Hrsg.) (1994), S. 30 f.

[211] Das Einnahmenvolumen dieser Ergänzungsnutzungen kann bis zu 10 Prozent des Jahresumsatzes einer Veranstaltungshalle ausmachen. Vgl. Institut für Landes- und Stadtentwicklungsforschung des Landes Nordrhein-Westfalen ILS (Hrsg.) (1994), S. 24.

[212] Vgl. Gliederungspunkt 3.3.1, S. 77.

[213] Vgl. Diederichs, C. J. (1994), S. 46.

gende Tabelle 4 beinhaltet die Begriffsbestimmung, die für die Arbeit zu Grunde gelegt werden soll.

Tabelle 4: Definition der Immobilien-Projektentwicklung einer Arena

Durch die Immobilien-Projektentwicklung der Betreiber- und Managementimmobilie „multifunktionale Großveranstaltungshalle (Arena)“ sind die Faktoren Standort, Projektidee und Kapital im Rahmen einer gesamtwirtschaftlich sozial- und umweltverträglichen Stadtentwicklung so miteinander zu kombinieren, dass in dieser Region ein einzelwirtschaftlich wettbewerbsfähiges, Arbeitsplätze schaffendes und sicherndes Angebotsspektrum im Freizeit- und Erlebnisbereich entsteht, das einhergehend mit der Herausbildung positiver Standortfaktoren zur globalen Gesamtattraktivität eines Standortes beitragen kann.

2.4 Zwischenfazit

Zielsetzung des vorangegangenen Arbeitsabschnitts war es, einen umfassenden Bezugsrahmen der Immobilien-Projektentwicklung aufzuspannen. Dafür diente der Prozess der Immobilien-Projektentwicklung als Leitfaden; die einzelnen Phasen des Prozesses definieren Etappenziele auf dem Weg bis zum nutzungsbereiten Immobilien-Projekt. Obwohl in großen Teilen allgemein gültige Ansätze für die Entwicklung von Immobilien aufgezeigt werden konnten, war es doch letztlich notwendig, für das Untersuchungsobjekt eine eigene spezifische Begriffsbestimmung zu erarbeiten. Im Vergleich zur Definition von *Diederichs* stellt die entwickelte Begriffsbestimmung schwerpunktbezogen auf das Ineinandergreifen von Arena und ihrem städtischen Umfeld ab.

Die gegenwärtigen Rahmenbedingungen für Investitionen in Immobilien-Projekte in Städten haben sich im Zeitablauf verändert. Die allseits bekannten globalen Veränderungen, konkret die Internationalisierung der Kapitalverflechtungen, die Vereinfachung des Kapitalverkehrs und die Öffnung der Weltmärkte und der nationalen Grenzen, bestimmen den ökonomischen Strukturwandel. Im Zuge der Intensivierung des Wettbewerbs tritt nun Hamburg mit Rotterdam, Stuttgart mit Mailand, Hannover mit Barcelona und Köln mit Lyon unmittelbar in Konkurrenz um deutsche, japanische, amerikanische und andere internationale Investitionen.

Auf Grund dieser strukturellen Veränderungen verlieren die klassischen Standortfaktoren (Infrastruktur, Rohstoffaufkommen, Arbeitskräfte) an Bedeutung. Durch ausgleichende Eingriffe der öffentlichen Hand in die Stadtplanung egalisieren sich die harten Standortfaktoren im Städtewettbewerb. Für die Investitionsentscheidung sind vornehmlich die weichen Standortfaktoren ausschlaggebend. Hierdurch werden Städte in die aktive Rolle versetzt, ihre Angebotsstrukturen kontinuierlich zu überdenken und gegebenenfalls anzupassen.[214]

Eine Arena ist somit immer auch ein öffentliches Projekt, da die Nachfrage nach dem Veranstaltungsangebot vorrangig innerhalb der städtischen Region zu decken ist. Großveranstaltungen können nicht wie Produkte verkauft werden; sie verlangen nach einem spezifischen Management. Das nun folgende dritte Kapitel rückt deshalb das Veranstaltungsmanagement in das Zentrum der Betrachtung. Es soll hinterfragt werden, durch welche Faktoren das Veranstaltungsmanagement geprägt ist. Außerdem sollen regionalökonomische Auswirkungen von Großveranstaltungen durchleuchtet werden.

---

214 Vgl. Häußermann, H./Siebel, W. (1993), S. 13.

3 Wesentliche Aspekte zum Veranstaltungsmanagement

Das Veranstaltungsmanagement von Großveranstaltungshallen zielt darauf ab, möglichst viele Menschen von der passiven visuellen Teilnahme an Kultur- und Sportveranstaltungen zu begeistern. Gesellschaftliche Veränderungen sind demzufolge eine variable Größe in der Vermarktung und im Management von Veranstaltungen. Dies impliziert, dass Wandlungen und werteverändernde Faktoren im Freizeitverhalten zu kennzeichnen sind, um angebotsorientierte Akzente zu setzen. In diesem Wirkungszusammenhang stellt das Veranstaltungsmanagement die Lenkung und Koordinierung des Angebotes und der Nachfrage von Freizeitaktivitäten dar.

Dabei ist die Veranstaltung ein speziell inszeniertes Ereignis von begrenzter Dauer mit touristischer Ausstrahlung an einem gegebenen Ort.[215] Qualitativ wird die Veranstaltung durch folgende Elemente beeinflusst: Attraktivität respektive Besonderheit des Veranstaltungsortes, Qualität der Veranstaltung und beteiligte Akteure.[216]

Im begrifflichen Kontext des Veranstaltungsmanagements stellen die Freizeit und der Tourismus die prägenden Wirtschaftsfaktoren dar. *„Freizeit ist der Zeitraum, über den der Einzelne frei verfügen kann und in dem er frei von bindenden Verpflichtungen wie beruflicher Arbeit, Hausarbeit, Schule, Kinderbetreuung und vielem mehr ist."*[217]

Unter Tourismus subsumieren sich *„alle wirtschaftlichen, juristischen, organisatorischen und sozialen Aspekte der aus privaten und geschäftlichen Gründen erfolgenden Reisen und des damit verbundenen zeitweiligen Aufenthalts an einem anderen als dem gewöhnlichen Aufenthaltsort (...)."*[218]

Im volkswirtschaftlichen Zusammenhang sind Freizeit und Tourismus in Form von Einkommens-, Beschäftigungs-, Ausgleichs- und Zahlungsbilanzeffekten miteinander verbunden.[219] Insbesondere die Arbeitsplätze in der personalintensiven Freizeitwirtschaft erfüllen volkswirtschaftliche und soziale Funktionen. Diese Arbeitsplätze sind überproportional für gering Qualifizierte im unteren Lohnbereich oder für Teilzeitarbeit geeignet.[220] Das geringe Potenzial zur Steigerung der Produktivität, das diese Ar-

---

[215] Die Veranstaltung ist mit dem Begriff „Event" gleichzusetzen. *Dettmer* attestiert dem Event-Tourismus eine hohe Aktualität. So sehen viele Fremdenverkehrsorte über neu geschaffene Events in bestehenden Fazilitäten eine Möglichkeit, ihr touristisches Angebot zu erweitern und positive ökonomische Effekte zu erzielen. Vgl. Dettmer, H. (Hrsg.) et al. (2000), S. 44 ff.

[216] Vgl. ebenda, S. 46.

[217] Ammer, U./Buchwald, K. (1998), S. 1.

[218] Rudolph, H. (1999), S. 2 f.

[219] Vgl. Brysch, A. (1999), S. 1 ff.; vgl. Dettmer, H. (Hrsg.) et al. (2000), S. 47; vgl. außerdem Rudolph, H. (1999), S. 5 ff.; vgl. zu speziellen Prognosemodellen des Tourismus Smeral, E. (1994), S. 123 ff.

[220] Vgl. zur Schaffung und Qualität von Arbeitsplätzen im Freizeitbereich Lüthje, K. (1994), S. 71 f.

beitsplätze aufweisen, impliziert gleichzeitig, dass kaum Rationalisierungsmöglichkeiten verbleiben. Außerdem erhöht sich das nachgefragte Arbeitsvolumen in Wachstumsphasen. Ein volkswirtschaftlicher Vorteil dieser Arbeitsplätze liegt ebenso in ihrer mangelnden Exportierfähigkeit.[221]

Das Veranstaltungsmanagement ist dementsprechend unmittelbar durch die Freizeit, den Tourismus, die Beschäftigung und das öffentliche Interesse[222] geprägt. Den gesamten allgemeinen Wirkungskreis skizziert Abbildung 11. Darüber hinaus befinden sich die genannten Komponenten in einem wechselseitigen Beeinflussungsprozess. Der Freizeittourismus kann sich nur bei gegebener Freizeit und ihrer Inanspruchnahme entfalten. Beschäftigung und Einkommen einer Volkswirtschaft prägen den Gestaltungsspielraum der öffentlichen Hand.

Abbildung 11: Wirkungskreis des Veranstaltungsmanagements

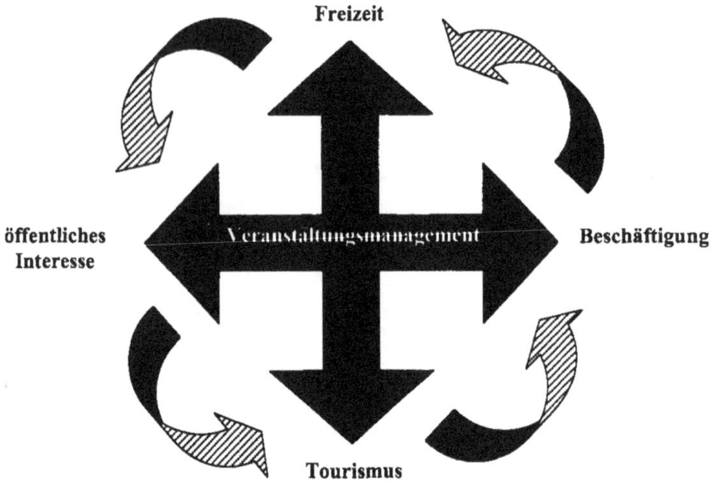

Anzumerken ist in diesem Kontext, dass Freizeit im Grunde nicht aus sich selbst entstehen oder gegenwärtig sein kann; sie existiert als Pendant zur Arbeitszeit (Beruf,

221 Vgl. Freizeit- und Erlebniswelten Services GmbH (Hrsg.) (2003), S. 132 f.; Vgl. weiterführend zu den Auswirkungen auf den Arbeitsmarkt und auf die kommunalen Haushalte Lüthje, K. (1994), S. 12 f.

222 Vgl. zu den speziellen Effekten des Veranstaltungsmanagements im Bereich des öffentlichen Sektors Gliederungspunkt 3.3, S. 74.

Schule, Ausbildung et cetera) und wird auch durch diese quantitativ bestimmt. Insofern lässt sich Freizeit als gesellschaftliches Phänomen beschreiben, das sozusagen extern vergeben oder zugeteilt wird.[223] Die zunehmenden Tourismusströme stehen somit in einer direkten Verbindung zu der steigenden Freizeitverfügbarkeit.[224]

Im Folgenden soll hieran anknüpfend zunächst weiter auf die Rahmenbedingungen der Freizeit eingegangen werden, um darauf aufbauend im nächsten Kapitel die Ansatzpunkte des Veranstaltungsmanagements im stadtentwicklungspolitischen Gestaltungsbereich zu konkretisieren.

3.1 Wertewandel in der Freizeitgestaltung: von der passiven Freizeitwahrnehmung zur aktiven Erlebnisorientierung?

Das Freizeitverhalten wird durch zahlreiche Determinanten bestimmt: Die Verkürzung der Arbeitszeit, der wachsende Stellenwert der Freizeit im Lebensstil des Einzelnen und in der Gesellschaft, die Entwicklung des Wohlstandes und der hohe Motorisierungsgrad sind Beispiele der Determinanten, die eine Veränderung in der Prioritätensetzung des Feizeitkonsumenten vorangetrieben haben.[225] Die Nachfrage zielt nicht mehr vordergründig auf die regenerative Erholung ab. Die Möglichkeit, Freizeit aktiv zu gestalten, steht im Vordergrund des Interesses der Menschen. Diese veränderte Wahrnehmung wird ebenfalls durch die quantitative Ausdehnung der Touristenströme deutlich.[226] Der Anspruch an die Freizeitgestaltung, aber auch die Anzahl derer, die ihre dazu gewonnene Freizeit kurzfristig erlebnisorientiert nutzen wollen, steigt. Freizeitkonsumenten haben ein Bedürfnis nach emotionalen Freizeiterlebnissen: *„Einkaufszentren werden zu Erlebnisinseln, Freizeitorte zu Erlebnisbühnen und Freizeitgüter zu Vehikeln des Erlebniskonsums.“*[227]

Die Freizeitkonsumenten reagieren zunehmend stärker auf Erlebnisreize. Touristische Angebote beschäftigen sich mit der Erfüllung von Träumen und der Verwirklichung neuartiger „thrills“ und Emotionen. Erlebniswelten können als Fluchtmöglichkeit vor Langeweile und Einsamkeit dienen.[228] Um die Freizeitdimensionen einer Region vor diesem Betrachtungshorizont zu schematisieren, lässt sich das Umfeld der Freizeit, wie Abbildung 12 zeigt, auf drei Ebenen zusammenfassen.

---

[223] Vgl. Opaschowski, H. W./Neubauer, U. (1986), S. 33.

[224] Nach der Welttourismusorganisation (WTO) sollen sich die Tourismusströme bis zum Jahr 2020 innerhalb Europas verdoppeln, weltweit sogar verdreifachen. Vgl. Homann, F. (2001), S. 8.

[225] Vgl. Digel, H. (1986), S. 31; vgl. zur Freizeitverfügbarkeit der Menschen Statistisches Bundesamt (2004), S. 1.

[226] Vgl. Freizeit- und Erlebniswelten Services GmbH (Hrsg.) (2003), S. 71.

[227] Vgl. Opaschowski, H. W. (2002), S. 5.

[228] Vgl. o. V. (2004a), S. 1.

Abbildung 12: Darstellung unterschiedlicher Freizeitebenen

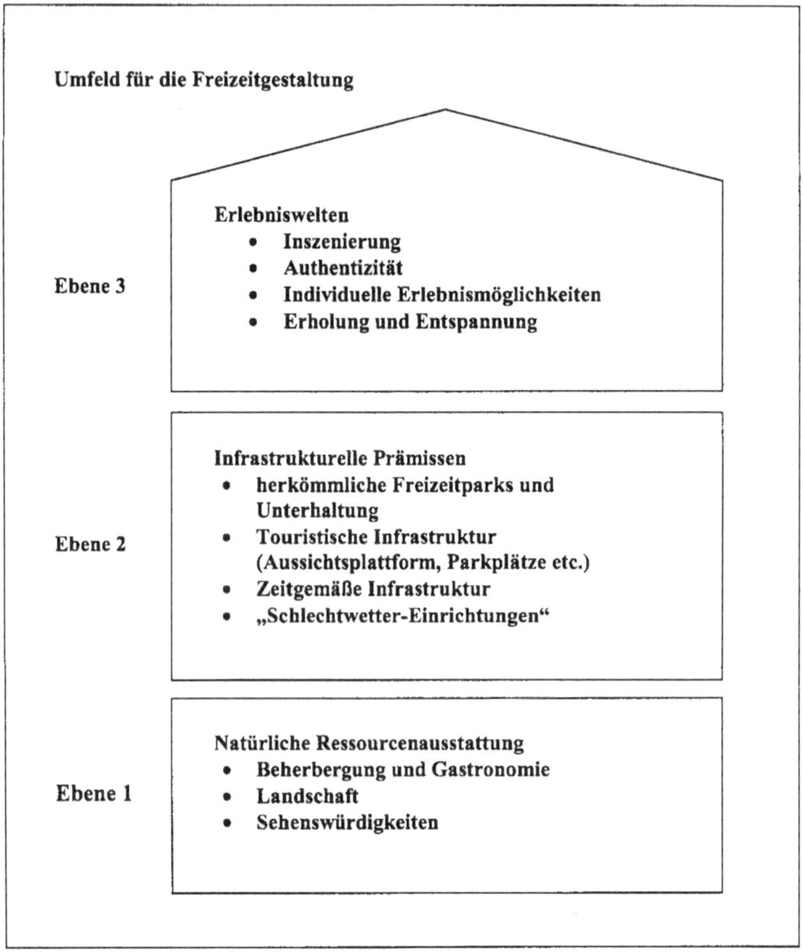

Das Schema beginnt auf der Basis der natürlichen Ressourcen der landschaftlichen Umgebung. Diese Ebene 1 stellt das Grundangebot zur Freizeitgestaltung dar, das gegeben ist. Zum Grundangebot eines Freizeitortes zählen beispielsweise die bestehende Landschaft, Beherbergungsmöglichkeiten und gastronomische Angebote.

Eine Ebene höher stehen die touristischen Standardangebote (traditionelle touristische Destinationen). Hierzu zählt eine touristische Freizeitinfrastruktur mit unterschiedlichen Komponenten, wie beispielsweise Schwimmhallen, Tier- und Freizeitparks, Aussichtsplattformen und Wanderwegen.

Schließlich drückt sich in der dritten Ebene der potenzielle Mehrwert eines Freizeitstandortes aus.[229] Dieser Mehrwert ist die Möglichkeit einer Region, sich von anderen Regionen imagebezogen abzugrenzen. In dieser Ebene befinden sich Regionen charakterisierende Freizeitangebote, wie etwa themenbezogene Erlebniswelten und Großveranstaltungshallen, kombiniert mit besonderen Inszenierungen. Dem Gestaltungsspielraum im Gebiet der dritten Ebene sind keine Grenzen gesetzt; die angebotenen Freizeitleistungen sollten jedoch für die Menschen glaubwürdig sein. Eine geringe Authentizität der Freizeitinfrastruktur könnte negative Image-Effekte für die Region implizieren.[230]

Es ist im Folgenden der Frage nachzugehen, wie die Anbieter von Freizeiteinrichtungen und touristischen Leistungen auf die Veränderungen des Freizeitverhaltens und die erhöhte Zahl an Freizeitsuchenden[231] reagieren. Die Antwort lautet: mit neuen Formen von Angeboten. Die Freizeitgestaltung weist gegenwärtig einen höheren Erlebnischarakter und eine stärkere Ausprägung im animativen Bereich aus. Im Vordergrund steht beim Nutzer, vielfältige Möglichkeiten wahrzunehmen, um eigene Erlebniswelten gestalten zu können. Neue Freizeiteinrichtungen bündeln eine Vielzahl an Einrichtungen aus Sport, Einkauf, Unterhaltung und Gastronomie an einem Standort.[232] In Anlehnung an die Entwicklung in den USA, die auch mit Disneyfizierung[233] bezeichnet wird, vollziehen sich in Deutschland Schwerpunktverlagerungen weg von herkömmlichen Freizeitparks hin zu erlebnisorientierten Freizeitgroßeinrichtungen, wie zum Beispiel Themenparks.[234]

---

[229] Vgl. Spittler, R. (1999), S. 67 ff.

[230] Vgl. Wachter, M. (2001), S. 109 ff.

[231] Vgl. o. V. (2004b), S. 2; vgl. Hitzler, R. (2000), S. 405 ff.

[232] Vgl. Bundesforschungsanstalt für Landeskunde und Raumordnung (Hrsg.) (1994), S. 62 ff.

[233] Disneyfizierung ist abgeleitet von der Freizeitwelt im Disneyland, in der sich der Besucher für längere Zeit in einer erlebnisreichen Freizeit aufhalten kann. Disneyland steht in diesem Kontext stellvertretend für eine charakteristische Erlebniswelt. Die Erlebnis-Architektur stützt sich auf verschiedene Freizeitangebote mit speziellen Themenmotiven aus Szenen in Kinofilmen. Zentraler Stützpfeiler dieser Konzeption ist das narrative Element (Storytelling). Vgl. Kagelmann, H. J. (2000), S. 97 ff.

[234] Diese Themenparks firmieren unter bekannten Markennamen wie Warner Bros. Movie World, Ravensburger Spieleland, Legoland und Playmobil. Vgl. Freizeit- und Erlebniswelten Services GmbH (Hrsg.) (2003), S. 102. Großes Interesse können auch so genannte Brandlands oder Corporate Lands mit Affinität zu Themenparks auf sich ziehen. Diese multifunktionalen Freizeit- und Konsumeinrichtungen werden von Unternehmen der Konsumgüterindustrie als Firmenwelten betrieben (Autostadt in Wolfsburg, Nike Town, Swarovski-Kristallwelten uvm.). Vgl. Steinecke, A. (1999), S. 86 ff.

Die Besucherzahlen der traditionellen deutschen Freizeitparks zeigten parallel zu dieser Entwicklung in den letzten Jahren keine nennenswerten Zuwächse; im Vormarsch sind Freizeitorte, die Wissensvermittlung auf unterhaltungsorientierte Art (edukative Freizeiteinrichtungen) anbieten, aber auch Unterhaltungszentren mit konzentriertem Angebot an einem Standort.[235] Diese Konstrukte heißen, nach amerikanischem Vorbild, Urban Entertainment Center (UEC).[236] Ein UEC ist beispielsweise der Unterhaltungskomplex Stuttgart International (SI-Centrum). Im Mittelpunkt des SI-Centrums steht ein Musical-Theater, das unter anderem von folgenden Einrichtungen umgeben ist: Casino, Konferenzzentrum, Hotels, Wellness-Center, Badeparadies Schwaben-Quelle, Multiplex-Kinocenter, Restaurants.[237]

3.2 Wie viel kostet die Freizeit? Der Trend zur Sparkultur

In den Erläuterungen des vorhergehenden Gliederungspunktes konnte ein Trend zur Erlebnisgesellschaft aufgezeigt werden. Dies impliziert jedoch noch keine steigende Bereitschaft der Konsumenten, mehr Geld für Freizeitleistungen auszugeben. Der Anteil der Freizeitausgaben, bezogen auf die Gesamtausgaben des Freizeitbereichs „Unterhaltung und Kultur der privaten Haushalte", ist seit 1995 weitgehend stabil.[238] Schlussfolgernd steht im Veranstaltungsmanagement ein begrenztes monetäres Nachfragevolumen der privaten Haushalte zur Verfügung.

Es stellt sich die Frage, ob der Trend zur Erlebniskultur auch ein Trend zur Sparkultur sein könnte. Der jährlich erscheinende „Freizeit-Monitor" des B.A.T. Freizeit-Forschungsinstitutes, der auf der Grundlage von repräsentativen Befragungen unter der Rubrik „Freizeit-, Konsum- und Lebensgewohnheiten" die Stimmungslage des Landes abbildet, geht zurzeit von einer zurückhaltenden Konsumbereitschaft der Gesellschaft aus.[239]

---

[235] Vgl. zur Entwicklung deutscher Freizeitparks zwischen 1986 und 2002 Freizeit- und Erlebniswelten Services GmbH (Hrsg.) (2003), S. 103.

[236] *„Das Urban Entertainment Center (UEC) ist die neue Form eines Konsum- und Freizeittempels, der die Menschen wie ein Magnet auch über längere Distanzen hinweg anzieht."* Kammermeier, E./Weikamp, K. (2002), S. 865; vgl. auch Beyard, M. D. et al. (1998), S. 5.

[237] Vgl. Roost, F. (2000), S. 129 ff.

[238] Vgl. Freizeit- und Erlebniswelten Services GmbH (Hrsg.) (2003), S. 59.

[239] Vgl. Deutsche Tourismus Analyse (2004), S. 7 f.

Der Wettbewerb im Freizeitbereich findet auf unterschiedlichen Teilmärkten statt, wobei versucht wird, die Freizeitangebote immer zielgruppenspezifischer auszulegen.[240] Wettbewerbsspezifische Strategien intensivieren sich, um individuelle Erlebnisstrukturen über Freizeit- und Erholungsanlagen anzubieten.[241] Das Veranstaltungsmanagement befindet sich somit in einem ständigen Anpassungsprozess.

Was bedeutet diese Entwicklung für die Investitionsbereitschaft in den Freizeitmarkt und in Freizeitimmobilien?

Für Investoren ist es zunächst wichtig, eine möglichst realistische Einschätzung der Marktentwicklung für Freizeitprodukte und -dienstleistungen zu erhalten. Nur so lässt sich später ein ertragsorientiertes Veranstaltungsmanagement durchführen. Hier liegt jedoch auch die besondere Herausforderung dieser Aufgabenstellung. Die Prognosen hinsichtlich der Trends im Freizeitmarkt werden von Investoren, Projektentwicklern und Forschungsinstituten sehr verschieden beurteilt. Zurückzuführen sind die unterschiedlichen Bewertungsmaßstäbe auf das heterogene und intransparente Datenmaterial des Freizeitmarktes. Die Folgen sind starke Stimmungsschwankungen im Investitionsverhalten, die zudem auch durch gesamtwirtschaftlich und weltpolitisch veränderte Rahmenbedingungen beeinflusst werden. Die Unsicherheit liegt darin begründet, dass in guten Prognosejahren die Investitionen deutlich ansteigen, was später zu messbaren Überkapazitäten und einer beginnenden Konsolidierungsphase führen kann.[242] Seit dem Jahr 2002 lässt sich eine gedämpfte Investitionsstimmung in Deutschland beobachten. Zu betonen ist aber auch, dass ein spezieller Teil des Freizeitmarktes in dieser Zeit dennoch auf positive Ergebnisse zurückblicken konnte.[243]

---

240 Vgl. Muncke, G./Dziomba, M./Walther, M. (2002), S. 190. *Heinrichs* thematisiert im Zusammenhang mit der individuellen Erlebnisorientierung auch den *„spontanen Reiz des Wählens"*. Vgl. Heinrichs, W. (1999), S. 52 f.; vgl. weiterführend Köhl, W./Turowski, G. (1976), S. 19.

241 Vgl. Haubl, R. (1996), S. 211 f.

242 Vgl. Kipp, O./Freitag, D. (2003), S. 2 f.

243 Als Beispiel für eine positive Entwicklung lassen sich die Carolus Thermen in Aachen anführen, die mit mehr als 407.000 Besuchern im Jahr 2002 ihr Besucheraufkommen um 31,5 Prozent gegenüber dem Vorjahr steigern konnten. Deutschlands größter Freizeitpark, der Europa-Park Rust, erzielte im Jahr 2002 mit einer veröffentlichten Zahl von rd. 3,55 Mio. die höchste Besucherzahl seit seinem Bestehen. Das Ferien-Ressort „Land Fleesensee" erhöhte seinen Umsatz gegenüber dem Vorjahr um 5 Prozent auf 25,6 Mio. €. Vgl. Kipp, O./Freitag, D. (2003), S. 3.

Hinsichtlich der zukünftigen Entwicklung werden dem Bereich „Wellness, Beauty und Healthcare“ derzeit gute Entwicklungschancen attestiert; der anhaltende Trend zum Kurzurlaub begründet diese Prognose. Dies impliziert, dass Freizeitanlagen, die einen mehrtägigen Aufenthalt ermöglichen (Kuranlagen, Erlebniseinrichtungen mit Erholungsmöglichkeiten und viele mehr), zusätzliche Investitionen verzeichnen können.[244]

3.3 Im Wandel der Zeit: praktische Ansätze zur öffentlichen Förderung des Veranstaltungsmanagements

Wieland und *Rütten* fanden in ihrer sozialempirischen Erhebung zur Sportnachfrage heraus, dass die öffentliche Förderung von Großveranstaltungen als Ausgleich für die Nachteile des Lebens in einer Großstadt akzeptiert wird.[245] Angesichts dessen stellt sich die Frage, welche gestalterischen Umsetzungsmöglichkeiten von staatlicher Seite bestehen, um die öffentliche Förderung von freizeitbezogenen Anlagen voranzubringen und inwieweit dadurch regionalentwicklungsspezifische Auswirkungen auftreten.

Wenn die Freizeit auf der gesellschaftlichen Produktivität basiert, gehört die Planung von Veranstaltungsstätten zur kommunalen Stadtentwicklung mit der Zielsetzung, Städten und Gemeinden ein eigenes Sport- und Kulturprofil zu geben und darüber hinaus eine regionale Identität generieren zu können. Das bedeutet, die Stadtentwicklungspolitik wird nicht überregional vorgegeben, sondern entsteht subsidiär, gestützt auf die Struktur- und Entwicklungsplanung. Denn Freizeitanlagen unterschiedlicher Art und Größenordnung gehören zu den Basiskomponenten der städtischen Infrastruktur und bedingen oftmals eine öffentliche Förderung.[246] Unter den Stichpunkten Privatisierung und Subsidiarität entwickelten sich schließlich aus der früheren Staatshoheit im Sportstättenbau neue Denkmuster und Wege.

---

244 Vgl. Kipp, O./Freitag, D. (2003), S. 4.

245 Vgl. Wieland, H./Rütten, A. (Hrsg.) (1991) S. 165.

246 Die öffentliche Förderung von Veranstaltungsstätten (Sportstätten, Theater, Museen etc.) zählt zur kommunalpolitischen Aufgabe einer Stadt. Deutlich wird dies durch die mietfreie Nutzung von öffentlichen Sportstätten durch Vereine. Vgl. o. V. (2004), S. 38. Im Sportbericht der Bundesregierung wird zudem die Förderung von *„Anlagen, die der gesamtstaatlichen Repräsentation dienen (z. B. Olympiaanlagen)“* festgelegt. Vgl. Sportbericht der Bundesregierung (1995), S. 85 ff.; vgl. zur Aufteilung der direkten Sportförderung auf die drei staatlichen Ebenen (Kommunen, Länder, Bund) Weber, W. (1995), S. 49 ff.

Besonders die zunehmend kritische haushaltspolitische Situation in den Kommunen und Städten und die oftmals fehlende Refinanzierbarkeit[247] von Freizeitimmobilien führte zu einer veränderten Wahrnehmung der öffentlichen Rolle im Veranstaltungsmanagement; so genannte Public-Private-Partnership-Modelle[248] (PPP-Modelle) sind im Bereich der Stadtentwicklungspolitik und öffentlichen Wirtschaftsförderung auf dem Vormarsch. Zu betonen ist, dass Public Private Partnership (PPP) nicht für ein vorgegebenes Konzept steht, sondern dass vielfältige Anwendungsmöglichkeiten bestehen und damit jegliche Form von öffentlich-privater Zusammenarbeit gemeint sind. Unterschiede in der Anwendung bestehen primär in der Intensität der Kooperation, die beim Informations- und Erfahrungsaustausch beginnt und bis zu vertraglich geregelten Vereinbarungen der Kooperationspartner reichen kann.[249]

In der Regel kommt eine Form des Public Private Partnership in der Immobilien-Projektent-wicklung am häufigsten vor: Es wird ein Investorenauswahlverfahren über eine öffentliche oder eine eingegrenzte Ausschreibung durchgeführt. Die am Ende ausgewählte Projektgesellschaft eines privaten Initiators beziehungsweise Investors, schließt mit der öffentlichen Verwaltung einen öffentlich-rechtlichen Vertrag ab.[250] Zu den Akteuren auf städtischer Seite gehören öffentliche Körperschaften und Institutionen; zu den privaten Partnern werden vorrangig Projektentwickler und Investoren gezählt.[251] Im immobilien-projektspezifischen Rahmen ist Public Private Partnership eine *„frei ausgehandelte und durch privatrechtliche Vereinbarungen vertraglich fixierte Zusammenarbeit zwischen Kommune und [Projektentwickler beziehungsweise] Investor (...) zum Zwecke gemeinsamer Projektentwicklung.“*[252]

---

247 Vgl. zu Finanzierungsalternativen im Sportstättenbau Napp, H.-G./Vornholz, G. (2002), S. 89 ff.

248 Seinen Ursprung fand Public Private Partnership im Jahr 1943 in der Initiative zur Revitalisierung der Stadt Pittsburgh. Vgl. Schulte, K.-W./Bone-Winkel, S./Rottke, N. (2002), S. 38. In den 80er Jahren begann die Debatte um die öffentlich-private Zusammenarbeit in Deutschland. Die Reformen wurden allerdings nur schleppend umgesetzt. Dies könnte daran liegen, dass die öffentliche Hand durch die Deregulierungsbestrebungen in der Stadtentwicklung an Handlungsspielraum einbüßt. Vgl. Pfeiffer, U. (1988), S. 1 ff. In Deutschland wurde außerdem, ausgelöst durch die kommunale Budgetkrise und den auf die Verwaltung einwirkenden Veränderungsdruck, die Implementierung eines New Public Management (NPM) angestrebt. Vgl. weiterführend Wollmann, H. (2004), S. 363 ff.

249 Vgl. Budäus, D. (2002), S. 225 ff.

250 Vgl. Schultes, W. (2000), S. 163.

251 Vgl. Heinz, W. (1993), S. 33; vgl. weiterführend Whitney, D. (1993), S. 259 f.

252 Schulte, K.-W./Bone-Winkel, S./Rottke, N. (2002), S. 61; vgl. zu den rechtlichen Grundlagen eines PPP-Modells Höfler, H. (2002), S. 84 ff.

Die Tendenzen zur Kommerzialisierung in der öffentlichen Verwaltung zeigen, dass Freizeit in zunehmenden Maße ökonomisiert wird. Einen zentralen Blickpunkt bilden hierbei öffentlich geförderte edukative Freizeitprojekte wie das Universum in Bremen und die Biosphäre in Potsdam.[253] Darüber hinaus gibt es in vielen Städten Planungen für öffentlich geförderte und privat betriebene Veranstaltungshallen, wie etwa Arenen, Großkinos (Multiplexe) und Spaß- oder Erlebnisbäder.

Die Interessen der öffentlichen Hand zielen somit vornehmlich auf ökonomische Vorteile ab. Im Detail gehören zu den Zieldimensionen der öffentlich-privaten Partnerschaften beispielsweise die folgenden:

- Maßnahmen der Wirtschaftsförderung,
- Steigerung der Attraktivität bestimmter Gebiete für private Investitionen,
- Entwicklung und Revitalisierung städtischer Zentren und Stadtteile mit Umland-Bezug,
- Verbesserung der Haushaltssituation.[254]

Die (Teil-)Privatisierungsbestrebungen der Städte beinhalten allerdings eine Problematik, die insbesondere in den jährlichen Haushaltsplanungen allgegenwärtig ist. Dieses Dilemma lässt sich wie folgt beschreiben: Die öffentlichen Träger kommen einerseits den wachsenden Freizeitansprüchen der Bevölkerung mit stetig differenzierteren Ansprüchen nach, andererseits steht dem steigenden Investitionsvolumen ein schrumpfender Haushalt mit verordnetem Sparzwang und Ausgabenkürzungen gegenüber.[255] Um eine öffentlich-private Zusammenarbeit zu realisieren, ist es für den öffentlichen Sektor im Wissen um dieses Dilemma wichtig, seine Glaubwürdigkeit und Transparenz nicht zu gefährden.

Aspekte der regionalökonomischen Verflechtungen im Bereich der kommunalen Freizeitpolitik sollen deshalb nun beleuchtet werden, um potenzielle Vor- und Nachteile abzuwägen.

---

253 Die Investitionen in diese beiden Projekte wurden fast ausschließlich über öffentliche Fördermittel geleistet. Danach wurden die Immobilien an einen privaten Betreiber vergeben mit der Auflage, einen positiven operativen Deckungsbeitrag zu erwirtschaften. Der Betreiber ist allein für den operativen Bereich verantwortlich. Der Vorteil für die öffentliche Hand liegt in dem folgekostenfreien Betrieb der Freizeitimmobilie begründet, die andernfalls den öffentlichen Haushalt belastet hätte.

254 Vgl. Heinz, W. (1993a), S. 497.

255 Vgl. Heinz, W. (1993), S. 39; vgl. für weitere Beispiele Deutscher Städte- und Gemeindebund DStGB (2002), S. 12 ff.; vgl. auch Altmannshofer, R. (2003), S. 40 f.

3.3.1 Stadtwirtschaftliche Effekte im öffentlich-privaten Betrachtungsrahmen

Wie aus den bisherigen Ausführungen deutlich wurde, stellen Großveranstaltungsstätten aus betriebswirtschaftlicher Sicht eine nicht unerhebliche Kostenposition im städtischen Finanzhaushalt dar.[256] Die Kostenseite ist jedoch nicht isoliert zu betrachten. Im volkswirtschaftlichen Gesamtzusammenhang stehen der Investition in Veranstaltungszentren erhebliche positive direkte und indirekte ökonomische Effekte gegenüber. Diese positiven und negativen Auswirkungen der Implementierung von Veranstaltungsstätten in einer Region sind in der nachstehenden Abbildung 13 dargestellt und werden nun thematisiert.

Abbildung 13: Stadtwirtschaftliche Effekte

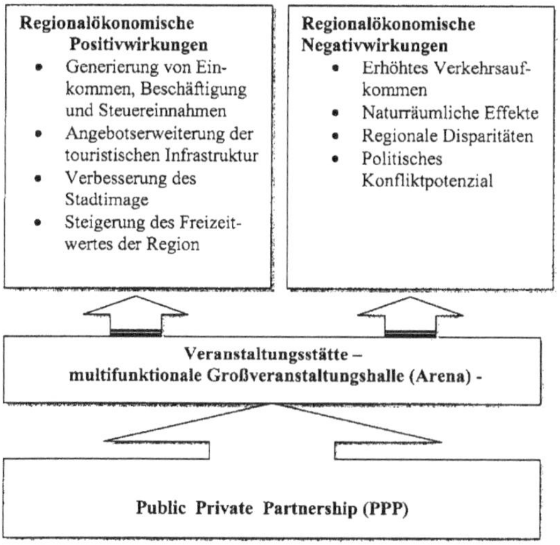

[256] In Hamburg wurden bspw. für Bau-, Modernisierungs- und Sanierungsmaßnahmen von staatlichen Sportstätten in den Jahren 1991 bis 1998 rd. 34 Mio. € ausgegeben. Vgl. Bürgerschaft der Freien und Hansestadt Hamburg (1999), S. 1 f.; vgl. Platz, S. (2003), S. 7 f.

Der Bau einer Freizeitimmobilie trifft in der ansässigen Bevölkerung und bei regionalen Wirtschaftsvertretern in den meisten Fällen auf breite Zustimmung. Die Erwartungen stützen sich auf die ***stadtwirtschaftlichen Positivwirkungen*** für die Wirtschaftsstruktur und die imagefördernden Effekte innerhalb der Region.[257] Veranstaltungsstätten generieren Einkommens- und Beschäftigungseffekte und tragen zur Verbesserung der kommunalen Einnahmensituation in Form von Steueraufkommen bei.[258] Zurückzuführen sind diese ***beschäftigungsspezifischen Interdependenzen*** auf die Umsätze des direkten Veranstaltungsgeschäftes (direkte Primäreffekte) und auf vielschichtige wirtschaftliche Verknüpfungen mit anderen Wirtschaftszweigen, wie zum Beispiel Werbe- und Medienbranche, Verkehr und öffentliche Versorger, aber auch auf Umsätze im Groß- und Einzelhandel, die durch den Veranstaltungsbetrieb vor Ort entstehen (indirekte Sekundäreffekte).[259]

Darüber hinaus ergeben sich so genannte Multiplikatoreffekte, die durch Umsatzwirkungen auf vorgelagerte (Beschaffungsaktivitäten zur Leistungserstellung) und nachgelagerte (anknüpfende Konsumaktivitäten) Wirtschaftsstufen entstehen.[260] Im Zuge der Implementierung eines Veranstaltungsgebiets kann es zu Agglomerationswirkungen kommen.[261] Es siedeln sich Gewerbe- und Industrieunternehmen in der Umgebung an und es kommt zu weiteren Investitionen (Bedeutungszuwachs des tertiären Sektors).

Imagebezogene Interdependenzen gehören ebenfalls zum Bereich der potenziellen Positivwirkungen. Eine Steigerung der wirtschaftlichen Aktivität kann über ein verbessertes touristisches Angebotsspektrum zu einer attraktiveren Freizeitinfrastruktur führen.[262] Das Angebot an Kultur-, Sport-, Gesellschafts- und Geschäftsveranstaltungen ist somit ein städtisches Instrument zur Image-Förderung, denn Veranstaltungshallen können den Freizeitwert einer Stadt erhöhen, was sich in einer gesteigerten Un-

---

[257] Vgl. Maennig, W. (2004), S. 1 ff.; vgl. auch Maennig, W./Duvinage, P./Speck, T./Pirzer, C. (2002), o. S.

[258] Vgl. Lüthje, K. (1994), S. 12; vgl. beispielhaft für positive makroökonomische Auswirkungen von Investitionen in Sportstätteninfrastruktur und Austragungsorte von Fußballspielen auf das Bruttoinlandsprodukt und die Beschäftigungsstruktur Ahlert, G. (2002), S. 102 f.

[259] Im Segment des Messe- und Kongresstourismus ist eine hohe Umwegrentabilität für die Kommunen festzustellen. Nach Schätzungen einer Kaufkraftzuflusserhebung wird der für den Zeitraum von 2001 bis 2010 geplante Umsatz der Messe Berlin in Höhe von ca. 1,5 Mrd. € einen Folgeumsatz in der Wirtschaftsregion Berlin von rd. 13,8 Mrd. € nach sich ziehen. Vgl. o. V. (2001a), S. 8. In Dortmund werden circa 25 Prozent der durchschnittlich 600.000 Übernachtungen p. a. durch den Veranstaltungsbetrieb der Westfalenhallen begründet. Vgl. Westfalenhallen Dortmund GmbH (Hrsg.) (2003), S. 1.

[260] Vgl. Heinz, W. (1993a), S. 497; vgl. kritisch dazu Lüthje, K. (1994), S. 12.

[261] Vgl. Gliederungspunkt 2.1.2.2, S. 33.

[262] Vgl. Institut für Landes- und Stadtentwicklungsforschung des Landes Nordrhein-Westfalen ILS (Hrsg.) (1994), S. 12 f.

terhaltungs-, Freizeit- und Wohnqualität zeigt. Sie stellen damit einen weichen Standortfaktor im sich verschärfenden nationalen und globalen Städtewettbewerb dar.

Den stadtwirtschaftlichen Positivwirkungen stehen potenzielle ***stadtwirtschaftliche Negativwirkungen*** gegenüber, wie zum Beispiel ***ökologische Interdependenzen.*** Kritisch ist unter anderem die erhöhte Umweltbelastung durch den hohen spezifischen Flächenverbrauch und das zusätzliche Verkehrsaufkommen zu bewerten.[263] Es könnte sein, dass direkte Einwirkungen (beispielsweise durch Befahrung und Lärm) auf die lokale Pflanzen- und Tierwelt entstehen und sich Lebensräume verändern. Die ausgedehnten Einzugsstrukturen von Großveranstaltungen und die dominante Pkw-Orientierung der Besucher belasten die Luftqualität. Außerdem ist die Problematik der Inaktivierung biologisch aktiver Flächen (Flächenversiegelung) durch Überbauung und Trassierung zu nennen.[264]

Strukturelle Interdependenzen können auf Grund von hohem Flächenbedarf von Veranstaltungszentren und den dazugehörigen Zusatz- und Erholungsflächen entstehen, weshalb die Projekte bevorzugt in räumlichen Strukturen am Rande der Stadt entstehen. Es ist an diesen städtebaulich nichtintegrierten Standorten während der Entwicklungsphase darauf zu achten, dass die Maßstäblichkeit der Landschaft und die gewachsenen Ortstrukturen erhalten bleiben.[265] Ebenso könnte es zu Zersiedelungstendenzen und zur Beeinträchtigung der lokalen Stadtbildqualität kommen, wenn die baulichen Anlagen ohne gestalterischen und architektonischen Anspruch entstünden.[266] Eine Veranstaltungshalle in der Nähe zu etablierten Einkaufs- und Freizeitfazilitäten kann suburbane Tendenzen auslösen, falls sich Wohnen, Arbeiten und Freizeit in die Randgebiete der Stadt ausbreiten. Schließlich wäre sogar die Herausbildung regionaler Disparitäten vorstellbar.[267]

Als letzter Punkt in diesem Themenkomplex ist schließlich die politische Verantwortung zu diskutieren ***(politische Interdependenzen).*** Zwar ist anfänglich von einer Zustimmung der Bevölkerung zu den freizeitwirtschaftlichen Zielen der Politik auszugehen, dennoch besteht Ungewissheit über das Ausmaß der sich ergebenden stadtwirtschaftlichen Effekte. Die beschriebenen positiven Effekte für den öffentlichen Haus-

---

263 Vgl. Dietl, H. M./Pauli, M. (2001), S. 153; vgl. auch o. V. (2004d), S. 21.

264 Vgl. Lüthje, K. (1994), S. 14 ff.; vgl. zudem Ammer, U./Buchwald, K. (1998), S. 6.

265 Mit dem Instrument der Nutzwertanalyse wird die Eignung eines Standortes hinsichtlich bestimmter Anforderungen untersucht. Sie addiert die zur Verfügung stehenden Teilnutzwerte (zum Beispiel aus den Bereichen Liegenschaft, Umfeld, Verkehr) zu einem Gesamtnutzwert. Vgl. Väth, A./Hoberg, W. (1998), S. 92 f.; vgl. Schneck, O. (1996), S. 88 ff.; vgl. auch Benkenstein, M. (1997), S. 189 ff.

266 Vgl. Häußermann, H./Siebel, W. (1993), S. 29.

267 Vgl. Ammer, U./Buchwald, K. (1998), S. 5; vgl. auch Institut für Landes- und Stadtentwicklungsforschung des Landes Nordrhein-Westfalen ILS (Hrsg.) (1994), S. 12 f.

halt (erhöhtes Einkommens-, Beschäftigungs- und Steueraufkommen) stehen den hohen Ausgabenvolumina zu Beginn der Investition gegenüber.[268]

Wenn das Immobilien-Projekt als PPP-Modell entwickelt wird, lastet die Verantwortung zwar nicht zu hundert Prozent auf dem öffentlichen Sektor, dennoch hat die Verwaltung am Ende einer Legislaturperiode Rechenschaft über die Rentabilität der Investition abzulegen.[269] Es existiert ein Konfliktpotenzial, wenn der öffentliche Sektor gemeinsam mit privaten Investoren Projektvorhaben realisiert. Da die öffentliche Hand von Zulieferern und Interessengruppen beeinflusst werden könnte, wäre es möglich, dass dies zum Verlust von Autonomie und Objektivität der öffentlichen Organe bis hin zur Manövrierunfähigkeit der städtischen Verwaltung auf Grund von zu hoher Verschuldung führen könnte.[270]

Es stellt sich die Frage, ob die Finanzierungsform einer Halle das Ausmaß der stadtwirtschaftlichen Effekte beeinflussen kann; generell ist dies zu verneinen. Eine Großveranstaltungshalle generiert, unabhängig von der Finanzierungsform, positive Effekte und auch im Bereich der potenziellen stadtwirtschaftlichen Negativeffekte ist zu konstatieren, dass mögliche Auswirkungen allein bezogen auf die Immobilie und ihr Umfeld auftreten.

Den Großveranstaltungshallen ist zu attestieren, dass sie über chancenreiche ökonomische und imagefördernde Gestaltungspotenziale verfügen. Es ist jedoch bereits in der stadtentwicklungspolitischen Planung darauf zu achten, dass bestehende Stadt- und Siedlungsstrukturen erhalten bleiben. Mögliches Konfliktpotenzial lässt sich durch eine gezielte öffentliche Transparenz, intensive Planungen und ausgeklügelte Kontrollmechanismen in der Ablaufplanung minimieren.

3.3.2 Evaluierung von öffentlich-privaten Immobilien-Projekten

Ob öffentlich-private Immobilien-Projekte durchgeführt werden sollten, wird nun versucht am Beispiel der Hansestadt Bremen zu beantworten.[271] Bremen wurde deshalb ausgewählt, da sich die dortige Stadtentwicklungspolitik in hohem Ausmaß der öffentlich-privaten Zusammenarbeit bedient.[272] Das Weserstadion ist über die Einbeziehung von privaten Unternehmen erweitert und modernisiert worden, sodass im Bereich der

---

268 Vgl. zur Förderung kommunaler Wirtschaftsstrukturen Kirchhof, F. (1988), S. 3 ff.

269 Im Gegensatz zu den Großvorhaben des sozialen Wohnungsbaus oder Sanierungen nach dem Städtebauförderungsgesetz verfügt die öffentliche Hand gegenwärtig über geringere rechtliche Kompetenzspielräume und nur über sehr eingeschränkte finanzielle Mittel. Hier besteht insofern die Gefahr, dass die Implementierung von Veranstaltungsstätten eben diese Schwäche der Städte überspielen soll.

270 Vgl. Ammer, U./Buchwald, K. (1998), S. 5 f.

271 Vgl. zu den Strukturdaten Freie und Hansestadt Bremen/Hattig, J. (Hrsg.) (2004), S. 56 f.

272 Vgl. zum PPP-Modell Gliederungspunkt 3.3, S. 74.

Mantelbebauung Gastronomie-, Dienstleistungs- und Büroflächen entstanden.[273] Das edukative Science-Museum „Universum" ist ein weiteres positives Beispiel für die erfolgreiche öffentlich-private Projektentwicklung einer Freizeitanlage.

Als negatives Beispiel ist die Entwicklung des Bremer Vergnügungsparks „Space Park" zu nennen.[274] Der Space Park sollte mit einer Fläche von über 22.000 m² der größte in Betrieb genommene Indoor-Erlebnispark Europas werden. Er ist ein reiner Entertainment-Park zum Thema Raumfahrt und Abenteuer im Weltall, der in Verbindung mit einem großen Einkaufszentrum mit rund 44.000 m² Ladenfläche, Hotel, Multiplex-Großkino und gastronomischen Einrichtungen konzipiert ist.[275] Vom Grundsatz her sollte über dieses groß angelegte Projekt die Wiederbelebung der Hafenflächen und darüber eine Anbindung an die Innenstadt erwirkt werden. Der Standort im Hafenbereich (Bremen-Gröpelingen) ist jedoch als suboptimal einzustufen, da es keinen direkten Autobahnanschluss gibt; die erwarteten Besucherzahlen wurden nicht erreicht und der Park wurde geschlossen. Dennoch profitierte das Hafengebiet stadtentwicklungspolitisch über eine neue Kunsthochschule und die Förderung von Unternehmensansiedelungen.

Die staatliche Förderung von Großprojekten erfüllt somit durchaus gesellschaftliche und stadtentwicklungspolitische Zwecke, wobei die jeweilige Stadt dabei ein hohes Risiko trägt.[276] Fehlgeschlagene städtische Entwicklungsvorhaben belasten den Stadthaushalt und können zu irreparablen Umweltschäden führen, falls dadurch Bauflächen brachliegen.[277] Um dieses Risiko zu minimieren, bedient sich die Verwaltung analytischer Verfahren, um im Kern auf die beiden folgenden Fragestellungen antworten zu können:

- ***Ist es ökonomisch sinnvoll, Immobilien-Projekte öffentlich zu fördern?***
- ***Welche spezifischen Projektvorhaben sollten umgesetzt werden?***

---

[273] Das Investitionsvolumen betrug rd. 12,6 Mio. €. Die Stadionbetreibergesellschaft BWS Bremer Weserstadion GmbH übernahm die Finanzierung des Projekts. Nun werden die Anteile der Gesellschaft paritätisch vom SV Werder Bremen und der stadteigenen Hanseatischen Veranstaltungsgesellschaft gehalten. Vgl. Freie und Hansestadt Bremen/Hattig, J. (Hrsg.) (2004), S. 43. Vgl. zur Stadionfinanzierung auch Dietl, H. M./Pauli, M. (2002), S. 111 ff.

[274] Das PPP-Modell zwischen der Stadt Bremen und der Dresdner Bank scheiterte bereits sechs Monate nach der Eröffnung. Die Finanzierung des insgesamt 650 Mio. € teuren Projekts wurde zusätzlich über Bundes- und EU-Mittel gedeckt. Vgl. o. V. (2005c), S. 1; vgl. Stahn, H. (2004), S. 1. Vgl. auch Stahn, H. (2004a), S. 16; vgl. zudem o. V. (2004o), S. 1 ff.

[275] Vgl. o. V. (2005a), S. 1; vgl. Ronzheimer, M. (2003), S. 1 ff. Insofern war der Space Park als Urban Entertainment Center konzipiert. Vgl. o. V. (2005b), S. 1 f. Problematisch waren die Einzelhandelsflächen, die nicht vermietet werden konnten. Dies lag einerseits an den Ladenöffnungszeiten, andererseits am Standort selbst. Vgl. o. V. (2003e), S. 7.

[276] Vgl. zu den Möglichkeiten, PPP-Modelle zur Durchführung umfangreicher Verkehrs-, Stadterneuerungs- und Stadtentwicklungsvorhaben einzusetzen, grundsätzlich Heinz, W. (1993), S. 40 ff.

[277] Vgl. Schröder, A. (2004), S. 2; vgl. Stahn, H. (2004), S. 16.

Eine renommierte Methode zur Bearbeitung der aufgeworfenen Fragen im öffentlichen Sektor ist die Kosten-Nutzen-Analyse, die auf den normativen Vorstellungen der Wohlfahrtsökonomie und auf Erkenntnissen privatwirtschaftlich orientierter Investitionsrechnungen basiert.[278] Mit Bezug auf das wohlfahrtstheoretische Grundprinzip soll ein öffentliches Projekt *„alle Maßnahmen des Staates subsumieren, die darauf abzielen, in einem Land das wirtschaftliche Geschehen sowie die kulturellen oder sozialen Lebensbedingungen zu fördern.“*[279] Wie Tabelle 5 zeigt, sind im Sinne einer nachhaltigen Stadtentwicklung drei Bedingungen zu erfüllen.

Tabelle 5: Zieldimensionen der Kosten-Nutzen-Analyse[280]

Ökologische Tragfähigkeit	Die natürlichen Ressourcen dürfen sich nicht unter ein bestimmtes (kritisches) Niveau reduzieren.
Ökonomische Funktionsfähigkeit	Die Wettbewerbsfähigkeit des urbanen Wirtschaftssektors sollte gewährleistet sein, um langfristig ein angemessenes BSP sicherzustellen (optimale Flächennutzungsstruktur).
Soziokulturelle Brauchbarkeit	Es wird eine angemessene Grundversorgung der Stadtbewohner in den Bereichen Wohnen, Arbeiten, Erholung, Bildung, Infrastruktur und Kommunikation angestrebt (Verteilungsgerechtigkeit, Förderung des kreativen Potenzials).

Die Kosten-Nutzen-Analyse untermauert die Projektwirkungen, also den potenziellen Nutzen des Projekts, mit den dazugehörigen Kosten. Es ergibt sich ein abgezinster Nettogegenwartswert, der das Projekt bewertet.[281] Die Höhe der Nutzenstiftung des Projekts anhand von Personengruppen gibt an, ob diese Gruppen positiv oder negativ durch ein öffentlich gefördertes Projekt betroffen sind. In den meisten Fällen bezieht sich die Untersuchung auf regionale Auswirkungen.[282] Es ist zu betonen, dass die In-

[278] Vgl. zu Kosten-Nutzen-Analysen Olympischer Spiele Maennig, W. (1991), S. 336 ff.; vgl. zu den Kosten und Nutzen der Fußball-Weltmeisterschaft 2006 in Deutschland Rahmann, B. (1999), S. 337 ff.

[279] Hanusch, H./Kuhn, T. et al. (1994), S. 3.

[280] Tab. in Anlehnung an Billing, K. (1996), S. 54.

[281] Vgl. zur Systematik einer Kosten-Nutzen-Analyse Billing, K./Meurer, P. (1996), S. 84.

[282] Vgl. Hanusch, H./Kuhn, T. et al. (1994), S. 5.

putfaktoren (Kosten und Nutzen) subjektiv festzulegen sind und das Ergebnis der Analyse beeinflussbar ist.[283]

In der Kosten-Nutzen-Analyse ist auch noch zu berücksichtigen, dass die Investitionsbereitschaft in Städte mit metropolitanen Lagen höher ist als in strukturschwachen Gebieten. Dies begründet sich unter anderem über den Standort, die infrastrukturelle Erschließung und die gegebene Nachfragestruktur. In strukturschwachen Regionen gibt es teilweise keine Alternative zur öffentlich-rechtlichen Kooperation, da private Investoren oftmals das Risiko des Misserfolgs des Projekts als zu hoch einschätzen. Über die staatliche Beteiligung ließe sich das Risiko minimieren, und die Stadt könnte von den stadtwirtschaftlichen Positiveffekten der Freizeitprojekte profitieren.

Der skizzierte Wirkungszusammenhang wirft die Frage auf, ob das anvisierte öffentlich-private Projekt wirtschaftlich tragbar ist, wenn ein bilanziertes positives Ergebnis der Kosten-Nutzen-Analyse entsteht. Der Staat verfolgt vor allem das Ziel, über Investitionen in die touristische Infrastruktur Steuereinnahmen zu realisieren. Kapitalgesellschaften messen den Erfolg einer Investition unter anderem über eine möglichst kurze Amortisationszeit der Investition.[284] Eine Fehlinvestition führt sowohl im öffentlichen Sektor als auch in einer privaten Unternehmung zur bilanziellen Neubewertung. Doch das Ergebnis einer fehlgeschlagenen Stadtentwicklung ist im schlimmsten Fall die Ausbeutung einer Region mit irreparablen Folgen für die natürlichen Ressourcen.

Das PPP-Modell in Bremen ist insgesamt als überwiegend positiv zu beurteilen, da die Stadtteilentwicklung über ein konzeptionelles Leitbild zur Ansiedelung von Zukunftsmärkten und wissenschaftlichen Schwerpunkten unterstützt wurde.[285] Darüber hinaus ist als positiver Nutzen dieser öffentlich-privaten Stadtentwicklung zu konstatieren, dass Bremen seine Wettbewerbsfähigkeit im nordwestdeutschen Raum steigern konnte.[286]

---

283 Vgl. weiterführend zu den Grenzen der Kosten-Nutzen-Analyse Wilkens, I. (2003), S. 128 ff.

284 Vgl. Kramer, D. (Hrsg.) (1997), S. 199.

285 Vgl. zum Thema „Technologiestadtteil Bremen“ o. V. (2005d), S. 1; vgl. zu weiteren Projekten im IT-Bereich auch Golasowski, W. (2000), S. 1 ff.

286 Vgl. weiterführend Gliederungspunkt 6.2, S. 164.

3.4 Zwischenfazit

Vor dem Hintergrund des sich vollziehenden Strukturwandels, der durch globale Umweltveränderungen – Globalisierung der Waren-, Dienstleistungs- und Finanzströme, Desindustrialisierung mit einhergehendem Arbeitsplatzabbau und steigender Bedeutung wissensintensiver Wirtschaftszweige – geprägt ist, bewegt sich das Veranstaltungsmanagement in einem gesellschaftlich-kulturellen Umfeld von außerordentlicher Vielfalt, aber auch unscharfen Abgrenzungen. Die Entwicklung der Umwelt verändert sich im Zeitablauf und lässt sich nicht typisieren.

Über eine öffentliche Förderung lassen sich Marktkräfte bündeln, wenn über das Veranstaltungsmanagement öffentliche und private Interessen vereint sind. So wäre der hohe Finanzierungsbedarf von Freizeitanlagen aufzubringen und eine stadtentwicklungsbezogen umweltverträgliche Etablierung der Freizeitanlage ließe sich realisieren. Die Sinnhaftigkeit der Förderung von Veranstaltungszentren über die Stadtentwicklung bewegt sich somit in einem Kräfteverhältnis zwischen touristischen Einnahmen einerseits und langfristigen ökonomischen, ökologischen, sozialen und kulturellen Folgen andererseits.

Insofern ist die Komponente des intergenerativen Denkens seitens der Verantwortlichen im kommunalen Wirkungskreis von großer Bedeutung. Hieran anknüpfend soll im nächsten Abschnitt der Gedanke eines zukunftsorientierten Denkens im stadtentwicklungspolitischen Kontext unter dem Oberbegriff der nachhaltigen Stadtentwicklung behandelt werden. Im Mittelpunkt steht dabei, zunächst theoretisch-konzeptionelle Schwerpunkte herauszuarbeiten, um diese anschließend mit der gegenwärtigen Entwicklung zu verbinden.

4 Bedeutung und Umfeld nachhaltiger stadtwirtschaftlicher Effekte

„Die Stadt als Lebensraum und als Organisationsform gesellschaftlichen Lebens und Handelns nimmt für eine zukunftsfähige Entwicklung einen hohen Stellenwert ein."[287]

Europäische Städte und Verdichtungsräume sind durch eine Vielfalt an Funktionen gekennzeichnet (zum Beispiel Arbeit, Wohnen, Verwaltung, Kommunikation, Kultur und Freizeit).[288] Gleichzeitig steigert sich die touristische Anziehungskraft der Städte und Metropolregionen durch Ausprägung und Differenzierung ihrer Angebotsstrukturen.[289] Insofern ist der Stadtbegriff im Sinne einer Stadtregion zu verstehen, die Strukturmerkmale (zum Beispiel die Arbeitsplatzdichte pro Einwohner) und Verflechtungsmerkmale (zum Beispiel das Pendleraufkommen) aufweist.[290] *Boustedt* unterscheidet vier Zonen, die die Stadtregion als System überlagernder, oszillierender Felder darstellen: Kerngebiet, Ergänzungsgebiet (in Form von angrenzenden Gemeinden), verstädterte Zone (aufgelockerte Siedlungsweise mit hoher Pendlerzahl) und Randzone.[291]

In europäischen metropolitanen Regionen lässt sich beobachten, dass die Stadtbewohner verstärkt ihren Alltag über die Grenzen von Gemeinden hinaus organisieren. Es ist eine zunehmende Verlagerung der Wohnfunktion aus den Zentren ins Randgebiet der Städte zu erkennen. Gewerbe und Einzelhandel siedeln sich in den Randgebieten an.[292] Dabei macht dieser Suburbanisierungsprozess nicht vor bestehenden Stadtgrenzen

---

[287] Bund für Umwelt und Natur Deutschland/Misereor (Hrsg.) (1996), S. 252.

[288] Ein Verdichtungsraum ist ein städtischer Raum mit mindestens 150.000 Einwohnern. Er besteht aus mehreren politisch-administrativen Raumeinheiten und geht somit über die Fläche einer Stadt im administrativen Sinne hinaus. Die Grenzen des Verdichtungsraums sind nicht fest vorgegeben, sondern passen sich dem wachsenden urbanen Siedlungsraum an. Vgl. Heineberg, H. (2001), S. 58 ff.; vgl. Bathelt, H./Glückler, J. (2003), S. 64 ff.; vgl. Stepper, G. (1978), S. 89 ff.; vgl. Entschließung der Ministerkonferenz für Raumordnung zur Gestaltung der Ordnungsräume vom 31. Oktober 1977 (1978), S. 211.

[289] Eine Metropole zeichnet sich durch die Konzentration wichtiger nationaler und internationaler Funktionen aus. Metropolregionen weisen grenzüberschreitende wirtschaftliche Verflechtungen untereinander und mit ihren benachbarten Regionen auf. Diese Verflechtungen werden durch transnationale Güterströme und Dienstleistungen, Direktinvestitionen, Beteiligungsverflechtungen, Finanzströme und Personenbewegungen deutlich. Die Bundesrepublik Deutschland verfügt über sieben Metropolregionen: Hamburg, Rhein-Ruhr, Frankfurt/Rhein-Main, Stuttgart, München/Oberbayern sowie die sich entwickelnden Metropolregionen Berlin/Brandenburg und Sachsendreieck. Vgl. Bundesamt für Bauwesen und Raumordnung (2002), S. 1; vgl. Heineberg, H. (2001), S. 27 ff.; vgl. Bürgerschaft der Freien und Hansestadt Hamburg (1995), S.17; vgl. zur Metropolregion Hamburg auch Gliederungspunkt 5.2.1, S. 130.

[290] Vgl. weiterführend Albers, G. (1991), S. 258 ff.

[291] Vgl. Boustedt, O. (1975), S. 344 ff.; vgl. Bathelt, H./Glückler, J. (2003), S. 64 f.

[292] Vgl. Häußermann, H./Siebel, W. (1987), S. 233.

halt, sondern breitet sich im Zuge der Siedlungsflächenausweitung ins Umland aus.[293] Dies hat zur Attraktivitätsreduzierung des innerstädtischen Umfeldes geführt. Gegenwärtig wird dem entgegengewirkt, indem beispielsweise die Wohnnutzung in den Stadtteilzentren gefördert wird, um innerstädtische Siedlungspotenziale wieder stärker zu nutzen.[294]

Verlieren die historisch gewachsenen Stadtstrukturen mit zentralen Versorgungsstandorten im Kontext dieser Entwicklung an Stellenwert? Welche Bedeutung hat die räumliche Zentralität des Christaller'schen Systems der zentralen Orte, an dessen Muster sich die Raumordnung der deutschen Städte orientiert? Wie lassen sich zukünftige räumliche Entwicklungsmuster beschreiben?

Um diese Fragen zu beantworten, sollen zunächst drei Modelle der Stadtentwicklung kurz deskriptiv dargestellt werden, und daran anknüpfend fließen standorttheoretische Aspekte in die Betrachtung ein. Im Mittelpunkt steht hierbei die Theorie der zentralen Orte: Es ist der Einfluss dieser Theorie auf raumordnungspolitische Vorgaben in der Bundesrepublik zu prüfen. Schließlich wird im Hinblick auf die Frage der Nachhaltigkeit zu untersuchen sein, welche stadtwirtschaftlichen Effekte sich aus der sich verändernden Siedlungslandschaft ergeben können.

Die folgenden Ausführungen beziehen sich im Großen und Ganzen auf die Betrachtung der Stadt als Aktionsraum der Unternehmen und der Stadtentwicklungspolitik. Es soll nun versucht werden, die Ebene der städtischen Umwelt in die Gesamtbetrachtung einzubeziehen. Aus den städtischen Strukturen können Folgerungen für die Entwicklung von Regionen geschlossen werden; eine Arena ist somit inmitten des Wechselspiels von Veranstaltungsmanagement und Stadtentwicklung eine Angebotskomponente, die stadtwirtschaftliche Effekte induziert.

---

[293] *„Suburbanisierung ist die Zunahme des Anteils der Umlandgemeinden an Bevölkerung, Arbeitsstätten oder Beschäftigten in der Region."* Friedrichs, J. (1978), S. 21.

[294] Die Förderung des kulturellen Angebots im Stadtzentrum ist ein Instrument zur Belebung der Innenstädte. Kulturstätten prägen den Stadtkern als Ort der Freizeitgestaltung und des gesellschaftlichen Zusammenkommens. Auch die Aufstockungsmöglichkeiten von Gebäuden, die Genehmigung von höherer Wohndichte, die Bereitstellung von Räumen zur alternativen Wohn- und Büronutzung (Mischnutzung) und die Entwicklung von arbeitsplatznahen Wohnstandorten (zum Beispiel Hamburger Hafencity) sind im Zusammenhang mit der Innenstadtbelebung als Instrumente anzuführen. Vgl. Bürgerschaft der Freien und Hansestadt Hamburg (1995a), S. 16.

4.1 Die Stadt als Aktionsraum der Stadtentwicklung

Grundsätzlich beschäftigt sich die Stadtentwicklung mit der räumlichen, sozialen und wirtschaftlichen Veränderung der Städte im Zeitablauf. Sie subsumiert sämtliche Aktivitäten, die dazu dienen, die Lebensbedingungen und -qualität der Stadtbewohner zu gewährleisten und zu fördern.[295] Die Stadtentwicklung wird durch räumliches Wachstum und städtische Nutzungsfunktionen geprägt; beeinflussende Faktoren der Stadtentwicklung sind vor allem Ökonomie, Politik, Ökologie, Technologie, Demographie und Kultur. Diese Faktoren stellen einen Verbindungsrahmen zwischen gesellschaftlichem, gesamtwirtschaftlichem und städtischem Wandel dar. Mit Bezug auf Abbildung 14 sollen die nachfolgenden Modelle, die unterschiedliche Ausprägungen in der Stadtentwicklung abbilden, in die Betrachtung einleiten: das Ringmodell von *Burgess*, das Sektorenmodell von *Hoyt* und das Mehrkernemodell von *Ullman* und *Harris*.

Die ausgewählten Theorien zählen zur Chicagoer Schule der Sozialökologie und eignen sich zur systematischen Erklärung von urbanen Stadtentwicklungsprozessen.[296] Ausgangspunkt der Untersuchungen ist dabei immer die Konzentration lokaler und überlokaler Zentrenfunktionen im Stadtkern.[297] Obwohl die Modelle in idealtypischer Form nicht in der Realität vorkommen, können sie dennoch zur Erklärung der gegenwärtigen Raumentwicklung beitragen. Ihr Grundansatz, dass die ökonomisch stärkere Nutzung die ökonomisch schwächere verdrängt und sich darüber neue Wachstumspole im Umland bilden, lässt sich in den gegenwärtigen Landschaftsstrukturen immer noch beobachten.[298]

Nach *Burgess* erklären sich konzentrische Flächennutzungen *„by a series of concentric circles, which may be numbered to designate both the successive zones of urban extension and the type of areas differentiated in the process of expansion."*[299] Das Stadtzentrum ist der Kern des ***Ringmodells***. *Burgess* bezeichnet das Zentrum auch mit dem Begriff „Central Business District" (CBD).

---

295 Vgl. Schneider, H. (1997), S. 27 ff.

296 Die ausgewählten Stadtentwicklungsmodelle entstammen der Chicagoer Schule der Sozialökologie und wurden auf Grund ihres prägenden Einflusses auf die Theorie-Entwicklung in der Geographie, Soziologie, Ökonomie und Organisationstheorie ausgewählt. Vgl. Schwab, W. A. (1992), S. 3 ff.; vgl. Bathelt, H./Glückler, J. (2003), S. 107.

297 Vgl. Spiegel, E. (2004), S. 187 ff.

298 Die Analysen stützen sich vor allem auf empirische Beobachtungen über das Wachstum ausgewählter amerikanischer Städte.

299 Burgess, E. W. (1961), S. 38.

Abbildung 14: Drei Stadtentwicklungsmodelle[300]

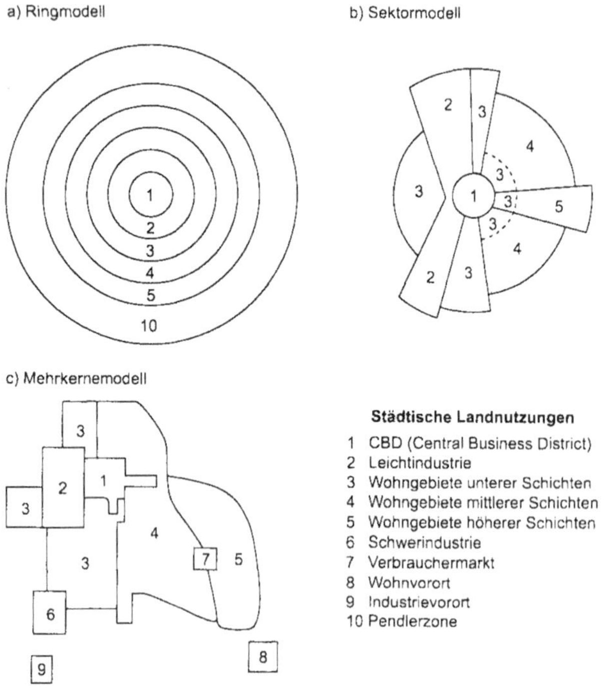

Innerhalb der Ringstrukturen befinden sich unterschiedliche Gruppierungen. Mit zunehmenden Wachstum der Stadt lassen sich so genannte Overflow Effects beobachten. Sie kennzeichnen die fortschreitende Ausdehnung der Ringbereiche in die sie umlagernden Gebiete. Daraus ergeben sich Umnutzungs- und Verdichtungserscheinungen in den zentralen Zonen mit zunehmender Suburbanisierung in den Randgebieten.[301]

In der Betrachtung dieses vereinfachten theoretischen Ansatzes von *Burgess* ist das historische Umfeld zu berücksichtigen, in dem sein Modell entstanden ist. Im Jahre

[300] Bathelt, H./Glückler, J. (2003), S. 108, in Anlehnung an Chapman, K./Walker, D. (1987), S. 236.

[301] Vgl. Isenhöfer, B./Väth, A. (2000), S. 340.

1925 waren die meisten Städte noch durch einen dominanten CBD charakterisiert.[302] *Burgess'* Ringstrukturen stellen die größte Angriffsfläche des Modells dar, denn in der Stadtentwicklung dominieren gewachsene Strukturen und unverkennbare topographische Merkmalsausprägungen der Landschaft mit langfristigen Flächenauswirkungen.[303]

Der Stadtökonom *Hoyt* beschäftigte sich mithilfe des ***Sektormodells***[304] vorrangig mit der Veränderung der Lage der Gebiete, in denen hohe Mieten gezahlt werden (statushohe Wohngebiete). Übereinstimmend mit *Burgess* geht *Hoyt* von einem einzelnen Stadtkern aus, in dem die Wohngebiete zu Sektoren angeordnet sind. Im Zuge eines zunehmenden Bevölkerungswachstums in den Städten bewegen sich die einkommensbevorzugten Schichten in Richtung Peripherie, einkommensschwächere Menschen ziehen in die frei gewordenen Flächen. Gewerbegebiete sind ebenfalls sektoral entlang bestimmter Straßen- und Eisenbahnlinien angeordnet.[305]

Hoyts sektorale Strukturen eignen sich, um kulturelle und ökonomische Cluster[306] im Stadtgefüge abzubilden. Zahlreiche Städte begründen sich auf sektoralen Entwicklungsmustern. Gegenwärtig lässt sich beispielsweise beobachten, dass großflächiger Einzelhandel bevorzugt entlang bedeutender Ausfallstraßen angesiedelt wird. Eine gute Infrastruktur an diesen Straßen führt zur Agglomeration von weiteren industriellen Nutzungen. Wie das modelltheoretische Gerüst impliziert, werden Wohngebiete an exponierten und landschaftlich wertvollen Standorten ausgewiesen.

Kritisch ist anzumerken, dass die sektoralen Strukturen die Gefahr einer sich vollziehenden Zersiedelung der Stadt mit daraus resultierenden Umwelt- und Verkehrsbelastungen bergen. Denn die raumzeitlichen Entfernungen, bedingt durch die Fragmentstruktur, bedürfen eines ausgefeilten Transportsystems, um die unterschiedlichen Sektoren funktionell miteinander zu verbinden.

---

[302] Mittelalterliche europäische Städte waren meist durch ringförmige Stadtmauern oder Verteidigungswälle umgeben. In diesen Städten gab es früher einen zentralen Marktplatz mit Schloss, Rathaus und Kirche, der von ringförmig angelegten Straßenzügen und angrenzender Mischnutzung (Gewerbe, Wohnen) geprägt war. Heutzutage sind diese Strukturen noch in historischen Altstädten wiederzuerkennen (zum Beispiel in Rothenburg ob der Tauber). Im Vergleich zu gewachsenen Großstädten in Deutschland wird deutlich, dass sich der Central Business District (CBD) aus dem alten Stadtzentrum verlagert hat. In Frankfurt am Main hat sich bspw. das Stadtzentrum ins Bankenviertel verlagert. Vgl. Isenhöfer, B./Väth, A. (2000), S. 341.

[303] Vgl. ebenda.

[304] Vgl. Hoyt, H. (1939), S. 1 ff.

[305] Vgl. Bathelt, H./Glückler, J. (2003), S. 108; vgl. Gist, N. P./Fava, S. F. (1974), S. 164.

[306] *„Cluster sind geographische Konzentrationen von Unternehmen, Lieferanten, verwandten Branchen und spezialisierten Institutionen, die sich in einem bestimmten Gebiet, in einem Land oder einer Stadt bilden."* Porter, M. E. (1999), S. 14.

Im Gegensatz zu den vorangehenden Ansätzen weichen *Ullman* und *Harris* mit ihrem ***Mehrkernemodell*** von der Prämisse eines einzigen Zentrums ab. Sie skizzieren ein polyzentrisches Entwicklungsmodell mit mehrkernigen, zellularen Nutzungsstrukturen einer Stadt; es gibt ein Hauptzentrum und viele Nebenzentren.[307] Mehrkernige Entwicklungsmuster können entstehen, wenn sich Raumnutzungen konzentrieren. Beispielsweise könnten im Innern eines Kerns die Immobilienpreise höher sein, da hier eine höhere Zentralität vorliegen kann. Ebenso ist es möglich, dass Cluster entstehen. So könnten sich spezifische Nutzungen, wie zum Beispiel ein Freizeitzentrum oder ein Produktionsgebiet, im Industriebereich des Hafens kernförmig ansiedeln.

Konkurrierende Nutzungsausrichtungen können auch eine mehrkernige Entwicklung bedingen. Wohnen und Gewerbe sind oftmals konkurrierende Nutzungen und bedürfen einer räumlichen Trennung. Das Gefälle zwischen den Grundstückspreisen im Innenstadt-Bereich im Vergleich zu peripheren Standorten ist ein weiterer Faktor, der darüber hinaus zu räumlicher Segregation führen kann.[308] Somit können Stadtmodelle auch zur Immobilieninvestition und -finanzierung dienen. Denn über zukünftige Entwicklungstendenzen in Stadtregionen lässt sich die monetäre Wertentwicklung von Flächen antizipieren.

Zur Erläuterung von Raumstrukturen dient neben den Modellen der Stadtentwicklung auch die Standorttheorie. Ein bedeutendes Standortmodell ist die Theorie der zentralen Orte. Im Folgenden soll deshalb untersucht werden, welchen Einfluss zentrale Orte auf die Raumordnung haben.

4.2 Stadtteilzentrenkonzepte und zentrale Orte

Das Standortmodell der zentralen Orte von *Christaller* aus dem Jahr 1933 fügt der räumlichen Ordnung von ökonomischen Beziehungen ein begründendes Prinzip hinzu.[309]

Ist das Prinzip der zentralen Orte, unterschiedliche Standorte in Ober-, Mittel- und Unterzentren einzuteilen, ein adäquates Gerüst, um bundes- und landesweite Zentren zu charakterisieren?

Räumliche Strukturen, bestimmt durch Größe, Bedeutung und Herausbildung von Angebotsorten, resultieren nicht aus zufällig entstandenen Entwicklungsprozessen. Es werden Gesetzmäßigkeiten für die Anzahl, Verteilung und Größe von städtischen Siedlungen entwickelt.[310] Dabei können ökonomische Kräfte ein komplexes System

---

[307] Vgl. Harris, C. D./Ullman, E. L. (1945), S. 7 ff.

[308] Vgl. Gist, N. P./Fava, S. F. (1974), S. 165; vgl. auch Stratmann, B. (1999), S. 40 f.

[309] Vgl. hierzu das Standardwerk von *Christaller* „Die zentralen Orte in Süddeutschland" zitiert nach Schätzl, L. (2003), S. 72 ff.

[310] Vgl. Schätzl, L. (2003), S. 76 ff.

von Produktionsstandorten und regionalen Zentren erzeugen, selbst wenn das betrachtete Gebiet geographisch homogen wäre.[311]

Die Prämissen implizieren ein idealtypisches Erklärungsmodell, das auf stark vereinfachten Überlegungen basiert. Die theoretischen Grundannahmen sind in eine gleichgewichtige Raumstruktur eingebettet, in der die Unternehmen im Sinne der Wettbewerbstheorie ihren optimalen Standort ausgewählt haben.[312] In diesem Grundgerüst sind nun die beschriebenen idealtypischen räumlichen Strukturen zu erläutern, wobei zentrale Orte grundlegende Bedeutung haben.

Zu den theoretischen Grundannahmen des Modells gehören unter anderen die folgenden:

- Die Marktgebiete sind hexagonal angeordnet. Im Falle der Auswahl von kreisförmigen Siedlungsgebieten entstünden in der Skizze offene Stellen, die Versorgungslücken darstellen. Die hexagonale Struktur bietet die größte Abdeckung der betrachteten Gesamtfläche. Sie gewährleisten als System der zentralen Orte die Versorgung der gesamten Siedlungsfläche mit Gütern und Dienstleistungen zu minimalen Transportkosten. Die Verkaufserlöse und die dazu gehörende Nachfrage sind mindestens so hoch, dass die Produktionskosten gedeckt sind.
- Jedes Gut hat seine eigene festgelegte Reichweite. Je größer die Nachfrage an einem Ort nach einem Gut ist, desto höher ist die Zentralität dieses Gutes. Die Zentralität des Ortes ist umso höher, je mehr zentrale Güter an diesem Standort angeboten werden. Dies gilt auch für die Bereitstellung zentraler Funktionen. So erhöht sich auch die Zentralität eines Ortes, wenn dieser ein Krankenhaus, Theater et cetera aufweist.
- Jeder zentrale Ort bietet nicht nur das Gut mit der maximalen Reichweite, sondern darüber hinaus auch andere Güter an. Hieraus folgt, dass die kleineren Marktgebiete partiell durch den Einzugsbereich ihres übergeordneten zentralen Ortes abgedeckt sind.[313]

Jeder Ort weist eine unterschiedliche Hierarchie hinsichtlich seiner Zentralitätsausprägung auf. Letztlich entsteht ein ausgeglichenes, räumliches System mit einer optimal verteilten Anzahl zentraler Orte, die die Versorgung mit zentralen Gütern und Dienstleistungen sicherstellen.

---

311 Vgl. ebenda; vgl. auch Löbbe, K. (Hrsg.) (1997), S. 92; vgl. zudem Boustedt, O. (1975a), S. 27 ff.

312 Vgl. Fernau, A. K. (1997), S. 71 ff.

313 Vgl. Schätzl, L. (2003), S. 76 ff.

Nach intensiver mehrjähriger Diskussion wurde das Konzept schließlich im Jahre 1975 in die Raumplanung aufgenommen.[314] Seitdem dienen *Christallers* Strukturen als Instrument für die Raumplanung.[315] Es werden beispielsweise infrastrukturelle und verwaltungstechnische Versorgungsfunktionen der zentralen Orte mithilfe der Flächennutzungsplanung zu Grunde gelegt.[316] Insbesondere die wabenförmige Erschließung von Marktgebieten erwies sich dabei für die Standortwahl von Dienstleistungsunternehmen und bei der Ansiedelung von Verwaltungseinrichtungen als planerisch optimal.[317]

Die bundespolitische Forderung, gleichwertige Lebensbedingungen im gesamten Bundesgebiet herzustellen, führte schließlich dazu, das System der zentralen Orte im Bundesraumordnungsgesetz zu implementieren.[318]

„Gleichwertige Lebensbedingungen im Sinne dieses Programms sind gegeben, wenn für die Bürger in allen Teilräumen des Bundesgebiets ein quantitativ und qualitativ angemessenes Angebot an Wohnungen, Erwerbsmöglichkeiten und öffentlichen Infrastruktureinrichtungen in zumutbarer Entfernung zur Verfügung steht und eine menschenwürdige Umwelt vorhanden ist; in keinem dieser Bereiche soll ein bestimmtes Niveau unterschritten werden."[319]

Abbildung 15 untergliedert die Siedlungsstruktur der Bundesrepublik Deutschland schematisch in Oberzentren, sich ausbreitende Mittelzentren, Verdichtungsräume und Agglomerationsgebiete. Es wird deutlich, wie die Theorie der zentralen Orte als Analysemodell dem Standortplanungsprozess vorangestellt wurde, um ein Planungsproblem zu spezifizieren und Planungsbedingungen abzuleiten.

---

314 Die Kritiker der raumordnerischen Strategie der gleichwertigen Lebensbedingungen manifestierten sich in starkem Maße auf Einzelfragen im Hinblick auf die zentralen Orte als Instrument dieser Strategie. Sie verfolgten nur das Ziel, die Verdichtungsgebiete zu stärken, und stellten die strukturelle Förderung ländlicher Gebiete infrage. Durch die zentralen Orte als Strukturelement sollen mithilfe von Eingriffen des Staates die Standortbedingungen in den schwach strukturierten Gebieten verbessert werden. Vgl. Hübler, K. H. (1981), S. 43 ff.; vgl. Leitz, A. (2004), S. 361.

315 Zur Aufgabe der Raumordnung gehört die Gewährleistung der übergeordneten, überörtlichen und zusammenfassenden Planung für die räumliche Ordnung und Entwicklung der Bundesrepublik Deutschland, der Länder und ihrer Teilräume. Vgl. Spitzer, H. (Hrsg.) (1995), S. 49 ff.

316 *Schwarz* spricht in diesem Zusammenhang von den aus heutiger Sicht klassischen Instrumenten der Regionalpolitik. Vgl. Schwarz, W. (2001), S. 215; vgl. auch Muncke, G./Dziomba, M./Walther, M. (2002), S. 142. Vgl. zu den Instrumenten der Bauleitplanung Pieper, H.-G. (2002), S. 3 ff.; vgl. weiterführend zur Flächennutzungsplanung Bundesamt für Bauwesen und Raumordnung (2002a), S. 2 ff.

317 Vgl. Heuer, H. (1975), S. 56.

318 Vgl. Holz, I.-H. (1994), S. 20.

319 Bundesamt für Bauwesen und Raumordnung (1975), S. 1.

Abbildung 15: Siedlungsstruktur der Bundesrepublik Deutschland[320]

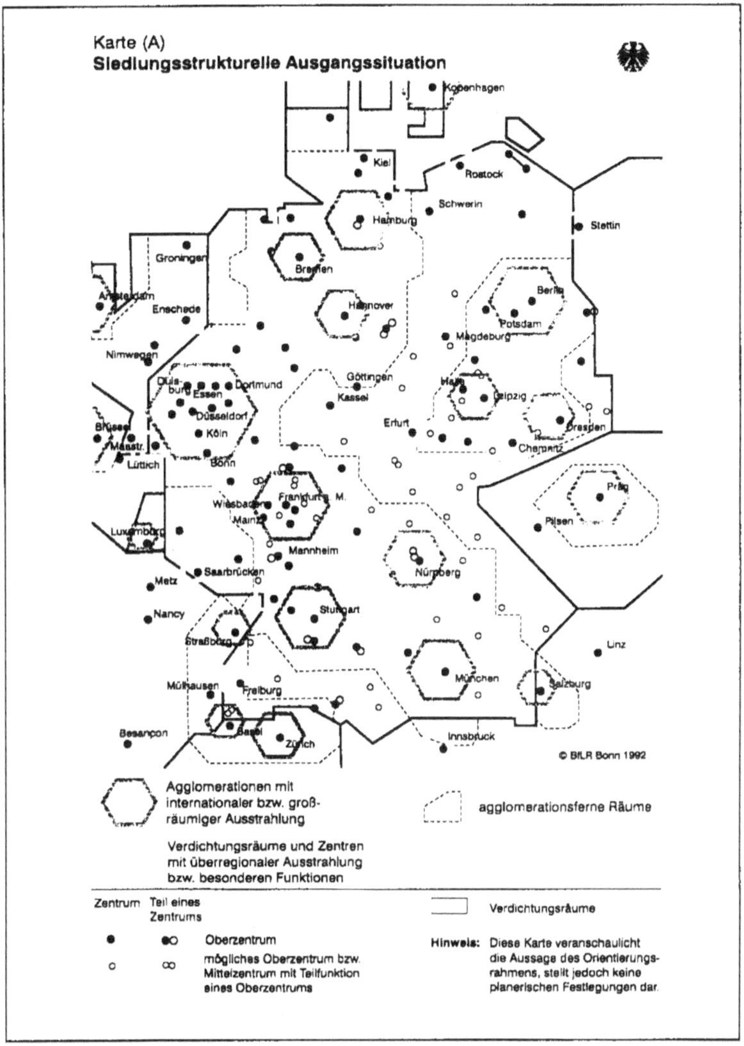

[320] Bundesministerium für Raumordnung, Bauwesen und Städtebau (1993), S. 5.

Im Rahmen der Ministerkonferenz für Raumordnung erarbeitete der Bund in Abstimmung mit den Bundesländern den so genannten Raumordnungspolitischen Orientierungsrahmen mit Handlungsempfehlungen zum Ausgleich regionaler Disparitäten und einer ressourcenschonenden und umweltverträglichen Raum- und Siedlungsentwicklung.[321] Der Raumordnungspolitische Orientierungsrahmen stellt darauf ab, die räumliche Nähe der Funktionen Bildung, Arbeit, Wohnen, Verwaltung, Kommunikation, Kultur und Freizeit wiederherzustellen. Der Zersiedelung der Landschaft soll entgegengewirkt werden, um dadurch die Umweltbelastung zu minimieren.[322] Es lassen sich vier Punkte hervorheben, die die politischen Raumordnungsvorstellungen widerspiegeln:

- Schaffung von Großregionen (europäische Metropolregionen),[323]
- Vernetzung von Städten, um deren unterschiedliche Potenziale zusammenzubringen,
- Herstellung einer Ordnung der gesellschaftlichen Mobilität durch neue Ordnungsanstrengungen und Vernetzungen, vor allem im Umland von Großregionen, sei dies nun agglomerationsnah oder im weiteren Ergänzungsraum,
- Entwicklung von schnellen Verkehrssystemen, um im europäischen und globalen Wettbewerb konkurrenzfähig zu bleiben.[324]

Zentrale Orte sind somit Standorte von Einrichtungen des Gemeinwohls, die in unterschiedlicher Größe angelegt sind. Ein zentraler Ort kann somit ein Oberzentrum, ein Mittelzentrum, ein Unterzentrum oder ein Grundzentrum sein.[325] Dabei ist zu beachten, dass die Versorgung der Bevölkerung sicherzustellen ist. Kriterien zur Bestimmung der Größe von zentralen Orte können unter anderem die Einwohner- und Kaufkraftentwicklung, das Dienstleistungs- und Kulturangebot oder die verkehrliche Anbindung sein. Schließlich ergibt sich ein flächendeckendes Netzwerk von Zentren mit

---

[321] Im Zuge der Realisierung dieses Leitbildes entstehen besondere Schwierigkeiten vor allem dann, wenn die Umsetzung einer angestrebten umweltverträglichen Siedlungs- und Stadtentwicklung nicht mit ökonomischen Zieldimensionen zu vereinbaren ist. An dieser Stelle ist auf die Ausführungen des Gliederungspunktes 3.3, S. 74, zum PPP-Modell zu verweisen.

[322] Vgl. Bundesministerium für Raumordnung, Bauwesen und Städtebau (1993), S. 3 ff.

[323] Europäische Metropolregionen (EMR) sind lt. Raumordnungspolitischem Handlungsrahmen der Ministerkonferenz für Raumordnung (MKRO) Hamburg, Berlin-Brandenburg, München, Rhein-Main, Rhein-Ruhr, Stuttgart, potenzielle EMR ist Halle/Leipzig-Sachsendreieck. Vgl. Ministerkonferenz für Raumordnung MKRO (Hg.) (1995), S. 27; vgl. weiterführend Runkel, P. (1997), S. 138 ff.

[324] Bundesamt für Bauwesen und Raumordnung (2003), S. 84.

[325] Der Arbeitskreis der Akademie für Raumordnung und Landeskunde zur Fortentwicklung des Zentrale-Orte-Prinzips hat der MKRO im Jahr 2001 empfohlen, das Konzept um die Stufe der Metropolregion (MR) zu erweitern. Vgl. Danielzyk, R./Oßenbrügge, J. (2003), S. 22 f.

unterschiedlich stark ausgeprägten Hierarchiestufen.[326] Tabelle 6 zeigt, wie unterschiedliche Zentrenstrukturen über die Einwohnerzahl und die Versorgungsfunktionen (Ausstattung der zentralörtlichen Einrichtungen) eingeteilt werden können.[327]

Tabelle 6: Differenzierungsmerkmale von zentralen Orten[328]

Zentraler Ort	**Einwohnerzahl**	**Ausstattung der zentralörtlichen Einrichtungen**
Oberzentrum	500.000 und mehr	spezialisierter, höherer Bedarf
Mittelzentrum	20.000 bis unter 500.000	gehobener Bedarf
Unterzentrum (verstädterte Gemeinde an städtischen Randgebieten)	5.000 bis unter 20.000	qualifizierter Grundbedarf
Grundzentrum	circa 5.000	häufig wiederkehrender Grundbedarf

Die Einteilung einer Stadt sieht strukturell bedingt anders aus. Es ist zum Beispiel die folgende Gliederung denkbar:

- A-Zentrum (Stadtkern, Einzugsgebiet der Stadtregion und darüber hinaus),
- B-Zentrum (Stadtteilzentren beziehungsweise Bezirkszentren mit vorrangiger Ausrichtung des Funktionsbereichs in Ausrichtung auf die Versorgung der ansässigen Bevölkerung) und
- C-Zentrum (Nahversorgungspunkt mit fußläufiger Erreichbarkeit für die umliegende Bevölkerung).[329]

---

[326] Vgl. Sparschuh, R. (1998), S. 102 f.

[327] Allerdings ist die dargestellte Einteilung nicht bindend; sie wird in den deutschen Bundesländern verschieden interpretiert. Beispielsweise sind die Orte in den neuen Bundesländern oftmals kleiner als die in den alten Bundesländern. Vgl. Sparschuh, R. (1998), S. 98.

[328] Tab. in Anlehnung an Boustedt, O. (1975a), S. 83; vgl. Sparschuh, R. (1998), S. 98.

[329] Die Subzentren (B- und C-Zentrum), die in der Nähe von verkehrlichen Knotenpunkten entstehen, wirken dabei einer Überlastung des City-Zentrums entgegen. Vgl. Bose, M. (1994), S. 346.

Für die Bundesrepublik existiert ein flächendeckendes Gerüst von unterschiedlich ausgeprägten Versorgungsorten.[330] In der gegenwärtigen öffentlichen Diskussion lässt sich seit einigen Jahren eine kritische Grundhaltung zu der künstlichen Hierarchisierung stadtfunktionaler Einheiten erkennen.[331] Es zeichnet sich besonders bei den Oberzentren ab, dass die herkömmlichen Zentrenstrukturen neue Formen bilden.

4.3 Ein neues Phänomen in der Raumentwicklung: die verstädterte Landschaft

Nachdem sich ein verdichtetes Stadtzentrum gebildet hat, folgt der Prozess der Ausbreitung der Stadtgestalt ins Umland. Dieser Suburbanisierungsprozess wird durch den zunehmenden infrastrukturellen Ausbau, das Bodenpreisgefälle zwischen Zentrum und Peripherie, den steigenden Wohnflächenkonsum und städtische Umweltbelastungen unterstützt.[332] Es schließt sich die Phase der Deurbanisierung an, die die Grenzen zwischen Stadt und Land zerfließen lässt. Die Ballungsnachteile, unter anderem verdeutlicht durch die Fernstraßenerschließung, wiegen stärker als die Ballungsvorteile. Der gegenläufige Trend zu dieser Entwicklung ist die Reurbanisierung. Bestimmte Bevölkerungsgruppen, wie Studierende oder Dienstleister kehren zurück in das Zentrum, weil sie nur dort ein optimales Leistungsumfeld vorfinden.[333]

Gegenwärtig lassen sich diese Prozesse nicht eindeutig trennen. Vielmehr existieren sie nebeneinander, wodurch steigende Desintegration, Polarisierung und Fragmentierung der Gesellschaft in räumlicher Hinsicht zu beobachten sind. In diesem Zusammenhang rückte das Thema des zunehmenden Suburbanisierungsdrucks auf die ländliche Umgebung in Metropolregionen wieder in den Betrachtungsmittelpunkt der europäischen Raumentwicklung.[334] Allerdings werden vorrangig Ziele einer nachhaltigen Entwicklung diskutiert, die an späterer Stelle zu vertiefen sind.[335]

Können Oberzentren lediglich auf Grund ihrer Ausstattung und Infrastruktur Orte des Wachstums und der Innovation sein? Vollzieht sich eine Zersiedelung und Ausbreitung der zentralen Orte ins Umland?

---

[330] Im Ruhrgebiet ist nach dem zentralörtlichen Prinzip das Siedlungs-Schwerpunkt-Programm eingeführt worden; ein regionales Handlungskonzept, mit dessen Hilfe strukturschwache Gebiete über eine siedlungsräumliche Schwerpunktbildung entwickelt werden sollen. Vgl. Siedlungsverband Ruhrkohlebezirk (Hrsg.) (1969), S. 1.

[331] Diese Distanz stellt auch *Blotevogel* heraus, indem er schreibt, dass *„eine sog. Christaller-Hierarchie aber lediglich ein theoretischer Spezialfall eines Städtesystems ist"*. Blotevogel, H. H. (1997), S. 130.

[332] Vgl. zur Suburbanisierung Boustedt, O. (1978), S. 72 ff.

[333] Vgl. zu den einzelnen Entwicklungsphasen auch Maier, G./Tödtling, F. (2001), S. 169 ff.

[334] Vgl. Sinz, M. (2004), S. 355 f.

[335] Vgl. Gliederungspunkt 4.4, S. 102.

Im Zuge des Suburbanisierungsprozesses haben sich eigenständige Stadtstrukturen entwickelt, die weder Stadt noch Land sind. Diese Strukturen sind auf grundlegende Versorgungsfunktionen ihres Umlandes angewiesen. *Henckel* und *Herkommer* kennzeichnen diesen neuen Strukturtyp mit dem Ausdruck der postmodernen Agglomeration, womit sie eine ausgeprägte räumliche Zersiedelung beschreiben, die zum Verlust kompakter Siedlungsstrukturen führt. Schließlich endet diese Entwicklung in einem „Zerfließen der Städte in die Zwischenstadt".[336] Die Zwischenstadt soll die „zwischen allen Stühlen" liegenden Merkmale dieser neuartigen Stadtstrukturen beschreiben.[337] Sie ist besonders mit der gleichnamigen Veröffentlichung von *Sieverts* aus dem Jahr 1997 in die öffentliche Diskussion gelangt, wobei der Begriff äußerst kontrovers aufgenommen wurde und bislang keinen Platz in der wissenschaftlichen Theorie hat. Es besteht auch keine eindeutige definitorische Bestimmung der Zwischenstadt. Insofern bietet sich die kritische Betrachtung dieses Phänomens an, um weitere Aspekte einfließen zu lassen.

Welche Gestalt hat die Zwischenstadt?

Grundsätzlich ist die Zwischenstadt ein Konstrukt der Siedlungsentwicklung im suburbanen Raum, die Verbindung zwischen städtischer Zentralität und Landschaft.[338] Sie ist nicht an politisch-administrative Grenzen gebunden, sondern entsteht durch vielfältige und wachsende Funktionsverflechtungen in Stadtregionen.[339] *Sieverts* bezeichnet Zwischenstädte in Asien und Südamerika als immer mehr zusammenwachsende Verdichtungsräume, die über zwanzig Millionen Menschen fassen können.[340]

Wie könnte die Gestalt der Zwischenstadt in Deutschland aussehen?

In der Literatur wird die Entwicklung der Stadtregion Rhein-Main in diesem Kontext als beispielhaft für eine deutsche Zwischenstadt angeführt.[341] In dieser Region ist durch die Bebauung von freien Flächen, die ursprünglich fast ausschließlich zur landwirtschaftlichen Nutzung verwendet wurden, eine polyzentrische Stadtlandschaft entstanden; bestimmendes Element sind dabei vier Typen von Arbeitsorten. In den tradierten Arbeitszentren der Region lassen sich die historischen Kernstädte (Frankfurt, Wiesbaden, Mainz, Darmstadt, Hanau, Aschaffenburg) und die kleineren, wirtschaftlich unabhängigen Arbeitsorte (Rüsselsheim, Oberursel und Höchst[342]) nennen. Im

---

336 Vgl. Henckel, D./Herkommer, B. (2004), S. 53 f.

337 Vgl. Bölling, L./Sieverts, T. (2004), S. 6.

338 Vgl. zur landschaftlichen Ausprägung der Zwischenstadt Körner, S. (2004), 200 ff.; vgl. Hauser, S. (2004), S. 206 ff.; vgl. auch Boczek, B. (2004), S. 137 ff.

339 Vgl. Einacker, I./Mäding, H. (2004), S. 189.

340 Vgl. Sieverts, T. (2001), S. 15.

341 Vgl. Christ, W./Bölling, L. (2004), S. 232 f.

342 Heute ist Höchst ein Stadtteil von Frankfurt, früher war der Chemiestandort eine eigenständige Gemeinde.

Bereich der in den letzten zehn bis zwanzig Jahren besonders dynamisch gewachsenen Pole gibt es Arbeitsorte mit urbanem Charakter (Bad Homburg) und Arbeitsorte, die in unmittelbarer Verbindung mit Kernstadtfunktionen (Eschborn, Kelsterbach, Dreieich oder Neu-Isenburg) stehen.[343] Der suburbane Raum in der Rhein-Main-Region ist demzufolge gekennzeichnet durch eine tendenzielle Mischnutzungsstruktur mit einem Dienstleistungsangebot für die gesamte Stadtregion. Wenn somit diese Region eine Zwischenstadt ist, dann ist ihr zentrales Element ihre eigenständige Entwicklung, manifestiert auf einem breiten Spektrum von Aktionsformen; die Zwischenstadt könnte ein eigener Standorttyp sein.[344]

Bisher war die Zwischenstadt ein Phänomen, das sich Regionen übergreifend aus unterschiedlichen Verdichtungsräumen zusammensetzte. Es gibt aber auch andere Formen der Zwischenstadt. Als weiteres Beispiel einer deutschen Zwischenstadt, die einen kulturellen Ursprung hat, dient der Landschaftspark Duisburg-Nord.[345] Anders als in der Rhein-Main-Region, die innerhalb der Landschaft entstand, entwickelte sich der Landschaftspark auf einer stillgelegten Industrieanlage. Die Natur konnte sich somit wieder neu bilden; laut Schätzungen haben sich dort rund dreihundert Pflanzen- und Vogelarten neu angesiedelt.[346] Sollte der Landschaftspark Duisburg-Nord eine Zwischenstadt sein, so trägt diese Zwischenstadt dazu bei, den qualitativen Wert einer Region zu steigern und darüber hinaus auch die Zentren in der Umgebung zu stärken. Zwischenstadt und Zentrum stehen schlussfolgernd nicht unbedingt in einem konkurrierenden Verhältnis zueinander.

Auch wenn zwei Beispiele genannt wurden, bei denen es sich um eine Zwischenstadt handeln könnte, existiert jedoch kein eindeutiges Konzept. Dies hat laut *Sieverts* die folgenden Gründe:

- *Die Zwischenstadt hat weder in der Vorstellung ihrer Bewohner noch als Feld der Politik eine eigenständige Identität.*
- *Eine Abgrenzung der Zwischenstadt ist mit herkömmlichen Mitteln des Städtebaus und der Architektur nicht mehr lösbar; es sollten neue Wege beschritten werden, die aber noch unklar sind.*
- *Nicht zuletzt verstellt uns die Faszination des Mythos der europäischen Stadt den Blick auf die Realität der Peripherie.*[347]

---

343 Vgl. Soyka, A. (2004), S. 192 ff.

344 Vgl. Brake, K. (2004), S. 196; vgl. zudem Bölling, L. (2004), S. 95 f.

345 Vgl. Sieverts, T. (2001), S. 130 f.; vgl. Wachten, K. (2004), S. 155 f.; vgl. außerdem Hauser, S. (2004a), S. 146 ff.

346 Vgl. o. V. (2004e), S. 23 f.

347 Sieverts, T. (2001), S. 23.

Die Ausführungen zur Zwischenstadt haben deutlich gemacht, dass die Grenzen zwischen urbanem und suburbanem Raum immer mehr verschwimmen. Insofern ist die Zwischenstadt ein Konstrukt, das sich nicht durch festgelegte Kriterien abbilden lässt. Sie ist vielmehr auch ein räumliches Gebilde mit vielen möglichen Strukturausprägungen und unterschiedlichen Konzeptschwerpunkten. So kann eine Zwischenstadt einerseits eine Region sein, die sich aus mehreren historisch gewachsenen Städten und kleineren Siedlungsgebieten zusammensetzt. Andererseits könnte eine Zwischenstadt auch ein Raum am Rand einer urbanen Region sein, der auf Grund einer spezialisierten Funktionsausbildung überlebensfähig ist.

Danielzyk und *Oßenbrügge* nennen als assoziatives Beispiel für sich entwickelnde *heterogene, patchworkartige Strukturen aus Clustern unterschiedlicher Funktionen und Niveaus* unter anderem auch so genannte Malls, das heißt Agglomerationen des großflächigen Einzelhandels, die in Nachbarschaft zu weiteren Dienstleistungs- und Freizeitfunktionen (Entertainment Center, Event Parks und so weiter) entstehen.[348] Somit ist es durchaus vorstellbar, dass auch über ein Freizeit- und Erlebniszentrum zwischenstädtische Strukturen entstehen.

Die Theorie der zentralen Orte könnte durch die zunehmende Verlagerung von Versorgungsfunktionen ins Umland an Bedeutung verlieren. Der Raum ist heute durch Stadt und Land fast vollständig urbanisiert.[349] Dennoch ist zu betonen, dass die Kernstädte immer noch Verflechtungsmittelpunkte für wirtschaftliches Agieren, Innovationspotenzial und soziokulturelle Integration bleiben; nicht zuletzt sind sie Imageträger der sie umgebenden Region.[350]

In der Stadtplanung geht es nun nicht mehr vorrangig um die Steuerung von Wachstum mit dem Ziel, Lebensraum für die Menschen bereitzustellen. Die Diskussion um die Zwischenstadt hat qualitative Standortelemente in den Vordergrund der Planung rücken lassen. Die Stadtplanung hat gegenwärtig die Aufgabe, die Weichen dafür zu stellen, dass die Menschen an ihrem Wohnort bleiben wollen.

In diesem Zusammenhang versuchte bereits die Umweltkonferenz in Rio de Janeiro im Jahre 1992 die Raumordnung und den Städtebau mit dem qualitativen Nachhaltigkeitsprinzip zu verbinden. Der anlässlich von HABITAT II erarbeitete Nationalbericht zur Siedlungsentwicklung und Siedlungspolitik stellte anfänglich die Weichen für eine nachhaltige Stadtentwicklung:

„Auch bei Ausschöpfung aller Innenentwicklungspotenziale wird in Zukunft weiteres Siedlungswachstum stattfinden. Dabei sollten allerdings die städtebaulichen Fehlentwicklungen der vergangenen Jahrzehnte möglichst vermieden werden, (...). Als knappe

---

348 Vgl. Danielzyk, R./Oßenbrügge, J. (2003), S. 23 f.

349 Vgl. Hahn, A./Steinbusch, M. (2004), S. 210 f.; vgl. auch Zuppinger, U. (2004), S. 222 ff.

350 Vgl. Danielzyk, R./Oßenbrügge, J. (2003), S. 24 f.

Ressource in der Stadt steht dabei die Fläche und ihre Nutzung im Mittelpunkt einer nachhaltigen, stadterweiternden Siedlungsstrategie."[351]

Daraus lassen sich schwerpunktbezogene Richtlinien für die Siedlungsentwicklung zu Grunde legen:

- Kompakte Siedlungsstrukturen sind zu fördern, die kurze Wege zwischen Wohnen, Arbeiten, Einkaufen und Erholung bei einer Konzentration der Siedlungsentwicklung auf Ortskerne und Haltepunkte des ÖPNV anbieten;
- Förderung höherer (an die jeweiligen Standortbedingungen angepasster) baulicher Dichten und qualitätsvollen Bauens;
- Ausgestaltung von Funktions- und Nutzungsvielfalt in Stadtquartieren;
- Gewährleistung von Flexibilität der Flächennutzung, indem die Planung auch langfristige Wirtschafts- und Lebensbedürfnisse berücksichtigt;
- konsequente Sicherung von Freiflächen mit hoher multifunktionaler Bedeutung für ökologische Ausgleichs- und Erholungsfunktionen.[352]

Für die Stadtentwicklung ist es wichtig, dass neue Anziehungspunkte (Reattraktivierung und Substanzerneuerung) innerhalb der gewachsenen Stadtgrenzen entstehen können. Deshalb sollten Übergangsbereiche und Nutzungsmischungen und auch öffentliche Bereiche als Verbindungspunkte zwischen Mehrfachnutzungen geschaffen werden. Denn im Zuge der Transformation der verstädterten Landschaften am Rande der Stadt gewinnen die weichen Standortfaktoren an Bedeutung. Die Menschen werden sich in einem Umfeld ansiedeln, das unter anderem kulturelle und erholungsspezifische Standortfaktoren bietet.[353]

Eine Möglichkeit, um eine Stadtentwicklung über politisch-administrative Grenzen hinaus zu realisieren und die verstädterten Landschaften am Rande gewachsener Strukturen wieder einzubinden, sind regionale Konferenzen. Diese Konferenzen bieten die Chance, stadtspezifische Planungsziele in Form einer länderübergreifenden Gremienzusammenarbeit zu realisieren. In Form von trilateralen Regionalkonferenzen für die Entwicklung von Regionen lassen sich gemeinsame Zielvorstellungen der Stadt-

---

[351] Bundesministerium für Raumordnung, Bauwesen und Städtebau (1996), S. 66.

[352] Vgl. Bundesministerium für Raumordnung, Bauwesen und Städtebau (1996), S. 66; vgl. Kaltenbrunner, R. (2004), S. 57.

[353] Vgl. Sieverts, T. (2004), S. 84 ff.; vgl. weiterführend zu den Nutzungsmischungen Jessen, J. (2004), S. 97.

entwicklung festhalten.[354] Zu betonen ist in diesem Kontext, dass diese Konzepte nicht rechtlich bindend sind. Sie können nur über die Selbstbindung der agierenden Akteure umgesetzt werden.[355] Dies wird auch durch die nachstehende Definition des Begriffs „Regionales Entwicklungskonzept (REK)" deutlich:

„Ein Regionales Entwicklungskonzept ist eine ganzheitliche, informelle, auf Konsens und Selbstbindung beruhende Strategie, um eine Region mithilfe von aufeinander abgestimmtem Handeln und Projekten öffentlicher und privater Institutionen und Personen zu entwickeln und einen dauerhaften, zielgerichteten und sich selbst steuernden Entwicklungsprozess zu initiieren. Im engeren Sinne der Definition wird das Regionale Entwicklungskonzept als Strategie- beziehungsweise Konzeptpapier verstanden."[356]

Ein gewisses Konfliktpotenzial besteht jedoch darin, dass unterschiedliche Interessenausrichtungen der einzelnen Bundesländer aufeinander treffen können. Die trilaterale Zusammenarbeit der Länder Hamburg, Schleswig-Holstein und Niedersachsen ist durch ländliche und städtische Strukturen geprägt, die auf Grund ihrer Heterogenität in der Verwaltung, der politischen Strukturen und der Demographie eine einheitliche Kommunikation oftmals erschweren. Vor diesem Hintergrund könnte die angestrebte Integrationsleistung dieser Konferenzen angezweifelt werden.[357] Es besteht zudem die Gefahr, dass die klassischen raumordnerischen Fragen der Stadt-Umland-Planung vernachlässigt werden und wettbewerbsspezifische Zielsetzungen in den Vordergrund rücken.[358]

Dennoch erscheinen räumliche, regionalisierte Leitbilder insbesondere im Zuge einer fortschreitenden Zersiedelung des urbanen Raumgefüges als wichtige Instrumente zur zukünftigen kulturellen und stadtentwicklungsspezifischen Orientierung. In diesem Kontext ist der integrative Charakter von konzeptionellen Leitbildern hervorzuheben, der mit einer nachhaltigen Stadtentwicklung einhergeht.[359]

---

[354] Auf der Basis des Achsenentwicklungskonzepts von *Schumacher* für die Entwicklung der Stadt Hamburg und ihrer nördlichen Nachbarn entstand 1921 ein trilaterales Konzept axialer Strukturen der Siedlungsentwicklung für diese Region. Vgl. o. V. (2003a), S. 1 ff. Ein weiteres Beispiel ist der Ordnungsplan „Zentrale Standorte – Flächen des Einzelhandels", der aus den Zielvorstellungen des Hamburger Flächennutzungsplans abgeleitet worden ist. Vgl. Ordnungsplan Zentrale Standorte (1981), S. 6 f.; vgl. Ordnungsplan Zentrale Standorte (1977), S. 2 ff.

[355] Vgl. zur strategischen Steuerung von Regionalen Entwicklungskonzepten Keim, K.-D./Kühn, M. (2002), S. 86 f.

[356] Dehne, P. (2002), S. 26.

[357] Vgl. Danielzyk, R./Oßenbrügge, J. (2003), S. 30 ff.

[358] Vgl. ebenda, S. 30.

[359] Vgl. Dehne, P. (2002), S. 26; vgl. Bundesamt für Bauwesen und Raumordnung (2003), S. 88 f.

Aufbauend auf den gewonnenen Erkenntnissen aus den mit der gesellschaftlichen Entwicklung einhergehenden Veränderungen von Siedlungsflächen soll im nächsten Gliederungspunkt eine neue Komponente in die Betrachtung einbezogen werden. Diese Komponente ist das Organisationsprinzip des Sustainable-Urban-Development-Konzepts, das ökonomische, soziale und ökologische Aspekte in eine Verbindung zur Nachhaltigkeit (Sustainability) setzt. Dabei soll einleitend geprüft werden, aus welchen Motivationen heraus das Konzept entstanden ist und welche spezifischen Zielsetzungen ihm obliegen.

4.4 Stadtentwicklung im Rahmen des Sustainable Development

Das Sustainable-Development-Konzept nahm seinen Ursprung im Zuge einer Wachstumsdebatte, angeschoben durch die Berichte des Club of Rome in den 70er Jahren.[360] Die Quintessenz dieser Dokumente ist die Forderung nach einer angemessenen Bemessungsgrundlage von regionaler Entwicklung im Verhältnis zum wirtschaftlichen Wachstum.[361] Wachstumsbezogene Indikatoren wie das BSP stellen insofern keinen genügenden Maßstab für gesellschaftlichen Wohlstand dar. Es werden differenziertere Wertansätze gesucht, um auch Indikatoren für eine verbesserte Lebensqualität zu integrieren. Die bisherigen Wachstumsprozesse führen zu einer Überbelastung der Ressourcen auf Grund von übermäßigem Verbrauch. An diese Überlegungen anknüpfend, erklärte die UN-Kommission für Umwelt und Entwicklung in dem Brundtland-Report „Our Common Future" das Sustainable Development zur Grundlage ihrer Empfehlungen für die zukünftige globale gesellschaftliche Entwicklung.[362] Dabei integriert der Nachhaltigkeitsbegriff auch eine Wachstumskomponente. Wachstum soll dabei aus den Erträgen, also dem Erfolg der ökonomischen Prozesse und nicht aus der Substanz der natürlichen Ressourcen generiert werden.[363] In diesem Sinne formulierte *Pearce* in Anlehnung an den Report der Brundtland-Kommission folgende Definition:

„Sustainable Development is development that meets the needs of the present without compromising the ability of future generations to meet their own needs."[364]

Die Bedürfnisse der heutigen Generation sollen befriedigt werden, ohne die Gestaltungsspielräume zukünftiger Generationen zu gefährden.[365] Der Nachhaltigkeitsgrund-

---

360 Vgl. Meadows, D. H. et al. (1972), S. 1 ff.

361 Vgl. Brenck, A. (1992), S. 382.

362 Vgl. Vornholz, G. (1997), S. 20 ff.

363 Vgl. Meffert, H./Kirchgeorg, M. (1993), S. 34 ff.

364 Pearce, D. et al. (1990), S. 3 ff.

365 Vgl. Umweltbundesamt (Hrsg.) (1997), S. 9 ff.

satz wird durch drei globale Prinzipien determiniert, die ökonomisches Handeln mit ökologischen Wertvorstellungen praxisbezogen verbinden.

In der ***Kreislaufwirtschaft*** sollen verbrauchte Materialien über den Lebenszyklus eines Produktes hinaus wieder in den Produktionsprozess zurückgelangen.[366] Das Kreislaufprinzip geht von einem Wirtschaftskreislauf aus, der aus oszillierenden und komplementären Prozessen besteht. Die Implikation des Ineinandergreifens der Prozesse, um Produkte und Stoffe wiederzuverwerten, lässt sich in der Praxis nur über einen hohen technologischen Fortschritt umsetzen.[367] Darin besteht eine große Herausforderung für die technologieabhängige Ökonomie.[368]

Mithilfe des Verantwortungsprinzips soll das Wohlstandsgefälle zwischen den Industrie- und den Entwicklungsländern vermindert werden (intragenerative Gerechtigkeit) und eine Gerechtigkeit zwischen den Generationen gewahrt werden (intergenerative Gerechtigkeit). Dieser Generationengedanke geht vom Recht auf Lebensgestaltung heutiger und zukünftiger Generationen aus. Die Rechte der heutigen Generation sind dementsprechend an der moralischen und rechtlichen Verträglichkeit von langfristigen Umweltbelastungen und deren Auswirkungen für zukünftige Generationen zu orientieren.[369]

Schließlich setzt das ***Kooperationsprinzip*** die gesamte Umweltschutzplanung in ein globales Beziehungsumfeld, in dem die Kooperation der unterschiedlichen Marktwirtschaften zur Bedingung eines Sustainable Development gemacht wird.[370] Hierfür wurden internationale Konferenzen wie die UNO-Konferenzen über Wohnungsbau- und Siedlungstätigkeit, HABITAT I (Vancouver 1976) und HABITAT II (Istanbul 1996), eingesetzt. Mit diesen Konferenzen ist auf die globalen Probleme, wie zum Beispiel

---

[366] Vgl. Bundesministerium für Verkehr, Bau- und Wohnungswesen/Bundesministerium für wirtschaftliche Zusammenarbeit und Entwicklung (2001), S. 34 f.; vgl. zu den Gesetzesgrundlagen des Kreislaufwirtschafts- und AbfallG UmwR (2004), S. 309 ff.; vgl. als Beispiel zur potenziellen Umsetzung des Kreislaufwirtschaftsgesetzes (Abfallwirtschaft) die Hamburger Bewerbung für die Olympischen Spiele 2012 Freie und Hansestadt Hamburg (2001), S. 64 ff.

[367] Die Freie und Hansestadt Hamburg hat in den Abfallwirtschaftsplänen die folgende Leitlinie festgeschrieben: „*Vermeidung von Abfällen vor stofflicher Verwertung vor energetischer Verwertung vor Beseitigung mit Energienutzung vor Deponierung. Für diese Zielhierarchie gibt es einen breiten wissenschaftlichen Konsens.*" Bürgerschaft der Freien und Hansestadt Hamburg (2002), S. 64.

[368] Vgl. zum betrieblichen Umweltmanagement in Form von Entscheidungsmodellen, wie z. B. im Rahmen eines gemischt-ganzzahligen Modells zur Linearen Optimierung (LP-Modells) Hansmann, K.-W. (Hrsg.) (1999), S. 145 ff.; vgl. zum Nachhaltigkeitsprinzip in Unternehmensabläufen Kurz, R. (1997), S. 89 ff.; vgl. Meffert, H. (1994), S. 335 ff.; vgl. Weise, P. (1996), S. 45 ff.

[369] Vgl. Brake, K./Netzbandt, A. (1996), S. 31.

[370] Vgl. Meffert, H./Kirchgeorg, M. (1999), S. 315; vgl. zu den beispielhaften Dimensionen länderübergreifender Integration in Verbindung mit Unternehmensprozessen Meffert, H. (1999), S. 428 ff.

die wachsende Verstädterung, aufmerksam gemacht worden, um Lösungsansätze für die Raumplanung auf der kommunalen Ebene zu gestalten.[371]

Die drei Prinzipien des Sustainable-Development-Konzepts machen es nicht leicht, allgemein gültige Restriktionen zum Umweltschutz zu formulieren. Außerdem lassen sich die Auswirkungen von Langzeitbelastungen[372] der Umwelt nicht immer im Voraus prognostizieren. Es bleibt ein Unsicherheitsfaktor hinsichtlich der Folgen heutiger Aktivitäten bestehen; insbesondere in der industriellen Produktion entstehen hohe Belastungen für die Umwelt. Aus den genannten Negativwirkungen menschlichen Lebens und menschlicher Produktion kann eine strukturelle Veränderung des Landschaftsbildes mit einhergehender reduzierter Leistungsfähigkeit des Naturhaushalts folgen.

Wie lassen sich Langzeitbelastungen messen beziehungsweise beurteilen?

Tabelle 7 zeigt eine Übersicht an Bewertungskriterien, um Langzeitbelastungen der Umwelt für zukünftige Generationen zu evaluieren.

[371] Vgl. Walcha, H. (1998), S. 13 und 16 f.

[372] Langzeitbelastungen für die natürlichen Ressourcen sind u. a. radioaktive Abfälle, Verbrauch nicht erneuerbarer Ressourcen, Vernichtung von Tier- und Pflanzenwelten, Landschaftsveränderungen, langlebige Investitionen insbesondere in technische Infrastruktur (Staudämme, Straßen, Entwässerungsanlagen) und naturverbrauchende Besiedlungen. Vgl. Arlt, G./Siedentop, S. (1996), S. 14; vgl. zum Flächenverbrauch o. V. (2004d), S. 21.

Tabelle 7: Bewertungskriterien von Langzeitbelastungen[373]

Bewertungskriterium	**Merkmalsbeschreibung**
Reversibilität	Gemeint ist die Fähigkeit zur ***Umkehrung*** von Prozessen.
Regeneration	Regeneration oder ***Wiederherstellung*** bedeutet in diesem Kontext das Erreichen eines Ursprungszustandes (in Systemen), die Reaktivierung von Stoffen (in der unbelebten Umwelt), die Zellerneuerung (in der belebten Umwelt). Im Sinne der Nachhaltigkeit darf das Niveau der Abbaurate der erneuerbaren Ressourcen nicht deren natürliche Regenerationsrate übersteigen.
Substituierbarkeit	Zukünftigen Generationen soll der Zugang zu erschöpfbaren Ressourcen über die Möglichkeit des ***Ersatzes*** von Stoffen, Energien, Informationen und Technologie zur Reduzierung von Langzeitbelastungen gesichert werden.
Räumliches Ausmaß der Belastung	Gemeint ist die ***Reichweite*** der Auswirkungen von Belastungen, gemessen in der ordinalen Skalierung lokal, regional oder global.
Zeitlicher Bezug der Belastung	Gemeint ist die zeitliche ***Dauer*** von Langzeitbelastungen.
Gesellschaftliche Verpflichtungen	Der Grad der Beteiligung gesellschaftlicher Teilsysteme an den ***Langzeitpflichten***, die durch die Langzeitbelastungen entstehen.
Physische und psychische Umweltveränderungen	Gemeint ist der Grad der vorhandenen und potenziellen chemischen, physikalischen und biologischen Belastungen der Umwelt.

Vor der Entstehung von Langzeitbelastungen für die Umwelt sollte bereits über präventive Maßnahmen nachgedacht werden.[374] Vor diesem Hintergrund wurden in der

---

[373] Tab. in Anlehnung an Arlt, G./Siedentop, S. (1996), S. 15.

[374] Die folgenden Fragestellungen sollten in der Planungsphase bereits bedacht werden: Sind Prozesse, die Belastungen auslösen, umkehrbar? Können zerstörte Strukturen wiederhergestellt und Stoffe reaktiviert werden? Können Stoffe, Energien, Informationen und Technologien ersetzt werden? Vgl. Arlt, G./Siedentop, S. (1996), S. 14.

Bundesrepublik Deutschland Umweltschutznormen erarbeitet und in Umweltschutzgesetzen verankert.[375] In der Praxis lauert darin jedoch auch ein gewisses Konfliktpotenzial, da insbesondere in der Kommunalpolitik oftmals nicht die richtigen Weichen zur Realisierung ökologisch orientierter Plattformen und Leitlinien gestellt werden. Dies liegt in den vielfältigen Interessenausprägungen des politischen Aktivitätsradius, aber auch in dem hohen Abstraktionsgrad des Konzepts der Nachhaltigkeit begründet. In diesem Kontext könnte angenommen werden, dass es eines spezifischen städtebezogenen Nachhaltigkeitskonzepts bedarf, um ökologische und ökonomische Ansprüche in der Flächennutzung zu vereinen. Es stellt sich deshalb die Frage, wie ein stadtwirtschaftliches Nachhaltigkeitskonzept angelegt sein sollte.

4.4.1 Umsetzung des Sustainable-Development-Konzepts am Beispiel der Hansestadt Hamburg

Eine länderübergreifende Debatte über die Perspektiven der Nachhaltigkeit ist notwendig, um weltumspannende Problemgebiete zu umreißen und Zielansätze auszuarbeiten. In der konzeptionellen Umsetzung ist ein erfolgreiches Sustainable Development jedoch darauf angewiesen, dass es subsidiär getragen wird. Räumliche, soziale und emotionale Greifbarkeit sind dabei bedeutende Prämissen, um ein kollektives Verantwortungsbewusstsein innerhalb einer Stadtregion und darüber hinaus eine Stadtidentität zu generieren.

Am Beispiel der Freien und Hansestadt Hamburg kann dies deutlich gemacht werden. Auf der Konferenz der Vereinten Nationen für Umwelt und Entwicklung im Jahre 1992 in Rio de Janeiro wurde das Aktionsprogramm Agenda 21 von über 170 Staaten unterzeichnet. Auch die Bundesrepublik Deutschland stimmte diesem Abkommen zu, das in 40 Kapiteln alle wichtigen Politikbereiche einer umweltverträglichen nachhaltigen Entwicklung beinhaltet.[376]

In Kapitel 28 der Agenda steht: *„Jede Kommunalverwaltung soll in einen Dialog mit ihren Bürgern, örtlichen Organisationen und der Privatwirtschaft eintreten und eine ‚kommunale Agenda 21' beschließen. (...) Durch den Konsultationsprozess würde das Bewusstsein der einzelnen Haushalte für Fragen der nachhaltigen Entwicklung geschärft..."*[377]

Hamburg folgte diesen Leitrichtlinien und unterzeichnete die darauf aufbauende Aalborg-Charta (Charter of European Cities & Towns Toward Sustainability), um daraufhin die Kommunale Agenda 21 Hamburg mit Diskussionsforen und Workshops ins

---

[375] Vgl. zu den gesetzlichen Grundlagen UmwR (2004); vgl. weiterführend Oßenbrügge, J. (1991), S. 16 ff.; vgl. Hansmann, K.-W. (1999), S. 146.

[376] Vgl. Bürgerschaft der Freien und Hansestadt Hamburg (1997a), S. 1 ff.

[377] Vgl. Bürgerschaft der Freien und Hansestadt Hamburg (1997a), S. 1.

Leben zu rufen.[378] Konkretisiert haben sich diese Ansätze schließlich in der Realisierung von Projekten und Initiativen im Rahmen der Agenda 21 zur Förderung des Sustainable-Development in Hamburg.[379] Diese Aktivitäten auf kommunaler Ebene begründen unter anderem die Erweiterung des Sustainable-Development-Konzepts um den Ausdruck „Urban" (Urbanität).

Sustainable Urban Development soll Entfaltungsmöglichkeiten von urbanen Strukturen aufzeigen.[380] Die Umweltbedingungen des natürlichen Raums werden dabei durch die anthropogene Flächennutzungsintensität, aber auch durch vorhandene gesellschaftliche Strukturen des Raums geprägt.[381] Eine nachhaltige Urbanität sollte laut *Häußermann* und *Siebel* den folgenden Zielansätzen folgen, die allerdings äußerst schwierig zu vereinen sind:

- Überwindung von sozialer Ungleichheit,
- die Stadt als Ort der Begegnung mit anderen Kulturen,
- Partizipationsmöglichkeiten für die ansässige Bevölkerung,
- Streben nach Harmonie mit der Natur.[382]

In seiner theoretischen Umsetzung versucht das Sustainable Urban Development das Konstrukt der Stadt hinsichtlich bestehender Flächennutzungsfunktionen zu schematisieren, um darüber kommunale Gestaltungsspielräume aufzuzeigen. Dabei sollen die Flächennutzungsfunktionen mit den Flächennutzungstypen so kombiniert werden, dass eine nachhaltig ausgerichtete Stadtstruktur bei gegebener Mindestlebensqualität der Stadtbewohner entsteht. Zudem ist darauf zu achten, dass diese Zielmatrix nicht zu Lasten des Umlandes realisiert wird. Tabelle 8 stellt eine Zusammenfassung der möglichen Nutzungsfunktionen und Nutzungstypen von Flächen dar.

---

[378] Die Aalborg-Charta wurde am 27. Mai 1994 von den Teilnehmern der Europäischen Konferenz über zukunftsbeständige Städte und Gemeinden in Aalborg, Dänemark, verabschiedet. Vgl. Bürgerschaft der Freien und Hansestadt Hamburg (1997a), S. 1 f.; vgl. Heineberg, H. (2001), S. 129.

[379] Vgl. Springer, F. (1997), S. 159 ff.; vgl. zu den bereits durchgeführten Projekten in Hamburg Bürgerschaft der Freien und Hansestadt Hamburg (1997a), Anlage 4, S. 1 ff.

[380] Die Segregation ist eine ausgeprägte Polarisierung des städtischen Sozialgefüges. Vgl. Schreiber, K. (2004), S. 1 f.

[381] Vgl. Arlt, G./Pfeil, F. (1996), S. 27 f.

[382] Vgl. Häußermann, H./Siebel, W. (1992), S. 33; vgl. auch Wittkämper, G. W. (1994), S. 73 f.

Tabelle 8: Mögliche Flächennutzungsfunktionen und Flächennutzungstypen[383]

Flächennutzungsfunktionen	Flächennutzungstypen (Beispiele)
Wohnen	Einzelhaus-, Reihenhaus- oder Wohnhochhausbebauung
Gewerbe	Industrieflächen, Büroflächen, Gewerbeflächen, Einzelhandelsflächen
Freizeit	Freizeit- und Erlebniswelten, Spiel- und Sportplätze, Wellness-Stätten, Kino, Theater, Oper
Bildung	Universitäten, Oper, Museen, Bibliotheken
Mobilität	Straßenverkehrsnetz, Fuß- und Radwege, Schienennetz
Ökologie	„grüne Wiese“, Gärten, Kläranlage, Deponien
Umfeld	Landschaftsbezogene Flächen, Wald, Ödland, entsiedelungsfähige Landflächen

Anzustreben ist im Rahmen der Stadtentwicklung eine umfassende Einordnung der Stadtflächen mit dem Ziel, jedem Standort einen Nutzungstyp zuzuordnen. Schließlich ist derjenige Nutzungstypenmix auszuwählen, der den Gesamtnutzen der Stadt maximiert.[384] Der Gesamtnutzen entspricht im Optimalfall einer effektiven Nutzung räumlicher Potenziale. Räumliche Potenziale setzen sich wiederum aus natürlichem Potenzial (klimatische, topographische, geologisch-bodenkundliche, hydrologische, biologische, medizinische und energetische Faktoren) und aus zivilisatorischem Potenzial (politische, ökonomische, soziale, technische, ästhetische und juristische Faktoren) zusammen.[385]

In der Flächenentwicklung können auch Konkurrenzsituationen auftreten, da der Raum eine endliche, also begrenzte Größe ist. Insbesondere in hoch verdichteten Regionen ist eine Verknappung verfügbarer Flächen evident. Häufig werden in diesen Verdichtungsräumen Mehrfachnutzungen in Form von Funktionsüberlagerungen umgesetzt. Flächennutzungstypen müssen sich in diesem Kontext nicht unbedingt ausschließen.

---

[383] Tab. in Anlehnung an Weise, P. (1996a), S. 63.

[384] Vgl. Weise, P. (1996a), S. 63.

[385] Vgl. Arlt, G./Weise, P. (1996), S. 45.

Ein Konfliktpotenzial entsteht erst dann, wenn die verschiedenen Nutzungsvarianten nicht neutral zueinander stehen.[386] Eine Ursache für Flächenkonkurrenzen sind beispielsweise das Nebeneinander von städtischen und ländlichen Nutzungsarten. In der praktischen Umsetzung siedeln sich jedoch konkurrierende Nutzungen selten nebeneinander an; ein Beispiel sind Gewerbeflächen, die auf Grund von potenzieller Lärmbelästigung oder Umweltverschmutzung nicht in der Nähe von Wohngebieten entstehen.

Welche präventiven Ansätze sind denkbar, um die Siedlungsflächenauslastung mit den Raumdimensionen zu harmonisieren?

Es könnte ein Zielsystem für die Raumentwicklung aufgebaut werden. In diesem System laufen sämtliche Aspekte der Stadtentwicklung zusammen. Es basiert auf den stadtentwicklungsspezifischen Theorien, erstreckt sich über die praxisbezogenen Handlungskonzepte und mündet in der Umsetzung nachhaltiger Entwicklungsrichtlinien. Für die Stadt ergeben sich spezielle Qualitätsziele im Umweltbereich, die über eine Flächennutzungsordnung festgehalten werden können.[387]

Umweltbezogene Qualitätsziele stellen darüber hinaus in Ballungsgebieten ein wichtiges strategisches Ziel zur nachhaltigen Stadtentwicklung dar. Im Sinne der Nachhaltigkeit können die qualitativen Umweltwerte einer Stadt gesichert werden, um dadurch ein vielfältiges und beständiges touristisches Angebot zu gewährleisten. Hamburg konnte beispielsweise über ein Sustainable Urban Development eine ressourcenschonende und qualitätssichernde Stadtentwicklung forcieren, sodass die Stadt gute Qualitätswerte im Umweltbereich erzielt.[388]

---

[386] Vgl. zur ressourcenschonenden Flächennutzung weiterführend Einig, K./Petzold, H./Siedentop, S. (1998), S. 41 ff.

[387] Die Nutzungsordnung kann Ziele im Bereich der Sicherung von Boden, Oberflächengewässern, Grundwasser, Luft und Klima verfolgen, die über Leitbilder (Agenda 21) kommuniziert werden. Vgl. Arlt, G./Pfeil, F. (1996), S. 40.

[388] Die Wasserflächen und der hohe Anteil an städtischen Grün- und Erholungsflächen wirken sich in Hamburg positiv auf das Bioklima aus. Im internationalen Vergleich hat Hamburg eine sehr gute Luftqualität und ein bakteriologisch und geschmacklich einwandfreies Trinkwasser auf der Basis des naturbelassenen Grundwassers. Und auch die Erfolge hinsichtlich der Reinhaltung der Oberflächengewässer belegen die erfolgreichen Bemühungen in diesem Bereich. Vgl. Bürgerschaft der Freien und Hansestadt Hamburg (2002), S. 56 f.; vgl. rückblickend zu den Umweltschutzinvestitionen in Hamburg auch Oßenbrügge, J. (1991), S. 34 f.

Arlt und *Pfeil* nennen weitere Kriterien zur Messung einer umweltbezogenen, mit qualitativen Elementen angelegten Flächennutzung:[389]

- Anteil der harmonischen Funktionsmischung,
- endogene Stadtentwicklung geht vor Verbrauch von Naturräumen,
- Minimierung der Umweltbelastung durch optimale verkehrliche Erschließung von zentralörtlichen Funktionen,
- ausgewogene Durchgrünung,
- Stadtteilgestaltung mit hohem Identifikationswert (unter anderem Pflege und Erhaltung von Kulturdenkmälern),
- medizinisch akzeptable Wohn- und Arbeitsverhältnisse[390] der Stadtbewohner.

Abgerundet wird das Zielsystem des Sustainable Urban Development durch eine Kosten-Nutzen-Betrachtung, die, wie Abbildung 16 zeigt, einen Bewertungsrahmen zur Planung und Kontrolle eines Sustainable Urban Development formuliert.

Ausgangspunkt der Abbildung 16 sind die Ausstattungsmerkmale einer Region hinsichtlich ihrer Flächenmerkmale, die anhand von Flächennutzungsfunktionen und Flächennutzungstypen zu charakterisieren sind. Die an jedem geographischen Ort unterschiedlich ausgeprägten Flächenvarianten sollten zunächst in ökologische und ökonomische Wirkungsketten eingeteilt werden. Die Ausarbeitung von Szenarien mit Ursache-Wirkungs-Zusammenhang unterstützt dabei die Bestandsaufnahme. Daran anknüpfend, sind die gewonnenen Informationen in einen ordinalen Zusammenhang zu bringen, um die Kosten dem Nutzen gegenüberzustellen. Schließlich folgt die Interpretation der Informationen in einer Kosten-Nutzen-Matrix. Aus den Ergebnissen können über finanzmathematische Methoden und qualitative Maßstäbe Handlungsempfehlungen für die Zukunft abgeleitet werden.

---

[389] Vgl. Arlt, G./Pfeil, F. (1996), S. 41.

[390] Zu beachten sind dabei Lufthygiene, Lärmschutz, olfaktorische Reize (Wahrnehmung von Geruchsstoffen: Abwasseranlagen können olfaktorische Wirkungen haben), Strahlungsminimierung, Besonnung, Erschütterungen und Bodenbelastungen.

Abbildung 16: Entwicklungsschritte einer Kosten-Nutzen-Betrachtung[391]

Interpretation der Ergebnisse	• Monetäre Ergebnisse (zum Beispiel Kapitalwerte) • Nicht monetäre Ergebnisse (verbal-argumentative Gesamtbewertung)
Evaluierung	• Monetarisierung der erkannten Wirkungsketten • Abbildung von ordinalen Skalen zur Rangfolgenbildung von Elementen aus den Wirkungsketten
Deskription	• Ökologische und ökonomische Wirkungsketten • Entwicklung von Szenarien
Identifizierung	• Flächennutzungsvarianten und -typen • Ökologische und ökonomische Flächennutzungsfunktionen • Flächenkonkurrenzen

391 Abb. in Anlehnung an Arlt, G./Weise, P. (1996), S. 51.

4.4.2 Zusammenführung stadtstruktureller und veranstaltungsbezogener Ziele

In diesem Gliederungspunkt soll der Frage nachgegangen werden, wie sich Ziele einer nachhaltigen Stadtentwicklung mit den Einsatzmöglichkeiten des Stadtmarketings kombinieren lassen – dies vor dem Hintergrund, dass sich Städte in der letzten Zeit verstärkt voneinander im Wettbewerb abzugrenzen versuchen. Städte nutzen das Stadtmarketing, um sich im nationalen und internationalen Vergleich besonders zu präsentieren und dadurch zusätzliches touristisches Einkommen zu erwirtschaften. Touristen können durch ein besonderes Stadtimage angesprochen werden. Aus diesem Wirkungskreis lassen sich wiederum stadtwirtschaftliche Effekte nachvollziehen, die sich mithilfe des Stadtmarketings auslösen lassen.

Das Deutsche Institut für Urbanistik hat eine Umfrage zur Akzeptanz stadtmarketingspezifischer Mittel durchgeführt. 83 Prozent der insgesamt 232 befragten Städte und Gemeinden gaben an, bereits Erfahrung mit dem Stadtmarketing gemacht zu haben oder sich in konkreten Planungen dazu zu befinden.[392]

Können Großveranstaltungen und Projekte dazu beitragen, die marketingpolitischen Ziele einer Stadt umzusetzen?

Das Stadtmarketing ist in der Literatur uneinheitlich definiert.[393] Im Folgenden soll unter Stadtmarketing eine zeitgemäße Strategie verstanden werden, um lokale Interessen und Entwicklungsziele gegenüber hierarchisch übergeordneten Organisationsstellen und Interessengemeinschaften (Europäisches Parlament, Bund, Land et cetera) zu vertreten.[394] Zur Erreichung dieses Ziels integriert das Stadtmarketing sowohl räumliche (im Sinne einer polyzentrischen Stadtentwicklung) als auch soziale Dimensionen (hinsichtlich Wirtschaftsförderung, Freizeit- und Tourismusförderung). Abbildung 17 stellt potenzielle Einflussfaktoren des Stadtmarketings im Bereich der Stadtentwicklung dar. Die einzelnen Konzeptbausteine sollen kurz umrissen werden.

---

392 Vgl. Kaiser, C. (1996), S. 1 ff.

393 Vgl. Sparschuh, R. (1998), S. 123.

394 Vgl. Stratmann, B. (1999), S. 174. *Fußhöller, Honert und Kendschek* stellen in ihrer Definition stärker auf individuelle Bedürfnisse des Einzelnen ab: Stadtmarketing soll *„(...) für jeden einzelnen Entscheider individuelles, jetzt aber bestimmtes Handeln im Rahmen* des Unternehmens ‚Stadt' *möglich"* machen. Fußhöller, M./Honert, S./Kendschek, H. (1995), S. 10.

Abbildung 17: Einflussfaktoren des Stadtmarketings

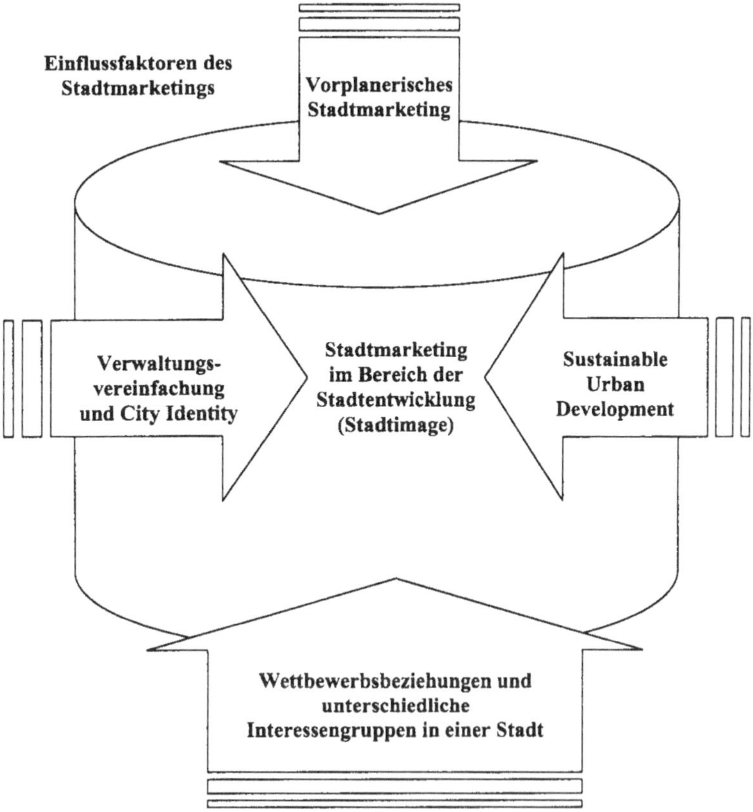

Stadtentwicklungskonzepte stellen ein Instrument des ***vorplanerischen Stadtmarketings*** dar, um auf besondere Qualitäten einer Stadtregion aufmerksam zu machen, ihr Profil zu stärken und für regional wichtige Kernprojekte zu werben.[395]

[395] Vgl. Dehne, P. (2002), S. 29. Für Hamburg gibt es Konzepte im Hafen-, Tourismus-, Handels- und Wirtschaftsförderungsmarketing. Vgl. Freie und Hansestadt Hamburg – Stadtentwicklungsbehörde (Hrsg.) (1996), S. 86 ff.

Kommunales Handeln in Verbindung mit betriebswirtschaftlichen Zielsetzungen geht einher mit den Reformen zur ***Verwaltungsvereinfachung***.[396] New Public Management adaptiert Marketingkonzeptionen von privatwirtschaftlichen Unternehmen auf Non-Profit-Organisationen des öffentlichen Sektors (Marketing broadening).[397] Die alten Verwaltungsstrukturen machen in diesem Prozess sukzessive Platz für effizientes und effektives Verwaltungshandeln. Richtschnur sind dabei ökonomische Optimierungsansätze und die Betrachtung der Stadt als Konzern mit den Einwohnern als Kunden. Über persönliche Identifikationsmöglichkeiten für die Menschen mit ihrer Stadt wird somit versucht, ein besonderes Stadtimage aufzubauen (City Identity).

In ein Stadtmarketingkonzept fließen auch Aspekte zur ressourcenschonenden Flächennutzung und nachhaltigen Stadtentwicklung ein ***(Sustainable Urban Development)***. So lassen sich Erfolge im Umweltbereich über das Stadtmarketing kommunizieren.[398]

Ein anderer bedeutender Punkt ist der ***Wettbewerb der Städte*** untereinander um Unternehmensansiedelung, Standortsicherung, Tourismus und kaufkräftige Bewohner. Im Kern wird mit dem Stadtmarketingkonzept auf die Steigerung der Attraktivität einer Stadt und ihrer städtischen Wettbewerbsfähigkeit abgezielt.

Die aufgezeigten Schnittstellen eines Stadtmarketings implizieren in der Praxis die Einbeziehung einer großen Anzahl ***unterschiedlicher Gruppierungen***. Es sind unter anderem die öffentlichen Organe einer Stadtverwaltung, lokal angesiedelte und agierende Unternehmen, Grundstückseigentümer, Einwohner, Verbände, Vereine und Initiativen, deren koordiniertes Handeln zu einer zielgerichteten Stadtentwicklung beiträgt. Durch die Ausarbeitung von klar formulierten Zielvorgaben und festgelegten Wegen zur Zielerreichung anhand eines Maßnahmenkatalogs trägt das Stadtmarketing letztlich dazu bei, das Zusammengehörigkeits-Gefühl der Menschen in einer Stadt zu stärken und positive Synergien für die Stadtentwicklung freizusetzen.

Zur Realisierung des Stadtmarketingkonzepts ist es sinnvoll, übergreifende Strategieziele zu formulieren, aber Unterziele zu setzen, damit das Konzept jederzeit erweiterbar und flexibel bleibt. In einer Stadt existieren viele gestalterische Einflussgrößen, die sich teilweise erst aus sich selbst entwickeln. Der Umfang des Konzepts sollte jedoch, trotz festgelegten Kompetenz- und Zuständigkeitsregelungen, nicht unüberschaubar werden. Darin könnte die Gefahr eines Steuerungsverlustes liegen. In den vielfältigen partikulären Kräften liegt einerseits die Chance für Innovationen begründet. Andererseits ist es für die Umsetzung eines transparenten und verständlichen Stadtmarketings wichtig, ein kollektiv geprägtes einheitliches Stadtbild zu kommunizieren.[399]

---

[396] Vgl. Budäus, D. (2000), S. 63 ff.

[397] Vgl. Mensing, M./Rahn, T. (2000), S. 24.

[398] Vgl. zum Sustainable Urban Development Gliederungspunkt 4.4.1, S. 106.

[399] Vgl. Sieverts, T. (1994), S. 55.

In den Städten werden hierzu oftmals Gesellschaften gegründet; sie verfügen in der Regel über eigene Budgets. In Hamburg wurde die Hamburg Marketing GmbH gegründet, die das Ziel verfolgt, ein Stadtmarketingkonzept mit dem Titel „Sportstadt Hamburg“ zu erarbeiten.[400] In Anlehnung an das Leitbild „Metropole Hamburg – Wachsende Stadt“ soll Hamburg unverwechselbar international vermarktet werden. Die Ausprägung eines besonderen Images im Bereich „Sport und Freizeit“ ist ein Eckpfeiler des Leitbildes.[401] Mit markanten Schlüsselsymbolen und Assoziationen wird dementsprechend versucht, der Stadt ein prägendes Image zu verleihen.

Im globalen Wettbewerbsumfeld erweist sich das Stadtmarketing als bedeutendes Instrument zur Stadtentwicklung. Gleichzeitig zeigt sich aber auch, dass sich die Städte verändern.[402] An die Stelle der historischen Anziehungskraft einiger großer Stadtregionen sind Stadtgebilde getreten, die beispielsweise Freizeit-, Sport- und Erholungsmöglichkeiten als besonderes Standortmerkmal ausbilden; brachliegende Stadtflächen dienen als Bereitstellungsflächen für Projektvorhaben. Über diese Projektvorhaben können neue Begehrlichkeiten geweckt werden und es entsteht weitere Flächennachfrage. Diese Form der Stadtentwicklung ist nicht unumstritten. Im Folgenden soll nun geprüft werden, welche negativen und positiven Effekte eine Stadtentwicklung durch Projekte bedingt kann.

4.4.3 Projekte als Mittel zur Stadtentwicklung und zum Aufbau eines Stadtimages?

Aus der Vergangenheit lassen sich vielfältige Beispiele anführen, wie über kampagnenbegleitete, zeitlich befristete Projektereignisse Stadtentwicklung betrieben wurde. Die Olympischen Spiele in München unterstützten die Entwicklung eines neuen Stadtteils.[403] Weltausstellungen, Theater-, Musik- und Filmfestspiele, Gartenschauen, Stadtgeburtstage, Sportveranstaltungen, Konzerte und Großveranstaltungen aller Art sind Produkte gewissenhaft kalkulierter stadtpolitischer Überlegungen.[404] Die Förderung von Stadtprojekten ist keine radikale Neuausrichtung der Stadtentwicklung, denn

---

[400] In Bremen ist ein integriertes Stadtmarketingkonzept unter der Bezeichnung *„Integriertes Standortmarketing in der Stadt Bremen“* mit der Dachmarken-Strategie *„bremen – neu erleben“* implementiert worden. Für unterschiedliche Maßnahmen aus den Bereichen Standort-, Verwaltungs-, Tourismus- und Citymarketing wurden für die Jahre 2002 und 2003 5,1 Mio. € bereitgestellt. Besonders erfolgreiche Einzelprojekte waren lt. Bremen Marketing GmbH (BMG) die Kooperation mit dem Universum Science Center, die Küstenkampagne und die Vision Parade in der Bremer Innenstadt mit Ostertor und Steintor. Vgl. Freie und Hansestadt Bremen/Hattig, J. (Hrsg.) (2004), S. 52 f.

[401] Vgl. von Beust, O. (2004), S. 32; vgl. auch von Beust, O. (2004a), S. 1 f.

[402] Vgl. beispielhaft Spronk, W. (1988), S. 1 f.

[403] Vgl. weiterführend Geipel, R./Helbrecht, I./Pohl, J. (1993), S. 295 ff.

[404] Vgl. Bialas, G. (2000), S. 114 f.

Städte haben sich immer schon großer Investitionsvorhaben bedient, um großflächige, obsolet gewordene Infrastrukturen wieder zu aktivieren.[405]

Eignen sich einmalige städtische Projektinszenierungen als allumfassendes Instrument der Stadtentwicklung?

Wenn über Großveranstaltungen lediglich existierende Lücken in der Stadt- und Kulturpolitik kaschiert werden, drückt sich damit doch nur eine verfehlte Stadtentwicklung aus. *Häußermann* und *Siebel* begründen die Festivalisierung der Stadtpolitik sogar wie folgt: *„Planung durch Projekte ist ein Kind ökonomischer Stagnation, öffentlicher Finanzkrise und Deregulierung"* und führt schließlich, so die Autoren weiter, zu *„einer Umkehrung des ökonomischen Niedergangs"*[406].

Die Argumentationskette, Projekte als letztes Heilmittel einzusetzen, um die Manövrierunfähigkeit einer Stadt zu verhindern, greift jedoch zu kurz. Einerseits gibt es bereits Beispiele mit negativen Folgen für die Stadt, andererseits ergibt sich daraus die Frage, ob Projekte überhaupt ökonomische Grundprobleme lösen können.[407] Projekte sind doch vielmehr unterstützende Instrumente für eine endogene Stadtentwicklung. Deshalb wird über sie das Ziel verfolgt, identitätsfördernde Faktoren einer Stadt im nationalen und internationalen Zusammenhang herauszubilden und die Identifikation der Menschen mit ihrer Stadt zu steigern. Insofern können in temporärer, thematischer und räumlicher Hinsicht begrenzte Projekte zunächst nur von eingeschränkter Wirkung für den städtischen Haushalt sein.[408] Denn Großprojekte dienen einer Stadt nur dann als identitätsprägender Standortvorteil, wenn sie ein breites Publikum erreichen und vielschichtige Interessen vereinen. Es sind somit auch langfristig angelegte Großveranstaltungen in die Überlegungen einzubeziehen. Im Zuge der sich verändernden Freizeitpräferenzen gewinnen dauerhaft installierte Veranstaltungen, Großveranstaltungen in

---

405 An dieser Stelle soll für die Entwicklung einer brachliegenden Region die Gebläsehalle, Kraftzentrale und Gießhalle im Duisburger Landschaftspark Nord angeführt werden. Die 200 ha große Fläche ist seit dem 4. April 1985 außer Betrieb. Nun finden jedes Jahr rund drei Wochen „Kino am Hochofen" als Sommer-Festival statt. Im Jahr 2003 zählte das Open-Air-Kino im Landschaftspark rd. 26.000 Besucher. Darüber hinaus ist zu erwähnen, dass sich nach der Stillegung des Gebiets im nun gepflegten Erholungspark um das damalige Hüttenwerk ca. 300 Pflanzen und 60 Vogelarten neu ansiedelten. Hier wurden Ökologie und Ökonomie über die Stadtentwicklung verbunden. Vgl. o. V. (2004e), S. 23 f.; vgl. Gliederungspunkt 4.3, S. 96. Ein weiteres Beispiel ist das über Landes-, Bundes- und EU-Fördermittel bezuschusste Projekt in Gräfenhainichen; ein Tagebauareal wurde zu einer großen Freizeitimmobilie umgenutzt. Vgl. o. V. (2003d), S. 21; vgl. Kegler, H. (2004), S. 18 ff.

406 Häußermann, H./Siebel, W. (1993), S. 14.

407 Vgl. beispielhaft Hörbst, G. (2004), S. 5; vgl. Gebhardt, W. (2000), S. 26 ff.

408 Vgl. Maennig, W. (1997), S. 157 ff.

multifunktionalen Hallen, Freizeitparks und künstliche Freizeitwelten an Bedeutung.[409]

Zwei Dimensionen einer Stadtentwicklung durch Projekte haben sich ergeben: die zeitlich begrenzten Projektvorhaben und die Flächenförderung und Bereitstellung von Flächen zur Immobilien-Projektentwicklung von Freizeitanlagen, die langfristig Show-Veranstaltungen anbieten. Folgerichtig lässt sich nun festhalten, dass Stadtentwicklung durch Projekte nicht nur möglich, sondern gängige Praxis ist. Großveranstaltungen tragen somit zum Gelingen der Stadtentwicklung bei; wenn sie misslingen, könnte jedoch der städtische Haushalt stark belastet werden.

Inwieweit können Großveranstaltungen nun die Stadtidentität fördern und ihre standortbezogene Einzigartigkeit sichtbar machen? Ist es vielleicht möglich, ein Stadtimage über Immobilien-Projekte aufzubauen?

Hamburg ist das Tor zur Welt – Für den Einzelnen könnte dieser Marketingspruch implizieren: Ich bin Hamburger, also bin ich weltoffen.[410] Wenn sich Menschen mit stadtspezifischen Merkmalen identifizieren können, ist es denkbar, dass darüber ein Stadtimage geprägt wird. In Anlehnung an die Imagedefinition von *Bergler*, der *„das Image als ein vereinfachtes, überverdeutlichtes und bewertetes Vorstellungsbild sieht, das, wie insbesondere die Psychologie des ersten Eindrucks deutlich macht, kurzfristig auf Basis eines Minimums an Information entsteht"*[411], soll das Stadtimage folgendermaßen beschrieben werden:

Das Stadtimage basiert nicht nur auf menschlicher Meinungsbildung, sondern stützt sich auch auf die Standortfaktoren, die Wohn- und Standortqualität und die Reputation der Stadt auf landes- und bundespolitischer Ebene. Ein Stadtimage ist somit ein in sich fragmentiertes Ganzes, das aus subjektiver Empfindung, Emotionen und aus der Bereitstellung von symbolischen Objekten an unterschiedlichen Orten besteht. Eine Stadt kann auch mehrere Images aufweisen. Die Zusammenführung sämtlicher Images prägt schließlich die Reputation der Stadt.

Immobilien-Projekte stellen im überregionalen Kontext eine Möglichkeit dar, um das Profil einer Stadt innerhalb und außerhalb gewisser Grenzen zu schärfen.[412] Daraus

---

[409] Ebenso können also Sportereignisse, Konzertveranstaltungen, Wellnesscenter, Kinos oder Erlebniseinrichtungen für das Wohlempfinden der Menschen in einer Stadt sorgen. Vgl. Hopfinger, H./Ullenberger A. (2000), S. 103 ff.; vgl. zum veränderten Freizeitverhalten auch Gliederungspunkt 3.1, S. 69.

[410] Im Auftrag der Wüstenrot Stiftung haben *Heinrichs et al.* im Jahre 1999 ein Forschungsprojekt auf der Basis eines empirisch gesicherten Vergleichs von unterschiedlich ausgeprägten kulturellen Potenzialen durchgeführt. Dabei behandelten sie auch Auswirkungen auf städtische Image- und Standortfaktoren. Vgl. Heinrichs, W./Klein, A./Bendixen, P. et al. (1999), S. 61 ff.

[411] Bergler, R. (1991), S. 47.

[412] Vgl. Oßenbrügge, J./Heeg, S./Klagge, B. (2004), S. 53; vgl. Oßenbrügge, J./Heeg, S./Klagge, B. (2002), S. 119.

lässt sich ableiten, dass Freizeit- und Kulturwelten das Stadtimage positiv beeinflussen können. Großveranstaltungshallen stellen hierfür den Rahmen bereit. Und daraus ergibt sich wiederum, dass die Immobilie, in der die Großveranstaltung stattfindet, eine besondere Bedeutung in dieser Kausalkette einnimmt. Der Louvre in Paris als bedeutendes städtisches Kunstmuseum mit wechselndem Expositionsangebot oder die Arena in Hamburg stellen gebäudespezifische Identifikationselemente für ihre Umgebung dar und provozieren Assoziationen für Touristen, wenn sie den jeweiligen Städtenamen hören. Durch Großveranstaltungen kann die kulturelle Eigenart einer Stadt in Form eines Stadtimages geprägt werden. Diese Feststellung begründet sich auch über spezielle imagefördernde Eckdaten hinsichtlich positiver regionaler Effekte, die von Großveranstaltungen ausgehen können. Einige Beispiele sind im Folgenden zu nennen.

Konsens herstellen

Durch Großprojekte können divergierende Interessen innerhalb einer Großstadt gebündelt werden. Existiert eine noch zu entwickelnde Fläche innerhalb des Stadtzentrums, könnte über die endogene Stadtentwicklung dort ein neues Unterzentrum entstehen.[413]

Konzentration der investiven Ressourcen

Großveranstaltungen bündeln Investitionen. Insofern können sie einen ökonomischen Aufschwung fördern, wenn sie dazu beitragen, externe Investitionen und Finanzzuflüsse in die Stadt zu lenken.[414]

Kräfte mobilisieren

Projekte demonstrieren Dynamik und Aufschwung. Sie sind Gesprächsthema, setzen klare Ziele in ihrer Umsetzung und können enthusiasmusfördernd bis zur Massenbegeisterung wirken.[415]

Bekanntheitsgrad und Wettbewerbsorientierung

Großprojekte sind Instrumente der Städtekonkurrenz. Um eine Stadt international bekannt zu machen, helfen innovative, spektakuläre Ereignisse. Vor diesem Hintergrund liegt in der Implementierung einer Veranstaltungshalle auch die Hoffnung, neue gewerbliche Investitionen anzulocken.[416]

Über alle vier Szenarien lässt sich eine Identität und darüber hinaus ein Stadtimage kreieren, vorausgesetzt, die beteiligten Akteure handeln gemeinschaftlich.

---

[413] Vgl. beispielhaft zu den Olympischen Spielen in Barcelona Ferrando, M. G./Hargreaves, J. (2001), S. 63 ff.

[414] Vgl. o. V. (2002), S. 4 f.; vgl. o. V. (2002a), S. 23.

[415] Vgl. Frank, S./Roth, S. (2000), S. 211.

[416] Vgl. Selle, K. (1993), S. 184 ff.

4.5 Zwischenfazit

Die Ausführungen zu den nachhaltigen stadtwirtschaftlichen Effekten haben gezeigt, dass sich in der Entwicklung von Verdichtungsräumen neue Maßstäbe herauskristallisieren. Die Stadtgestalt passt sich im Laufe der Zeit immer stärker der sie umgebenden Landschaft und den daraus resultierenden Funktionsverflechtungen an. Auf Grund veränderter geopolitischer und geo-ökonomischer Rahmenbedingungen entstehen neue Siedlungsflächen mit neuen Infrastrukturqualitäten. In diesem Zusammenhang ist die Flächengestaltung ein bedeutender Punkt in der Raumplanung. Die Zwischenstadt beziehungsweise die verstädterte Landschaft deutet dabei auf einen möglichen Verlust der Zentralität der Kernstädte hin.

Es kommt nun darauf an, dass parallel zu den landesplanerischen Orientierungshilfen eine auf die Naturzusammenhänge bezogene nachhaltige Stadtentwicklung umgesetzt wird. Denn nur dann transformiert sich das bautechnisch Umsetzbare zu einer ökonomisch und ökologisch nützlichen Symbiose. Im Rahmen der Betrachtung einer nachhaltigen Stadtentwicklung konnte die Verbindung zwischen stadtstrukturellen Modifikationen mit praxisrelevanten Handlungsoptionen verdeutlicht werden. Dieses umfangreiche Verzahnungssystem stellt auf die Partizipationsbereitschaft der Beteiligten ab. Die nachhaltige Stadtentwicklung ist diesbezüglich kein rein technisches Instrument, sondern auch immer ein politischer Prozess in einem gesellschaftspolitischen Kontext. In diesem Sinne ist Sustainable Urban Development ein starkes Medium, um die Menschen für Probleme in der Stadtentwicklung zu sensibilisieren.

Es stellt sich jedoch die Frage, ob die Tragweite des Konzepts allen beteiligten Akteuren bewusst ist. Denn Sustainable Urban Development kann nicht additiv zu den bisherigen Wachstumswerten hinzugefügt werden. Es verlangt nach einem Umdenken und danach, den gesamten Prozess der Nachhaltigkeit zu akzeptieren. Der Weg ist somit eindeutig, er ist aber noch weiter zu beschreiten.

Aus dem Sustainable Urban Development können sich weitere Prozesse und sozioökonomische Trends herausbilden. Das Stadtimage ist nicht nur Ausdruck öffentlicher Meinungsfindung, es bildet sich aus bestehenden Strukturen einer Stadt und wird über prägende Ereignisse verfeinert. Diese Ereignisse werden in Freizeitimmobilien angeboten, womit sich der Kreis schließt.

Immobilien-Projektentwicklung, Veranstaltungsmanagement und das Umfeld nachhaltiger stadtwirtschaftlicher Effekte lassen sich somit in einen Wirkungskreis setzen, in dessen Mitte sich die multifunktionale Großveranstaltungshalle befindet. So lässt sich die komplexe Herangehensweise an das Themengebiet begründen.

Teil B

Stadtwirtschaftliche Strukturen der Freien und Hansestadt Hamburg im Zusammenhang mit der Entwicklung einer multifunktionalen Großveranstaltungshalle (Arena)

5 Sondierung eines Untersuchungsrahmens

In Teil A wurden die theoretischen Grundlagen der Arbeit bestimmt. Nun ist zu hinterfragen, ob sich diese theoretischen Erkenntnisse in die Realität übertragen lassen. Als Analyse-Objekt dient hierzu die multifunktionale Großveranstaltungshalle (Arena) in Hamburg. Die Auswahl hat mehrere Gründe. Aus geographischer Sicht interessieren insbesondere die Lagemerkmale. Die Freie und Hansestadt Hamburg befindet sich inmitten einer bedeutenden Metropolregion.

Welche stadtwirtschaftlichen Auswirkungen ergeben sich daraus für die Immobilien-Projektentwicklung einer Arena? Wie sind der Mikrostandort und die ihn charakterisierenden Begebenheiten zu beurteilen?

Diese Fragestellungen implizieren bereits standortbezogene Themen, die näher betrachtet werden sollen.

Aus betriebswirtschaftlicher Sicht ist die konzeptionelle Entwicklung der Arena und die Wettbewerbssituation in den Kern der Betrachtung zu rücken.

Welche weiteren Freizeitimmobilien in der ausgewählten Metropolregion Hamburg könnten Konkurrenzmomente auslösen?

Es soll versucht werden, Schlussfolgerungen aus der *Porter'schen* Wettbewerbsstrategie für die Praxis zu ziehen. Dabei weitet sich der Betrachtungswinkel von der spezifischen Hamburger Marktsituation auf potenzielle Einflüsse aus den benachbarten Städten Hannover und Bremen aus.

In methodischer Hinsicht werden die Teile A und B verzahnt, weshalb der Aufbau von Teil B sich eng an Teil A orientiert. Allerdings ergeben sich dabei teilweise abweichende Schwerpunkte, was in der fallbeispielbezogenen Untersuchung begründet liegt. Dennoch rekurrieren die Ansätze stets auf die theoretische Basis des ersten Arbeitsteils.

Hinsichtlich der Quellen- und Literaturauswahl sind folgende Aspekte erwähnenswert. Mit Bezug auf die spezifische Hamburger Situation gelang es, Gutachten und Studien einzusehen, die in den Jahren vor dem Bau der Arena entstanden. Sie geben Auskunft über die verkehrliche Erschließung des Standortes und die Bodenmerkmale des Areals. In diesem Kontext gehören auch Drucksachen der Bürgerschaft der Freien und Hansestadt Hamburg, die Ausschreibungsunterlagen zum Bau einer Arena in Hamburg, Pressemitteilungen des Senats und weitere behördliche Informationsmaterialien zur Quellenangabe. Des Weiteren gründet sich die Ausarbeitung auf rechtliche Dokumente wie Gesetzestexte, Verordnungen und den zugehörigen Bebauungsplan. Schließlich runden Vorträge und persönlich geführte Experteninterviews das Quellenbild des Teils B ab.

5.1 Von der Sportstättenentwicklung bis zur Arena für Hamburg

Die Infrastruktur an Sportstätten in der Bundesrepublik Deutschland stützt sich auf das von der Deutschen Olympischen Gesellschaft (DOG) veröffentlichte Memorandum zum Goldenen Plan für Gesundheit, Spiel und Erholung.[417] Der Goldene Plan (1960–1975) galt jahrelang als Rahmenrichtlinie des Sportstättenbaus in den alten Bundesländern und beeinflusste somit maßgeblich die Sportstättenentwicklung.[418] Allerdings ist zu erwähnen, dass diese Richtlinie nur für traditionelle Sportplätze, Sporthallen und normgerechte Spielplätze galt. Mit diesem Bezug hat der Goldene Plan die Entwicklung des Breitensports in den 70er Jahren maßgeblich geprägt.

Der Bau von Sportanlagen, die multifunktionale Anforderungen erfüllen, wurde jedoch von der DOG vernachlässigt. Es sollte hauptsächlich die Grundversorgung der Bevölkerung mit geeigneten Sportstätten im Bereich der organisierten Sportaktivität sichergestellt sein.[419] Die ersten multifunktionalen Großveranstaltungshallen sind im Rahmen des staatlichen Infrastrukturauftrags der Bundesrepublik Deutschland entstanden, um geeignete publikumswirksame Veranstaltungsorte für zumeist sportliche, aber auch kulturelle Veranstaltungen bereitzustellen.[420]

Im Zuge des veränderten Freizeitverhaltens der Bevölkerung im Zeitablauf expandierten die kommerzialisierten Formen des Leistungssports. Die Sportentwicklung der Vergangenheit konnte den dynamischen Veränderungen in den Motivations-, Bedürfnis- und Nachfragestrukturen im Sportbereich nicht mehr gerecht werden.[421] Im Gegensatz zu früheren Hallenkonzepten, die sich vornehmlich auf öffentliche Träger stützten, werden gegenwärtige Hallenformen oftmals von privaten Unternehmen entwickelt und betrieben.[422] Vor diesem Hintergrund ist es schwer nachvollziehbar, dass es über vierzig Jahre gedauert hat, bis die Freie und Hansestadt Hamburg als einwohnermäßig zweitstärkste Stadt in der Bundesrepublik Deutschland eine Arena in ihrer Infrastruktur implementiert hat.[423]

---

417 Leitfaden zur Planung von Sportstätten, der sich an der Einwohnerzahl orientiert und den Bestand an Sportanlagen (Sportplätze, Turn- und Sporthallen, Hallenbäder, Freibäder) festlegt.

418 Vgl. Eulering, J. (1996), S. 160 ff.; vgl. Eulering, J. (1986), S. 112 ff.; vgl. weiterführend Mombaur, P.-M. (1988), S. 198 ff.

419 Vgl. Rummelt, P. (1998), S. 239 ff.

420 Die ersten Hallen waren der Berliner Sportpalast und die Dortmunder Westfalenhallen.

421 Vgl. Burmeister, J. (1988), S. 37 ff.; vgl. Horch, H.-D./Schütte, N. (2002), S. 225 ff.

422 Vgl. zur staatlichen Sportfinanzierung Rittner, V./Breuer, C. (2002), S. 267 ff.; vgl. zum PPP-Modell Gliederungspunkt 3.3, S. 74.

423 Die aus einem umgebauten Holzlagergebäude entstandene Hanseatenhalle in Rothenburgsort war im Krieg zerstört worden. Ideen und Konzepte für den Neubau einer Veranstaltungshalle, die seit den fünfziger Jahren für mehr als ein halbes Dutzend unterschiedlicher Standorte entwickelt wurden, scheiterten.

„Der (...)Weg zur Realisierung eines neuen Stadions und einer privatwirtschaftlich finanzierten Arena erforderte nach Jahrzehnten unzähliger Schnellschüsse Geduld und Beharrlichkeit. Die wichtigsten Elemente waren: Vorgabe des Standortes, offenes Ausschreibungsverfahren mit Auswahl des tragfähigsten Angebotes, Überprüfung der finanziellen Konzeption durch Externe zur Vermeidung eines Risikos für die Stadt. Jetzt macht sich dieser Weg erneut bezahlt und Hamburg kann nach dem neuen Volksparkstadion den zweiten Teil der Ernte einfahren: Die seit Jahrzehnten zurecht geforderte Arena für Hamburg kann gebaut werden. Und Hamburg wird bei den weichen Standortqualitäten (...) weiter gewinnen."[424]

Aus diesem Zitat ergibt sich, dass es seitens der zuständigen politischen und administrativen Gremien jahrelang angedacht war, eine Arena zu realisieren; eine Entscheidung fiel jedoch nicht. Die Hamburger Bevölkerung stand der Idee einer Arena für Hamburg während der politischen und stadtplanerischen Diskussion positiv gegenüber. Und auch im Hinblick auf die Anstrengungen der Stadt, Einnahmen aus Tourismus-, Beschäftigungs- und Steuerwirkungen zu erzielen, lässt sich nicht erklären, warum nicht früher eine Baugenehmigung erteilt worden ist. Hinzu kommt, dass die jetzige Arena zu hundert Prozent privatwirtschaftlich finanziert ist und dadurch die öffentliche Verantwortlichkeit minimiert wurde.[425]

Darüber hinaus nimmt Hamburg aus stadtentwicklungspolitischer Sicht eine Metropolfunktion in Norddeutschland ein.[426] Diese besondere Stellung der Stadt hat zumindest im gesellschaftspolitischen und auch im freizeitwirtschaftlichen Kontext immer nach einer adäquaten Veranstaltungshalle für bedeutende Events im Sport-, Konzert- und Geschäftsbereich für mehrere tausend Zuschauer verlangt. Im Jahr 1995 fiel schließlich die politische Entscheidung, die den Weg zum Bau einer Arena ebnen sollte.

---

[424] So beschrieb *Mirow*, seinerzeit Senator für Wirtschaft der Freien und Hansestadt Hamburg, die Situation um den Bau der Arena. Freie und Hansestadt Hamburg – Staatliche Pressestelle (2000), S. 3 f.

[425] Bereits in den Ausschreibungsunterlagen der Freien und Hansestadt Hamburg wurde die Zielsetzung deutlich gemacht, dass die Hansestadt keine finanziellen Verpflichtungen für die Entwicklung der Arena eingehen wird. *„Das Betreiberkonzept ist so auszugestalten, dass die Finanzierung, Bau und Betrieb der Arena dauerhaft ohne öffentliche Zuschüsse gewährleistet ist."* Ausschreibungsunterlagen zur Arena am Volkspark (1996), S. 7.

[426] Vgl. Freie und Hansestadt Hamburg – Wirtschaftsbehörde (Hrsg.) (1995), S. 2 f.

5.2 Welche Projekt-Konzeption hat die Hamburger Arena?

Eine Projekt-Konzeption setzt sich aus drei Produktionsfaktoren zusammen: Standort, Projektidee und Kapital. Diese Faktoren lassen sich unterschiedlich kombinieren, wobei einer der drei Faktoren die jeweilige Ausgangssituation maßgeblich bestimmt.[427] Auf diesen Leitfaktor beziehen sich dann die beiden anderen Faktoren und sind gegebenenfalls so zu gestalten, dass der Leitfaktor in der gegebenen Form umgesetzt werden kann.

Auf Grund der Tatsache, dass die Idee einer Arena für Hamburg im Jahr 1995 schon über vierzig Jahre öffentlich diskutiert wurde, könnte angenommen werden, dass die Projektidee der Leitfaktor der Projekt-Konzeption der Arena ist.[428] Dies ist jedoch nicht der Fall. Die Immobilie an sich kann lediglich als Ideenträger dienen. Eine Projektidee ist jedoch ein Gesamtansatz, der spezifische, auf die Umgebung der Immobilie bezogene Komponenten in sich vereint. Mit Bezug auf die Definition einer Arena gehören zur Projektidee beispielsweise auch die Ergänzungsnutzungen des Areals. Diese waren damals allerdings noch nicht bekannt beziehungsweise geplant.

Die stadtplanerische Projektidee für die Entwicklung der Hamburger Arena wurde erst später mit Bezug auf die Entwicklung des Gesamtareals an den Umbau des Hamburger Volksparkstadions gebunden. Das Stadion ist fertig gestellt worden. Die jetzigen Planungen sehen für die Ergänzungsnutzungen vor, dass Stadion und Arena durch ein Freizeitzentrum mit einem großen Angebot an Gastronomie und Geschäften, Unterhaltung und Fitness, Kino, Hotel und Ausstellungsmöglichkeiten zu komplettieren sind; realisiert wurden diese Nutzungen bislang nicht.[429]

Es bleiben noch die beiden Produktionsfaktoren Standort und Kapital, um sie hinsichtlich der Ausgangssituation der Projekt-Konzeption zu untersuchen. Der Faktor „Kapital“ bildet, auch mit Bezug auf die privatwirtschaftliche Finanzierung der Halle, das Schlusslicht der Konzeption. Der Investor sicherte die Finanzierung erst, nachdem Standort und Projektidee festgelegt waren; bestimmender Faktor der Projekt-Konzeption der Hamburger Arena ist schlussfolgernd der Standort.[430] Dies kann durch den Beschluss der Senatskommission für Stadtentwicklung, Umwelt und Verkehr vom 30. März 1995 belegt werden.[431] Das Plangebiet für die multifunktionale Großveran-

---

[427] Vgl. Gliederungspunkt 2.1, S. 17; vgl. Abbildung 5, S. 19.

[428] Vgl. zu den drei möglichen Ausgangssituationen einer Projekt-Konzeption Gliederungspunkt 2.1, S. 17.

[429] Vgl. Angebot der Bietergemeinschaft zur Arena (1997), S. 1 ff.

[430] Der Senat beurteilte das von der Bietergemeinschaft vorgelegte Finanzierungskonzept im Jahr 2000 als positiv. Vgl. Freie und Hansestadt Hamburg – Staatliche Pressestelle (2000), S. 1.

[431] Vgl. Freie und Hansestadt Hamburg – Staatliche Pressestelle (1995), S. 1; vgl. Ausschreibungsunterlagen zur Arena am Volkspark (1996), S. 4 ff.

staltungshalle (Arena) ist der Altonaer Volkspark.[432] In den Bekanntmachungen des Amtlichen Anzeigers vom 09. Mai 1997 wurde diesbezüglich eine Änderung des Flächennutzungsplans angekündigt:

„Es ist beabsichtigt, im nordöstlichen Bereich des Volksparks in Verbindung mit dem beabsichtigten Umbau des Volksparkstadions eine Mehrzweckhalle für Großveranstaltungen mit den dafür notwendigen Abstellanlagen für Kraftfahrzeuge zu errichten."[433]

Bevor die Standortentscheidung fiel, ist eine Vielzahl an Standorten für den Bau einer Arena vorgeschlagen und auf die städtebauliche Verträglichkeit hin überprüft worden. Citynahe Standorte erwiesen sich als inadäquat, da die verkehrlichen Auswirkungen die Umwelt zu stark belastet hätten. Darüber hinaus wären hohe Kosten für die Verlagerung von innerstädtischen Immobilien angefallen, da ansonsten der hohe Flächenbedarf des Projekts nicht zu decken gewesen wäre. Peripheren Standorten mangelte es insbesondere an bestehenden infrastrukturellen Voraussetzungen. Die Festlegung des Standortes der Arena war demzufolge die erste Grundsatzentscheidung zur Umsetzung des Gesamtprojekts.[434] Die Senatsentscheidung stützte sich auf vier Hauptaspekte aus einer Vielzahl von Argumenten, die in der folgenden Tabelle 9 aufgeführt sind.[435] Nach der Standortentscheidung führte die Stadt Hamburg eine Ausschreibung durch. Es wurde eine Bietergemeinschaft gesucht, die die Anforderungskriterien der Stadt erfüllte.[436]

---

432 Der Altonaer Volkspark befindet sich im nordwestlichen Hamburger Stadtgebiet des Bezirks Altona, im Stadtteil Bahrenfeld, mit seinem ausgewiesenen überregionalen Sport- und Veranstaltungszentrum. Das stadträumliche Konzept des Volksparks in Hamburg-Altona basiert auf der historischen Ausformung des denkmalgeschützten Volksparks. Zwischen 1914 und 1925 wurde das Gebiet als Nutzpark mit Sport- und Freizeitanlagen (Sportwiese, Stadion, Planschbecken, Licht- und Luftbad) angelegt.

433 Amtlicher Anzeiger (1997), S. 1113.

434 Vgl. o. V. (1995), S. 20.

435 Eine Auseinandersetzung mit Vor- und Nachteilen des Standortes Altonaer Volkspark findet in einem gesonderten Kapitel statt. Vgl. Gliederungspunkt 7.1.1, S. 180.

436 Vgl. Ausschreibungsunterlagen zur Arena am Volkspark (1996), S.1 ff.; vgl. beispielhaft auch Hochbaudepartement der Stadt Zürich (Hrsg.) (2000), S. 1 ff.

Tabelle 9: Maßgebliche Entscheidungskriterien zur Standortentscheidung[437]

Nachbarschafts-verträglichkeit	Arena und Stadion ergänzen sich als Freizeitfazilitäten, da ihre Flächen darauf ausgelegt sind, große Besucherzahlen aufzunehmen. Es lassen sich Synergie-Effekte im infrastrukturellen Bereich und hinsichtlich der Verkehrsanbindung erzielen.
Gesicherte Grundauslastung	Um einen deckungsbeitragsbezogenen, privatwirtschaftlichen Betrieb der Arena sicherzustellen, ist eine Mindestgrundauslastung der Halle durch publikumsintensive Sportarten zu erzielen. In der Bundesrepublik Deutschland konnte bisher nur beim Fußball eine gegebene Grundauslastung erreicht werden. Vor diesem Hintergrund eignet sich der Altonaer Volkspark, der seit über vierzig Jahren ein erprobter Fußballstandort ist, um weitere Sportarten wie Handball und Eishockey zu etablieren.
Verkehrsanbindung	Der Volkspark lässt eine Abwicklung des Verkehrsflusses zu.
Entwicklungs-fähigkeit	Der Freizeitmarkt unterliegt marktbezogenen Schwankungen. Deshalb ist es von großer Wichtigkeit, dass der ausgewählte Standort städtebauliche Spielräume (Reattraktivierung) offen lässt. In die Planungen des Veranstaltungszentrums am Altonaer Volkspark wurden von Beginn an die Rahmenvoraussetzungen für eine zukünftige Mantel- und Ergänzungsnutzung integriert. Zielsetzung ist die Entwicklung eines groß angelegten multifunktionalen Freizeit- und Erholungsparks mit einem vielschichtigen Angebotsspektrum.

In der nachfolgenden Tabelle 10 sind die geforderten Leistungen bei der Angebotsabgabe übersichtlich dargestellt. Die aufgeführten Punkte kennzeichnen zugleich die Inhalte einer Projekt-Konzeption in der Praxis.

[437] Tab. in Anlehnung an Freie und Hansestadt Hamburg – Staatliche Pressestelle (1995), S. 1 f.

Tabelle 10: Anforderungskatalog für die Arena in Hamburg[438]

Anforderungskatalog der Projekt-Konzeption für die Arena in Hamburg
1 Detaillierte Marktanalyse
2 Konzeptdarstellung
2.1 Veranstaltungskonzept (Darstellung der Zielgruppen; Aussagen zum Veranstaltungsprofil; ergänzende Freizeitnutzungen; Einzugsbereich und Veranstaltungstage; prognostiziertes Nachfragepotenzial)
2.2 Verkehrliches Konzept (äußere und innere Erschließung)
3 Städtebaulicher Entwurf (freiraumplanerische Einbindung des Projekts in den Volkspark)
4 **Lageplan** mit Darstellung der Halle und den umgebenden Frei- und Verkehrsflächen; Angaben zu den erforderlichen Grundstücksflächen und der ggf. zu übernehmenden, ergänzenden Flächen für Stellplätze und Zusatznutzungen
5 **Architektonisches, hochbauliches Konzept** mit maßstäblicher, schematischer Darstellung der multifunktionalen Nutzungsmöglichkeiten etc.
6 Übersichten und Berechnungen (Raumprogramm, Flächenberechnungen)
7 Angebot über die Höhe des Erbbauzinses bzw. Grundstückskaufpreises
8 Kostenermittlung (Baunebenkosten, Erschließungskosten)
9 Finanzierungskonzept für das Gesamtvorhaben (Finanzierungsformen, Finanzpartner)
10 Betriebskonzept einschließlich Marketingkonzept
11 **Verfassererklärung der Bewerber,** dass sie die geistigen Urheber bzw. Eigentümer des Angebotes sind und im Erfolgsfall die weitere Vorbereitung und Durchführung des Vorhabens zu den Bedingungen des Angebotes übernehmen
12 Darstellung eigener Referenzprojekte vergleichbarer Größenordnung
13 Zeit- und Durchführungsplanung für das Gesamtprojekt

438 Tab. in Anlehnung an die Ausschreibungsunterlagen zur Arena am Volkspark (1996), S. 7 ff.

Resümierend ergibt sich, dass die theoretischen Vorgaben zur ersten Prozessphase der Immobilien-Projektentwicklung in der Praxis anwendbar sind.[439] Bei der Umsetzung der Projekt-Konzeption können sich jedoch Schwierigkeiten ergeben. Der ausschreibungsbezogene Wettbewerb zwischen den einzelnen Bietergemeinschaften könnte dazu führen, dass die Teilnehmer die anfallenden Kosten zu niedrig angeben. Das Arena-Projekt ist ein einzigartiges städtebauliches Projekt, das dazu verleiten kann, die immobilienspezifischen Risiken von Freizeitimmobilien zu vernachlässigen.[440]

Überleitend zur zweiten Prozessphase, der Projekt-Studie, untersuchen die folgenden Ausführungen marktspezifische Fragestellungen. Es soll nun versucht werden, das Nachfragepotenzial der Hamburger Arena darzustellen. Dazu ist es zunächst notwendig, ein Nachfrage- beziehungsweise Einzugsgebiet festzulegen.

5.2.1 Die Arena innerhalb der Metropolregion Hamburg

Jeder Markt spiegelt verschiedene Präferenzen der Marktteilnehmer wider. Die Marktsituation eines Immobilien-Projekts hängt deshalb von quantitativen (Lagemerkmale, Beschäftigungsstruktur, Marktpreisentwicklung und viele mehr) und qualitativen Einflussfaktoren (subjektive Marktbewertung, Identifikationsmöglichkeiten und viele mehr) ab. Diese Einflussfaktoren sind entscheidend für die Gestaltung des Angebots und des Nachfragepotenzials eines Projekts. Mithilfe der Marktanalyse lassen sich diese Einflussfaktoren für einen speziellen Markt erarbeiten.[441] Als Output am Ende des Prozesses der Immobilien-Projektentwicklung steht das nutzungsbereite Immobilien-Projekt. Für das fertige Objekt ist in der Phase der Projekt-Studie das spezifische Nachfragepotenzial einzuschätzen.[442]

Mit Bezug auf die vorhergehende Tabelle 10 ist anzumerken, dass die Ausschreibungsanforderungen der Freien und Hansestadt Hamburg die Marktanalyse als ersten Punkt aufführen. Hierdurch verdeutlicht sich die hohe Bedeutung des Marktpotenzials in der Praxis und bestätigt damit ebenfalls die zu Grunde gelegten theoretischen Ausführungen.[443]

Auf welcher Markteingrenzung basiert die Planung, die Entwicklung und die Umsetzung der multifunktionalen Großveranstaltungshalle in Hamburg?

---

[439] Vgl. Hendler, B. S. (1996), S. 14 ff.

[440] Vgl. zu den Risikoarten Gliederungspunkt 2.1.4, S. 39.

[441] Vgl. zur Relevanz der Marktstrukturen Gliederungspunkt 2.1.1, S. 24.

[442] Angebot-Nachfrage-Beziehungen lassen sich mithilfe der Marktanalyse recherchieren.

[443] Vgl. Gliederungspunkt 2.1.1, S. 24.

Um diese Frage zu beantworten, ist ein marktspezifisches Rahmengerüst zu erarbeiten, aus dem sich später ein Nachfragepotenzial für die Arena ableiten lässt. Die Betrachtung kann zunächst mit dem Makrostandort der Arena beginnen, der Stadt Hamburg.

Tabelle 11: Strukturdaten der Freien und Hansestadt Hamburg[444]

Strukturdaten Hamburg		Fläche rund 755 km²	
Bevölkerung insgesamt 1.734.000 Einwohner bezogen auf das Jahr 2004			
	Prozent	Jahre	Einwohner
Bevölkerung untergliedert nach Alter	16,06	0 – 18	277.286
	15,40	18 – 30	265.934
	26,33	30 – 45	454.481
	25,13	45 – 65	433.837
	17,07	65 und älter	302.462
Bevölkerungsdichte 2.296 Einwohner/km²			
	Prozent	Arbeitslose	
Arbeitslosenquote Stand 2004	11,00	84.000	
Bevölkerungszunahme bezogen auf das Jahr 2004 gegenüber 2003: 0,4 Prozent			
Erwerbstätige nach Wirtschaftszweigen März 2004			
	Prozent	Erwerbstätige	
Land- und Forstwirtschaft	0,60	5.000	
Produzierendes Gewerbe	19,00	148.000	
Handel, Verkehr, Gastgewerbe	28,20	219.000	
Sonstige Dienstleistungen	52,10	405.000	
Insgesamt rund	100,00	777.000	

Aus den Strukturdaten der Stadt, die Tabelle 11 beinhaltet, ergeben sich zwei Hauptkriterien, die weitergehend zu interpretieren sind:

- die Aufteilung der Erwerbstätigen nach Wirtschaftszweigen und
- die demographischen Bevölkerungsdaten.

---

444 Tab. in Anlehnung an Handelskammer Hamburg (Hrsg.) (2005), S. 4 f., und eigene Berechnungen. Vgl. zudem Statistisches Landesamt der Freien und Hansestadt Hamburg (Hrsg.) (2002), S. 7 ff.

Die Erwerbstätigenzahlen begründen sich über den in den letzten Jahren vollzogenen Strukturwandel in der Hamburger Wirtschaft.[445] Es fand eine Verlagerung von maritimen, rohstofforientierten und arbeitsintensiven Branchen zu technologiebezogen und Know-how-orientierten Fertigungen, modernen Dienstleistungen und zur Logistik- und Medienwirtschaft statt.[446] Während Hamburg Ende der 70er Jahre als dominante Industrie- und Hafenstadt galt, entsteht gegenwärtig über 80 Prozent der Wertschöpfung im tertiären Sektor. Dementsprechend sind im Dienstleistungsbereich der Hansestadt nahezu 80 Prozent der Arbeitsplätze angesiedelt.[447]

Die Bevölkerungsentwicklung der Stadt ist durch eine steigende Einwohnerzahl gekennzeichnet. Noch Anfang der 70er Jahre konnte eine zurückgehende Bevölkerungszahl registriert werden, doch seit den Jahren 1987 und 1988 steigt die Bevölkerungszahl in Hamburg wieder an.[448]

Die Strukturdaten der Hansestadt bieten somit eine geeignete Basis zur Implementierung einer Arena in der Stadt. Die Hansestadt existiert jedoch nicht isoliert, sondern ist eingebettet in bestehende Umlandsverflechtungen. Deshalb soll die Betrachtung nun von der Stadt Hamburg auf die Metropolregion Hamburg erweitert werden.

Es stellt sich zunächst die Frage, wodurch sich eine Region konstituiert. Auf Grund der vielschichtigen Charakterisierungsmöglichkeiten von räumlichen Zusammenhängen ist ein weit gefasster Interpretationsraum für den Terminus „Region“ zulässig.[449] Beispielsweise lassen sich mit einer Wirtschaftsregion Kennziffern wie Unternehmensdichte, Zuliefererbeziehungen oder wirtschaftliche Kooperationen assoziieren. Außerdem könnte eine Region in die Kriterien „regionaler Wohnungsmarkt“ oder „Nahverkehrsraum“ untergliedert sein.[450] Je nach Untergliederung entwickeln sich interdependente Cluster, die eine Region prägen. Daraus folgt, dass nicht nur eine Defi-

---

445 Vgl. Freie und Hansestadt Hamburg – Wirtschaftsbehörde (Hrsg.) (1996), S. 1 ff.

446 Vgl. ebenda, S. 9.

447 Der tertiäre Sektor setzt sich wie folgt zusammen: Groß- und Einzelhandel, Verkehr, Nachrichtenübermittlung, Banken, Versicherungen, Maklerleistungen und Immobilienwirtschaft, sonstige Dienstleistungen (Gesundheits- und Veterinärwesen, Hotels, Bildung und Wissenschaft, Kultur- und Verlagswesen, Rechts- und Wirtschaftsberatung und viele andere Bereiche), Gebietskörperschaften, Sozialversicherungen, Organisationen ohne Erwerbszweck und private Haushalte. Vgl. Schilling, R. (2000), S. 46.

448 Vgl. Statistisches Landesamt der Freien und Hansestadt Hamburg (Hrsg.) (2002), S. 13. Anzumerken ist, dass sich Hamburg im Vergleich zu anderen deutschen Städten gegenläufig ent-wickelt, da Hamburg einen Bevölkerungszuwachs verzeichnet. Vor allem die Städte in Ostdeutschland weisen hingegen einen starken Bevölkerungsrückgang auf. Vgl. Hannemann, C. (2004), S. 205 ff.; vgl. Oßenbrügge, J. (1999), S. 4 f.; vgl. Keim, K.-D. (2004), S. 208 ff.; vgl. Spiegel, E. (2004), S. 183 ff.; vgl. Hasse, E. S. (2005), S. 34.

449 Vgl. Boustedt, O. (1975), S. 83 ff.

450 Vgl. zu den ökonomischen Verflechtungskategorien auch Bundesamt für Bauwesen und Raumordnung (2002), S. 14 ff.

nitionsmöglichkeit existiert, vielmehr lässt sich das jeweilige Untersuchungsgebiet anhand von individuellen Schwerpunkten einteilen.

Schätzl unterscheidet drei unterschiedliche Definitionstypen von Regionen:

- die homogene Region,
- die funktionale Region (Funktionalregion) und
- die Planungsregion.

Dabei ist die homogene Region durch eine gleichartige Strukturierung hinsichtlich ihrer Merkmalsausprägungen (wie dem Pro-Kopf-Einkommensniveau oder der gleichartigen physiogeographischen Ausstattung) geprägt.

Die Funktionalregion hebt die intraregionale Interdependenz hervor, die auf Grund funktionaler Beziehungen entsteht. Zum Beispiel kann eine funktionale Region durch abschwächende Wechselbeziehungen vom Zentrum zur Peripherie gekennzeichnet sein.

Die Planungsregion ist eine politische und administrative Gebietseinheit, die über festgelegte Planungsziele abgegrenzt wird. Im raumwirtschaftstheoretischen Kontext werden mit „Region" unterschiedliche Raumeinheiten bezeichnet. Dies können unter anderem Standorte einzelner Betriebe, Städte, intranationale, nationale und supranationale Gebietseinheiten sein.[451] Insbesondere die administrativ gestaltete Region hat einen maßgeblichen und nachhaltigen Einfluss auf die Entfaltung unterschiedlicher Betrachtungsgebiete. Die normative Kraft von Verwaltungsgrenzen beeinflusst dabei das wirtschafts-, verkehrs- und siedlungsräumliche Gefüge. Die regionale Finanzkraft hängt wesentlich von der Verteilung der Steuerquellen zwischen den Gebietskörperschaften ab. Vor diesem Hintergrund wird ersichtlich, warum die regionale Strukturpolitik ein wesentlicher Bestandteil der Gemeinschaftsaufgaben von Bund und Ländern ist.[452]

---

[451] Vgl. Schätzl, L. (2003), S. 99; vgl. zur Einteilung von Systemen in Gebietseinheiten auch die Theorie der Marktnetze (*Lösch*) in Bathelt, H./Glückler, J. (2003), S. 113 ff.

[452] Vgl. Boustedt, O. (1975), S. 40 f.; vgl. außerdem Boustedt, O. (1975a), S. 79.

Metropolregion Hamburg

Im modelltheoretischen Zusammenhang lässt sich das stadtentwicklungspolitische Konzept der (Kern-)Stadt Hamburg und ihres Umlands als eine zusammengewachsene Region polyzentrischer Strukturen nach der Systematik des Mehrkernemodells beschreiben.[453] Des Weiteren zeigen einige Hamburger Stadtteile im Bereich Erholungs- und Wohngebiete sowie Gewerbe- und Industrieflächen sektorale Muster. Die sektorale Konzentration bestimmter Verdichtungsräume macht dabei nicht vor bestehenden Stadtgrenzen halt.[454] Die Dezentralisierung des Hamburger Raums verläuft vorrangig nach dem norddeutschen axialen Konzept und fördert die Herausbildung regionaler Zentren nach *Christallers* Konzept der zentralen Orte. Doch auch in Hamburg zeigt sich, dass sich die stadtregionale Entwicklung nicht ausschließlich entlang der axialen Siedlungsachsen und der zentralen Versorgungsorte nach dem *Christaller'schen* Konzept vollzieht. Die Zwischenräume der Achsen weisen unter anderem ein bedeutendes Bevölkerungswachstum aus.[455]

Mit Bezug auf die politisch-administrativen Setzungen der Freien und Hansestadt Hamburg lassen sich die Begriffe (Kern-)Stadt, Großstadtregion, nördliches und südliches Umland und Metropolregion folgendermaßen beschreiben: Die Kernstadt umfasst die Gebietsgrenzen der Freien und Hansestadt Hamburg, zur Großstadtregion gehören die umliegenden Kreise Herzogtum Lauenburg, Stormarn, Segeberg, Pinneberg in Schleswig-Holstein und Harburg, Stade und Rothenburg in Niedersachsen. Die Metropolregion fasst darüber hinaus noch die Kreise Steinburg (einschließlich Wirtschaftsraum Brunsbüttel) in Schleswig-Holstein und Cuxhaven, Lüneburg, Lüchow-Dannenberg, Uelzen und Soltau-Fallingbostel in Niedersachsen.[456] Abbildung 18 zeigt die Metropolregion Hamburg.

---

[453] Charakteristisch für die städtische Agglomeration Hamburgs ist der ausgeprägte Landschaftsbezug. Hamburg weist ausgedehnte landwirtschaftlich genutzte Gebiete auf, vor allem die Flächen in den Marschen des Elbe-Urstromtales. Die Kernstadt trägt den Beinamen „grüne Stadt", was auf die *„erlebbaren Naturräume der Flussläufe von Elbe und Alster mit ihren für weiten Blick sorgenden Wasserflächen und den sie begleitenden Parkanlagen"* zurückzuführen ist. Vgl. Bürgerschaft der Freien und Hansestadt Hamburg (1995a), S. 3.

[454] Vgl. zu den theoretischen Grundlagen Gliederungspunkt 4.1, S. 87.

[455] Vgl. Danielzyk, R./Oßenbrügge, J. (2003), S. 25; vgl. auch Gliederungspunkt 4.2, S. 90.

[456] Vgl. Oßenbrügge, J. (1999), S. 4; vgl. Statistisches Landesamt der Freien und Hansestadt Hamburg (Hrsg.) (2002), S. 203.

Abbildung 18: Metropolregion Hamburg[457]

------- Kreis- bzw. Landkreisgrenze

—— Landesgrenze

▬ Metropolregion Hamburg

Im Zuge der Suburbanisierungstendenzen der Vergangenheit lässt sich anhand der Strukturen der Metropolregion zeigen, dass sich Hamburg im Laufe der Zeit immer stärker zu einem bestehenden Wirtschafts- und Siedlungsraum entwickelt hat. Unterstrichen wird dies beispielsweise durch die Zuwächse bei den berufsbedingten Tages-

457 Abb. in Anlehnung an Statistisches Landesamt der Freien und Hansestadt Hamburg (Hrsg.) (2002), S. 203.

pendlern.[458] Die Metropolregion weist eine Fläche von cirka 18.000 km² und eine Bevölkerung von rund 4 Millionen Einwohnern auf.[459] Innerhalb der Metropolregion nimmt die Freie und Hansestadt Hamburg eine zentrale geographische Drehscheiben-Funktion ein. Zwischen den wirtschaftlich starken Zentren des EU-Binnenmarktes und den Ostmärkten ist die Stadt vor dem Hintergrund der internationalen Hafen-Verflechtungen auch mit den ostasiatischen Ländern ein bedeutender Wirtschaftsstandort.[460]

Die Metropolregion Hamburg ist des Weiteren ein Instrument, um innerhalb des Wettbewerbs unterschiedlicher Regionen den norddeutschen Standort zu positionieren. Im Hinblick auf die Marktanalyse ist zu erwähnen, dass sich die Bruttowertschöpfung in der Metropolregion im Zeitraum von 1992 bis 2003 um 31,4 Prozent (von 75,57 Milliarden € auf 99,27 Milliarden €) erhöht hat. Mit Bezug auf das gesamte Bundesgebiet, das mit 100 Prozent zu Grunde gelegt wird, liegt die Kaufkraft je Einwohner in Hamburg mit 111,6 Prozent deutlich über dem Schnitt.[461]

Die Hamburger Arena liegt somit mitten in der metropolitanen norddeutschen Region. Die dargestellten Strukturdaten der Kernstadt und der Region geben ein positives Rahmenbild für einen potenziellen Markt für die Arena ab.

Lässt sich die politisch-administrative Flächenbegrenzung der Metropolregion auf eine Marktregion für die Arena adaptieren?

Im folgenden Gliederungspunkt soll versucht werden, diese Frage zu beantworten.

---

[458] Von 1990 bis 2000 verzeichnete die Hansestadt Hamburg 11 Prozent Zunahme bei den Tages-Einpendlern auf insgesamt 268.400 Tages-Einpendler. Bei den Tages-Auspendlern stieg die Zahl im selben Betrachtungshorizont um 36 Prozent auf 71.100 Tages-Auspendler. Vgl. Statistisches Landesamt der Freien und Hansestadt Hamburg (Hrsg.) (2002), S. 143. 240.000 Menschen zählt die Netto-Einpendlerbilanz, welche Menschen erfasst, die in Hamburg arbeiten, aber im Umland ihre Steuern zahlen. Vgl. o. V. (2005f), S. 26.

[459] In der Kernstadt Hamburgs leben davon rd. 43 Prozent, weitere 30 Prozent leben im niedersächsischen Teilraum und 27 Prozent der Einwohner sind auf schleswig-holsteinischem Boden angesiedelt. Vgl. Bürgerschaft der Freien und Hansestadt Hamburg (2002), S. 56. Zurzeit ist zu beobachten, dass die Einwohnerzahl der Kernstadt Hamburg auf Grund einer reduzierten Umlandwanderung wieder steigt. Vgl. o. V. (2005g), S. 30.

[460] Vgl. zur Bedeutung und Entwicklung des Hamburger Hafens Hautau, H. (2003), S. 79 ff.; vgl. Freie und Hansestadt Hamburg – Wirtschaftsbehörde (Hrsg.) (1996), S. 9; vgl. weiterführend HWF Hamburgische Gesellschaft für Wirtschaftsförderung mbH (Hrsg.) (2001), S. 4 f.; vgl. auch Estermann, H. (1997), S. 116 ff.

[461] Vgl. Handelskammer Hamburg (Hrsg.) (2005), S. 168.

5.2.2 Vorschlag zur Kennzeichnung einer Marktregion

Die politisch-administrative Einteilung der Metropolregion Hamburg hat großen Einfluss auf wirtschaftliche und sozio-ökonomische Prozesse, die zu bestimmten siedlungsräumlichen Strukturen führen können. Wenn der Markt einer Freizeitimmobilie festgelegt werden soll, sind die Verwaltungsgrenzen eines Bundeslandes von nachrangiger Bedeutung. Es kommt vielmehr auf infrastrukturelle Kriterien wie verkehrliche Anbindung, Lagemerkmale und substitutive Freizeitangebote an. Die zentrale Frage zur Kennzeichnung einer Marktregion ist die Bereitschaft, Streckendistanzen zu akzeptieren.

Mit der Freizeitattraktivität nimmt die akzeptierte Fahrzeit zu

Es hat sich gezeigt, dass Freizeitbesucher die von ihnen akzeptierte Anfahrtszeit (mit dem Pkw) von dem jeweiligen Freizeitziel abhängig machen. Durchschnittlich akzeptieren Besucher von Freizeitanlagen eine Anreisezeit von rund 60 Minuten. Wenn besonders publikumswirksame Veranstaltungen stattfinden, werden auch Anfahrtszeiten von bis zu 120 Minuten in Kauf genommen.[462] Diese Befragungsergebnisse des Freizeit-Forschungsinstituts lassen drei Folgerungen zu, die für die Ableitung des Marktpotenzials von Bedeutung sind.

- Je höher die Attraktivität des Freizeitangebotes desto höher ist die Bereitschaft, eine längere Anfahrtszeit zu akzeptieren.
- Die benötigte Fahrzeit ist als Parameter zur Bestimmung des Einzugsgebiets einer Arena wesentlich aussagekräftiger als die ausschließliche Zugrundelegung von Entfernungszonen, da auf diese Weise lediglich die kilometerbezogenen Streckenlängen abgebildet wären. Die Qualität der Verkehrswege und der tatsächlich benötigte Zeitaufwand zum Erreichen des Freizeitziels bliebe unberücksichtigt.
- Es konnte eine größere Bereitschaft nachgewiesen werden, höhere Anreisedistanzen zu akzeptieren, wenn die Aufenthaltsdauer an dem Freizeitstandort länger als einen Tag beträgt.[463]

---

[462] Vgl. Opaschowski, H. W. (1995), S. 27.

[463] In diesem Zusammenhang haben Städte im Rahmen von Stadtmarketing-Aktivitäten erkannt, dass in der Bündelung von Freizeitangeboten die Möglichkeit besteht, die touristische Aufenthaltsdauer in Richtung Kurzurlaub auszudehnen. In der Region Hannover entstand bspw. im Jahr 2004 der Kultursommer; es taten sich 29 regionale Veranstalter zusammen, um ein vielseitiges Programm anzubieten (u. a. internationale Künstler, kulturelle Sehenswürdigkeiten, musikalische Nachwuchsförderung). Dies führte lt. Hannover Marketing Gesellschaft zu gesteigerten Übernachtungszahlen in der Region. Vgl. o. V. (2004j), S. HR1.

Neben der Anfahrtszeit definiert sich die Marktregion somit auch über das Freizeitangebot. Dies führt zu einem qualitativen Element, das neben dem statistischen Zahlenmaterial zu berücksichtigen ist. Schließlich ergibt sich ein regionales System, das nicht anhand von bestehenden Verwaltungsgrenzen entsteht. Vielmehr bestimmt sich die Anzahl der potenziellen Besucher beziehungsweise das Marktpotenzial einer multifunktionalen Arena durch drei relevante Faktoren:

- benötigter Zeitaufwand, um vom Abreiseort zur Freizeitimmobilie zu gelangen (Anfahrtszeit),
- Veranstaltungsangebot und somit Typus der Freizeitimmobilie (Angebotsspektrum),
- Dauer des Aufenthalts am Freizeitort (Verweildauer).

Mit Bezug auf die gewonnenen Erkenntnisse zur Bereitschaft, Anfahrtszeiten zu akzeptieren, ergibt sich als Untersuchungsgebiet ein regionales Bezugssystem aus Fahrzeiten bis zu 120 Minuten mit dem Pkw.

Deckt die Metropolregion Hamburg, wie sie in Abbildung 18 als administrativ-politische Planungsregion zu sehen ist, die Entfernungszonen von bis zu 120 Minuten ab?

Hannover, Bremen, Kiel, Lübeck und Schwerin liegen innerhalb des 120-Minuten-Radius, dennoch gehören sie nicht zur Hamburger Metropolregion.[464] Es ist somit notwendig, eine eigene Einzugsregion auszuarbeiten. Abbildung 19 stellt einen Vorschlag für eine potenzielle Marktregion für die Hamburger Arena dar.[465]

[464] Gegenwärtig wird die Erweiterung der Metropolregion diskutiert. Insbesondere in Schleswig-Holstein nehmen die politischen Vertreter eine ablehnende Haltung gegen einen potenziellen Beitritt Lübecks ein, der mit Bedenken gegen mögliche institutionelle Festlegungen begründet wird. Vgl. o. V. (2005h), S. 44.

[465] Vgl. Eckey, H.-F. (1978), S. 187 ff.

Abbildung 19: Vorschlag zur Kennzeichnung einer Marktregion

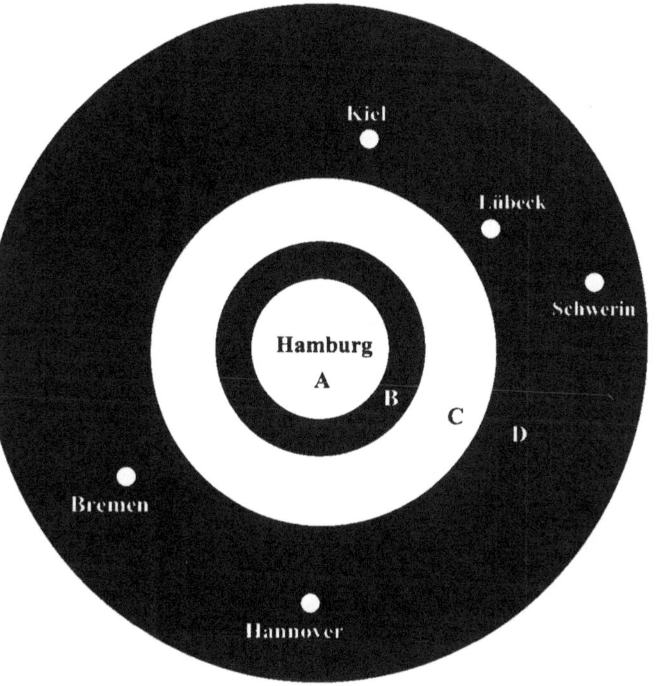

Abbildung 19 gliedert die einzelnen Metropolräume in vier abstrakte Dimensionen. Diese Dimensionen sind das Hamburger Stadtgebiet A, an das Hamburger Stadtgebiet angrenzende Kreise B, die übrigen Gebiete der administrativen Metropolregion C und die einzubeziehenden Oberzentren D.[466]

Daran anknüpfend, werden in Tabelle 12 die Anfahrtszeiten und die Bevölkerungszahlen den einzelnen Dimensionen zugewiesen. Dabei kennzeichnen die vier Dimensionen ein potenziell aktivierbares Einzugsgebiet der Hamburger Arena.

[466] Vgl. Statistisches Landesamt der Freien und Hansestadt Hamburg (Hrsg.) (2002), S. 33.

Tabelle 12: Geschätztes Nachfragepotenzial der Hamburger Arena[467]

Gebiet	Fahrzeit in Minuten	Bevölkerungs-zahlen	Kumulierte Bevölkerungszahlen
Stadtgebiet Hamburg insgesamt A	**0 bis 45**	**1.734.000**	**1.734.000**
An das Stadtgebiet angrenzende Kreise B			
Landkreis Harburg	30	232.799	
Landkreis Stade	50	191.690	
Kreis Segeberg	50	250.112	
Kreis Pinneberg	25	291.609	
Kreis Stormarn	60	217.582	
Kreis Herzogtum Lauenburg	65	179.848	
insgesamt B	**30 bis 65**	**1.363.640**	**3.127.640**
zusammengefasste übrige Flächen der Metropolregion C			
Landkreise Cuxhaven, Rotenburg (Wümme), Soltau-Fallingbostel, Lüneburg, Uelzen, Lüchow-Dannenberg, Kreis Steinburg und Wirtschaftsraum Brunsbüttel	**60 bis 80**	**1.004.898**	**4.132.538**
einzubeziehende Oberzentren D			
Hannover	120	526.000	
Bremen	80	539.403	
Kiel	70	248.302	
Lübeck	60	217.000	
Schwerin	120	115.000	
insgesamt D	**60 bis 120**	**1.645.705**	**5.778.243**
gesamte Metropolregion Hamburg und ausgewählte Oberzentren	**0 bis 120**		**5.778.243**

[467] Tab. in Anlehnung an Statistisches Landesamt der Freien und Hansestadt Hamburg (Hrsg.) (2002), S. 33, und eigene Berechnungen. Die Zahlen beziehen sich auf das Jahr 2002/2003 Vgl. zum Stadtgebiet Hamburg bezogen auf das Jahr 2004 Handelskammer Hamburg (Hrsg.) (2005), S. 4 f.

Grundsätzlich zeigt sich für Hamburg als Kerneinzugsgebiet eine Bevölkerungsstruktur, die im bundesdeutschen Vergleich einen überdurchschnittlich hohen Anteil der Altersklasse der über 65jährigen aufweist. Im Gegensatz dazu kristallisiert sich für die Zielgruppe der Kinder, Jugendlichen und Heranwachsenden bis 29 Jahre eine Unterrepräsentanz heraus. Die Altergruppen der 30- bis 49jährigen und der Altersgruppen der 50- bis 64jährigen sind dagegen stärker als im Bundesdurchschnitt vertreten.[468]

In den direkt an das Hamburger Stadtgebiet angrenzenden Gebieten tritt die Über- und Unterrepräsentanz der genannten Altersgruppen besonders signifikant hervor.[469] Der vergleichsweise geringe Anteil der Kinder und Jugendlichen ist ein typisches Merkmal von Großstädten, und im Zuge dessen bildet auch die Freie und Hansestadt Hamburg keine Ausnahme. Auf Grund der Vermischung von Städten und Landgebieten in der Metropolregion Hamburg sind diese Abweichungen in den Altersgruppen für die Untersuchung des Besucheraufkommens der Arena von untergeordneter Relevanz.[470]

In Tabelle 12 wird das regionale und überregionale Einzugsgebiet der Arena in Hamburg mit rund 5,7 Millionen Menschen angegeben; die Stadt Hamburg hat daran mit rund 1,7 Millionen Menschen einen bedeutenden Anteil. Für das Nachfragepotenzial wird ein Einzugsgebiet mit einer Anfahrtszeit von bis zu 120 Minuten festgelegt. In der Tragfähigkeitsanalyse der Hamburger Arena werden darüber hinaus noch die touristischen Ankünfte betrachtet: Schätzungsweise 12 Millionen freizeitrelevante touristische Ankünfte bei bis zu 120 Minuten Fahrzeit Entfernung gehören somit auch zum Nachfragepotenzial der Arena.[471]

Neben den Bevölkerungszahlen ist zudem die Bevölkerungsdichte eine relevante Kennzahl zur Ableitung des Nachfragepotenzials. Im Stadtgebiet A lässt sich, bezogen auf das Jahr 2004, eine Bevölkerungsdichte von 2.296 Einwohnern/km² nachweisen. Die Kerneinzugsgebiete A und B weisen zusammen mit 306 Einwohnern/km² eine überdurchschnittlich hohe Bevölkerungsdichte auf. Diese Dichten ergeben sich dadurch, dass rund 70 Prozent der Bevölkerung des gesamten Betrachtungsraums in der dicht besiedelten Stadt Hamburg leben.[472]

---

468 Vgl. Tragfähigkeitsanalyse Forum Volkspark (1999), S. 34.

469 In der gesamten Metropolregion soll bis zum Jahr 2020 die Generation der über 75jährigen am stärksten wachsen. Dagegen wird geschätzt, dass der Anteil der unter 20jährigen weiter sinkt. Vgl. Gall, I. (2005), S. 44.

470 Die Tragfähigkeitsanalyse kommt zu dem Ergebnis, dass sich keine Restriktionen aus der aufgezeigten demographischen Situation im Einzugsgebiet für das Nachfragepotenzial ergeben. Vgl. Tragfähigkeitsanalyse Forum Volkspark (1999), S. 34.

471 Vgl. ebenda, S. 42 f.

472 Vgl. Handelskammer Hamburg (Hrsg.) (2005), S. 4 f.

Für die Etablierung einer multifunktionalen Großveranstaltungshalle ist die hohe Bevölkerungsdichte, die wiederum eine hohe Kaufkraft bedingt, als sehr positiv zu bewerten. Die restlichen Gebiete liegen mit 203 Einwohnern/km² Bevölkerungsdichte unter diesem Wert, da die Bundesländer Schleswig-Holstein, Niedersachsen und Mecklenburg-Vorpommern dünner besiedelt sind. Insgesamt entsprechen diese Zahlen den gewachsenen Siedlungsschwerpunkten und Verdichtungsräumen im Betrachtungsraum.[473]

Die Ausführungen dieses Gliederungspunktes konnten Ansätze zur Abgrenzung marktrelevanter Kennzahlen aufzeigen. Anzumerken ist, dass die jeweils zu Grunde gelegten Zahlen und Daten lediglich Schätzzahlen widerspiegeln und damit auch den planungsbezogenen Charakter einer Marktanalyse verdeutlichen. Die Marktanalyse unterlegt eine ausgewählte Betrachtungsregion mit Zahlenmaterial aus den Bereichen Einzugsgebiet, volkswirtschaftliche Grunddaten und Konjunkturentwicklung. Sie dient zur einführenden Einschätzung des zukünftigen Marktes.[474] Auf Grund ihrer kurz- bis mittelfristigen Ausrichtung ist sie als eine Bestandsaufnahme zu verstehen, die im Rahmen der Projekt-Konzeption eine zuträgliche oder ablehnende Haltung der Investoren bedingen kann.

Im vorliegenden Fall liefert die Betrachtung eine positive Gesamtbewertung der Marktsituation für die Hamburger Arena.

Bisher ging der Blickwinkel von der Arena aus, und es stellten sich Fragen hinsichtlich ihrer Lage innerhalb der Metropolregion. Nun soll die Betrachtung von der Stadt Hamburg ausgehen.

Welche Bedeutung hat die Arena für die Stadt Hamburg? Lassen sich konkrete stadtwirtschaftliche Effekte nachweisen?

Für die Untersuchung soll der Hamburger Tourismusbereich als Beispiel dienen.

---

473 Vgl. Tragfähigkeitsanalyse Forum Volkspark (1999), S. 32 ff.

474 Vgl. zur Marktanalyse Gliederungspunkt 2.1.1, S. 24.

5.2.3 Inwieweit generiert die Hamburger Arena zusätzliches Tourismusaufkommen?

In London, nach *Christaller* stellvertretend für eine Stadt mit höchstem hierarchischem Zentralitätsgrad, setzen sich die Theater- und Konzertbesucher nur zu rund 39 Prozent aus städtischen Einwohnern, zu 21 Prozent aus Tagesbesuchern und zu 40 Prozent aus Übernachtungstouristen zusammen.[475] Daraus lässt sich schlussfolgern, dass je zentralistischer im Sinne eines differenzierten funktionalen Versorgungsangebotes eine Stadt ist, es stadtentwicklungsspezifisch desto sinnvoller ist, neue Formen von Freizeitanlagen und Events zu fördern, um Wettbewerbsvorteile zu sichern. Es besteht ein Abhängigkeitsverhältnis zwischen dem Zentralitätsgrad einer Stadt und ihrer überregionalen kulturellen Bedeutung.[476]

Wie sieht die Situation in Hamburg aus? Gibt es eine spezifische Tourismusentwicklung, die durch die Implementierung einer Arena im regionalökonomischen Betrachtungsrahmen entstehen kann?

Im Kapitel 3 zum Veranstaltungsmanagement konnten bereits regionalökonomische Effekte durch Freizeitprojekte theoretisch aufgezeigt werden. Der Tourismusbereich einer Stadt kann durch eine neue Freizeitimmobilie erweitert werden. Die Zunahme des Tourismus zählt zu den positiven regionalökonomischen Wirkungen einer Freizeitdestination. Dies soll am Hamburger Beispiel verdeutlicht werden.[477] Die regionale Umgebung einer Großveranstaltungshalle als Einzugsgebiet für Besucher und Touristen kann somit entscheidend zum Gelingen eines Freizeitprojekts beitragen.

Der Tourismusmarkt Hamburgs stellt für die Arena einen Besuchermarkt dar.[478] Eingebettet in die sie prägende geographische Umgebung entwickelt Hamburg eine eigene Magnetkraft. Diese Anziehungskraft geht von sämtlichen Wirtschaftszweigen aus und wirkt anziehend auf Städtetouristen. Im Zuge der sich verändernden Freizeitgestaltung mit einer einhergehenden Zunahme von kurzfristigen Städtereisen gewinnt das touristische Angebot, das eine interessante Synthese aus Sightseeing, Kultur, Veranstaltungen und spektakulären Vergnügungen offeriert, im Städtevergleich an Gewicht.[479] Somit hat das Marktsegment „Tourismus, Messe- und Kongresswesen" eine erhebliche Bedeutung. Die folgende Tabelle 13 zeigt eine Einteilung des Tourismusaufkommens in Tages- und Übernachtungstouristen in Hamburg.

---

[475] Vgl. Engert, K. (1997), S. 47.

[476] Vgl. zur *Christaller'schen* Theorie der zentralen Orte Gliederungspunkt 4.2, S. 90.

[477] Die Analyse stützt sich in diesem Zusammenhang insbesondere auf das Zahlen- und Datenmaterial der Hamburg Tourismus GmbH.

[478] Vgl. zu den einzelnen Tourismusangeboten Hamburg Tourismus GmbH (Hrsg.) (2002), S. 55 ff.

[479] Vgl. Deutsche Tourismus Analyse (2004), S. 9 f.

Tabelle 13: Umsatz im Übernachtungs- und Tagestourismus in Hamburg[480]

Freie und Hansestadt Hamburg			
	Gewerbliche Übernachtungen	**Private Übernachtungen**	**Geschätzter Bruttoumsatz**
Übernachtungstourismus 17,3 Mio. Übernachtungen p. a., davon	5,1 Mio.	12,2 Mio.	1,2 Mrd. €
	Geschäftliche Tagesgäste	**Private Tagesgäste**	**Geschätzter Bruttoumsatz**
Tagestourismus 55,7 Mio. Tagesgäste p. a., davon	5,4 Mio.	50,3 Mio.	1,7 Mrd. €
Rund 73 Mio. Besucher in Hamburg p. a. generieren einen geschätzten Bruttogesamtumsatz in Höhe von 2,9 Mrd. €. Daraus lässt sich ableiten, dass pro Tag von rd. 200.000 Besuchern in Hamburg ca. 7,9 Mio. € Bruttoumsatz getätigt werden (rd. 40 € pro Besucher am Tag).[481]			

Dem Wirtschaftsbereich Tourismus werden in der Hansestadt rund 70.000 Arbeitsplätze zugerechnet, was bezogen auf 777.000 Erwerbstätige insgesamt einen Anteil von rund 10 Prozent ergibt.[482] Bei einem geschätzten Gesamtumsatz von jährlich rund 2,9 Milliarden € ist der Tourismusbereich ein bedeutender Wirtschaftsfaktor in Ham-

480 Tab. in Anlehnung an Hamburg Tourismus GmbH (2003), S. 6, und eigene Berechnung (Basisjahr 2001).

481 Der Hamburger gibt im Monat durchschnittlich 56 € für Kultur aus. Diese Zahl lässt sich noch differenzieren: bei Hauptschulabsolventen reduziert sich die Summe auf durchschnittlich 45 €, Hochschulabsolventen geben dagegen durchschnittlich 67 € aus. Vgl. Schütte, G. (2004), S 1.

482 Vgl. Statistisches Landesamt der Freien und Hansestadt Hamburg (Hrsg.) (2002), S. 7 ff.; vgl. auch Handelskammer Hamburg (Hrsg.) (2005), S. 6.

burg.[483] Die Tagestouristen sind mit jährlich rund 55,7 Millionen Gästen die größte touristische Nachfragegruppe.

Wie verteilen sich die touristischen Umsätze in Hamburg nun auf die einzelnen Tourismuszweige Beherbergungsgewerbe, Gastronomie, Einzelhandel, Kultur, Unterhaltung, Sport, lokaler Transport und sonstige Dienstleistungen?

Abbildung 20: Geschätzte Jahresbruttoumsätze der einzelnen Tourismuszweige[484]

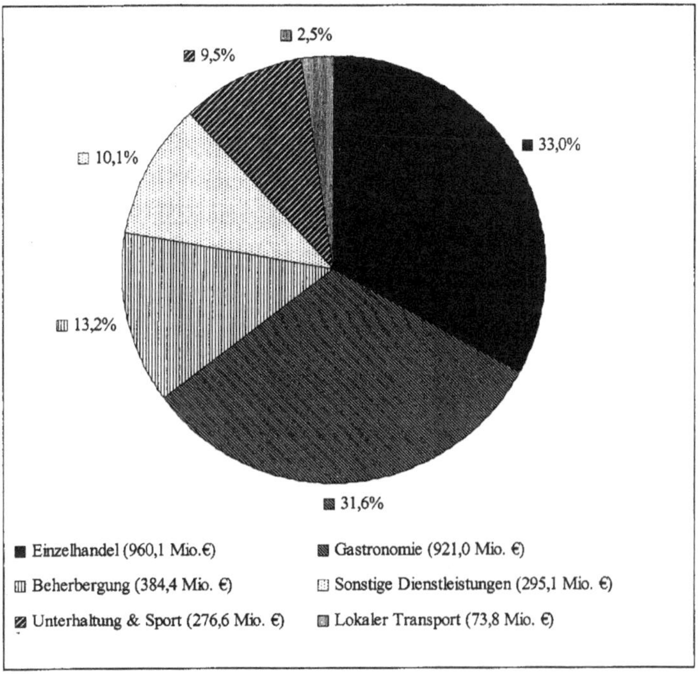

483 Vgl. Senat der Freien und Hansestadt Hamburg (2003), S. 76.

484 Abb. in Anlehnung an Hamburg Tourismus GmbH (2003), S. 7, und eigene Berechnung (Basisjahr 2001).

Ausgehend von allen in Abbildung 20 aufgeführten Nachfragegruppen machen die touristischen Umsätze im Bereich „Unterhaltung und Sport" insgesamt jährlich 276,6 Millionen € in Hamburg aus; dies entspricht rund 9,5 Prozent der betrachteten Gesamtumsätze (Basisjahr 2001).

Am Wochenende kommen Städtereisende nach Hamburg, die bevorzugt Sport- und Konzertveranstaltungen besuchen.[485] Auf der Basis von Schätzungen der Hamburg Tourismus GmbH generiert das Veranstaltungsangebot der Hamburger Arena jährlich rund 300.000 zusätzliche Tagesgäste und rund 100.000 weitere Übernachtungsgäste, die eine touristische Kaufkraft von rund 25 Millionen € begründen.[486]

Die dargestellten Zahlen belegen, dass eine gesteigerte wirtschaftliche Aktivität auf der Grundlage eines vielfältigen touristischen Angebots zu einer verbesserten Freizeitinfrastruktur und zu steigenden Tourismuszahlen und Bruttoumsätzen führen kann.

Die Hamburger Arena trägt demzufolge als weicher Standortfaktor zur Unterhaltungs- und Freizeitqualität der Stadt bei. In diesem Zusammenhang ist sie auch als Instrument zur Freizeitprofilierung Hamburgs im sich verschärfenden nationalen und globalen Städtewettbewerb zu sehen. Es lässt sich sagen, dass sich neben einem Lohn- und Wohnwert ein spezifischer Kulturwert zu einem wichtigen weichen Standortfaktor in Hamburg entwickelt hat.[487]

5.3 Zwischenfazit

Mit Bezug auf die Ausschreibungsunterlagen der Stadt Hamburg konnte die Projekt-Konzeption der Hamburger Arena definiert werden. Die Konzeption hat die Ausgangsituation „Standort sucht Projektidee und Kapital". Es wurde mithilfe der ersten Phase der Immobilien-Projektentwicklung verdeutlicht, dass es möglich ist, theoretische Konzeptvorgaben in die Praxis zu übertragen.

Es stellte sich dann die Frage nach dem Marktpotenzial der Arena und ihrem daraus abzuleitenden Einzugsgebiet. Maßgebliches Kriterium zur Eingrenzung eines Marktes sind nachfragespezifische Parameter wie Bevölkerungszahlen und von den Besuchern akzeptierte Fahrzeiten zum Veranstaltungsort. Allerdings beeinflussen das Angebotsspektrum und die Begeisterungsfähigkeit für die regionalen Sportmannschaften auch das Nachfragepotenzial. Das Marktpotenzial hängt somit von quantitativen und qualitativen Elementen ab.

---

485 Vgl. o. V. (2004c), S. 42.

486 Diese Zahlen sind in der Abbildung 20 noch nicht enthalten. Vgl. o. V. (2003b), S. 35; vgl. Hamburg Tourismus GmbH (Hrsg.) (2002a), S. 13; vgl. Wauschkuhn, F. (2003), S. 11. Die Arena schafft des Weiteren ungefähr 35 Arbeitsplätze für Festangestellte durch den Betrieb der Immobilie. Hinzu kommen ca. 400 bis 500 Teilzeitkräfte im Bereich „Gastronomie", 250 Teilzeitkräfte im Bereich „Sicherheit und Reinigung" und 50 Arbeitsplätze bei Fremdfirmen.

487 Vgl. Schütte, G. (2004), S. 1.

Die Metropolregion Hamburg, die auf politisch-administrativen Grenzen basiert, eignet sich nicht als Einzugsgebiet der Hamburger Arena, da Hannover, Bremen, Lübeck, Kiel und Schwerin nicht zur Hamburger Metropolregion zählen. Das Besucherpotenzial der Hamburger Arena rekrutiert sich jedoch auch aus dem Gebiet um diese Städte. Schlussfolgernd hat der Standort Hamburg Volkspark ein Einzugspotenzial, das weit über die Stadtgrenzen Hamburgs und der Metropolregion Hamburg hinausgeht.

Anhand des Tourismusaufkommens in Hamburg hat sich gezeigt, dass über das Angebot an Konzert- und Sportveranstaltungen stadtwirtschaftliche Effekte generiert werden. Dies kann über das zusätzliche Aufkommen an Tagesbesuchern und Übernachtungsgästen begründet werden, die auf Grund des Angebots der Hamburger Arena in die Stadt kommen. Großveranstaltungen stellen darüber hinaus ein starkes Kaufkraft steigerndes Medium hinsichtlich interdependenter Beziehungen zu anderen freizeitbezogenen Aktivitäten dar, vor allem zu dienstleistungsbezogenen Angeboten. Diesen Aspekt aufgreifend, ist die Arena konsequenterweise nicht isoliert zu betrachten, sondern sie existiert in einem gewachsenen Wettbewerbsgefüge unterschiedlicher Freizeiteinrichtungen.

Das sechste Kapitel stellt die Wettbewerbssituation in den Fokus der Arbeit. Es wird zunächst unter Bezugnahme auf die *Porter'schen* Ansätze mithilfe unterschiedlicher Freizeitsegmente geprüft, ob sich die Theorie in die Praxis transponieren lässt.

Auf die Hamburger Wettbewerbssituation bezogen, sollen daran anknüpfend Freizeitimmobilien im Hamburger Innenstadtbereich in die Betrachtung einfließen. Aber auch weiter entfernte Arenen und Mehrzweckhallen sind auf potenzielle Wettbewerbsbeziehungen hin zu überprüfen.

Es wird versucht, Besonderheiten und Kritikpunkte hinsichtlich der bestehenden Wettbewerbssituation ans Licht zu bringen, um schließlich Ansätze zur Verbesserung aufzuzeigen. Hierzu stützt sich die Analyse auf die Auswertung von Zahlenmaterial wie Besucherzahlen und Veranstaltungstage der unterschiedlichen Fazilitäten. Außerdem untermauern persönlich geführte Interviews die gewonnenen Erkenntnisse.

6 Die Arena im Strategierahmen des Wettbewerbs

Bevor die spezifische Hamburger Wettbewerbssituation der bestehenden Freizeitimmobilien näher untersucht wird, soll hierfür zunächst ein geeigneter Betrachtungsrahmen formuliert werden. In Teil A ist bereits die enge Verzahnung zwischen Wettbewerb und Strategie klar geworden.[488] Anhand der *Porter'schen* Branchenstrukturanalyse zeigte sich, wie Wettbewerbskräfte arbeiten können.

Sind die Ansätze Porters auf die Entwicklung von Freizeitimmobilien übertragbar?

Für die Beantwortung dieser Frage soll der Freizeitimmobilienmarkt mit Beispielen aus den dazu gehörigen Untermärkten als Untersuchungsrahmen dienen, um potenzielle freizeitspezifische Wettbewerbswirkungen darzustellen.[489]

Abbildung 21 stellt die *Porter'schen* Wettbewerbskräfte für den Freizeitimmobilienmarkt dar. Im Mittelpunkt steht die Rivalität unter den bestehenden Wettbewerbern *(Porter: Rivalität unter den bestehenden Unternehmen)*; Wettbewerber können Projektentwicklungsunternehmen, aber auch Managementgesellschaften von Freizeitimmobilien sein.

Es kann die Gefahr bestehen, dass neue Wettbewerber auf den Markt drängen (Bedrohung durch potenzielle neue Wettbewerber), was *Porter* mit *Bedrohung durch neue Konkurrenten* beschreibt.

Neben den Wettbewerbsunternehmen beeinflussen Nachfragekräfte das Marktgeschehen. Dies wird in Form der Verhandlungsstärke der Nutzer, Betreiber und Investoren *(Porter: Verhandlungsstärke der Lieferanten und Abnehmer)* gebündelt dargestellt.

Schließlich unterliegen Freizeitimmobilien konjunkturellen Schwankungen, verändertem Freizeitverhalten und so weiter, was mit der Gefahr durch Substitutionsmöglichkeiten in der Freizeitgestaltung *(Porter: Bedrohung durch Ersatzprodukte und -dienste)* beschrieben ist.

---

[488] Vgl. hierzu Gliederungspunkt 2.1.2, S. 27.

[489] Vgl. zur Einordnung des Freizeitimmobilienmarktes in das Marktgefüge Abbildung 7, S. 25.

Abbildung 21: Die Wettbewerbskräfte im Bereich der Freizeitimmobilien[490]

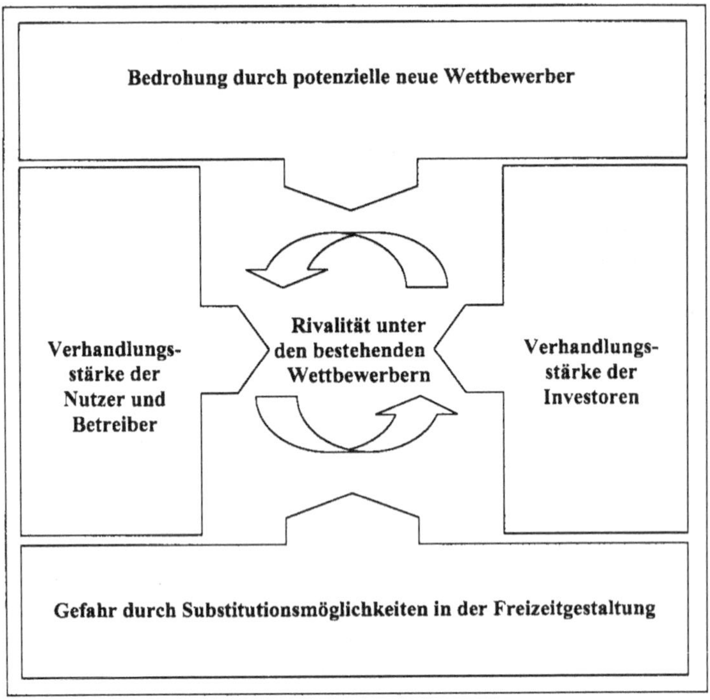

Rivalität unter den bestehenden Wettbewerbern

Genau wie in jeder anderen Branche existiert auch im Bereich der Freizeitimmobilien eine Rivalität unter den bestehenden Wettbewerbern. Jedes Unternehmen versucht mit Nachdruck, seine Marktposition zu verbessern, und dies ist unter Umständen nur zum Nachteil anderer Marktteilnehmer möglich. Auf gesättigten Branchenmärkten herrscht eine hohe Intensität des Wettbewerbsverhaltens, da zusätzliches Wirtschaftswachstum nur dann entsteht, wenn es gelingt, Marktanteile konkurrierender Wettbewerber zu reduzieren.[491] In welcher Intensität das Wettbewerbsverhalten stattfindet, hängt von der

490 Abb. in Anlehnung an Porter, M. E. (1999a), S. 29. Die Umweltkräfte sind im Gliederungspunkt 2.1.2.1, S. 31, ausführlich dargestellt. Vgl. hierzu auch Abbildung 8, S. 29.

491 *Porter* nennt außerdem sog. Austrittsbarrieren als bestimmend für das Wettbewerbsverhalten der Marktteilnehmer. Vgl. Porter, M. E. (1999), S. 39; vgl. auch Müller-Stewens, G./Lechner, C. (2001), S. 140.

jeweiligen Ressourcenausstattung der Wettbewerber und ihren daraus resultierenden Überschusskapazitäten ab.[492] Generell sind Märkte mit annähernd homogenen Produkten durch starke Preiskonkurrenz gekennzeichnet und bieten nur eine mäßige Ertragsperspektive, während die Rivalität unter den Wettbewerbern mit differenzierten Produkten geringer ist.[493]

Wenn der gesamte Immobilienmarkt betrachtet wird, lässt sich eine relativ hohe Rivalität unter den bestehenden Wettbewerbern beobachten. Dies liegt in der hohen Anzahl an Marktteilnehmern begründet, die um die entwicklungsfähigen Grundstücke in rentabler Lage, das erforderliche Kapital und die potenziellen Mieter und Investoren konkurrieren.[494] Um ihre Position innerhalb einer Branche zu verteidigen, wenden die etablierten Wettbewerber unterschiedliche Taktiken (beispielsweise Werbekampagnen und gezielte Preispolitik) an. Ein Beispiel für hohe Wettbewerbsrivalität ist der Untermarkt für Fitness-Studios. In den letzten Jahren sind viele neue Studios in deutschen Städten eröffnet worden.[495] Durch das mittlerweile relativ ausgeglichene Verhältnis zwischen Angebot und Nachfrage im Fitnessbereich unterliegen die neuen Studios einem verschärften Preiswettbewerb.[496]

Hingegen unterscheidet sich der Untermarkt für Arenen von anderen Märkten, weil nur wenige erfahrene Projektentwickler auf diesem Markt tätig sind.[497] Die Projektentwicklungsgesellschaften in Deutschland, deren Tätigkeitsbereich die Entwicklung von Freizeitimmobilien ist, haben in der Regel bereits Erfahrung mit derartigen Immobilien-Projekten im Ausland gesammelt.[498] Die geringe Anzahl an Projektierungen, die besonderen Anforderungen dieser Spezialimmobilien und das verhältnismäßig hohe Risiko der Bauvorhaben begründen die geringe Intensität der Rivalität unter den bestehenden Wettbewerbern.[499]

---

492 Vgl. Müller-Stewens, G./Lechner, C. (2001), S. 140.

493 Vgl. Porter, M. E. (1999), S. 39.

494 In Deutschland sind rd. 600 Unternehmen der Projektentwicklerbranche zugehörig. Vgl. Gop, R. (1994), S. 22; vgl. auch Isenhöfer, B. (2002), S. 560.

495 In Hamburg gab es im Jahr 2004 123 Fitnessanlagen mit ca. 149.000 Mitgliedern. Vgl. Knür, D. (2004), S. 35.

496 Die Margen der Studios schränken sich darüber hinaus auch auf Grund der steigenden variablen Nebenkosten für Wasser und Strom ein. Vgl. Zimmermann, M. (2002), S. 207 ff.

497 Vgl. Institut für Landes- und Stadtentwicklungsforschung des Landes Nordrhein-Westfalen ILS (Hrsg.) (1994), S. 26.

498 Zum Beispiel Leisure Management International (LMI), Houston, für die Kölnarena oder Spectator Management Group International (SMGI), Philadelphia, für die Mehrzweckhalle in Düsseldorf. Vgl. ebenda.

499 Neben den üblichen Immobilienrisiken lassen sich für Freizeitimmobilien gesonderte Risiken nennen (Bau-, Zeit- und Vermarktungsrisiken). Vgl. Schulte, K.-W. (2000), S. 39.

Bedrohung durch potenzielle neue Wettbewerber

Neu in eine Branche einsteigende Wettbewerber bringen zusätzliche Kapazitäten, das Streben nach Marktanteilen und vielfach beträchtliche Ressourcen in eine Branche. Das kann dazu führen, dass sich die Wettbewerbsverhältnisse zwischen den Marktteilnehmern verändern.[500] Das Ausmaß der Bedrohung durch neue Konkurrenten korreliert negativ mit den Eintrittsbarrieren des jeweiligen Marktes und der Widerstandsfähigkeit der etablierten Wettbewerber in einer gegebenen Umwelt.[501] Für den Markt der Freizeitimmobilien sind drei Eintrittsbarrieren als bestimmend zu nennen:

- ***Kapitalbedarf:*** Je höher das nötige Investitionskapital für den Markteintritt ist, desto risikoreicher gestaltet sich eine Neuetablierung. [502] Ein erfolgreicher Markteintritt hängt somit originär von der Eigenkapital- oder Fremdkapitalausstattung des Wettbewerbers ab.[503]
- ***Zugang zu den Einkaufskanälen (Preispolitik):*** Der Eintritt in eine Branche hängt vom Nachfragepotenzial ab. Ein potenzieller neuer Wettbewerber wird sich außerdem anschauen, welche Preise er für Einkauf und Verkauf kalkulieren kann. Falls die bestehenden Anbieter eine oligopolistische Marktmacht im Einkauf und Vertrieb auf sich vereinen, sind die Preismargen bereits festgesetzt.
- ***Staatliche Lenkungsmechanismen:*** Durch staatliche Eingriffe in einen Markt können Wettbewerbsverzerrungen auftreten. Dies kann dazu führen, dass die Eintrittsbarrieren für Wettbewerber, die keine staatliche Förderung erfahren, sehr hoch sind.

Gefahr durch Substitutionsmöglichkeiten in der Freizeitgestaltung

Die Freizeit stellt einen wichtigen Wirtschaftsfaktor für Regionen dar. Gegenwärtig entstehen neben dem öffentlichen Angebot privat betriebene und kommerziell orientierte Freizeiteinrichtungen. Der Freizeitsektor wird mithilfe innovativer Betriebskonzepte und auf der Basis eines konsequenten Managements und umfassender Öffent-

---

[500] Vgl. Porter, M. E. (1999), S. 30.

[501] *Porter* unterscheidet sechs Eintrittsbarrieren: Größenvorteile, Produktdifferenzierung, Kapitalbedarf, von der Größe unabhängige Kostennachteile, Zugang zu den Vertriebskanälen und staatliche Eingriffe. Diese Einteilung ist auf Industrieunternehmen ausgerichtet und konnte deshalb nicht für den Freizeitimmobilienmarkt übernommen werden. Vgl. Porter, M. E. (1999), S. 30 ff.

[502] Der Investor hat mit seinem Kapital u. a. Planungs-, Grunderwerbs-, Bau-, Finanzierungs- und Vermarktungskosten zu decken. Vgl. Isenhöfer, B. (2002), S. 563; vgl. Follak, K. P. (1993), S. 100.

[503] In letzter Zeit sind die Rahmenbedingungen zur Fremdkapitalvergabe im europäischen Umfeld deutlich verschärft worden (BASEL II). Vgl. auch Follak, K. P. (2004), S. 159 ff.

lichkeitsarbeit als Markt immer weiter erschlossen.[504] So sind Immobilien-Projekte im Freizeitbereich durch ihren heterogenen Charakter gekennzeichnet.[505]

Die Substitutionsgefahr ist deshalb stets in wechselseitiger Verbindung mit den Präferenzen und der Nachfragemacht der Nutzer und Besucher zu sehen. Dennoch determinieren die substitutiven Möglichkeiten in der Freizeitgestaltung – wozu auch branchenfremde Angebote zählen – die Spanne der Preissteigerung der Produkte und Dienstleistungen im freizeitwirtschaftlichen Bereich. Daraus folgt, dass der Branchengewinn umso begrenzter ist, je attraktiver die Angebote (Preis-Leistungs-Verhältnis) der alternativen Freizeitgestaltung sind und je höher die Neigung der Nachfrager zum Wechsel ist.[506] Die Bedrohung durch Substitutionsprodukte kommt zum Teil sehr spontan, *„wenn der Wettbewerb in den Branchen (..) intensiver wird und zu Preissenkungen oder Leistungssteigerungen führt."*[507]

Verhandlungsstärke der Investoren

Die Anzahl potenzieller Investoren im Freizeitimmobilienmarkt ist wegen des heterogenen Charakters der Immobilien-Projekte und der zurückgehenden Rendite-Erwartung begrenzt.[508] Die geringe Anzahl institutioneller Investoren hat somit gegenüber den Projektentwicklern eine hohe Verhandlungsmacht. Die Möglichkeit der Integration der Projektentwicklung im Unternehmen des Investors kann ebenfalls zu einer Stärkung der Position des Investors im Wettbewerb führen.[509]

---

[504] Vgl. Institut für Landes- und Stadtentwicklungsforschung des Landes Nordrhein-Westfalen ILS (Hrsg.) (1994), S. 1 f.

[505] Heterogenität entsteht u. a. durch die Einzigartigkeit des Freizeitstandortes, nachbarschaftliche Nutzungen und Imagemerkmale. Vgl. Ficek, E. F./Henderson, T. P./Johnson, R. H. (1994), S. 13; vgl. Rozek, J. M. (1986), S. 56.

[506] Vgl. Porter, M. E. (1999), S. 38.

[507] Ebenda.

[508] Die Rendite-Erwartungen von Investoren für Freizeitanlagen und Themenparks liegen bei 12 bis 14 Prozent bezogen auf das investierte Kapital. Vor dem Hintergrund der aktuellen Wirtschaftslage erwirtschaften die Investitionsobjekte allerdings lediglich eine Rendite von ca. 6 Prozent. Vgl. Wenzel, C.-O. (2003), o. S.

[509] Die Rückwärtsintegration widerspricht der Strategie zur Konzentration auf die Kernkompetenzen, die in letzter Zeit verstärkt in der Praxis angewendet wird. Deshalb ist im Einzelfall zu prüfen, ob die Rückwärtsintegration sinnvoll ist. Vgl. Porter, M. E. (1999b), S. 71 ff.; vgl. weiterführend Hungenberg, H. (2001), S. 112 ff.

Verhandlungsstärke der Nutzer

Die Verhandlungsstärke der Investoren kann jedoch durch den Einfluss von Nachfragegruppen und Betreibern eingeschränkt werden. Mächtige Investoren sind zum Beispiel in der Lage, Gewinne zu erzwingen, indem sie die Honorarvorstellungen ihrer Verhandlungspartner nach unten drücken. Im Endeffekt führt die Verhandlungsmacht der Investoren in diesem Fall dazu, dass die Preise für die Nutzer steigen und sich die Gewinnmargen der Betreiber reduzieren. Dadurch kann die Wettbewerbsfähigkeit des Immobilien-Projekts gefährdet werden, da die Nutzer über Substitutionsmöglichkeiten in der Freizeitgestaltung nachdenken könnten.[510] Insofern haben die Nutzer eine Verhandlungsmacht und können Druck auf die Preisgestaltung der Betreiber und Investoren ausüben.

Verhandlungsstärke der Betreiber

Bei ausgeprägter Verhandlungsstärke der Betreiber (Marktbeherrschung) kann sich das Rentabilitätspotenzial eines Marktes verringern. Dies könnte passieren, wenn ein großer Teil des Branchenumsatzes auf nur einen Betreiber beziehungsweise eine Betreibergruppe konzentriert ist. Eine marktbeherrschende Position der Betreiber könnte zu niedrigeren Endpreisen oder höheren Leistungen führen. Nutzer und Betreiber können über ihre Verhandlungsmacht als Wettbewerbskräfte agieren, die begrenzenden Einfluss auf die Rentabilität einer Branche ausüben. Sie sind in der Lage, Preise zu drücken, höhere Qualität einzufordern und Wettbewerber gegeneinander auszuspielen.

---

[510] Vgl. ausführlich zur Marktbeherrschung Pohlmann, M. (1991), S. 45 ff.

6.1 Wettbewerbssituation im Hamburger Veranstaltungsmanagement

Nachdem sich herausgestellt hat, dass Teile der theoretischen strategischen Wettbewerbsanalyse auf das Gebiet der Freizeitimmobilien angewendet werden können, ist nun zu prüfen, wie sich die Wettbewerbssituation in Hamburg darstellt.[511] Dabei ist es von besonderem Interesse, potenzielle Wettbewerbsverflechtungen zwischen der Hamburger Arena und weiteren Freizeitanlagen aufzudecken. Mit Bezug auf die Ausführungen zur Wettbewerbstheorie interessieren im Folgenden nicht nur rivalitätsbezogene Verflechtungen; auch potenzielle Synergie-Effekte prägen den Wettbewerb. Aus dem Betrieb unterschiedlicher Freizeitanlagen gewonnener Erfahrungswerte können marktinduziertes Lernen fördern und Synergien ermöglichen.

Die nachfolgende Tabelle 14 zeigt einleitend eine Auflistung der ausgewählten Veranstaltungszentren in Hamburg. Dafür wurde eine übergeordnete Einteilung in die nachstehenden Bereiche zu Grunde gelegt. Die Auswahl beinhaltet Veranstaltungszentren mit Publikumskapazitäten ab rund 1.000 Menschen; kleinere Immobilien werden nicht berücksichtigt, da sie für die Untersuchung irrelevant sind.

- Veranstaltungszentren[512]
  (Congress Centrum Hamburg [CCH], Hamburg Messe),
- Musik-, Opern- und Theaterveranstaltungsorte
  (Laiesz Halle, Hamburger Staatsoper),
- Musical-Veranstaltungsorte
  (Neue Flora, Operettenhaus, Theater am Pickhuben),
- Erlebniseinrichtungen[513]
  (unter anderem Dungeon, Planetarium, Fliegende Bauten),
- Sport- und Konzertveranstaltungsorte
  (Tennisanlage am Rothenbaum, Volksparkstadion, Millerntorstadion, Arena),
- Mehrzweckhallen
  (Alsterdorfer Sporthalle).

---

[511] Vgl. Gliederungspunkt 5.2.1, S. 130.

[512] Veranstaltungszentren mit überregionaler Ausstrahlung im kulturellen Bereich sind die Markthalle, das Docks, die Große Freiheit und die Fabrik in Altona. Hamburg verfügt darüber hinaus über insgesamt 26 Stadtteilkulturzentren, die jährlich ungefähr 1,5 Mio. Besucher aufweisen. Im Segment der Kulturveranstaltungen halten Hamburgs Bühnen ca. 15.000 Plätze in rd. 40 Theatern. Vgl. Hamburg Tourismus GmbH (Hrsg.) (2004), S. 2 ff.

[513] Das Nachfragepotenzial in diesem Bereich liegt bei rd. 1,0 Mio. Menschen p. a. in Hamburg. Vgl. Hamburg Tourismus GmbH (Hrsg.) (2004), S. 2 ff. Der Bereich der Erlebniseinrichtungen wird im Folgenden als Ganzes betrachtet und nicht tabellarisch in einzelne Veranstaltungsorte untergliedert.

Tabelle 14: Veranstaltungsorte in Hamburg[514]

Veranstaltungsstätte	Kapazität (Plätze)	Angebots-ausrichtung	Veranstal-tungstage p. a. rd.	Besucherzahl p. a. rd.
Congress Centrum Hamburg (CCH) Marseiller Straße 20355 Hamburg	10.000 in 19 Sälen für 40 bis 3.000 Personen	Konzerte, Bälle, Großkongresse, Fach-tagungen uvm.	200	930.000–1.000.000
Hamburg Messe St. Petersburger Straße 1 20355 Hamburg	62.500 m², 12 Messehallen	Messen und Ausstellungen	70–80	1.200.000–2.000.000
Laiesz Halle Hamburg Johannes-Brahms-Platz 20355 Hamburg	insg. 2.600	Klassische Musik, Jazz	150	350.000 -400.000
Hamburgische Staatsoper Dammtorstraße 28 20354 Hamburg	1.675	Oper, Ballett	150	380.000–420.000
Neue Flora Stresemannstraße 163 22769 Hamburg	2.000	Musicals	200	k. A.
Operettenhaus Spielbudenplatz 1 20359 Hamburg	1.400	Musicals	200	k. A.
Buddy KG, Neue Metropol Theater Produktion GmbH & Co. Pickhuben 6 20457 Hamburg	1.876	Musicals, Echo-Verleihung	200	k. A.
Tennisanlage Rothenbaum Hallerstraße 89 20149 Hamburg	7.000 auf allen Courts	Tennis	14	130.000
Volksparkstadion Sylvesterallee 7 22525 Hamburg	45.000	Fußball, Open-air-Konzerte, American Football u. a.	35	800.000
Millerntorstadion Budapester Straße 20359 Hamburg	10.000	Fußball	17	300.000–340.000
Alsterdorfer Sporthalle Krochmannstraße 55 22297 Hamburg	7.000 Plätze (4.144 feste Sitzplätze)	Konzerte und Sport	19 kommer-zielle	160.000 (nach Eröffnung der Arena)

[514] Tab. in Anlehnung an Hamburg Messe und Congress GmbH (2003), S. 13 ff.; vgl. Tourismus-Zentrale Hamburg GmbH (Hrsg.) (2003), S. 91 ff.; vgl. Hamburg Tourismus GmbH (Hrsg.) (2004), S. 2 ff.; vgl. zur Hamburger Oper o. V. (2004k), S. 1.

Für die Hamburger Arena zeigt Tabelle 15 eine gesonderte Übersicht.

Tabelle 15: Kurzcharakteristik der Hamburger Arena[515]

Multifunktionale Großveranstaltungshalle (Arena) in Hamburg	
Anschrift	Sylvesterallee 10 22525 Hamburg
Anlagentyp	Arena (multifunktionale Großveranstaltungshalle)
Flurstück	3418
Eigentümer	Rautakirja-Gruppe
Namensgeber	Color Line Reederei
Betreiber	D+J Arena Hamburg GmbH
Eröffnung	08. November 2002
Baukosten	rd. 83 Mio. €
Investor	JHC Arena Holding Oy
Fläche	42.000 m² Grundfläche
Beschäftigte	100 Arbeitsplätze (direkt)
Plätze	8.600 bis 16.886 Plätze
Besucher p. a.	rd. 1 Mio.
Veranstaltungstage	rd. 120 p. a.
Stellplätze	3.200 Stellplätze auf dem Areal der Arena

Die ausgewählten Freizeitimmobilien im Hamburger Stadtgebiet bedienen ein breites Publikum an Kulturinteressierten und Freizeitbesuchern. Das breite Angebotsspektrum trägt dazu bei, dass Hamburg seine Stellung als Kultur- und Touristenmetropole in Deutschland wahren kann. Es ist zu hinterfragen, ob die aufgeführten Einrichtungen in einer konkurrierenden oder komplementären Relation zur Arena stehen.

515 Tab. in Anlehnung an D+J Arena Hamburg GmbH (2002), S. 1 f.; vgl. D+J Arena Hamburg GmbH (2002a), S. 1; vgl. D+J Arena Hamburg GmbH (2004), S. 1 ff. Mit abgehängtem Oberrang fasst die Arena rd. 8.000 Sitzplätze. Die Innenraumbestuhlung der Arena umfasst rd. 3.000 bis 4.000 Plätze. Vgl. o. V. (2003c), S. 88 f.; vgl. Raike Kommunikation GmbH (2002), S. 1; vgl. o. V. (2004k), S. 2. Die Spiele der Hamburger Eishockey-Mannschaft besuchten in der Saison 02/03 durchschnittlich 9.000 Menschen. Vgl. o. V. (2003d), S. 22. Im ersten Halbjahr (von November 2002 bis März 2003) besuchten 750.000 Menschen die Hamburger Arena. Dies entsprach einer Auslastung von rd. 82 Prozent. Vgl. Krentz, K. (2003), S. 22; vgl. Stadia magazine (2002), S. 1 ff.

Veranstaltungszentren

Tabelle 14 zeigt, dass die Veranstaltungszentren eine hohe jährliche Besucherzahl auf sich vereinen. Dies impliziert ein hohes Besucheraufkommen für Messen, Kongresse, Fachtagungen, Bälle und Gastronomie in Hamburg.

Es könnte zunächst angenommen werden, dass sich dieses hohe Besucheraufkommen ebenfalls in steigenden Besucherzahlen der Arena bei parallel stattfindendem Messebetrieb niederschlägt. Dafür gibt es jedoch keine Nachweise. Für die Arena und den Messebereich lassen sich keine Synergien belegen; dies liegt vor allem an der standortbezogenen Entfernung. Die Messe- und Kongressbesucher ziehen es vor, nach Messeschluss im Innenstadtbereich zu bleiben und nur ein verschwindend geringer Anteil der Besucher kombiniert seinen Aufenthalt mit einem Arena- oder Stadionbesuch. Von den Messetagen profitieren vor allem die Musicaltheater, da die Organisatoren der Kongresse die Möglichkeit nutzen, diese Veranstaltungsorte in ihr abendliches Rahmenprogramm einzubeziehen. Es lassen sich somit für den Bereich der Veranstaltungszentren weder Rivalität noch Synergie-Effekte mit der Arena nachweisen. Die beiden Freizeitbereiche stehen in einem neutralen Wettbewerbsverhältnis zueinander.

Musik-, Opern-, Theater- und Musicalveranstaltungsorte und Erlebniseinrichtungen

Hinsichtlich der Musik-, Oper- und Theaterangebote verzeichnet Hamburg nach einem leichten Rückgang im Jahr 1999 seit 2000 wieder ein relativ gleichbleibendes bis leicht wachsendes Besucheraufkommen.[516] Es ist zu beobachten, dass die Besucherzahlen der Musicaltheater im Vergleich zu den Musik-, Oper- und Theaterstätten stärker zunehmen. Dies begründet sich über zusätzliche Investitionen in der Vergangenheit, die ein abwechslungsreiches Angebotsspektrum und Neueröffnungen möglich machten.[517]

Zu den Erlebniseinrichtungen zählen Einrichtungen, die keinen rein musealen Charakter haben und einen wissensbasierten Lernaspekt mit Erlebnischarakter in den Vordergrund stellen. Der Markt für Erlebniseinrichtungen wächst in Hamburg, übereinstimmend mit dem Bundestrend, überproportional und bietet weiteren Entwicklungs- und Wachstumsspielraum.[518] Die Situation in diesem Bereich stellt sich ähnlich dar wie bei den Veranstaltungszentren. Auf Grund der räumlichen Entfernung zur Arena gibt es keine wettbewerbsspezifischen Rivalitäten, aber auch keine Synergien.

---

[516] Vgl. Sewig, C. (2004), S. 15. Die Besucherzahl der nicht staatlich geförderten Musicals inkl. der temporär stattfindenden Vorstellungen in diversen Theatern beträgt rd. 2,5 Mio. Menschen. Auf die Musical-Stätten Neue Flora, Operettenhaus und Theater am Pickhuben entfielen davon 1.816.000 Menschen im Jahr 2003. Vgl. Hamburg Tourismus GmbH (Hrsg.) (2004), S. 3; vgl. zudem o. V. (2004i), S. 2.

[517] Vgl. Hamburg Tourismus GmbH (Hrsg.) (2004), S. 4.

[518] Vgl. Knür, D. (2004), S. 35; vgl. o. V. (2004m), S. 15.

Ließen sich Synergie-Effekte nutzen, wenn diese Freizeitimmobilien neben der Arena auf einem großen Freizeitareal angesiedelt wären?

Aus Sicht der Investoren in Musik- und Erlebnisimmobilien in Hamburg ist die Citynähe das maßgebliche Entscheidungskriterium für die Standortwahl, denn die größte Zielgruppe dieser Kultur-, Unterhaltungs- und Erfahrungsorte sind Städtetouristen. Andererseits liegt der Standort der Arena bewusst nicht im Innenstadtbereich. Das hohe Besucheraufkommen der Arena mit bis zu 16.000 Menschen bedingt einen angemessenen Stellplatznachweis und eine gesicherte verkehrliche Anbindung.[519] Für das Arenamanagement wäre es zum Nachteil, wenn die Besucher nach der Veranstaltung Nebenumsätze im Innenstadtbereich tätigten. Durch die Entfernung zur Innenstadt halten sich die Arenabesucher in Hamburg länger auf dem Arenagelände auf und nutzen das dortige Gastronomieangebot. Auf diese zusätzlichen Einnahmen müssten die Hallenbetreiber an einem citynahen Standort größtenteils verzichten.

Insofern gibt es in diesem Bereich keine Wettbewerbseffekte. Die Anziehungskraft für Touristen, um nach Hamburg zu kommen, liegt in der Vielzahl an Angeboten und auch in der Stadt selbst begründet. Die wettbewerbsspezifische Verflechtung zwischen einzelnen Wettbewerbern einer Branche, wie sie *Porter* beschreibt, findet im Hamburger Stadtgebiet beim Messe-, Musik-, Opern-, Theater-, Musical-, und Erlebnisbereich im Vergleich zur Arena nicht statt.

Sport- und Konzertveranstaltungsorte

Die Tennisanlage am Rotherbaum im Stadtteil Harvestehude war mehrfach Gegenstand der öffentlichen Debatte. Dabei ging es besonders um die Frage, ob das Master-Turnier des Deutschen Tennis Bundes (DTB) in den Altonaer Volkspark verlegt werden sollte.[520] Die Implementierung von Tenniscourts in der Nähe zur Arena für publikumswirksame Tennisturniere wurde von führenden Politikern der Hansestadt forciert.[521]

---

[519] Vgl. weiterführend Gliederungspunkt 7, S. 173.

[520] Das Grundstück der Tennisanlage am Rotherbaum, das auch von dem Tennisverein „Club an der Alster" genutzt wird, hält der DTB im Erbbaurecht bis zum Jahr 2049 mit einer Rückbauverpflichtung. Vgl. Grünberg, R./Meyer-Odewald, J. (2004), S. 25; vgl. o. V. (2005), S. 34.

[521] Vgl. Bürgerschaft der Freien und Hansestadt Hamburg (2005), S. 3; vgl. Bürgerschaft Freien und Hansestadt Hamburg (2005a), S. 5 ff.; vgl. Bürgerschaft der Freien und Hansestadt der Hamburg (2004), S. 1 ff. In der Öffentlichkeit ist der Ausbau des Altonaer Volksparks und der Bau neuer Sportstätten auf diesem Areal positiv aufgenommen worden. Vgl. Grünberg, R./Jaeger, H.-E. 2004), S. 23.

„In vier bis fünf Jahren, teilte der Bürgermeister (...) mit, könne im Volkspark unweit der aol- und der Color Line Arena ein neues Leistungssportzentrum ‚internationalen' Ausmaßes stehen – inklusive einer Leichtathletikhalle und eines neuen Tenniskomplexes, auf dem 20 Plätze sowie drei große Showcourts für 13.000, 5.000 und 3.000 Zuschauer vorstellbar sind."[522]

Im Hinblick auf die bekannt gewordenen Stellungnahmen und Untersuchungen zu einer potenziellen Etablierung von Tennisflächen am Altonaer Volkspark sind keine negativen Auswirkungen für die Arena zu antizipieren. Die publikumsintensiven Spiele der deutschen Tennisliga finden im Gegensatz zu Eishockey- und Handballspielen nur in den Sommermonaten statt, weshalb es keine infrastrukturellen Engpässe geben sollte. Beide Freizeitanlagen stehen in komplementärer Wettbewerbsbeziehung zueinander. Es ist somit anzunehmen, dass sich die zuständigen politischen Vertreter von diesem Schritt positive Entwicklungseffekte vor allem für den Altonaer Volkspark erhoffen.[523]

Positive Wettbewerbswirkungen sind insbesondere über potenzielle räumliche Wettbewerbskräfte zu erwarten, da noch infrastrukturelles und regionalökonomisches Entwicklungspotenzial existiert. Durch die komplementäre Wettbewerbsbeziehung könnte ein Andockeffekt für weitere Anbieter, beispielsweise im Gastronomiesektor, entstehen. Darüber hinaus ist auch ein Magneteffekt realisierbar, der dazu führt, dass weitere Freizeitanlagen am Standort angesiedelt werden. Hingegen sind Agglomerationswirkungen, die sich auf konkurrierende Wettbewerbsbeziehungen beziehen, ebenso auszuschließen wie Verdrängungseffekte.[524]

Ob diese Effekte tatsächlich eintreten, ist nicht sicher vorherzusagen. Das Volksparkstadion befindet sich ebenfalls in komplementärer Wettbewerbsbeziehung zur Arena, und dennoch haben sich die beschriebenen Effekte bisher nicht eingestellt.

Worin könnte die Begründung hierfür liegen?

Neben den räumlichen Effekten beeinflussen auch Umweltkräfte den Wettbewerb. Die politisch-rechtlichen Kräfte der Stadt sollten die städtischen Ziele mit denen der Menschen in der Stadt und der Investoren in Einklang bringen.[525] Es könnten in diesem Fall die bauleitplanungsbezogenen Rahmenbedingungen zur Entwicklung des Freizeitareals gegebenenfalls an den Bedürfnissen der Investoren vorbei festgesetzt worden

---

[522] o. V. (2004h), S. 32.

[523] Vgl. Grünberg, R./Meyer-Odewald, J. (2004), S. 25.

[524] Vgl. zu den räumlichen Wettbewerbseffekten Gliederungspunkt 2.1.2.2, S. 33.

[525] Vgl. zu den Umweltkräften des Wettbewerbs Gliederungspunkt 2.1.2.1, S. 31.

sein, wie zum Beispiel die Genehmigungsvorschriften zur Ansiedelung von Einzelhandel.[526]

Im Hinblick auf das Volksparkstadion lässt sich sagen, dass die Ansiedelung der Arena über einen Andockeffekt stattgefunden hat. Der Fußballsport ist im Vergleich zu anderen Sportarten stärker durch bestehende Strukturen und Kundenpräferenzen geprägt. Insofern ist der seit über vierzig Jahren etablierte Fußballstandort am Volkspark hinsichtlich der Erfahrungswerte in der Verkehrsanbindung auch für die Arena von Vorteil. Es liegt somit der klassische Fall vor, dass sich ein komplementärer Wettbewerber in der Nähe eines etablierten Anbieters ansiedelt, um von dessen bestehender Infrastruktur zu profitieren.[527]

Im Millerntorstadion wird wie im Volksparkstadion publikumsintensiver Fußballsport angeboten. Auf Grund der Lage des Millerntorstadions in der Nähe zur Innenstadt sind jedoch zwischen Arena und Millertornstadion keine Wettbewerbsverflechtungen zu beobachten. An dieser Stelle soll auf die Ausführungen zu den Bereichen der Musik-, Opern- und Theaterveranstaltungsorte sowie der Erlebniseinrichtungen verwiesen werden, die in einem ähnlich neutralen Verhältnis zur Arena stehen.

Mehrzweckhallen

Eine Mehrzweckhalle kommt hinsichtlich ihrer Ausstattungsmerkmale und Angebotsausrichtung einer Arena am nächsten. Mehrzweckhallen und Arenen konzentrieren sich in ihrer Angebotsstruktur in der Regel auf die Schausportarten Eishockey, Handball und Basketball sowie auf eventbezogene Sportarten (Motorcross, Reiten et cetera). In Hamburg finden die Schausportarten Eishockey und Handball statt. Auf Grund der technischen Mindestanforderungen (Eisfläche) findet Eishockey nur in der Arena statt; Handball wurde aus der Alsterdorfer Sporthalle in die Arena verlagert.[528]

Alsterdorfer Sporthalle (AS)

Bevor die Arena in Hamburg am 08. November 2002 eröffnet wurde, gab es nur die seit dem 16. November 1968 bestehende Alsterdorfer Sporthalle in Hamburg-Winterhude. Sie dient tagsüber vor allem der Sportausbildung der Polizei, zu anderen Zeiten dem Trainings- und Spielbetrieb der Sportvereine und der Durchführung von weiteren Veranstaltungen. Nach der Inbetriebnahme der Arena verzeichnete die AS

---

[526] Es ist nur sortimentsbezogener Einzelhandel im Bereich Sport und Freizeit zulässig. Bauleitspezifische Fragestellungen werden beginnend mit dem Gliederungspunkt 7, S. 173, behandelt.

[527] Vgl. zu den weiteren Auswirkungen dieser Standortentscheidung Gliederungspunkt 7, S. 173.

[528] In der Hamburger Arena werden die Eishockeyveranstaltungen stärker besucht als die Handballspiele. Dies lässt sich anhand der durchschnittlichen Besucherzahlen belegen: die Spiele der Hamburger Eishockey-Mannschaft besuchten in der Saison 02/03 durchschnittlich 9.000 Menschen – die Besucherzahlen bei Handballspielen lagen deutlich unter dieser Durchschnittszahl. Vgl. o. V. (2003d), S. 22; vgl. weiterführend zum Publikumsverhalten in diesem Sportbereich auch Hofmann, B. (Hrsg.) (1994), S. 77.

einen erheblichen Nachfragerückgang. So konnte die Halle im Jahr 2002 rund 500.000 Besucher verzeichnen; im Jahr 2004 waren es nur noch rund 200.000.[529]

Die Kapazitäten der AS werden gegenwärtig im Segment zwischen 3.000 und 5.000 Besuchern nachgefragt. In diesem Bereich stellt die Mehrzweckhalle einerseits eine Alternative zu kleineren Veranstaltungsstätten für unter 3.000 Besucher und andererseits zur kapazitätsstarken Arena dar.[530]

Diese einleitenden Ausführungen implizieren bereits, dass sich die AS in einem Wettbewerbsverhältnis mit der Arena befindet. Vor Eröffnung der Arena war die Mehrzweckhalle im Konzertbereich bezogen auf das Hamburger Stadt- und Umlandgebiet noch marktführend. Im Hinblick auf die Wettbewerbskräfte befindet sich die AS gegenwärtig in der *Porter'schen* Situation ***„Bedrohung durch neue Wettbewerber"***. Sie steht in unmittelbarer Rivalität zur Hamburger Arena, was beispielsweise durch die rückläufige Entwicklung ihrer Veranstaltungstage und des Besucheraufkommens deutlich wird.

Vor dem Hintergrund der langjährigen öffentlichen Diskussion um eine Arena in Hamburg zeichnete sich die neue Marktsituation für die städtische AS bereits langfristig ab. Insofern ist in der Wettbewerbsanalyse zu hinterfragen, welche Wettbewerbsvorteile beide Wettbewerber gegeneinander ausspielen könnten.

Die AS hat sich auf Angebote für rund 3.000 Besucher konzentriert. In diesem Bereich hat die Mehrzweckhalle eine Nischenfunktion, da die Betriebskosten der Arena für diese geringe Kapazität im Verhältnis zu hoch sind und die Veranstalter die AS vorziehen. Die AS hat somit in diesem Bereich einen wettbewerbsspezifischen Kostenvorteil.

Die Arena nimmt im Wettbewerb um internationale Künstler und solche, die ein großes Publikum anziehen, auf Grund ihrer Kapazität und Modernität eine Führungsrolle ein. So lässt sich sagen, dass die Arena einerseits das Gros der Nachfrage nach Veranstaltungen von der AS abzieht, zusätzlich aber auch eigene Nachfrage schafft, die neu entstanden ist; darin liegt der Wettbewerbsvorteil der Arena begründet.

Bei der Bedrohung durch neue Wettbewerber gibt es drei Eintrittsbarrieren, die das Ausmaß der Bedrohung kennzeichnen. Da Hamburg sehr lange keine Arena hatte, könnte davon ausgegangen werden, dass es Barrieren für den Bau gab. Zunächst war sicherzustellen, dass ausreichend Kapital zur Verfügung stand, um die Arena zu bauen und zu betreiben. Da die Stadt die Arena nicht finanzieren wollte, war zunächst ein privater Investor zu suchen. Dieses Ziel ist mithilfe der städtischen Ausschreibung realisiert worden – nur das Grundstück wurde von der Stadt bereitgestellt.

---

[529] Vgl. Bezirksversammlung Hamburg-Nord (2005), S. 4; vgl. Kastendieck, H. (2005), S. 19.

[530] Vgl. Bezirksversammlung Hamburg-Nord (2005), S. 3.

Der zweite Punkt ist das Nachfragepotenzial, das im vorherigen Kapitel zur Marktbetrachtung bereits eingeschätzt wurde. Das Nachfragepotenzial war und ist als positiv zu bewerten und stellte daher keine Eintrittsbarriere dar.[531]

Der dritte Punkt sind staatliche Lenkungsmechanismen, die zu Wettbewerbverzerrungen führen können. Ökonomische Daten wie Rentabilität, Umsatz und Gewinn sind für die Entwicklung von neuen Freizeitanlagen für den privatwirtschaftlichen Investor und Projektentwickler von großer Bedeutung. In Hamburg gibt es nun eine privatwirtschaftlich finanzierte und betriebene Arena, die parallel zu einer städtischen Mehrzweckhalle existiert.

Gäbe es ohne staatliche Schritte keine Arena?

Dies ist generell zu verneinen. Die Arena konnte ohne finanzstaatliche Hilfen realisiert werden. Die Subvention beschränkte sich auf das Grundstück und große Teile der Infrastruktur, was nicht zu einer Wettbewerbsverzerrung führte.[532]

Die beschriebenen Eintrittsbarrieren konnten in Hamburg somit erfolgreich beseitigt werden. Sie waren nicht so stark, dass sie den Eintritt des neuen Wettbewerbers in den Hamburger Veranstaltungsmarkt hätten verhindern können.

Wie sieht es nun in der gegenwärtigen Situation aus? Ist eine staatliche Einmischung notwendig, um den konkurrierenden Wettbewerb zwischen beiden Hallen nicht zu verzerren?

Die Arena konnte den Marktanteil der AS in großem Umfang reduzieren. Es wurden jedoch von Seiten der Stadt nach der Eröffnung der Arena keine Schritte unternommen, um die verschlechterte Markposition der AS mithilfe staatlicher Subventionen zu verbessern; erst Jahre später reagierte die Stadt auf die veränderte Wettbewerbssituation. Das Bezirksamt Nord, das für den Betrieb der Mehrzweckhalle verantwortlich ist, hat im Jahr 2004 über eine betriebliche Kooperationspartnerschaft mit einem privaten Unternehmen für die darauf folgenden zwei Jahre entschieden. Für die Jahre 2005 und 2006 erhielt die Contro Veranstaltungsdienste GmbH den Auftrag, die Zahl der Veranstaltungen, die in der AS stattfinden, wieder zu erhöhen.

Das Vorgehen der Stadt führt zu einem weiteren Aspekt, der Verhandlungsstärke der Betreiber. Die öffentlich-private Kooperation im Veranstaltungsbereich wirkt sich für die Veranstalter kostensenkend aus, wodurch wiederum der Wettbewerbsvorteil der AS gegenüber der Arena gestärkt wird.[533]

---

[531] Vgl. zum Nachfragepotenzial der Arena Gliederungspunkt 5.2.2, S. 137.

[532] Die politischen Akteure haben beschlossen, dass neben der Arena keine Konkurrenzveranstaltungen in anderen Hallen gefördert werden sollen, die den wirtschaftlichen Betrieb der Arena einschränken könnten. Vgl. Bürgerschaft der Freien und Hansestadt Hamburg (2004), S. 6.

[533] Vgl. Bezirksversammlung Hamburg-Nord (2005), S. 4.

Hamburg hat mit der öffentlich-privaten Kooperation dazu beigetragen, den Wettbewerb zwischen den beiden Hallen marktwirtschaftlich zu steigern. Insofern ist festzuhalten, dass in Hamburg keine Wettbewerbsverzerrung besteht. Es ist vielmehr so, dass sich die Marktkräfte auf dem Hamburger Veranstaltungsmarkt frei entfalten können.

Nun sind in die Wettbewerbsbetrachtung noch weitere Freizeitanlagen einzubeziehen, die stadtwirtschaftliche Effekte bedingen können. Welchen Einfluss diese Freizeitimmobilien auf die Wettbewerbsposition der Hamburger Arena nehmen können, ist im Folgenden zu hinterfragen.

6.2 Die relevanten Freizeitanlagen im Wettbewerbsbereich des Hamburger Umlandgebiets

Nachdem das Stadtgebiet Hamburgs auf potenzielle Wettbewerbsstrukturen untersucht wurde, dienen die Ausführungen in diesem Gliederungspunkt dazu, Freizeitanlagen im weiteren Umkreis des Einzugsgebiets der Arena zu betrachten. Es werden nur Mehrzweckhallen und Arenen einbezogen; Anlagen aus den übrigen Freizeitbereichen bewirken im überregionalen Betrachtungskreis keine untersuchungsrelevanten Interdependenzen.

Ostseehalle Kiel

Die Kieler Ostseehalle (Tabelle 16) gehört ebenso wie die AS in die Kategorie der Mehrzweckhallen. Allerdings gibt es neben der Ostseehalle in Kiel keine Arena.

Tabelle 16: Kurzcharakteristik der Ostseehalle Kiel[534]

Mehrzweckhalle	Kapazität (Plätze)	Angebots-ausrichtung	Veranstal-tungstage p. a. rd.	Besucherzahl p. a. rd.
Ostseehalle Kiel Europaplatz 1 24103 Kiel	13.000 (7.000 feste Sitzplätze)	Konzerte und Sport	k. A.	500.000

Die Schleswig-Holsteinische Landeshauptstadt hat eine gewachsene Besucherstruktur beim Handballsport, wodurch die Ostseehalle einen hohen Anteil ihrer Auslastung sicherstellt. Es gibt somit keine bedeutenden Nachfrageverschiebungen für Sportveran-

[534] Vgl. Ostseehalle Kiel Betriebsgesellschaft mbH & Co. KG (Hrsg.) (2004), S. 1.

staltungen zwischen Kiel und Hamburg. Durch das Sportangebot vor Ort sind die Besucher nicht gezwungen, nach Hamburg zu reisen. Obwohl die Kieler Halle im Einzugsgebiet der Arena liegt, kann die Arena lediglich über internationale Künstler, die eine Arenakapazität benötigen, Besucher aus dem Kieler Stadtgebiet und dessen Umland nach Hamburg locken.

Es finden somit Wettbewerbsverflechtungen zwischen Hamburg und Kiel statt, die nicht vor politisch-administrativen Grenzen Halt machen. Dieses Nachfragepotenzial bewegt sich aber in einem geringfügigen Rahmen ohne spürbare Nachfrageverschiebungen.

Stadthalle Bremen

Die Stadthalle Bremen (Tabelle 17) wurde zu Beginn der 60er Jahre gebaut und bestand somit jahrelang konkurrenzlos im norddeutschen Raum. Im Jahr 2004 ist die Halle abschließend modernisiert und um einen Oberrang erweitert worden.[535] Hinsichtlich der Sitzplatzkapazität haben sich die festen Sitzplätze von rund 4.500 auf rund 8.000 erhöht. Insofern fällt die Stadthalle in die Kategorie der Großhalle und liegt größenbezogen zwischen der kleineren Mehrzweckhalle in Kiel und der Arena in Hamburg.[536]

Die Halle befindet sich inmitten einer bestehenden Halleninfrastruktur auf dem Bremer Messegelände in der Nähe des Hauptbahnhofs. Das Areal umfasst mit seinen Messehallen, dem Congress Centrum und der Stadthalle 39.400 m², 100.000 m² sind Freiflächen. Auf dem Messegelände gibt es insgesamt sieben Hallen.[537] In Halle 7 werden kleinere bis mittlere Konzerte, Sportveranstaltungen, aber auch Messen und Kongresse für bis zu 3.000 Besucher angeboten.

Die Wettbewerbssituation der Stadthalle Bremen hatte sich in den Jahren vor der Modernisierung zunehmend verschlechtert. Nach der Erweiterung der Ostseehalle und der Eröffnung der Arenen in Hamburg und Hannover machte sich die Wettbewerbsverschlechterung auch durch die geringere Anzahl an publikumswirksamen Veranstaltungen bemerkbar. Die Stadthalle wurde durch neue Wettbewerber bedroht, was dazu führte, dass die Veranstalter (Betreiber) ihre Verhandlungsmacht ausspielten und teilweise nach Hamburg und Hannover abwanderten. Es zeichnete sich eine Nachfrageverschiebung ab, da die potenziellen Besucher bereit waren, für das bessere Angebot über eine Stunde Anfahrtszeit zu akzeptieren. Daraus folgte für die Stadthalle neben dem betriebswirtschaftlichen Verlust durch zurückgehende Mieteinnahmen auch ein

---

[535] Vgl. Machbarkeitsstudie zur Stadthalle Bremen (2000), S. 2.

[536] Vgl. zu den unterschiedlichen Hallentypen Tabelle 3, S. 60.

[537] Vgl. HVG Hanseatische Veranstaltungsgesellschaft mbH (2005), S. 1.

erheblicher Imageverlust der Bremer Stadtregion. Dieser wirkte sich wiederum negativ auf die Neuakquisition von Veranstaltungen aus.[538]

Tabelle 17: Kurzcharakteristik der Stadthalle Bremen[539]

Stadthalle Bremen	
Anschrift	AWD-dome Bürgerweide 28215 Bremen
Entfernung vom Hamburger Stadtgebiet	rd. 80 Minuten Fahrzeit
Anlagentyp	Großhalle
Investor und Eigentümer	Stadtgemeinde Bremen
Betreiber	HVG Hanseatische Veranstaltungs-GmbH
Investitionen in den Umbau (2004)	rd. 50 Mio. €
Namensgeber	AWD Holding AG
Kapazität	8.000 feste Sitzplätze, bis 10.500 Personen
Gesamtfläche Arena (BGF)	k. A.
Lage	Messegelände Bremen
Verkehr	Sehr gute Erreichbarkeit (MIV und ÖPNV)
Besucher p. a.	rd. 960.000
Veranstaltungen	rd. 130
Stellplätze	100.000 m² Stellplatzfläche (Messegelände)
Parkhaus	ca. 300 Stellplätze (Messegelände)

Die Modernisierung der Stadthalle Bremen diente der Sicherung der Bremer Wettbewerbsfähigkeit im Veranstaltungsbereich bezogen auf den nordwestdeutschen Raum. Bremen konnte sich so seine Stellung im Markt zurück erobern und Nachfragepotenzial des Bremer Umlands in der Stadt halten. Die Bedrohung, die durch die Eröffnung der Hamburger Arena für Bremen entstanden war, ging nach 2004 wieder zurück.

Hannover Arena

Die multifunktionale Großveranstaltungshalle in Hannover entstand im Zuge der EXPO-Weltausstellung im Jahr 2000 auf dem Messegelände.[540] Für das städtische

---

[538] Vgl. Gutachten zur Stadthalle Bremen (2002), S. 19.

[539] Tab. in Anlehnung an das Gutachten zur Stadthalle Bremen (2002), S. 2 ff.; vgl. auch Kleyboldt, C. (2004), S. 1.

Umfeld bot sich die Chance, das bestehende Nachfragepotenzial im Veranstaltungsbereich über den privatfinanzierten Bau der Immobilie zu befriedigen.[541] Tabelle 18 zeigt die charakteristischen Daten der Arena in Hannover.

Tabelle 18: Kurzcharakteristik der Hannover Arena[542]

Hannover Arena	
Anschrift	Expo Plaza 7 30539 Hannover
Entfernung vom Hamburger Stadtgebiet	rd. 100 Minuten Fahrzeit
Anlagentyp	Arena
Investor und Eigentümer	GP Papenburg AG
Betreiber	GP Papenburg AG
Eröffnung	1999/2000
Investitionsvolumen	ca. 70 Mio. €
Namensgeber	TUI interactive GmbH
Kapazität	11.500 bis 14.000 Plätze
Gesamtfläche Arena (BGF)	k. A.
Lage	Messegelände Hannover
Verkehr	Sehr gute Erreichbarkeit mit MIV und ÖPNV
Logen	42 Logen, 800 exklusive Sitze (VIP-Seats)
Besucher p. a.	rd. 550.000
Veranstaltungen	85 p. a.
Stellplätze	rd. 45.000 Stellplätze (Messegelände)
Parkhaus	Unter der Arena mit cirka 200 Stellplätzen

Im norddeutschen Raum erfüllen derzeit nur die beiden Hallen in Hamburg und Hannover die kategorischen Voraussetzungen für eine Arena. Eine weitere Gemeinsamkeit ist die Finanzierungsform; beide Arenen sind privat finanziert. Wenn in der Literatur

540 Die Bundesrepublik Deutschland richtete vom 01. Juni bis zum 31. Oktober 2000 die Weltausstellung EXPO unter dem Motto Mensch – Natur – Technik in Hannover aus.

541 Während der Literaturrecherche konnte ein Widerspruch hinsichtlich der Finanzierungsmittel entdeckt werden. Die Recherche ergab, dass die Arena wie die anderen EXPO-Einrichtungen (mit Ausnahme des deutschen Pavillons, der EXPO-Gesellschaft, des Generalkommissariats und des Ausbaus von Verkehrswegen) zu 100 Prozent aus privaten Mitteln entstanden ist. Andererseits soll sich lt. Zeitungsberichten das Land Niedersachsen mit 4 Mio. € an der EXPO-Arena beteiligt haben. Vgl. o. V. (1996a), o. S.; vgl. o. V. (1996b), S. 11; vgl. o. V. (1996c), o. S.

542 Tab. in Anlehnung an Arena Hannover GmbH (2005), S. 1.

von hundertprozentiger Privatfinanzierung gesprochen wird, bezieht sich diese Aussage in den meisten Fällen auf die Baukosten der Immobilie. Dennoch ist die Bereitstellung von Infrastruktur und städtischem Umfeld auch eine indirekte öffentliche Unterstützung.[543]

Im Hinblick auf die Ausführungen zur Markteinschätzung der Hamburger Arena haben sich drei Faktoren ergeben, von denen das Nachfragepotenzial einer Multifunktionshalle abhängt:

- Benötigter Zeitaufwand, um vom Abreiseort zur Freizeitimmobilie zu gelangen (Anfahrtszeit),
- Veranstaltungsangebot und somit Typus der Freizeitimmobilie (Angebotsspektrum),
- Dauer des Aufenthalts am Freizeitstandort (Verweildauer).[544]

Mit Bezug auf die Fahrzeit überschneiden sich die Einzugsgebiete der Hannover Arena und der Arena in Hamburg.

Ergeben sich aus den räumlichen Überschneidungen Folgen für die Wettbewerbsverflechtung? Können die Arenen gegenseitig Nachfragepotenzial abwerben?

Zunächst ist zu prüfen, welchen Einfluss das Angebotsspektrum und die Möglichkeiten zum mittelfristigen Verweilen in der Stadt auf die Beantwortung der Fragestellungen nehmen.

Hinsichtlich des Angebotsspektrums hatten die Arenen sehr ähnliche Startbedingungen, was in der Immobilienart selbst begründet liegt. Dennoch fällt auf, dass in Hannover nur rund 85 Veranstaltungen stattfinden, in Hamburg hingegen rund 120. Hannover weist dementsprechend mit jährlich rund 550.000 Besuchern auch eine geringere Besucherzahl auf; Hamburg kommt auf rund 1 Millionen Menschen jährlich.

Die Veranstaltungskalender der Arenen überschneiden sich zwar größtenteils, nach Hamburg kommen jedoch verstärkt Künstler mit internationalem Bekanntheitsgrad. Diese Künstler geben in der Regel drei bis fünf Konzerte in Deutschland. Die Hansestadt Hamburg hat auf Grund ihrer metropolitanen Lage den einzigartigen Standortvor-

[543] Die Bereitstellung des städtischen Grundstücks für die Hamburger Arena für damals eine DM war eine unmittelbare Förderung der öffentlichen Hand. Der damalige stadtentwicklungspolitische Sprecher der Hamburger SPD-Fraktion, *Dobritz*, äußerte sich hierzu wie folgt: *„Die Hamburger Politik hat das ihre getan, jetzt ist die Hamburger Wirtschaft am Zug. An ihr wird es nun liegen, ob, nach den beträchtlichen städtischen Vorleistungen, aus dem Arena-Projekt ein weiteres bedeutendes Beispiel für erfolgreiche Public Private Partnership in Hamburg wird."* Bürgerschaftsfraktion der Freien und Hansestadt Hamburg (1999), S. 1.

[544] Vgl. Gliederungspunkt 5.2.1, S. 130.

teil, die Tourismusdestination in Norddeutschland mit der größten Anziehungskraft auf solche überregionalen Veranstaltungen zu sein.

Im Sportbereich liegt die Auslastung der Hannover Arena deutlich unter der in Hamburg. Dies kann vor allem über die Spielerfolge der regionalen Mannschaften begründet werden, aber auch über das größere Nachfragepotenzial im Hamburger Stadtgebiet. Die Nachfrage stützt sich bei Sportveranstaltungen hauptsächlich auf eine Anfahrtszeit von bis zu 60 Minuten. In diesem Bereich weist die Hansestadt eine höhere Bevölkerungszahl und somit ein höheres Besucherpotenzial auf.[545]

Insgesamt lässt sich sagen, dass der Standort Hannover im Vergleich zu Hamburg ein geringeres Besucheraufkommen aktivieren kann. Die Implementierung der Arena im Zuge der EXPO auf dem Messegelände brachte der Halle zwar im Eröffnungsjahr hohe Besucherzahlen, nachdem die Weltausstellung beendet war, brachen die Besucherzahlen jedoch ein.[546] Deshalb ist es für Hannover umso wichtiger, die Verweildauer auf dem Gelände zu steigern und Freizeitpakete zu schnüren.

Aus Sicht des niedersächsischen Veranstaltungsmanagements befindet sich die Arena in Hannover in der Wettbewerbssituation ***„Bedrohung durch neue Wettbewerber“***, ähnlich wie die Stadthalle in Bremen vor ihrer Erweiterung.

Bremen konnte die Bedrohung, Nachfrage an die Wettbewerber zu verlieren, abwenden. Das städtische Bremer Veranstaltungsmanagement schaffte eine eigene innerstädtische und umlandbezogene Nachfragestruktur, die über das Gesamtangebot auf dem Messegelände koordiniert wird. Über die Auslastungs- und Besucherzahlen in Bremen, die mit circa 130 Veranstaltungen und rund 960.000 Besuchern über den Zahlen in Hannover liegen, lässt sich diese Aussage begründen.

Hannover hingegen konnte die Bedrohung durch die Hamburger Arena und die Bremer Großhalle bislang nicht abwenden. Um die Veranstaltungszahl und das Angebotsspektrum zu erhöhen, könnte sich das Management verstärkt auf den Geschäftskundenbereich konzentrieren, denn die Arena hat einen exklusiven Logenbereich. Eine weitere Möglichkeit besteht in der verstärkten Umsetzung von Sponsoringmaßnahmen, die vor allem den Bekanntheitsgrad der Halle erhöhen könnten.[547]

Es hat sich herausgestellt, dass Hamburg eine herausragende Stellung im norddeutschen Veranstaltungsbereich innehat. Die stadtwirtschaftlichen Strukturen der Hansestadt und das hohe Nachfragepotenzial im Einzugsgebiet tragen zu dieser guten Wett-

---

[545] Zu den sportlichen Regionalspielen reisen die Fangruppen der Mannschaften zum jeweiligen Austragungsstandort. Da diese jedoch nie zeitgleich an einem Spielort stattfinden können, sind Nachfragekonzentrationen auf nur eine Halle auszuschließen.

[546] Im Zuge der Bereitstellung von öffentlichen Geldern zur EXPO 2000 wurde die Arena in Hannover mittelbar gefördert. Im ersten Betriebsjahr profitierte die Halle von der Messe-Eerweiterung u. a. über den Ausbau des öffentlichen Verkehrsnetzes. Vgl. Krentz, K. (2003), S. 22.

[547] Vgl. zu den Möglichkeiten des Sponsorings Gliederungspunkt 2.1.8, S. 52.

bewerbsposition bei. Die Hamburger Arena ist unter den betrachteten Hallenanlagen bezogen auf Kapazität, Veranstaltungsangebot, Angebotsspektrum und Lage der stärkste Wettbewerber.

Wie können sich die Wettbewerber untereinander noch besser abgrenzen?

Um die privilegierte Wettbewerbssituation Hamburgs zu stärken, verfolgt die Stadt das Ziel, sich weiter in Richtung einer wachsenden und pulsierenden Stadt mit internationaler Ausstrahlung zu entwickeln. Hierfür bezieht sich die Projekt-Vermarktung nicht nur auf das Immobilien-Projekt (Arena) an sich auch die Stadt, in der die Immobilie situiert ist, kann einen Wettbewerbsvorteil darstellen. Es wird beispielsweise in Hamburg versucht, die Stadt zu einem internationalen Markenzeichen auszubauen.[548] *„Benötigt werden städtebauliche und architektonische Projekte, kulturelle Veranstaltungen, Events, Festspiele, um Hamburgs Strahlkraft ausbauen zu können und die Unverwechselbarkeit des Standortes zu einem internationalen Markenzeichen entwickeln zu können.“*[549] Konzeptionelle Grundlagen zur Erarbeitung dieser Zielsetzung lassen sich im Leitbild Metropole Hamburg – Wachsende Stadt nachlesen.[550]

Mit Begriffen wie Freizeitstadt und Sportstadt versucht die Stadt eine eigene Marketingstrategie über weiche Standortfaktoren umzusetzen.[551] Die touristischen Besucher sollen sich von der Strategie angesprochen fühlen und nach Hamburg kommen.[552] In diese Strategie können einzelne Projekte und Veranstaltungsorte integriert werden, wobei die Arena zur strategischen Freizeitausrichtung der Stadt beitragen kann. Somit ist die Hamburger Arena mit Bezug auf die wachsende Stadt ein Instrument Hamburgs, um international bekannter zu werden und sich im Wettbewerb mit Bremen und Hannover zu behaupten.

---

[548] Das Wort „Markenzeichen“ bezieht sich im herkömmlichen Sinn auf die substanziellen Grundeigenschaften eines Produktes. Der entscheidende Moment, der die Markenfähigkeit begründet, liegt in der Kombination aus rationalen und emotionalen Input- und Wertefaktoren. Darin liegt schließlich die Ertragsstärke einer Markenverwirklichung. Vgl. Becker, J. (1998), S. 501; vgl. Markenverband e. V. (2004), S. 4 ff.; vgl. weiterführend Kotler, P./Bliemel, F. (1999), S. 689 ff.

[549] Freie und Hansestadt Hamburg (2002), S. 23.

[550] Vgl. Senat der Freien und Hansestadt Hamburg (2003), S. 1.

[551] Vgl. zu den harten und weichen Standortfaktoren Gliederungspunkt 2.1.3, S. 35.

[552] Der emotionale Mehrwert bildet sich auch über die sog. Unique Selling Proposition (USP), das einzigartige Verkaufsversprechen. Vgl. Blomeyer, G. (2002), S. 497 ff.

6.3 Zwischenfazit

Im Zentrum dieses Kapitels stand die Strategie des Wettbewerbs. Als Einleitung hierzu dienten die theoretischen Grundlagen *Porters*. Anhand seines Modells konnte das in der Praxis geprägte Wettbewerbsverhalten im Marktsegment der Arenen strukturiert untersucht werden. Bestimmende Faktoren sind vor allem die auf dem Markt agierenden Wettbewerber, ihre Wettbewerbsstrategien, aber auch grundlegende Ausstattungsmerkmale der Immobilie wie Standort, infrastrukturelle Begebenheiten und die Bereitschaft der Stadt zur öffentlichen Förderung.

Die Hamburger Arena ist in ein bestehendes Wettbewerbsumfeld integriert. Hinsichtlich der Wettbewerbsbeziehungen im Hamburger Veranstaltungsbereich zeigte sich, dass Arena und Alsterdorfer Sporthalle konkurrierende Wettbewerber sind. Das theoretische Wettbewerbskräfteverhältnis „Bedrohung durch neue Wettbewerber" ließ sich in die Praxis übertragen.

Bei den Strukturmerkmalen unterscheidet sich Bremen von Hamburg. Um die Hansestadt an der Weser wettbewerbsfähig zu machen, investierte die Stadt in Form von PPP-Konzepten in groß angelegte Freizeitanlagen. Im Zuge dieser Stadtentwicklung profitierte auch die Stadthalle auf dem Messegelände. Für Hamburg bedeutet dies eine verstärkte Wettbewerbssituation, die allerdings über die gute Nachfragestruktur in Hamburg kompensiert werden kann.

In Hamburg und Hannover gibt es privatfinanzierte Arenen. Und doch unterscheiden sie sich elementar. Hannover ist zum jetzigen Zeitpunkt ein potenzieller Wettbewerber mit geringem Einfluss auf den Hamburger Veranstaltungsmarkt.

Es konnte deutlich gemacht werden, dass der Standort einer Freizeiteinrichtung von besonderer Bedeutung für das wirtschaftliche Gelingen der Anlage ist. Im Regionenvergleich zwischen Bremen, Hannover und Hamburg stellt die Stadt Hamburg für die Arena einen wichtigen Wettbewerbsvorteil dar. Die Einbettung der einzelnen Hamburger Veranstaltungsanlagen in ein Rahmenangebot an besonderen Erlebnismöglichkeiten mit kulturellem und edukativem Charakter bietet für die Hamburger Arena die Chance, über ihre eigene Anziehungskraft hinaus weiteres Besucherpotenzial zu erzielen.

Es ist nicht nur für die Arena vorteilhaft, in Hamburg situiert zu sein, da die Metropolregion eine eigene Ausstrahlungskraft hat und dadurch ein gewachsenes Nachfragepotenzial im Veranstaltungsbereich aufweist. Auch die Hansestadt profitiert von dem zusätzlichen Veranstaltungsangebot in der Arena. Über eine abgestimmte Zielgruppenansprache zwischen Stadt und Arena ist es möglich, dem Ziel, eine Markenfähigkeit Hamburgs aufzubauen, einen Schritt näher zu kommen. Die Arena ist dabei für Hamburg ein Medium, um eine herausragende Stellung im internationalen Städtewettbewerb zu erlangen. Sie steht dabei in einem Wirkungskreis mit ihrem Umfeld. Am Ende des Zusammenspiels von Stadt und Immobilie könnte sogar eine Steigerung der internationalen Wettbewerbsfähigkeit stehen.

Im Folgenden soll nun der Mikrostandort der Hamburger Arena untersucht werden.

Welche Entwicklungsmöglichkeiten bietet der Hamburger Volkspark? Inwieweit ist das Konzept der Bietergesellschaft der Arena umgesetzt worden?

Zur Beantwortung dieser Frage sind insbesondere bauleitplanungsspezifische Hintergründe zu beleuchten.

7 Bauleitplanungsrelevante Erkenntnisse: eine Bestandsaufnahme

Hamburg hat sich von einer schrumpfenden zu einer wachsenden Stadt entwickelt, in der neue Flächenbedarfe für die Funktionen Arbeiten, Wohnen und Freizeit entstanden sind. Die Flächenverfügbarkeit stellt in der Hansestadt einen bedeutenden Wettbewerbsfaktor im Vergleich mit anderen europäischen Städten dar; dies insbesondere vor dem Hintergrund, dass Kernstädte in wachsendem Umfang mit Flächenknappheit zu kämpfen haben und der Verdichtungsgrad in Hamburg vergleichsweise niedrig ist.[553] Es kommt somit auf die Vergabe der Hamburger Flächenreserven mit dem Anspruch einer strukturadäquaten Nutzung an, um über die zukünftigen Nutzungspotenziale langfristig die Wertschöpfung und die Beschäftigung zu sichern. Die Stadtentwicklung versucht, die noch erschließungs- und entwicklungsfähigen Standorte mit dem Anspruch zu vergeben, dass lebendige und multifunktional geprägte Nutzungen entstehen können.

Der Altonaer Volkspark ist in diesem Kontext ein bedeutender Standort für eine nachhaltige Stadtentwicklung. Er ist ein bedeutender Naherholungsraum für Hamburg, denn Milieuqualität kann über einen Nutzungsmix aus kulturellen Einrichtungen, Freizeit- und Unterhaltungsstätten und anderen Nutzungen wie Gewerbe und Wohnen hergestellt werden. Hier ist die Hamburger Arena auf dem Sondergebiet des Sport-, Freizeit- und Erlebniszentrums situiert. Dieses Sondergebiet weist eine spezifische Charakteristik auf: der gesamte Untergrund des Volkparkgebiets ist geprägt durch weitläufige Sandvorkommen. Auf Grund von geringen Flurabständen in Verbindung mit hohen Durchlässigkeiten des Untergrundes hat das Sickerwasser nur eine geringe Verweildauer in der ungesättigten Bodenzone. Dadurch können Schadstoffe in das Grundwasser gelangen. Über versickertes Niederschlagswasser bildet sich dann Grundwasser, dass in den Förderbrunnen des Wasserwerks Stellingen fließt und zur Trinkwasserversorgung der örtlichen Bevölkerung beiträgt.[554] Es ist infolgedessen im Rahmen der nachhaltigen Entwicklung weiterer Immobilien-Projekte darauf Wert zu legen, die hydrogeologischen Verhältnisse im Sinne des Umweltprogramms zu erhalten beziehungsweise nicht zu verschlechtern.

---

[553] Hamburg weist eine Verdichtung von 2.296 Einwohnern pro km^2 auf (Stand: 31.12.2004). Im Vergleich dazu: München hat 3.879, Berlin 3.793 Einwohner pro km^2. Vgl. Handelskammer Hamburg (Hrsg.) (2005), S. 4. Vgl. Statistisches Landesamt der Freien und Hansestadt Hamburg (Hrsg.) (2002), S. 33; vgl. auch Kossak, E. (1995), S. 241.

[554] Dieses Gebiet ist Bestandteil der Flächenbereiche, die im Großraum Hamburg die höchsten Grundwasserneubildungsraten erbringen. Vgl. Begründung zum Bebauungsplan (2004), S. 4.

In der Immobilien-Projektentwicklung sind bauleitplanungsrelevante Sachverhalte besonders zu beachten, denn landschafts-, artenschutz- und umweltrechtliche Bestimmungen können die Entwicklung eines Projekts beeinträchtigen.[555] Wenn beispielsweise der Boden des Grundstücks kontaminiert ist, entsteht ein zusätzlicher Kosten- und Zeitaufwand für den Bauträger.[556] Es sollte somit schon in der Planungsphase klar sein, ob Verunreinigungen und Altlasten im Boden existieren.

Welche baurechtlichen Richtlinien[557] gelten für das Untersuchungsgebiet?

Im Flächennutzungsplan der Freien und Hansestadt Hamburg, Neubekanntmachung vom Oktober 1997, sind im Bereich des Freizeitgebiets am Altonaer Volkspark eine Sporthalle und eine Sportanlage ausgewiesen.[558] Planungsrechtliche Grundlage für die Arena und die damit in Verbindung stehenden Mantel- und Ergänzungsnutzungen ist der Bebauungsplan Bahrenfeld 37/Eidelstedt 64.[559] Der Bebauungsplan gibt die städtebaulichen und naturschutzrechtlichen Rahmenbedingungen für die einzelnen Flächen des Untersuchungsgebiets vor.[560]

Das Landschaftsprogramm der Freien und Hansestadt Hamburg vom 14. Juli 1997 weist über den Bebauungsplan Bahrenfeld 37/Eidelstedt 64 als Geltungsbereich für das Untersuchungsgebiet überwiegend das Milieu „verdichteter Stadtraum“ und für die Sport- und Spielflächen südlich des Stadions die Bezeichnung „Grünanlage, eingeschränkt nutzbar“ aus.[561] Die Formulierung der eingeschränkten Nutzbarkeit bezieht sich in diesem Kontext auf die bestehenden Grün- und Waldbestände des Parks.

---

[555] Nach § 2 (4) BauGB wird festgelegt, dass eine Umweltprüfung durchgeführt werden soll, welche die Umweltauswirkungen der Bauleitpläne untersucht. In der Begründung zum Bebauungsplan soll hierfür ein gesonderter Teil, der Umweltbericht, ausgewiesen werden.

[556] Vgl. Freie und Hansestadt Hamburg (1995), S. 199.

[557] Die planerischen Vorgaben der Bundesraumordnung werden über die Bauleitplanung in den Kommunen umgesetzt. Das Baugesetzbuch (BauGB) ist die rechtliche Grundlage, um die Bauleitpläne den raumordnerischen Zielsetzungen anzupassen. Vgl. BauGB (2004), § 1 (4), S. 9. Durch das Baugesetzbuch (BauGB) werden die Kommunen verpflichtet, die raumordnerischen Zielsetzungen zu berücksichtigen. Instrumente der Bauleitplanung sind der Flächennutzungsplan (§§ 5 ff. BauGB) mit der Baunutzungsverordnung (BauNVO) als wesentliche Basis, der Bebauungsplan (§§ 8 ff. BauGB) und der Vorhaben- und Erschließungsplan (§ 12 BauGB).

[558] Vgl. Flächennutzungsplan (1997), o. S. Die Entstehung des Volksparks wurde nicht zuletzt durch die 1913 eingerichtete Gartendirektion ermöglicht. Gartenbaudirektor *Tutenberg* entwickelte in seinen Plänen drei Hauptbereiche des Altona-Bahrenfelder Volksparks; im Nordteil des Parks die Spiel- und Sportanlagen mit Stadion (der Vorläufer des heutigen Stadions wurde 1926 fertiggestellt), Schwimmbad und Paddelsee. Vgl. weiterführend Kossak, E. (Hrsg.), S. 280 ff.

[559] Der Bebauungsplan Bahrenfeld 37/Eidelstedt 64 basiert auf dem Baugesetzbuch (BauGB) in der Fassung vom 8. Dezember 1986.

[560] Vgl. BauGB (2004), § 1 (4), S. 9.

[561] Vgl. Hamburgisches Gesetz- und Verordnungsblatt (1997), S. 363.

Der Mikrostandort[562] der Hamburger Arena ist Teil der Volkspark-Landschaftsachse, die ebenfalls Bestandteil des so genannten zweiten „Grünen Rings“ im Freiraumverbundsystem ist. Das heißt, das Gebiet ist mit Grünverbindungen durchzogen, welche die Charakteristik des Volksparks erhalten und Verflechtungen zu den benachbarten Stadtteilen sichern. Diese Grünverbindungen zählen zum Milieu „Parkanlage“ und differenzieren sich in ihrem Verlauf wie nachstehend aufgeführt:

- Parkanlage entlang der Mühlenau mit einer grünen Wegverbindung in südöstlicher Richtung parallel zur Schnackenburgallee,
- grüne Achse in nord-südlicher Richtung entlang des Hellgrundwegs und
- Parkanlage in west-östlicher Richtung südlich des Stadions.[563]

Es sollen nun die einzelnen Flächen des Bebauungsplans hinsichtlich ihrer Bodenbeschaffenheit dargestellt werden, um flächenbezogene Besonderheiten herauszuarbeiten.

7.1 Der Mikrostandort der Arena

Zum Mikrostandort zählen sowohl das Arenagrundstück (Flurstück 3418) als auch die weiteren Flächen, die im Bebauungsplan ausgewiesen sind.[564]

In Abbildung 22 sind die einzelnen grau markierten Flächen mit den nachstehenden Buchstaben gekennzeichnet:

- Arena A und Stadion B,
- Mantel- und Ergänzungsnutzungen C1a mit Hotel C1b und Schwimmbad C2,
- Optionsfläche Sportplatz C3, Funktionsfläche C4,
- Parkplatz braun D1, Parkplatz rot D2 und Verbindungsfläche D3.

---

[562] Vgl. dazu ausführlich Gliederungspunkt 5.2.1, S. 130.

[563] Die dargestellten Teilräume sind, abstellend auf das Artenschutzprogramm, größtenteils dem Biotopentwicklungsraum „städtisch verdichteter Bereiche“ zuzuordnen. Vgl. Begründung zum Bebauungsplan (2004), S. 2.

[564] Vgl. Bebauungsplan Bahrenfeld 37/Eidelstedt 64. Vgl. auch Abbildung 22, S. 176.

Abbildung 22: Bebauungsplan Bahrenfeld 37/Eidelstedt 64[565]

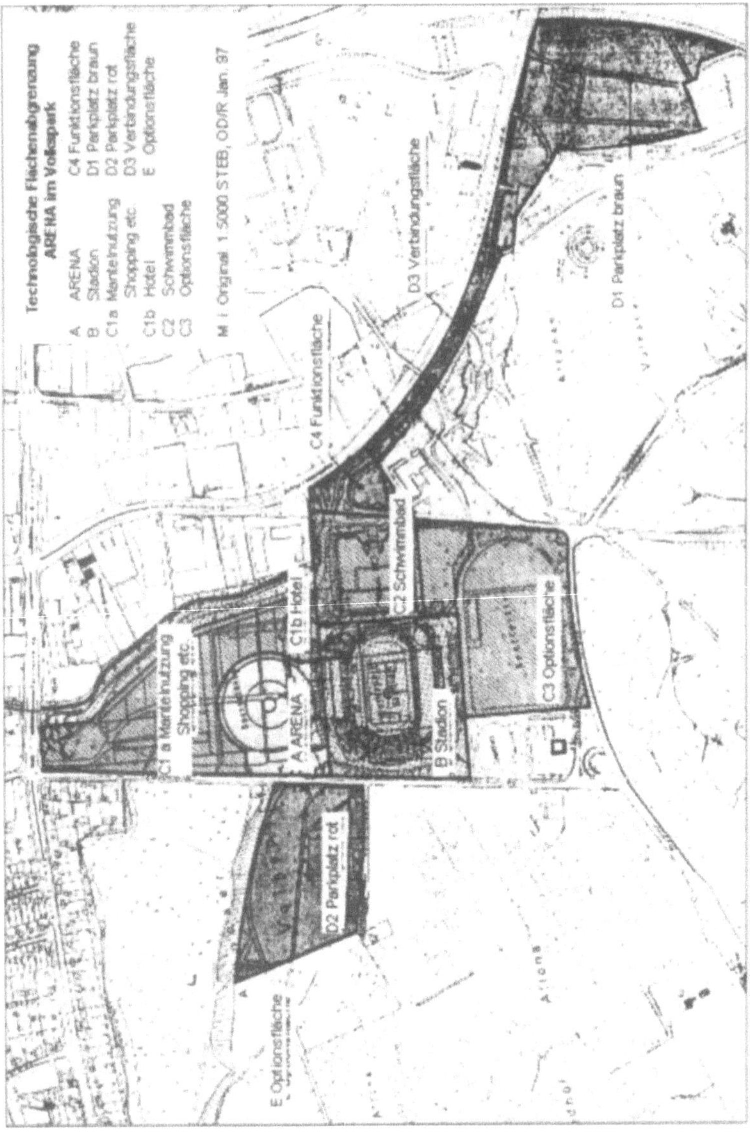

[565] Abb. in Anlehnung an Bürgerschaft der Freien und Hansestadt Hamburg (1997), S. 4.

Grundstücksfläche der Arena – Fläche A

Bevor die Großveranstaltungshalle in der Sylvesterallee 10 im Jahr 2002 fertig gestellt wurde, befand sich auf der circa 42.000 m^2 umfassenden Grundstücksfläche A ein künstlicher See. Dieser See ist seit dem zweiten Weltkrieg als Müllkippe genutzt worden und seit 1955 vollständig verfüllt. Untersuchungen ergaben, dass der ehemalige See relativ homogen im unteren Bereich mit Müll und in den oberen Schichten mit Trümmerschutt belegt war.[566] Im Zuge des Baus der Arena ist die gesamte Auffüllung entsorgt worden, um dort einen tragfähigen Bauuntergrund herzustellen.[567]

Südwestlich des Gebiets liegt das Deutsche Elektronen Synchrotron (DESY), dessen unterirdischer Ringtunnel das Grundstück der Arena unterfährt.[568]

Parkplatz rot – Fläche D2

Die Parkplatzfläche rot D2 grenzt direkt an das Arenagrundstück. Sie wird zurzeit als Parkplatz genutzt. Außerhalb der Spielzeiten finden dort diverse Freizeitaktivitäten statt. An diese Fläche schließt ein Wohngebiet an, das nicht zum Bebauungsplan gehört. Hinsichtlich der Bodenbeschaffenheit der Fläche D2 konnte in Teilen der Bodenauffüllung ein erhöhter PAK-Gehalt[569] ermittelt werden. Sollte sich dieser Befund lediglich teilbezogen bestätigen, besteht insgesamt eine geringe Entsorgungsproblematik für zukünftige Immobilien-Projekte.[570]

Es ist zu bedenken, dass im Fall einer Bebauung dieser Fläche Stellplatzflächen wegfielen. Innerhalb der geplanten Mantelnutzung C1a könnte hierfür ein Parkhaus entstehen. Andererseits wäre es möglich, auf Stelzen zu bauen, um die Stellplatzflächen zu erhalten.[571]

---

[566] Vgl. weiterführend zu den Altlasten auch Sloczyk, J. (1999), S. 1 ff.; vgl. Nath-Esser, M. (1999), S. 1 ff.; vgl. Begründung zum Bebauungsplan (2004), S. 6.

[567] Es ist anzumerken, dass im Altlasthinweiskataster in diesem Bereich Altlastenverdachtsflächen angegeben sind. Allerdings soll keine Gefahr hinsichtlich grundwassergefährdender Ablagerungen bestehen. Vgl. Freie und Hansestadt Hamburg – Staatliche Pressestelle (1999), S. 1.

[568] Auf Grund dieser Untertunnelung ist es nicht möglich, ein Parkhaus unter der Immobilie zu implementieren.

[569] Polyzyklische aromatische Kohlenwasserstoffe (PAK) kommen in teerhaltigen Bindemitteln vor und sind für Mensch und Umwelt schädlich. Vgl. Bau- und Umweltschutzdirektion Kanton Basel-Landschaft (2003), S. 1.

[570] Es sollten jedoch noch Untersuchungen hinsichtlich des PAK-Gehaltes folgen. Die Entsorgungskosten wurden bisher auf ca. 10 € pro Tonne Entsorgungsmaterial geschätzt. Vgl. Freie und Hansestadt Hamburg – Umweltbehörde (1995), S. 207.

[571] Vgl. Grünberg, R./Meyer-Odewald, J. (2005), S. 24.

Parkplatz braun – Fläche D1

Der Parkplatz braun D1 liegt über einen Kilometer von der Arena entfernt; zwischen der Fläche D1 und der Arena fungiert die Schnackenburgallee als Verbindungslinie. Diese Hauptverkehrsstraße markiert nicht nur die Grenze des Bebauungsplans, sondern auch die Grenze zum Nachbarbezirk Eimsbüttel. Es ist zu hinterfragen, warum die Fläche D1 trotz der Entfernung zum Veranstaltungsgebiet in den Bebauungsplan einbezogen wurde.

Die Begründung für die Einbeziehung der Fläche liegt in der von öffentlicher Seite gewünschten privatwirtschaftlichen Finanzierung begründet. Ein potenzieller Investor könnte über die Vermarktung dieser Fläche zusätzliche Einnahmen generieren.[572] Denn der Bebauungsplan lässt derzeit nur für die Fläche D1 frequenzintensiven Einzelhandel zu.

Die Fläche bietet wegen ihrer Nähe zur Bundesautobahn-Anschlussstelle Hamburg-Volkspark, hohe verkehrsseitige Vorzüge und eine gute Werbesicht. Eine weitere Ressource dieser Fläche ist die Nachbarschaft zum Gewerbegebiet an der Schnackenburgallee. Insofern bietet sich großflächiger Einzelhandel als Nutzungsoption für den Parkplatz braun an. Für den Einzelhandel ist die Autobahnanbindung und die Möglichkeit, das Stellplatzkontingent des Stadions zu nutzen, ein positives Kriterium. Im Hinblick auf den von der Stadt Hamburg ermittelten zusätzlichen Bedarf an weiteren Möbelhäusern wurde im Zuge der Suche nach geeigneten Standorten für die Ansiedelung von großflächigem Möbeleinzelhandel ein Gutachten in Auftrag gegeben. *„Als geeignete Fläche hat laut Erklärung der Pressesprecherin die zuständige Behörde den Parkplatz braun an der Autobahnausfahrt Volkspark genannt.“*[573]

Laut den Ausführungen der Länderarbeitsgemeinschaft Abfall (LAGA) weist die Fläche Parkplatz braun im Bebauungsplangebiet die höchsten Schadstoffwerte auf. An diesem Standort wurden teilweise Schadstoffgehalte in den Auffüllungsböden von einem höheren Wert als Z2 gemessen.[574] Aus Sicht der Unternehmen könnten die erhöh-

[572] Zu erwähnen ist in diesem Zusammenhang, dass die Bietergemeinschaft über einen Maklerauftrag zur Vermietung der Fläche D1 berechtigt wurde. Die daraus folgenden Erlöse einer Vermietung wären der Freien und Hansestadt Hamburg zugeflossen. Vgl. Bürgerschaft der Freien und Hansestadt Hamburg (1997), S. 2.

[573] Bürgerschaft der Freien und Hansestadt Hamburg (2004), S. 1.

[574] Die Länderarbeitsgemeinschaft Abfall (LAGA) hat ein technisches Regelwerk unter dem Titel „Anforderungen an die stoffliche Verwertung von mineralischen Reststoffen/Abfällen“ zur Vereinheitlichung von Grundsätzen zur Untersuchung und Bewertung von Reststoffen respektive Abfällen geschaffen. Die Zuordnungen Z0 bis Z2 stellen dabei die Grenzwerte der jeweiligen Einbauklasse bei der Verwertung von Boden im Erd-, Straßen-, Landschafts- und Deponiebau sowie bei der Verfüllung von Baugruben und Rekultivierungsmaßnahmen dar. Z2 bedeutet „eingeschränkter Einbau mit definierten technischen Sicherungsmaßnahmen“ und ist der höchste negative Grenzwert in diesem Zusammenhang. Vgl. Alois Info (2004), S. 1 ff.

ten Bau- und Entsorgungskosten der Grund dafür sein, dass bisher kein Investor und auch kein Einzelhandelsunternehmen für diese Fläche gefunden wurde.[575]

Um die Entwicklung des Gebiets voranzubringen, bestünde aus Sicht der Stadt die Möglichkeit, die finanzielle Entsorgungslast öffentlich zu tragen, oder eine Alternativfläche zur Verfügung zu stellen.[576] Es gibt eine andere Fläche, die unter bestimmten Bedingungen der Projektentwicklung zur Verfügung stünde: die Optionsfläche E.

Optionsfläche E

Diese Fläche gehört nicht zum Bebauungsplan Bahrenfeld 37/Eidelstedt 64. Sie wird allerdings in die Betrachtung einbezogen, da die Nutzung dieser Fläche auf Grund einer Konkurrenzausschlussklausel an gewisse Auflagen gebunden ist, woraus gegebenenfalls ein Mitspracherecht der Bietergemeinschaft folgen kann.[577] Im Gegensatz zur Fläche D1 befindet sich die Optionsfläche E in unmittelbarer Nähe zur Arena. Die Fläche hat spezifische Entwicklungsherausforderungen; es gibt bisher noch keine erschlossene Straßenzuführung und die Werbeansicht ist schlecht. Positiv ist zu beurteilen, dass bisher keine Bodenbelastungen festgestellt wurden. Zurzeit sind allerdings keine Entwicklungspläne bekannt.

Weitere Flächen des Bebauungsplans

Die Optionsfläche Sportplatz C3 dient dem Fußballtraining des Hamburger Sportvereins (HSV). Funktionsfläche C4 sowie Verbindungsfläche D3 stellen lediglich zusammenführende Funktionen der Bebauungsplanflächen dar.

Flächen der Mantelnutzung

Zwischen der Mühlenau und der multifunktionalen Großveranstaltungshalle ist für die Fläche C1a eine Mantelnutzung mit Freizeit-, Gastronomie-, Shopping- und Unterhaltungseinrichtungen vorgesehen. In das Mantelnutzungskonzept ist auch die Fläche C1b integriert, für die ein Hotel mit circa 200 Betten und ein Schwimmbad C2 geplant sind. Hinsichtlich der Bodenmerkmale weisen die Mantelnutzungsflächen ähnliche Eigenschaften auf wie das Arenagrundstück. Mit den konzeptionellen Entwicklungsmög-

---

[575] Die spezifischen Entsorgungskosten liegen für die Fläche Parkplatz braun D1 im Vergleich zur Fläche Parkplatz rot D2 (cirka 10 € pro Tonne Entsorgungsmaterial) bei geschätzten 30 € pro Tonne verunreinigter Auffüllmenge. Hinzu kommt die Unsicherheit hinsichtlich zusätzlicher Gründungsproblematiken, wie bspw. der Implementierung eines tragenden Fundaments für den Bau. Vgl. Freie und Hansestadt Hamburg – Umweltbehörde (1995), S. 207.

[576] Vgl. Steinebach, G. (1998), 136.

[577] Für die Optionsfläche E sind zwar bislang keine Vereinbarungen hinsichtlich ihrer Nutzungsverwendung getroffen worden. Allerdings existiert ein Konkurrenzausschluss zur Vergabe dieser Fläche an andere Investoren als die damalige Bietergemeinschaft (Arena AG/Deuteron Holding GmbH & Co. KG für den Bau einer Mehrzweckhalle, den Umbau des Volksparkstadions und die Errichtung einer Mantelnutzung), beginnend mit dem Jahr 1997 für 20 Jahre. Vgl. Bürgerschaft der Freien und Hansestadt Hamburg (1997), S. 2.

lichkeiten der Mantel- und Ergänzungsflächen befasst sich später ein eigener Gliederungspunkt.[578]

Da für ein konzeptionelles Rahmengerüst auch verkehrsspezifische Begebenheiten wichtig sind, soll nun zunächst die verkehrliche Erschließung der Arena betrachtet werden.

7.1.1 Verkehrliche Erschließung der Arena

Die Verkehrsanbindung des Altonaer Volksparks lässt sich aus Sicht der Pkw-Reisenden und aus Sicht der Verkehrsteilnehmer betrachten, die mit öffentlichen Verkehrsträgern anreisen. Beginnend mit dem motorisierten Individualverkehr (MIV) soll aufgezeigt werden, wie der Arenastandort verkehrlich zugänglich ist und ob es in diesem Bereich gegebenenfalls Schwachstellen gibt. Dabei ist auch zu beleuchten, ob die Stellplatzkapazitäten ausreichend sind. Beim öffentlichen Personennahverkehr (ÖPNV) interessiert vor allem, wie gut die Bus- und Bahnhaltestellen fußläufig zu erreichen sind; auch Sicherheitsaspekte fließen in die Ausführungen ein.

Grundsätzlich ist zum Untersuchungsgebiet zu bemerken, dass es am westlichen Rand des innerstädtischen Kerngebiets der Freien und Hansestadt Hamburg liegt. Straßenführungsbezogene Begrenzungslinien des Altonaer Volksparks sind Farnhornstieg und Farnhornweg (Norden), Schnackenburgallee (Osten), Trabrennbahn (Süden) und Luruper Hauptstraße (Westen) (Abbildung 23).

Motorisierter Individualverkehr (MIV)

Die äußere Erschließung des Veranstaltungszentrums erfolgt über das bestehende Hauptstraßennetz. Als Hauptverkehrsträger zur Heranführung des motorisierten Individualverkehrs dient die Bundesautobahn 7 (Hannover – Hamburg – Flensburg) mit den Anschlussstellen Hamburg-Volkspark und Hamburg-Stellingen.

In Nord-Süd-Richtung verläuft die Bundesautobahn 7 und durchquert das gesamte westliche Stadtgebiet Hamburgs. Durch die im Autobahndreieck Hamburg-Nordwest zulaufende Bundesautobahn 23 (Hamburg – Pinneberg – Heide) wird zudem das westlich angrenzende schleswig-holsteinische Umland mit den Landkreisen Pinneberg und Steinburg erschlossen.

---

[578] Vgl. Gliederungspunkt 7.2, S. 198.

Abbildung 23: Verkehrliche Erschließung der Arena (MIV)[579]

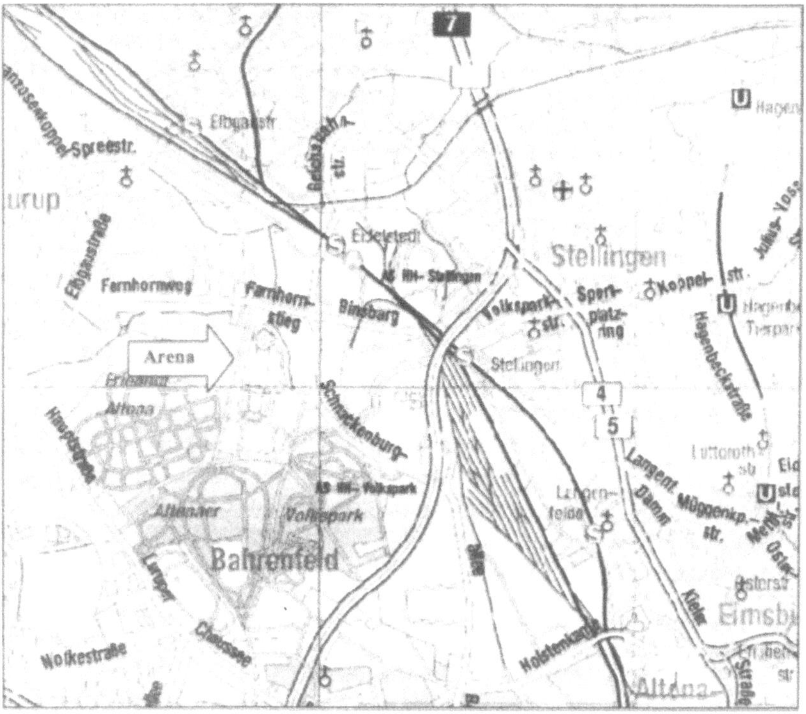

Hinsichtlich der inneren Erschließung ist der Standortbereich ausreichend an leistungsfähige innergebietliche und regional bedeutsame Verkehrsführungen angebunden. Die in Nord-Süd-Richtung verlaufende, vierspurig ausgebaute Schnackenburgallee nimmt den Individualverkehr von der Autobahn-Anschlussstelle Hamburg-Volkspark auf. Sie mündet im Süden auf der Altonaer Hauptverkehrsachse Bundesstraße 4 und erschließt den einwohnerstarken Kernbereich des Bezirkes Altona. Im Norden kreuzt sie den Straßenzug Farnhornstieg – Binsbarg und führt mit schwächerem Ausbaugrad über die Reichsbahnstraße bis in den Stadtteil Eidelstedt hinein.

Der in Ost-West-Richtung verlaufende, vierspurig ausgebaute Straßenzug Farnhornweg – Farnhornstieg – Binsbarg – Volkparkstraße stellt eine gute Querverbindung zu den übergeordneten Hamburger Verkehrsführungen Ring 3 (Rugenbarg – Elbgaustraße) im Westen und Kieler Straße im Osten her.

[579] Abb. in Anlehnung an Stadtkarte von Hamburg (2002), o. S.

Über den Ring 3 erschließen sich die im Westen anliegenden Stadtteile Lurup – Großwohnsiedlung Osdorfer Born und darüber die engverflochtenen Siedlungsbereiche der Stadtrandgemeinden Schenefeld und Halstenbek. Nördlich sind der Stadtteil Eidelstedt und die östlich gelegenen Stadtteile Stellingen und Langenfelde zu erreichen. Über den vierspurigen, in die Schnackenburgallee einmündenden Holstenkamp besteht eine weitere Anbindung an die Bundesautobahnen 4 und 5 (Kieler Straße) und an den Kernbereich von Eimsbüttel.

Der Bereich Volkspark ist aus verkehrlicher Sicht gut erschlossen, so dass die Abwicklung großer Verkehrsströme grundsätzlich möglich ist.[580]

Stellplätze

Die Anzahl der herzustellenden Stellplätze[581] für die Arena wurde auf der Grundlage der Hamburger Globalrichtlinie 2/98 (notwendige Stellplätze und notwendige Fahrradplätze) festgelegt. Diese Richtlinie, die auf dem § 48 Abs. 1 der Hamburgischen Bauordnung (HBauO) basiert, besagt, dass für den Bau einer Arena Stellplätze für Kraftfahrzeuge in ausreichender Zahl und Größe und in geeigneter Beschaffenheit nachzuweisen sind.[582] Bei überregionaler Bedeutung der Halle ist dementsprechend ein Stellplatz pro fünf Sitz- und Stehplätze nachzuweisen. Die Hamburger Arena kann insgesamt rund 16.000 Besucher aufnehmen. Daraus ergibt sich eine nachzuweisende Anzahl an Stellplätzen in Höhe von 3.200. Das Stellplatzkonzept der Arena wurde so ausgelegt, dass diese Auflage erfüllt ist.

In unmittelbarem Umfeld der Halle existieren rund 3.200 Stellplatzmöglichkeiten auf den Parkplätzen blau, grau und rot (Abbildung 24). Laut der letzten Zählung zur Parkplatzbelegung Ende 2003 gliedern sich die maximalen Belegungszahlen wie folgt auf die einzelnen Flächen auf: Parkplatz blau 268, Parkplatz grau 1.013 und Parkplatz rot 2.103.[583] Es wurden somit insgesamt 3.384 Abstellmöglichkeiten gezählt.

---

580 Vgl. Bürgerschaft der Freien und Hansestadt Hamburg (2000a), S. 4.

581 Stellplätze sind Flächen, die dem Abstellen von Kraftfahrzeugen außerhalb der öffentlichen Verkehrsflächen dienen. Vgl. Garagen- und Stellplatzverordnung (1993), S. 1.

582 Vgl. Globalrichtlinie (1998), S. 4.

583 Vgl. Bürgerschaft der Freien und Hansestadt Hamburg (2004b), S. 2.

Abbildung 24: Stellplatzflächen der Hamburger Arena[584]

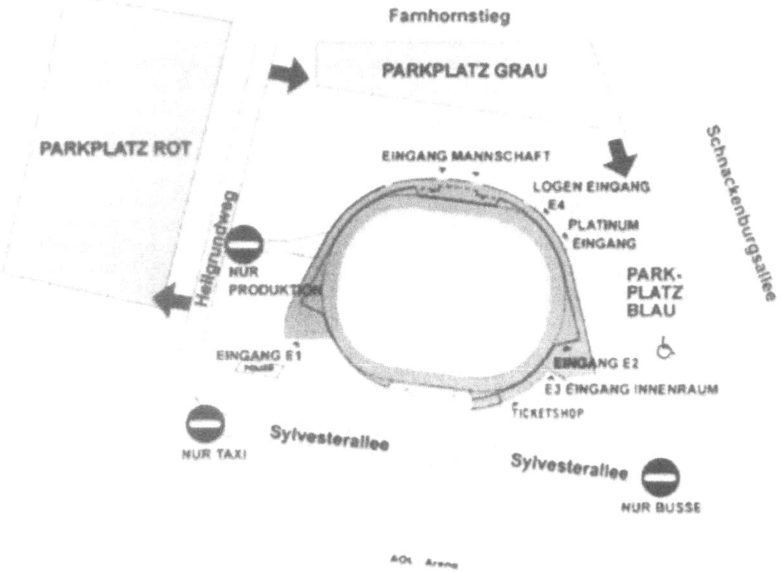

Im weiteren Veranstaltungsgebiet um das Stadion platziert, stehen zusätzlich noch rund 9.700 Stellplätze zur Verfügung. Die Besucherzahlen von Fußballspielen im Stadion pendeln zwischen 40.000 und 45.000 Menschen. Somit konnte für das Stadion die Richtlinienvorgabe ebenfalls erfüllt werden. Insgesamt gibt es rund 12.900 Stellplätze im gesamten Bereich des veranstaltungsbezogenen Volksparks.[585] Mit diesem Gesamtangebot wird deutlich mehr als der Bedarf an Stellplätzen bei ausverkaufter Arena gedeckt.

Bezüglich des zu führenden Stellplatznachweises für die Arena wurde es von der Stadt Hamburg außerdem akzeptiert, dass Arena und Stadion zusammen beurteilt werden, da Parallelveranstaltungen in beiden Fazilitäten grundsätzlich zu vermeiden sind.

584 Abb. in Anlehnung an D+J Arena Hamburg GmbH (2005), S. 1.

585 Vgl. Tourismus-Zentrale Hamburg GmbH (Hrsg.) (2003), S. 23.

Stellplatzverordnungen werden in den Stadtparlamenten erlassen. Da die Geltungsbereiche differieren, stellt sich die Frage, ob das Hamburger Vorgabenverhältnis von 1:5 mit Auflagen in anderen Städten vergleichbar ist. Die Recherche hat ergeben, dass sich für Arenen dieses Verhältnis bestätigt, wobei für Hallentypen auf einem Messegelände die Doppelnutzung der Messeparkflächen anerkannt wird. Dies ist beispielsweise in Bremen und Hannover der Fall.

Es ist jedoch noch zu klären, auf welchen Annahmen das Stellplatzverhältnis 1:5 beruht. Der Vorgabenschlüssel berechnet sich über die zu erwartende Verkehrserzeugung bei Veranstaltungen in der Arena (Modal Split) im Verhältnis zur maximalen Besucherzahl. Die zu erwartende Verkehrserzeugung lässt sich in die Kategorien MIV, ÖPNV und (Reise-)busse aufteilen.[586] Zu beachten ist, dass die Besucher von Konzert- und Sportveranstaltungen in Arenen vor allem mit dem Pkw anreisen. Dies bestätigen ebenfalls die Studienergebnisse des Freizeit-Forschungsinstituts. Eine Repräsentativbefragung in Deutschland ergab, dass 62 Prozent der Befragten, die aus ländlichen Regionen anreisen, und 57 Prozent der Befragten aus städtischen Gebieten den Pkw als Verkehrsmittel nutzen.[587] Die nächste Tabelle 19 zeigt eine Beispielkalkulation.

Tabelle 19: Notwendige Stellplätze im Bereich der Arena

Anreisemöglichkeit	**Prozent**	**Besucherzahlen**	**Personen pro Pkw**	**benötigte Pkw-Stellplätze**
MIV	70	11.200	3	3.733
MIV	65	10.400	3	3.467
MIV	60	9.600	3	3.200
MIV	12	1.920	-	-
MIV	17	2.720	-	-
ÖPNV	**22**	**3.520**	-	-
(Reise-)Busse	**18**	**2.880**	-	-

[586] Der Anteil des Fußgänger- und Radverkehrs wird aufgrund seiner sehr geringen Bedeutung im Vergleich zum Gesamtverkehrsaufkommen ebenso vernachlässigt wie der Taxenverkehr, der abhängig von dem Veranstaltungsangebot großen Schwankungen unterliegt.

[587] Vgl. Opaschowski, H. W. (1995), S. 25.

Wird von einem Anteil des MIV höher als 60 Prozent ausgegangen, ist die Stellplatzauflage nicht mehr erfüllt. Insofern liegt der Hamburger Globalrichtlinie die Annahme einer 60prozentigen Anreise mittels MIV zu Grunde, wenn 3 Personen pro Pkw anreisen. Der ÖPNV liegt dementsprechend bei 22 Prozent, was 3.520 Personen entspricht; 18 Prozent der Besucher reisen mit Bussen an.

Die Kalkulationsgrundlage eines 60prozentigen MIV-Anteils stimmt mit den Ergebnissen der Repräsentativbefragung überein. Zudem weist Hamburg mit 417 Personenkraftfahrzeugen je 1.000 Einwohner eine der niedrigsten Mobilitätsraten im Segment des MIVs im Vergleich zu allen anderen Städten im Bundesgebiet auf.[588] Es hat sich gezeigt, dass die Pkw-Belegung von im Durchschnitt 3 Personen in der Praxis zu realisieren ist.[589] Vor diesem Hintergrund erscheint das Stellplatzverhältnis 1:5 grundsätzlich ausreichend, um die Verkehrsströme aufzunehmen.

Wie stellt sich die Situation nun in der Praxis dar?

Die internationalen Erfahrungen hinsichtlich der verkehrlichen Erschließung von Stadien und Arenen bestätigen, dass die An- und Abreise von mehreren tausend Menschen an einen Ort zu verkehrlichen Engpässen führen kann. Auch am Altonaer Volkspark kommt es beim Anreise- und Abreiseverkehr zu Wartezeiten. Deshalb sind parallel stattfindende Veranstaltungen in der Hamburger Arena und im Stadion zu vermeiden. Seit der Eröffnung der Arena kam es jedes Mal bei Doppelveranstaltungen zu stockendem Verkehr; Wartezeiten sind jedoch auch bei Einzelveranstaltungen zu beobachten.[590]

Ein Instrument, das sich in der Praxis erfolgreich bewährt hat, ist das so genannte Kombi-Ticket (gleichzeitiger Verkauf von HVV-Ticket und Eintrittskarte). Durch die Einführung des Kombi-Tickets kann eine Verringerung des Stellplatzbedarfs um bis zu 50 Prozent erreicht werden.[591] *„Das Kombi-Ticket ist eine Form der tatsächlichen Verringerung des Bedarfs an Kfz-Stellplätzen für Theater- und Konzertveranstaltungen."*[592] So lässt die Globalrichtlinie in Hamburg eine Reduzierung des Stellplatznachweises für diese Veranstaltungen und auch für Sportveranstaltungen und sonstige Veranstaltungen um 50 Prozent zu. Dies bedeutet für das Arenamanagement, dass lediglich 1.900 Stellplätze nachzuweisen wären.

---

588 Vgl. British American Tobacco Germany (2004), S. 1 ff.

589 Vgl. Verkehrsuntersuchung Arena am Volkspark (1999), S. 7.

590 Vgl. Bürgerschaft der Freien und Hansestadt Hamburg (2000), S. 5; vgl. weiterführend Bürgerschaft der Freien und Hansestadt Hamburg (2000a), S. 4. Am Samstag, dem 12. April 2003, fand bspw. eine Doppelveranstaltung statt. In der Arena wurde die erste Endrunde des Deutschen Handball-Pokals, die sog. Final Four gezeigt; im Stadion spielte der HSV gegen Borussia Dortmund. Es kam zu einem Verkehrschaos. Vgl. Bönig, C. (2003), S. 41.

591 Vgl. Globalrichtlinie (2002), S. 7.

592 Ebenda.

Allerdings nehmen die Besucher von Arenaveranstaltungen dieses Angebot nur geringfügig an. Die Besucher von Fußballveranstaltungen sind eher bereit, mit öffentlichen Verkehrsmitteln anzureisen, als die Besucher von Konzerten und Hallensport.

Ein weiteres Mittel, um die Wartezeiten für den MIV zu verringern, ist ein Parkleitsystem. Im Zuge des Baus der Arena wurde zur Verbesserung der Verkehrszuführung ein Parkleitsystem installiert.[593] Dieses System ist so ausgerichtet, dass der Besucher auf dem günstigsten Weg zu der günstigsten verfügbaren Parkmöglichkeit geführt wird. Dabei ist auch der von der Autobahn 7 zufließende Verkehr erfasst, um die Stadtstraßen nur im unbedingt notwendigen Umfang zu belasten. Im Stadtstraßennetz umfasst das Leitsystem den Bereich zwischen Zentrum Eidelstedt im Norden, Osdorfer Weg/Bahrenfelder Chaussee im Süden sowie Elbgaustraße im Westen und Kieler Straße im Osten.[594]

Das Parkleitsystem ist dienlich, um den MIV zu den Parkflächen hinzuführen. Probleme gibt es jedoch insbesondere beim Abreiseverkehr, der in der Regel konzentriert kurz nach dem Ende der Veranstaltung am stärksten auftritt. Die Schwierigkeiten liegen vor allem in der Anordnung der Parkplätze begründet. Die Sylvesterallee darf nur von Bussen und Fußgängern genutzt werden und entfällt deshalb für die Pkw-Nutzung. Eine wichtige Straßenführung bleibt deshalb ungenutzt. Die Pkw-Abreisenden fahren von den Flächen blau, grau und rot versammelt über den Farnhornstieg/Hellgrundweg. Dieser Straßenknotenpunkt wird derzeit ausgebaut, der Parkplatz rot bekommt eine Ein- und Ausfahrt.

Nach Fertigstellung des gesamten Freizeitkomplexes ist anvisiert, den Standort sowohl über den Farnhornstieg als auch über die Schnackenburgallee verkehrlich zugänglich zu machen.[595] Hierin liegt auch noch eine Möglichkeit, den Abreiseverkehr zu verbessern. Eine Entzerrung könnte zudem dadurch erreicht werden, wenn mehr Besucher zusätzliche Freizeit- und Gastronomieangebote nach Veranstaltungsende auf dem Areal wahrnehmen.

Im internationalen Vergleich haben sich für Freizeitstandorte Shuttle-Systeme bewährt. Es werden Orte für Shuttle-Stationen ausgewählt, an denen die Besucher ihren Pkw abstellen können. Der An- und Abfahrverkehr zur Arena ließe sich so besser organisieren. Vielleicht könnte das Shuttle-System die Parkplatzflächen um die Arena obsolet machen. Zusätzliche freie Entwicklungsflächen für einen Ausbau stünden dann

593 Vgl. o. V. (2004n), S. 5.

594 Vgl. Bürgerschaft der Freien und Hansestadt Hamburg (2000), S. 5.

595 Für notwendige Infrastrukturmaßnahmen im Bereich der inneren Erschließung, welche die genannten Straßenbaumaßnahmen einschließen, wurden von Seiten der Stadt rd. 25 Mio. € kalkuliert. Vgl. Bürgerschaft der Freien und Hansestadt Hamburg (1997), S. 1.

zur Verfügung. In diesem Bereich sind bisher jedoch keine Erweiterungsinvestitionen geplant.[596]

Öffentlicher Personennahverkehr (ÖPNV)

Die Erschließung der Arena über den ÖPNV wird hauptsächlich durch die Schnellbahnlinien 21 und 3 (Bahnhöfe Stellingen und Eidelstedt) sichergestellt. Aus Abbildung 25 ist ersichtlich, dass die Schnellbahn-Stationen Stellingen und Eidelstedt im Einzugsgebiet des Untersuchungsstandortes liegen. Beide Haltestellen befinden sich allerdings über einen Kilometer von der Arena entfernt. Daraus lässt sich folgern, dass eine direkte und günstige Anbindung an den schienengebundenen öffentlichen Nahverkehr gegenwärtig nicht gegeben ist.[597]

Als derzeit einzige Verknüpfung von den Bahnhöfen Stellingen und Eidelstedt zur Kreuzung Farnhornstieg – Hellgrundweg und zur Schnackenburgallee dienen Busverbindungen.[598] Zusätzlich dazu kann noch ein Buspendeldienst eingesetzt werden, wenn hohe Besucherzahlen zu erwarten sind. Gegenwärtig gibt es keine Planungen für einen Ausbau der Straßenbahn und neue Haltestellen, die näher am Arenagrundstück liegen. Die Situation im Bereich des ÖPNVs ist so zu beurteilen, dass die Aufnahmefähigkeit des bislang existierenden Bahnnetzes eine Abwicklung des Veranstaltungsverkehrs zulässt. Ein Ausbau der Bahnlinien wäre jedoch, wenn kein Shuttle-System eingerichtet wird, eine logische Konsequenz für einen infrastrukturellen Ausbau des Standortes. Auch für zusätzliche Gewerbe-, Büro- und Einzelhandelsnutzungen, um den Standort weiter zu erschließen, sind kurz- bis mittelfristig Nachbesserungen unabdingbar.

---

596 Im internationalen Vergleich hat sich gezeigt, dass Hochleistungsshuttlesysteme die Auslastung im Bereich des öffentlichen Personennahverkehrs beträchtlich steigern können. Mit dem Shuttlesystem ließe sich die Prozentzahl des öffentlichen Verkehrs auf rd. 45 Prozent steigern. Dies belegen Parks wie bspw. der Freizeitpark in Orlando. Dort nutzen ca. 350.000 Menschen täglich das Shutlesystem, um zum Park zu gelangen und sich auf dem Freizeitgelände zu bewegen. Vgl. Roost, F. (2000), S. 156.

597 Vgl. Scholz, E.-G. (2004), S. 14.

598 Oberbaudirektor *Walter* sieht größere flächenhafte Entwicklungspotenziale im Süden in Verbindung mit der Trabrennbahn, dem alten Schießplatz an der BAB und anderen Flächen. Dafür muss eine bessere Anbindung des S-Bahnhofs Othmarschen entstehen. Vgl. Bürgerschaft der Freien und Hansestadt Hamburg (2004d), S. 8 f.

Abbildung 25: Haltepunkte des öffentlichen Personennahverkehrs[599]

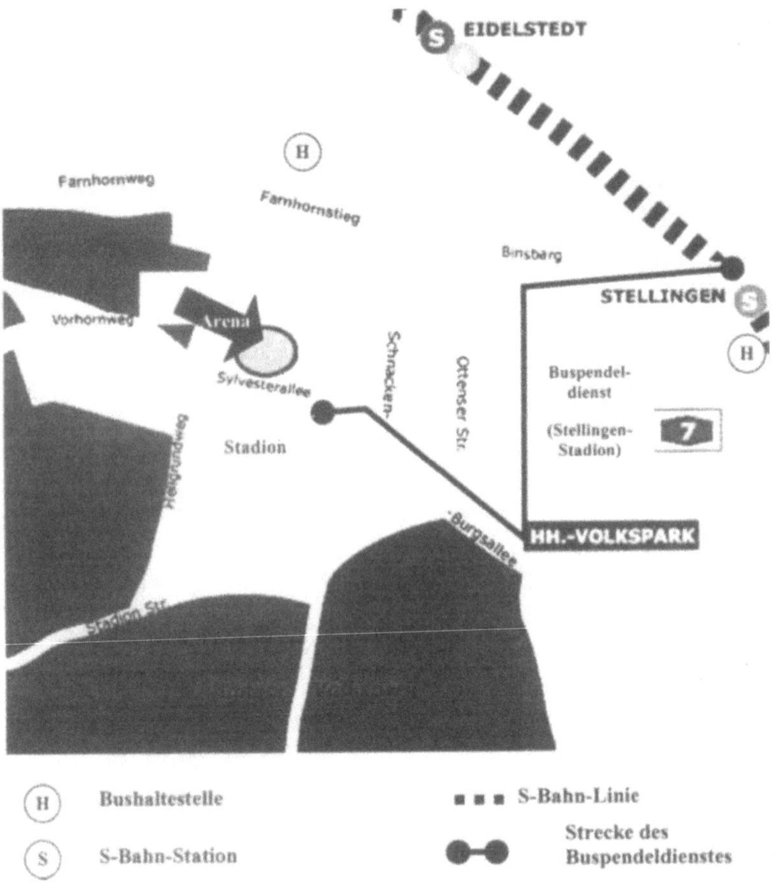

Neben der Zuführung der Besucher über das öffentliche Verkehrsnetz fließen auch Sicherheitsaspekte in die Beurteilung ein. Als problematisch wurde in der öffentlichen Diskussion nicht die Entfernung zu den S-Bahnhöfen gesehen, sondern die Gestaltung der Zuwegung (unter anderem Untertunnelung, schlechte Einsicht). Im Zuge der Vorbereitungen für die WM 2006 wurden deshalb unter dem Gesichtspunkt der Attraktivi-

[599] Abb. in Anlehnung an D+J Arena Hamburg GmbH (2005a), S. 1; vgl. Verkehrskartographie Arena am Volkspark (1997), o. S.

tätssteigerung einige Maßnahmen im Bereich der Bahnhöfe Stellingen und Eidelstedt umgesetzt.[600] Es sind neue Bahnsteigbeläge einschließlich Leit- und Orientierungsstreifen für Sehbehinderte implementiert worden; die Bahnsteigdächer und die Treppenanlagen wurden saniert und modernisiert. Die Beleuchtung der Fußwege wurde verbessert, was insbesondere für Abendveranstaltungen im Winterhalbjahr von Bedeutung ist.

Abschließend sollen nun am Vergleich der Standorte der beiden Arenen in Hamburg und Hannover Vor- und Nachteile des Hamburger Gebiets am Altonaer Volkspark zusammengefasst werden.

Der Vorteil von Standorten im City- oder Messebereich sind die sehr guten Verkehrsanbindungen. Die Arena in Hannover befindet sich auf dem Messegelände. Hinsichtlich der öffentlichen Verkehrsanbindung weist die Hannover Arena eine optimale Standortsituation auf. Die Halle liegt in unmittelbarer Nähe eines Endhaltepunktes der U-Bahn, der direkt zum Messe-Eingang Ost führt.[601] In diesem Punkt wurde in Hannover eine bessere Lösung gefunden als in Hamburg, wo die S-Bahn-Stationen über einen Kilometer entfernt liegen und die Freizeitanlagen auf Buspendeldienste angewiesen sind. Des Weiteren ist die verkehrliche Zu- und Abführung zum und vom Messegelände in Hannover gut gelöst. Es gibt ein Parkhaus unter der Arena und auf dem Messegelände jederzeit genügend Parkmöglichkeiten.

In Hamburg wäre ein Bau der Halle auf dem Messegelände in der Innenstadt aus räumlichen Gründen nicht durchführbar gewesen. Es wurde lediglich der Standort auf dem Heiligengeistfeld als Alternative zum Volkspark diskutiert. Im Stadtkern von Hamburg sind allerdings im Vergleich zum Altonaer Volkspark nicht genügend Stellplätze verfügbar, und die Geräuschemissionen sind durch den MIV in der City wegen der Nähe zu Wohngebäuden problematisch.[602]

Der über Jahrzehnte bekannte Sportstandort am Volkspark bietet auch Vorteile. Es können beispielsweise potenzielle Synergie-Effekte im Sportbereich wie gemeinsame Marketingaktionen, Verbesserungen der Infrastruktur oder die Ansiedelung von Unternehmen im Sportsektor leichter umgesetzt werden. Zudem besteht die Möglichkeit, Nebenumsätze durch zusätzliche Angebote in der Arena zu erzielen; vor allem der Gastronomiesektor und Geschäfte in der Mantelbebauung profitieren davon. Im Innenstadtbereich liegt die Quote der potenziellen Nebenumsätze deutlich unter der Quote von Standorten, die außerhalb der City liegen. Um diese Vorteile zu realisieren, wurde in Hannover ebenfalls über eine Verlagerung des Stadions auf das Messegelände Ost

600 Vgl. Bürgerschaft der Freien und Hansestadt Hamburg (2004a), S. 2.

601 Vgl. EXPO 2000 Hannover GmbH (1996), S. 6 f.

602 Vgl. zur Beurteilung des Sportlärms weiterführend Papier, H.-J. (1988), S. 31 ff.

nachgedacht, allerdings fand dieser Vorschlag in der Landesregierung keine Zustimmung.[603]

Der Standort am Altonaer Volkspark neben dem Stadion ist resümierend für die Entwicklung eines Veranstaltungszentrums geeignet. Die Standortentscheidung für die Arena in Hamburg lässt sich rückblickend hinsichtlich der verkehrlichen Erschließung als ausreichend beurteilen. Es besteht die Möglichkeit, infrastrukturelle Erweiterungen durchzuführen, was zu einer noch besseren Beurteilung führen könnte. Um die Standortentwicklung voranzubringen, sollten mehr Menschen in das Freizeitgebiet kommen. Es ist deshalb zu untersuchen, welche Zentren in der näheren Umgebung existieren und welche Einkaufsmöglichkeiten und weiteren strukturellen Dienstleistungen im Bereich der Ergänzungsnutzungen der Arena etabliert werden könnten.

7.1.2 Möglichkeiten zur Einbindung bestehender Stadtstrukturen

Das Untersuchungsgebiet am Altonaer Volkspark ist ein solitärer Standort.[604] Das bedeutet, der Standort ist noch nicht komplett erschlossen. Aus der Sicht der Nahversorgung befindet sich die Arena noch nicht in einem gewachsenen infrastrukturellen Umfeld; die beiden Freizeitanlagen Arena und Stadion bestehen uneingebunden nebeneinander. Eine lokale Wettbewerbsstruktur hat sich nicht ausgebildet.[605] In diesem Kontext ist zu hinterfragen, welche zusätzlichen Nutzungen im Untersuchungsgebiet zu fördern sind und ob es hierbei Restriktionen gibt.

Welche Nutzungen harmonieren mit den Freizeitanlagen?

Es soll im Folgenden die Einzelhandelsverträglichkeit mit Freizeitgebieten, die Förderung von Gewerbe und schließlich die Ansiedelung von Wohnflächen untersucht werden.

Freizeit und Einzelhandel

Im überregionalen Betrachtungsrahmen hat sich gezeigt, dass die Kombination aus Freizeit und Einzelhandel eine häufige Konzeptausrichtung von Freizeitstandorten ist. Die Verknüpfung der Entwicklung von Freizeitanlagen mit der Bereitstellung von Flächen mit Vermarktungsoption lockt Investoren an. Die Stadt kann ihre Freizeitinfrastruktur erweitern und gleichzeitig private Investitionen realisieren.

Bei der Ansiedelung von Einzelhandel auf Freizeitgebieten sind zwei entscheidende Herausforderungen zu bewältigen:

---

603 Hierzu äußerten sich Vertreter des Wirtschaftsministeriums und des Stadtentwicklungsreferates dahingehend, dass der Umzug und der Umbau des Niedersachsenstadions aus technischen, wirtschaftlichen und betrieblichen Gründen nicht realisierbar ist. Vgl. o. V. (1996), S. 9.

604 Vgl. Gliederungspunkt 2.1.3, S. 35.

605 Vgl. Gliederungspunkt 2.1.2.2, S. 33.

- Aus Sicht der Stadt darf großflächiger Einzelhandel, der sich am Stadtrand ausbreitet und mit niedrigen Preisen lockt, keine zentrenschädigende Wirkung entfalten.
- Für Einzelhandelsunternehmen, die sich am Freizeitstandort ansiedeln, ist von großer Bedeutung, dass ausreichend Abstellmöglichkeiten für Kraftfahrzeuge nachweisbar sind. Kunden von Fachmärkten möchten in der Nähe der Einkaufsmöglichkeiten parken. In den Parkflächen liegt der USP dieser Zentren begründet.

Es ist zu untersuchen, wie sich eine zentrenschädigende Wirkung bemerkbar machen kann. Hierfür dient beispielhaft das Freizeit- und Erlebniszentrum in Oberhausen. Anschließend ist die Parkplatzproblematik zu untersuchen; ein Lösungsvorschlag kann am Beispiel des Fußballstadions in Bolton beschrieben werden.

Zentrenschädigende Wirkung

Im Zuge der Diskussion um die verstädterte Landschaft konnten sich neue Formen der Urbanität am Stadtrand ausbilden.[606] Die Menschen nehmen verstärkt Versorgungsfunktionen aus den Umlandgemeinden in Anspruch; groß angelegte Einzelhandelszentren entstehen. Darin liegt die Gefahr, dass die Innenstädte nach dem Konzept der zentralen Orte an Bedeutung verlieren und die Umlandgemeinden in der konzeptionellen Hierarchie aufsteigen.[607] Um die raumplanerische Ordnung nicht zu gefährden, wird versucht, über rechtliche Vorschriften eine zentrenschädigende Wirkung von Einzelhandelseinrichtungen zu verhindern.[608]

Arena in Oberhausen

Eine mit der Einzelhandelsansiedelung einhergehende zentrenschädigende Wirkung konnte in Oberhausen beobachtet werden. Dort ist die Arena Bestandteil eines groß angelegten Einkaufsgebiets, einem im Jahre 1997 eröffneten Komplex aus Freizeit, Handel und Entertainment. Nach der Eröffnung gingen in der Innenstadt Alt-Oberhausens und in den umliegenden Städten Bottrop und Mühlheim die Mieteinnah-

---

606 Vgl. zur verstädterten Landschaft Gliederungspunkt 4.3, S. 96.

607 Vgl. zum Konzept der zentralen Orte Gliederungspunkt 4.2, S. 90.

608 Gegenwärtig herrscht auf der städtischen Planungsebene eine gewisse Scheu vor so genannten Dienstleistungszentren im stadtbezogenen Randgebiet. Unter der Überschrift „Stärkung der Zentren" wird in vielen Städten, auch in der Freien und Hansestadt Hamburg, versucht, die Ansiedelung von großflächigem Einzelhandel „auf der grünen Wiese" zu vermeiden. Andererseits können große Shopping-Center in der Nähe von Freizeiteinrichtungen auch im Freizeitbereich zusätzliche Besucher anlocken. Vgl. Freie und Hansestadt Hamburg – Stadtentwicklungsbehörde (Hrsg.) (2000), S. c f.

men stark zurück – auf der anderen Seite stieg die Kundenzahl des Einkaufszentrums in Oberhausen kontinuierlich an, was eine Umsatzsteigerung implizierte.[609]

Dieses Beispiel zeigt zwar, dass Einzelhandelsschwerpunkte nachbarschaftsverträglich mit Freizeitimmobilien sein können. Die negativen Auswirkungen für bestehende Einkaufszentren in den Innenstädten lassen sich aber nicht leugnen.[610] Die Situation in Oberhausen verursachte in vielen Städten Angst vor potenziell zentrenschädigenden Auswirkungen der Standortgemeinschaft „Freizeit und Einzelhandel". Dieser Zustand wird noch dadurch verschärft, dass in Deutschland eine sinkende Kaufkraft der Bevölkerung zu beobachten ist. Obwohl die Umsätze der Fachgeschäfte und Warenhäuser gesunken sind, konnten Verbrauchermärkte mit Niedrigpreissegmenten am Stadtrand ihre Umsätze steigern.[611]

Auch die Bauleitplanung lässt nur unter bestimmten Bedingungen ein Gesamtkonzept aus Freizeit und Einzelhandel zu. Nach § 2 Abs. 2 BauGB sind die Bauleitpläne der einzelnen Gemeinden aufeinander abzustimmen. Die Gemeinden können sich auf die ihnen durch die Ziele der Raumordnung zugewiesenen Funktionen und Auswirkungen auf zentrale Versorgungsbereiche berufen, wenn die Einführung eines neuen Einkaufszentrums verhindert werden soll. Auf Grund gemachter Erfahrungen (zum Beispiel in Oberhausen) wurde das Baugesetzbuch sogar noch durch § 34 Abs. 3 BauGB ergänzt: *„Von Vorhaben (im Außenbereich) (...) dürfen keine schädlichen Auswirkungen auf zentrale Versorgungsbereiche in der Gemeinde oder in anderen Gemeinden zu erwarten sein."*[612]

---

[609] Der Mietrückgang in der Innenstadt belief sich auf bis zu 46 Prozent. In Bottrop und Mühlheim wurde ein Umsatzrückgang von 22 bis 40 Prozent im Jahr 1998 beobachtet. Vgl. Westdeutsche Immobilien Holding (1999), S. 1.

[610] Zur Beurteilung der Einzelhandelssituation in den Innenstädten sind jedoch noch andere Faktoren einzubeziehen – innerstädtische Shoppingcenter werden ebenfalls zunehmend kritisch beurteilt. Die Entwicklung des Hamburger Einzelhandels stellt sich gegenwärtig so dar, dass die innerstädtischen Einzelhandelsflächen (Europa-Passage, Hafencity) expandieren, wobei im Gegenzug die Bruttoumsätze stetig zurückgehen. Daraus lässt sich ein Widerspruch ableiten, denn durch zusätzliche Einzelhandelsflächen im Innenstadtbereich bei gleichzeitigem Umsatzrückgang kann eine Verödung von Teilen der City folgen. Es sind somit sich verstärkende Effekte durch die Stadtentwicklungspolitik zu beobachten. Vgl. Siebers, W. (2003), S. M 5.

[611] Seit 1998 sind die Verkaufsflächen im Einzelhandel in Hamburg von 2,23 auf 2,42 Mio. m^2 angestiegen. Vgl. Wolf, P. M. (2005), S. 33. Der Anteil des Einzelhandels an den privaten Konsumausgaben ist in Deutschland in den letzten zehn Jahren von 39,2 auf 29,9 Prozent zurück gegangen. In demselben Zeitraum sind die Einzelhandelsumsätze der kleinen und mittleren Fachgeschäfte um 41 Prozent und die der Warenhäuser um 23,7 Prozent geschrumpft. Die Umsätze im Bereich Direktvertrieb, Discounter, SB-Verbrauermärkte und filialisierte Fachgeschäfte sind durchschnittlich um mehr als 50 Prozent gewachsen. Vgl. Guratzsch, D. (2004), S. 15; vgl. Kemper's Verlag & Agentur GmbH (2005), S. 1 ff.

[612] Waldeyer, H. (2004), S. 13.

Die Hamburger Stadtentwicklungspolitik konzentriert sich verstärkt darauf, einem Kaufkraftverlust in der Hamburger Innenstadt entgegenzuwirken. Einzelhandelsgroßprojekte außerhalb der Innenstadt sind nur noch auf der Grundlage von Bauleitplänen oder Sondergebieten zulässig.[613] Um den Einfluss der beschriebenen Einzelhandelsproblematik auf die Hamburger Arena zu untersuchen, soll zunächst aufgezeigt werden, welche gewachsenen Einzelhandelsschwerpunkte in mittelbarer Umgebung der Arena zu finden sind.

Zur visuellen Verdeutlichung sind die Einzelhandelsschwerpunkte in der Nähe der Arena in Abbildung 26 numerisch abgebildet. Die einzelnen Standorte bestimmen die Wettbewerbsstruktur im Bereich des großflächigen Einzelhandels. Der Pfeil markiert den Standort der Arena am Altonaer Volkspark.

Abbildung 26: Strukturräumliche Übersicht des Einzelhandels[614]

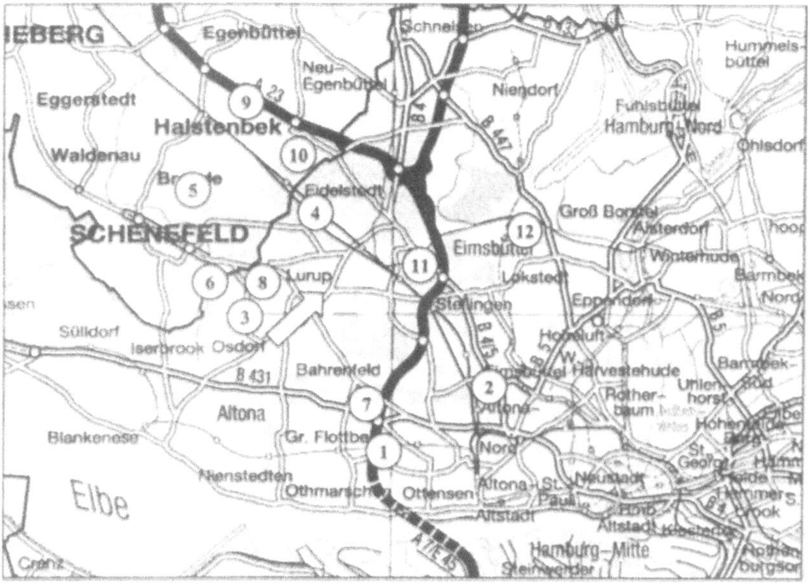

---

613 Maßgeblich ist hierfür die verbindliche Bauleitplanung (gemäß Flächennutzungsplan und Entwicklungsplanung). Vgl. Bürgerschaft der Freien und Hansestadt Hamburg (1997a), Anlage 3, S. 22.

614 Abb. in Anlehnung an Stadtkarte von Hamburg (2002), o. S.; vgl. weiterführend zur Verteilung der Einzelhandelsstandorte am Stadtrand und im Umland Bundesamt für Bauwesen und Raumordnung (2000), S. 68 f.

Anhand der Abbildung 26 zeigt sich eine gleichmäßige Versorgung des Betrachtungsgebiets mit Einzelhandelstandorten. Welche Sortimentsschwerpunkte die einzelnen Versorgungszentren setzen, ist in Tabelle 20 aufgegliedert.

Tabelle 20: Einzelhandelsschwerpunkte im Umkreis der Arena[615]

Nr.	Bezeichnung	Verkaufsfläche (VKF) in m² insgesamt rd.
	Zentren mit Einzelhandelsfunktionen	
1	Bezirkszentrum Altona	2.000
2	Bezirkszentrum Eimsbüttel	23.000
3	Bezirksentlastungszentrum Elbe EKZ	33.000
4	Bezirksentlastungszentrum Eidelstedt	19.000
5	Stadtzentrum EKZ Schenefeld	21.000
6	Nahversorgungszentrum Born-Center	4.300
7	Nahversorgungsbereich Bahrenfeld	7.300
	Solitär- und Fachmärkte	
8	Real Warenhaus	12.000
9	Fachmarktzentrum Halstenbek	53.500 (Einrichtungshäuser) 4.600 (Küchenmärkte) 19.000 (Möbelmärkte)
10	Fachmärkte Hamburg-Altona	19.000
11	Tibarg-Center	11.000
12	Nedderfeld Center	11.000

In unmittelbarer Nähe des Untersuchungsgebiets befinden sich das Bezirksentlastungszentrum Elbe EKZ (Nr. 3), das Nahversorgungszentrum Born-Center (Nr. 6) und das Real Warenhaus (Nr. 8). Hinsichtlich der Versorgung der ansässigen Bevölkerung mit Einzelhandelszentren ergibt sich somit, dass grundsätzlich kein zusätzlicher Bedarf für weitere Einzelhandelszentren besteht.

Sind Einzelhandelseinrichtungen in den Mantelflächen der Arena und auf den Flächen des Bebauungsplans geplant?

[615] Tab. in Anlehnung an Bürgerschaft der Freien und Hansestadt Hamburg (2004c), S. 8 ff.

Mantelflächen der Hamburger Arena

Im Bereich der Mantelnutzung, Flächen C1a und C1b der Hamburger Arena, ist eine Gesamtgröße von rund 10.000 m² Bruttogeschossfläche (BGF) für Einzelhandel und erweiterte Gastronomie vorgesehen. Für weitere Mantelnutzungen ist noch eine Grundstücksfläche von rund 37.000 m² BGF verfügbar.[616]

Die Nutzung der Mantelflächen ist allerdings auf Einzelhandelsbetriebe mit Sortimenten aus dem Bereich „Sport und Freizeit" beschränkt (Sportartikel, Merchandise-Produkte oder Ton- und Bildträger). Es sind laut Bauleitplanung nur kleinteilige Handelseinrichtungen zulässig. Kleinteiliger Einzelhandel ist als marktpassiv einzustufen. Das bedeutet, diese Einzelhandelsunternehmen bevorzugen es, sich in einer bereits bestehenden Standortgemeinschaft anzusiedeln.[617]

Mit dieser Beschränkung soll der Befürchtung entgegengewirkt werden, dass ein neu entstehendes Fachmarktzentrum eine zentrenschädigende Wirkung entfaltet.[618] Einzelhandelsunternehmen des Freizeitsektors können dagegen über ihr Verkaufssortiment den Sportcharakter des Standortes unterstützen. Ferner soll den Sportvereinen vor Ort die Möglichkeit gegeben werden, sich zu präsentieren.[619]

In dieser Zielausrichtung liegt ein Widerspruch, denn marktpassiver Einzelhandel siedelt sich in der Regel erst bei einer bestehenden Infrastruktur an. Wenn bereits Ladenpassagen in den Immobilien oder in weiteren Projekten vorhanden wären, könnten sich einzelhandelsbezogene Standortgemeinschaften bilden. Für die Realisierung des städtischen Konzepts sind also Vorleistungen zu erbringen. Bislang hat sich jedoch niemand dazu bereit erklärt. Welche Bedeutung die Infrastruktur für kleinteiligen Einzelhandel hat, kann anhand der Hannover Arena verdeutlicht werden.

Ebenso wie in Hamburg sind auf dem EXPO-Gelände nur kleinteilige Einzelhandelsbetriebe aus dem Bereich „Sport und Freizeit" zulässig. Die leerstehenden Pavillons bieten sich an, um freizeitspezifischen Einzelhandel zu fördern. So gelang es in Hannover, ein Sportfachgeschäft zu eröffnen. Da dieses Geschäft nicht in eine bestehende Standortgemeinschaft eingebunden war, blieb die nötige Laufkundschaft aus und nach rund einem Jahr verschwand der Anbieter wieder.

---

616 Vgl. Bürgerschaft der Freien und Hansestadt Hamburg (2000), S. 3.

617 Vgl. Gliederungspunkt 2.1.2.2, S. 33.

618 Die Ansiedelung von großflächigem Einzelhandel auf einem groß angelegten Freizeitgebiet kann zur Kaufkraftabwanderung an anderer Stelle führen (zentrenschädigende Wirkung). *Selle* spricht in diesem Zusammenhang von der Entwertung der traditionellen öffentlichen Räume. Vgl. Selle, K. (2004), S. 141; vgl. auch Bürgerschaft der Freien und Hansestadt Hamburg (2000), S. 4.

619 Vgl. Begründung zum Bebauungsplan (2004), S. 11 f.

Das angedachte Einzelhandelskonzept in den Mantelflächen der Hamburger Arena lässt sich somit zum jetzigen Zeitpunkt schwer realisieren. Obwohl in den Mantelflächen großflächiger beziehungsweise marktaktiver Einzelhandel laut Bauleitplanung nicht umsetzbar ist, soll hinterfragt werden, ob sich die Situation für den kleinteiligen Einzelhandel ändert, wenn ein Einzelhandelsmix angestrebt wird.[620]

Ist es möglich, marktaktiven Einzelhandel anzusiedeln?

Der Vorteil läge darin, dass sich marktaktiver Einzelhandel auch ohne bestehende Wettbewerbsstruktur umsetzen ließe. Im Zuge dessen könnten dann auch fachbezogene Ladengeschäfte integriert werden. Dieser Gedanke führt zur Thematik der Stellplatznutzung.

Nutzung der Abstellmöglichkeiten

Die Problematik besteht darin, die Stellplätze der Freizeitanlage funktional von den Stellplätzen für die Handelsnutzungen zu trennen. Probleme ergeben sich insbesondere in den Spitzenzeiten vor und nach den Veranstaltungen; bei zeitlicher Überschneidung von Veranstaltungen an benachbarten Standorten verschärft sich die Situation.

Reebok Stadium in Bolton

Die Fußballimmobilie in Bolton ist in ein Gebiet mit großflächigem Einzelhandel integriert. In der zugehörigen Machbarkeitsstudie wird ausgeführt, dass hinsichtlich der Funktionsabläufe während der normalen Geschäftszeit eine problemlose verkehrliche Abwicklung stattfindet.[621] In Bolton wurde keine Abgrenzung der Handels- und Freizeitparkplätze vom übrigen Geschehen vorgenommen; Besucher von Fußballspielen und Einzelhandelskunden benutzen die gleichen Parkräume. Generell soll zu beobachten sein, dass bei Spielbeginn sämtliche Parkplätze belegt sind, weshalb für die Handelsnutzung keine Stellplatzkapazitäten mehr zur Verfügung stehen. Eine Stunde nach Spielende sind die fußballinduzierten Verkehrsfrequenzen wieder abgeflossen.

Die Betreiber des Reebok Stadium äußerten sich dahingehend, dass während des Spielbetriebes das Aufsuchen der Handels- und Freizeiteinrichtungen nachlässt. Ebenfalls hat sich die anfangs problematische Abfahrt vom Stadion entspannt. Dies impliziert einen Gewöhnungsprozess unter den Besuchern der Freizeit- und Handelseinrichtungen. Als Resultat konstatiert die Untersuchung, dass die Integration der Handelseinrichtungen vom Entwicklungsansatz her als erfolgreich zu bezeichnen ist.[622]

---

620 Vgl. zu den Flächen des Einzelhandels in Hamburg Ordnungsplan Zentrale Standorte (1981), S. 9.

621 Vgl. Tragfähigkeitsanalyse Forum Volkspark (1999), S. 59 ff.

622 Vgl. ebenda.

Das Konzept in Bolton lässt sich jedoch nicht auf Hamburg übertragen. Mit Bezug auf die gewonnenen Erkenntnisse im Bereich der verkehrlichen Zuführung der Hamburger Arena ist es so, dass sich die Mantelflächen für großflächige und frequenzintensive Handelseinrichtungen nur eingeschränkt eignen. Um die Ansiedelung von Einzelhandel zur Belebung des Freizeitstandortes zu fördern, bedarf es in Hamburg einer Trennung der Zuwegung und der Parkplätze zwischen Handel und Freizeit. Dies lässt sich am Altonaer Volkspark nicht realisieren. Und eine Doppelnutzung der zur Verfügung stehenden Stellplätze wird von potenziellen Fachmarktbetreibern in der Regel nicht akzeptiert.[623] Es spricht somit einerseits die verkehrliche Anbindung und andererseits die bestehende Struktur an marktaktivem Einzelhandel im Umkreis der Arena gegen weitere Einkaufszentren auf diesem Gebiet.

Das bestehende Konzept im Bereich der Mantelnutzung ist somit vom Ansatz her durchaus sinnvoll. Um die Entwicklung der Flächen voranzubringen, sollte zuerst über weiteres Entwicklungspotenzial im Freizeitbereich nachgedacht werden.[624]

Freizeit und Gewerbe

In den Gebieten, die an den Bebauungsplan Bahrenfeld 37/Eidelstedt 64 grenzen, sind bereits überwiegend die Nutzungen „Gewerbe und Wohnen" ausgewiesen. Östlich des Arenagrundstücks im Verlauf der Schnackenburgallee befindet sich überwiegend gewerbliche Nutzung. Die restlichen Flächen sind Wohngebiete, die jedoch nur einen geringen Anteil des gesamten Nachbargebiets der Arena ausmachen. Vor diesem Hintergrund erscheint es nicht sinnvoll, das Freizeitgelände mit Gewerbe zu durchziehen. Es gingen wertvolle Flächen für zusätzliche Freizeitnutzungen verloren.

Freizeit und Wohnen

Der Nutzungsmix aus Freizeit und Wohnen ist am Altonaer Volkspark nicht vorgesehen. Dies liegt vor allem darin begründet, dass sich die Anwohner in unmittelbarer Nähe der Freizeitanlagen durch Lärm und Abgase gestört fühlen. Ein Wohngebiet verläuft entlang des Farnhornwegs von dem auch der Hellgrundweg abgeht. Die Bewohner dort sind gezwungen, mit dem zusätzlichen Verkehrsaufkommen und der Lärmbelästigung zu leben.

Es konnte herausgestellt werden, dass im Bereich der Mantelnutzung der Arena nur weitere Freizeitprojekte und integrierter fachbezogener Einzelhandel konzeptionell sinnvoll sind. Dieses Ergebnis deckt sich mit den Vorstellungen der Stadt, die im Bebauungsplan festgehalten sind.

---

[623] Für die Projekt-Studie der Hamburger Arena wurden im Jahr 1999 die Warenhausbetreiber Wal Mart, Globus, Marktkauf und Kaufland nach ihrer Bereitschaft befragt, sich am Altonaer Volkspark anzusiedeln. Die Unternehmen lehnten den Standort zwischen dem Volksparkstadion, der Arena und dem Farnhornstieg ab, weil sie bei Veranstaltungsbetrieb Umsatzeinbußen befürchteten.

[624] Vgl. Gliederungspunkt 7.2, S. 198.

7.2 Auf dem Weg zu einer Neuorientierung – Planungsziele und tatsächliche Entwicklung klaffen auseinander

Im Bebauungsplan Bahrenfeld 37/Eidelstedt 64 ist die Standortentscheidung für die Arena am Volkspark wie folgt begründet:

„Ein weiterer Grund für die Ansiedelung (...) im Bereich des Volksparkstadions ist die Prägung als national und international bekannter Austragungsort für Sport- und Großveranstaltungen."[625]

Inwieweit diese Zielsetzung erreicht worden ist, soll in diesem Gliederungspunkt geprüft werden. Hierzu ist das von der Bietergemeinschaft eingereichte Konzept für die Mantel- und Ergänzungsnutzungen der Flächen der Arena vorzustellen, für das die Bietergemeinschaft nach der Ausschreibung der Arena von der Stadt Hamburg den Zuschlag erhielt. Anhand des Konzepts lässt sich aufzeigen, welche Inhalte bisher umgesetzt wurden und in welchem Bereich noch Entwicklungsspielraum bestünde.

Forum Volkspark Hamburg

Das Konzept zur Realisierung der Arena am Altonaer Volkspark sah nicht nur die Neukonzeption des Stadions vor, sondern auch die Entwicklung und Implementierung der Arena mit den dazugehörigen Mantel- und Ergänzungsnutzungen. Es sollte das Forum Volkspark in Form eines umfassenden Hamburger Freizeitgebiets mit internationaler Ausstrahlungskraft entwickelt werden.

Die Bietergemeinschaft hat vor Baubeginn darauf hingewiesen, dass eine privat finanzierte Arena nur dann wirtschaftlich tragbar ist, wenn zusätzliche Einnahmen aus weiteren Komponenten in die Gesamtfinanzierung einfließen. Dies wurde insbesondere über Beispiele aus Nordamerika begründet – viele Veranstaltungszentren laufen dort unterhalb der Hälfte ihrer möglichen Betriebszeit, da sie größtenteils nicht in ein gewachsenes Freizeitumfeld integriert sind. Um eine höhere Auslastung und höhere Umsätze zu erzielen, forderten die Projektentwickler in Hamburg, dass der Arenastandort zu jeder Tages- und Nachtzeit zugänglich sein sollte. Es wurde beabsichtigt, ein lebendiges Veranstaltungskonzept zu realisieren, das unterschiedliche Tages- und Nachtkomponenten zu einem multifunktionalen Sport- und Unterhaltungszentrum zusammenfasst.[626] Tabelle 21 zeigt die Projektkomponenten, die das Konzept der Bietergemeinschaft beinhaltet.

---

[625] Begründung zum Bebauungsplan (2004), S. 1.

[626] Vgl. Angebot der Bietergemeinschaft zur Arena (1997), S. 13 ff.

Tabelle 21: Komponenten im Bereich der Mantelbebauung[627]

Fazilität	Kompo-nenten	Besucher-zahlen p. a.	Fläche in m² BGF rd.	Fläche	Bemerkungen/ Bedeutung
Arena	VIP-Club	900.000	50.000	A	m²-Zahl inkl. Spielfeld
Stadion	Museum		100.000	B	m²-Zahl inkl. Rasenfläche
Mantelflächen (C1a, C1b, C2) insgesamt rd. 60.000 m² BGF (vermietbare Fläche rund 48.000 m² BGF)					
Foodcourt			10.000		Bindeglied Arena/ Stadion
Büros/Studios			9.000	C1a	Fernseh- und Radiostationen
Gewerbeflächen			34.000		
Überdachte Arkaden			6.000		
Themen-Hotel	250 bis 500 Zimmer	140.000	22.000	C1b	
Schwimmbad			8.000		
Weitere Planungen					
Parkhaus	1.800 Stellplätze	–	60.000	C1a/ C1b	Einfahrt Hellgrundweg oder Sylvesterallee
Multiplex-Kino	ca. 30 Säle	1.000.000	10.500	C1a	
Hanse-Museum		1.500.000		C1a	
Kleine Musikhalle		1.000	1.500	C1a	sog. alternative Musikszene, Comedy und Theater
Bowling Center			10.250	C1a	
Casino	Restaurant		5.000	C1a	
Erlebnis-Einzelhandel		800.000	13.000	C1a	zulässiger Einzelhandel
Wohnen		–		C1a	
Aquarium		1.500.000	10.000	C2	
Fitness-Center	Pool, Thermen, Saunen	–	4.500 –8.000	C1a/C2	

[627] Tab. in Anlehnung an Basis-Konzept „Volkspark Erlebniszentrum" der Bietergemeinschaft, S. 1 ff.; vgl. zur Flächenbeschriftung Abbildung 22, S. 176. Die aufgeführten Flächen und ihre Verwendungszwecke sind durch die Stadt Hamburg befürwortet worden. Vgl. Bürgerschaft der Freien und Hansestadt Hamburg (1997b), Anlage, S. 8 f.

Anhand der tabellarischen Übersicht lässt sich belegen, dass von Beginn an ein umfassendes Konzept zur Immobilien-Projektentwicklung des Standortes vorgelegt wurde. Dies geschah übereinstimmend mit den Ausschreibungsunterlagen der Freien und Hansestadt Hamburg zum Bau der Arena.[628] Die Freizeitkomponenten in Tabelle 21 geben, bis auf die Arena und das Stadion, jedoch nur den derzeitigen Planungsstand wieder; gegenwärtig befindet sich die Umsetzung in einem stadtentwicklungspolitischen Stillstand. Es besteht Planungs-, Diskussions- und schließlich Handlungsbedarf, um die Entwicklung des Freizeitgebiets voranzubringen. Das Freizeitgebiet Forum Volkspark ist noch weit davon entfernt, *„ein Sport-, Veranstaltungs- und Freizeitzentrum mit hoher Bedeutung für die Metropolregion"*[629] zu sein. Um einen international bekannten Austragungsort zu gestalten, ist zuerst das Konzept zu überdenken und das Gebiet vollständig zu erschließen. Insbesondere im Bereich der Ergänzungsflächen, die zurzeit als Parkplätze dienen, gibt es noch Gestaltungsspielraum für die Immobilien-Projektentwicklung.

Welche Begründung gibt es für diesen Entwicklungsstillstand? Liegt die Lösung für die fehlende Umsetzung in den Konzeptbausteinen selbst begründet? Welche Zielsetzungen sollten verfolgt werden?

Das Konzept der Bietergemeinschaft ist vordergründig auf den Entertainmentbereich ausgerichtet. Ein schlüssiges Hamburg-spezifisches Grundkonzept ist nicht zu erkennen. Es wurden lediglich Elemente aus amerikanischen Entertainmentparks wie ein Multiplex-Kino, ein Casino und ein Aquarium und weitere Nutzungen wie Gewerbe und Wohnen zusammengewürfelt. Für ein glaubwürdiges Entwicklungsvorhaben sind jedoch stadtbezogene Besonderheiten herauszuarbeiten. Mit Blick auf den vorhergehenden Gliederungspunkt stellt sich auch die Frage, warum die Nutzungen „Gewerbe und Wohnen" in den Planungen inbegriffen sind, denn es konnte bereits aufgezeigt werden, warum es am Standort des Altonaer Volkspark nicht sinnvoll erscheint, Gewerbe- und Wohnflächen zu entwickeln. Ein individuelles Konzept für den Hamburger Standort lässt sich aus dem Konzept der Bietergemeinschaft schlussfolgernd nicht erkennen.

Um das Hamburger Konzept zu beurteilen, stellt sich die Frage, ob es derzeit weitere Arena-Projekte für eine Vergleichsbetrachtung gibt.

Welche Konzeptionen wurden für diese Projekte zu Grunde gelegt? Gibt es gegebenenfalls Überschneidungen mit den Hamburger Planungen?

---

[628] Das Gesamtinvestitionsvolumen des Gebiets wurde im Jahr 1997 mit 263 Mio. € beziffert. Davon entfielen 67 Mio. € auf die Arena (der gesamte Investitionsbedarf lag schließlich bei rd. 80 Mio. €), 82 Mio. € auf den Neubau des Stadions, 62 Mio. € auf die noch zu verwirklichende Mantelbebauung und 52 Mio. € auf sonstige Kosten. Vgl. Bürgerschaft der Freien und Hansestadt Hamburg (1997), S. 1.

[629] Freie und Hansestadt Hamburg – Stadtentwicklungsbehörde (Hrsg.) (2000), S. 100.

Berlin Arena

Ein Immobilien-Projekt, das bereits mehrfach im Lichte der Öffentlichkeit stand, ist die Berlin Arena. Die sich in Planung befindliche Berlin Arena soll im östlichen Teil der Innenstadt von Berlin angesiedelt werden. Es ist ein groß angelegtes Entwicklungsvorhaben geplant, das in Form eines neuen Stadtquartiers harmonisch in die innerstädtische Lage einzubetten ist.[630]

Für die Mantelbebauung soll eine Kombination aus Freizeitunterhaltung, Gastronomie, Hotel, Einzelhandel und Wohnen umgesetzt werden.[631] Insgesamt umfasst das Areal rund 600.000 m^2 Bruttogeschossfläche (BGF), die über ein geschätztes Investitionsvolumen von rund 1,5 Milliarden € zu entwickeln sind.[632]

Anhand des Berliner Beispiels verdeutlicht sich, dass die Projektentwickler und Investoren im Bereich von Arenen der Entwicklung des Umfeldes der Immobilie eine große Bedeutung beimessen. Über die Verknüpfung von Freizeit und Handel ist angedacht, zusätzliche Einnahmen zu erwirtschaften, welche die Entwicklungskosten im Freizeitbereich decken können. Dieser Denkansatz verbindet Berlin und Hamburg. Das Hamburger und das Berliner Konzept unterscheiden sich somit nicht in den Nutzungsvorstellungen. Beide Projekte sehen einen Nutzungsmix aus Freizeit, Einzelhandel, Gewerbe und Wohnen vor. Der entscheidende Unterschied ist der Standort. Die Lage der Berlin Arena im Innenstadtbereich hat den Vorteil, dass die Stadtentwicklung keine zentrenschädigende Wirkung zu befürchten hat. Im Gegenteil, über das Freizeitprojekt können Teile der Innenstadt Berlins entwickelt werden. In Hamburg sieht die Situation anders aus, denn auf Grund der Lage am Stadtrand ist Gewerbe und Wohnen nicht zulässig. Zudem konnte bereits aufgezeigt werden, dass die Umsetzung des Einzelhandelskonzepts mit Schwierigkeiten verbunden ist.

Die Vergleichsbetrachtung zwischen Hamburg und Berlin zeigt, dass die Entwicklung eines Freizeitparks an den spezifischen Zielen der jeweiligen Stadtentwicklung auszurichten ist. Denn die freizeitwirtschaftliche Gestaltung eines Stadtraums kann nur funktionieren, wenn die Ziele der Projektentwicklung mit den Bedürfnissen der Menschen vor Ort harmoniert. So ist eine wirtschaftlich, sozial und ökonomisch sinnvolle Lösung zu finden, welche die Notwendigkeiten und Chancen der zukünftigen Entwicklung über eine dynamische Stadtentwicklung umsetzt. Dabei sind die Gestaltungskomponenten des Freizeitstandortes nicht festgeschrieben. Vielmehr sind die Zielsetzungen stetig zu hinterfragen, um sie gegebenenfalls neu zu formulieren.

---

[630] Vgl. zur Berlin Arena o. V. (2001b), S. 7 ff.; vgl. auch Bisson, M. (2005), S. 1 f.

[631] Im Masterplan der Berlin-Arena (Stand: Mai 2004) steht: *„a lively and diverse urban district"* und eine *„top address for recreation, sports and cultural events"*. Es ist eine Nutzungsmischung aus Kino, Theater, Nachtclubs, Restaurants, Einkaufsmöglichkeiten und Hotel geplant. Darüber hinaus soll Büro- und Wohnnutzung möglich sein. Vgl. Bisson, M. (2003), S. 38.

[632] Vgl. Krentz, K. (2003), S. 22; vgl. o. V. (2003c), S. 23.

Vor diesem Hintergrund bedarf es in Hamburg eines standortspezifischen Konzepts, das zum Beispiel über ein besonderes Standortmerkmal ein außergewöhnlich ansprechendes Image fördern kann. Der denkmalgeschützte Altonaer Volkspark bietet dafür eine geeignete Ausgangsplattform. Über die charakteristischen Ausstattungsmerkmale des Gesamtgebiets könnten einzelne Konzeptbausteine geschaffen werden, welche die Besonderheiten des Hamburger Standortes betonen. Hierzu lassen sich drei Schwerpunkte in Form eines 3-Park-Konzepts aus den Bausteinen Naherholung, Sport und Freizeiterlebnis setzen. Abbildung 27 stellt das Ineinandergreifen der Parks dar. Die drei Parks umfassen das Gebiet des Bebauungsplans Bahrenfeld 37/Eidelstedt 64, das Waldgebiet des Altonaer Volksparks bis zur Trabrennbahn und die dortigen Freiflächen.

Abbildung 27: Ineinander greifende Konzeptbausteine des 3-Park-Konzepts

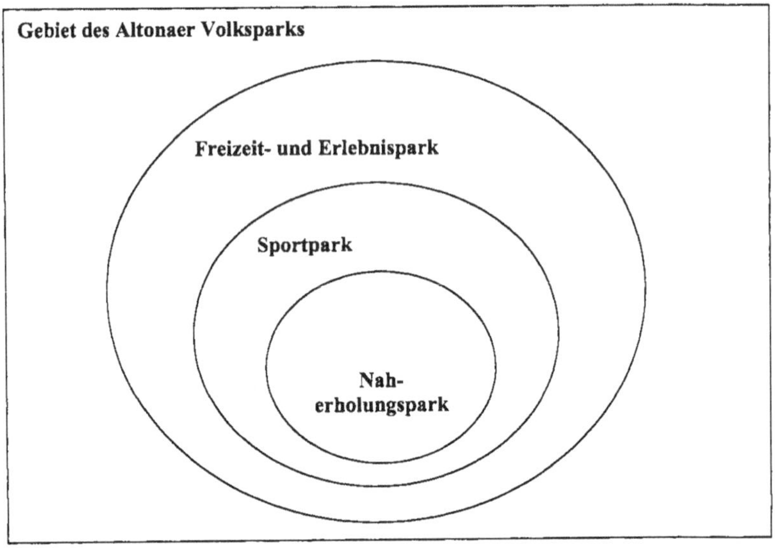

Naherholungspark

Im Mittelpunkt des Entwurfs könnte der Naherholungspark in Form des Altonaer Volksparks stehen, weil der Volkspark eine denkmalgeschützte Parkanlage ist, die einen historischen, ökologisch wertvollen Stadtwald beinhaltet. Hinsichtlich ihrer sozialen Funktion wurde die Grünanlage früher mit dem Zweck angelegt, den negativen Aspekten der städtischen Verdichtung Altonas entgegenzuwirken. *Tutenberg*, der erste

Gartendirektor Altonas, konzipierte den Volkspark als lichten Waldpark nach dem Vorbild eines Naturwalds.[633]

In einem 3-Park-Konzept könnte der Volkspark den Kern des Konzepts darstellen, aus dem weitere Entwicklungsmöglichkeiten entstehen. Dafür ist ein fließender Übergang zwischen den einzelnen Freizeit- und Erholungsflächen zu schaffen, denn das bisher uneingebundene Gelände der Freizeitanlagen macht einen ausgestorbenen Eindruck, wenn keine Menschen vor Ort sind.

Eine weitere Problematik besteht darin, dass Hamburg zwar über ein großes Naherholungsangebot verfügt, bestimmte Grünflächen jedoch von den Menschen stärker beansprucht werden als andere. Der Altonaer Volkspark könnte für die Bevölkerung noch attraktiver werden. Hierfür wäre eine bessere infrastrukturelle Anbindung des Parks und eine partielle Umgestaltung des Waldgebiets sinnvoll, um dort Plätze zum Verweilen zu entwickeln. Auch die Überführung von den an einigen Stellen monotonen Baumbeständen in artenreiche Mischwälder kann das Gebiet aufwerten. Ansätze in diesem Bereich gibt es bereits.[634] Ökologische Aspekte, wie die Gartendenkmalpflege, sind jedoch stets zu berücksichtigen.

Um ein ganzheitliches Konzept zu entwickeln, könnte beim Naherholungspark das Thema „Gesundheit" integriert werden. So begründete *Tutenberg* die Zielsetzung des Parks wie folgt: *„Eine durch den täglichen Genuss all der Vorzüge des Waldes erstarkende und gesunde Bevölkerung ist für das Wirtschaftsleben ein Gewinn. Gesunde Menschen entvölkern die Krankenkassen, Krankenhäuser und Wohlfahrtsämter."*[635]

Mit dieser Aussage stellt *Tutenberg* auf ökologische und ökonomische Wirkungszusammenhänge ab. Vor dem Hintergrund der gegenwärtigen demographischen Entwicklung ist das Bedürfnis der Menschen nach Erholung und Wohlempfinden gestiegen – für Vorsorgeleistungen wird ein großer Teil des Volkseinkommens ausgegeben. Diesen Aspekt aufgreifend, ließen sich im Altonaer Volkspark Angebote im Bereich „Wellness und Sport" unter medizinischer Betreuung für junge und ältere Zielgruppen einrichten.[636]

---

633 Vgl. Bürgerschaft der Freien und Hansestadt Hamburg (2004d), S. 40.

634 Vgl. ebenda.

635 Aussage von *Tutenberg* im Jahr 1927. Der Volkspark wurde von 1914 bis 1933 als Grünanlage der Gartenreformbewegung zur Naherholung angelegt.

636 Vgl. Bürgerschaft der Freien und Hansestadt Hamburg (2004d), S. 20.

Sportpark

Nicht nur der medizinisch betreute Sport könnte zukünftig ein Kompetenzzentrum darstellen. Darüber hinaus bieten sich vielfältige Möglichkeiten, um das Sportangebot im Untersuchungsgebiet auszubauen. Hierfür ließen sich unter dem Begriff des Sportparks einerseits Flächen für den Freizeit- beziehungsweise Breitensport bereitstellen und andererseits eine Profilstärkung Hamburgs im Bereich des Hochleistungs- beziehungsweise Spitzensports fördern.

Es ist zu beobachten, dass im Laufe der letzten Jahre Sportarten, die im Freien stattfinden, verstärkt ausgeübt werden (zum Beispiel Beach-Volleyball und Inline-Skating). Um potenzielle Nutzungskonflikte zwischen Natur und Mensch gering zu halten, sollten Flächen für diese Sportarten zur Verfügung gestellt werden. Dies ist im Altonaer Volksparkgebiet möglich, wenn gleichzeitig ausreichend Bereiche für die Naherholung und als Rückzugsräume für Tiere im Waldgebiet des Parks gesichert sind.

Es lassen sich auf noch vorhandenen Freiflächen im westlichen Volksparkgebiet (zum Beispiel auf den Bornwiesen) freizeitbezogene Sportarten durchführen.[637] In diesem Zusammenhang ist ein Altonaer Jugendpark angedacht. Dieser Jugendpark integriert neben dem sportlichen Ansatz auch einen sozialgesellschaftlichen Aspekt, indem der Park ein Anziehungspunkt für Jugendliche aus dem angrenzenden Stadtteil Lurup sein könnte. Dort fehlen bisher Angebote mit freizeitsportlichem Charakter für Jugendliche wie beispielsweise Trendsportarten (Beachsport, Streetsport, Basketball, Climbing, Skating mit einer Halfpipe und Biking).[638] Über verschiedene Sportangebote ist es denkbar, den Jugendpark ganzjährig zu nutzen, wofür gegebenenfalls eine Wintersporthalle errichtet werden könnte.[639]

Für die Stadtentwicklung ist der Hochleistungssport im Hinblick auf seine imagefördernde Wirkung über die Grenzen der Stadt hinaus von Bedeutung. Um zusätzliche Sportangebote umzusetzen, bedarf es weiterer Hallen am Standort. Insofern sollte zunächst Klarheit geschaffen werden, welche Sportarten zu fördern sind. Es könnte eine weitere Eishockeyhalle als Trainingsstätte für die Hamburger Eishockeymannschaft auf der Fläche C1b gebaut werden. Damit wäre es möglich, das Training in unmittelbarer Nähe der Hamburger Arena durchzuführen.[640] Ein weiteres Kompetenzzentrum im Bereich Eishockey wäre denkbar.

---

637 Vgl. Bürgerschaft der Freien und Hansestadt Hamburg (1997a), Anlage 3, S. 13 f.

638 Vgl. Bürgerschaft der Freien und Hansestadt Hamburg (2005b), S. 1.

639 Vgl. Maybaum, T. (2003), S. 30 f.

640 Vgl. Grünberg, R. (2005), S. 1.

Ferner könnte im Zuge einer neuen Olympiabewerbung Hamburgs ein Tenniszentrum entstehen. Hierzu werden ein Centre-Court-Stadion und mehrere Neben-Courts mit Showtribünen benötigt.[641] Vor dem Hintergrund, dass die turnierbezogenen Tennisveranstaltungen grundsätzlich nur in den Sommermonaten stattfinden, sollte im Zuge dessen gleich über weitere Trainingsmöglichkeiten für Nachwuchstalente nachgedacht werden. Da in den Sommermonaten nur wenige Veranstaltungen in der Arena stattfinden, wäre der Tennissport in den Sommermonaten eine Ergänzung.

Freizeit- und Erlebnispark

Zum Bereich „Freizeit und Erlebnis" gehören vor allem die Arena und das Stadion.

Wie lassen sich beide Immobilien in den Gesamtentwurf einbringen?

Auch beim Freizeit- und Erlebnispark sollte sich die Entwicklung an einem Kompetenzzentrum orientieren. Es könnten einige in der Tabelle 21 für die Mantelflächen angedachte Ideen der Bietergemeinschaft aufgenommen werden. Falls auf den Flächen C1a und D2 weitere Immobilien-Projekte entstünden, wäre zu klären, wie die nötigen Parkplatzflächen zu ersetzen wären. Abstellmöglichkeiten für Pkws unter der Erde können nur bedingt realisiert werden, da ein unterirdischer Ringtunnel des Forschungszentrums DESY die Grundstücke unterfährt. Es kann jedoch über ein Etagenparkhaus ohne Tiefgarage nachgedacht werden, aber auch über die Möglichkeit, zukünftige Immobilien-Projekte auf Stelzen zu bauen, um die Parkflächen weiterhin zu erhalten.

Mit Bezug auf die Ausführungen zur Entwicklung der Präferenzen in der Freizeit wäre es denkbar, ein wissensbasiertes Kompetenzzentrum in Form von modernen Museen mit Edutainment-Charakter zu etablieren.[642] Über dieses Konzept ließe sich die Arena in ein Konstrukt aus verschiedenen Themenwelten einbinden. Aus der Zusammenführung der drei Parks könnte ein in sich geschlossenes Freizeitzentrum, bestehend aus einem Funktionenmix, realisiert werden, das verschiedene Attraktionen verbindet.

---

[641] Beispielsweise stellte Sydney für die Ausrichtung der Olympischen Spiele insgesamt 16 Tennisplätze (10 Matchplätze und 6 Trainingsplätze) zur Verfügung. Zu den Match-Plätzen gehören das Centre-Court-Stadion und zwei Show-Plätze. Zumindest zwei Plätze haben Zuschauertribünen; dazu kommen noch Medienkapazitäten. Vgl. Bürgerschaft der Freien und Hansestadt Hamburg (2004d), S. 27.

[642] Vgl. Gliederungspunkt 3.1, S. 69.

Um negative Effekte wie Nutzungskonflikte (zusätzliche verkehrliche und klimatische Belastungen können beispielsweise negative Folgen für die Ressourcenqualität des Waldgebiets bedingen) auszuschließen, sind generell zwei Oberziele zu verfolgen:

- Erhaltung der Naherholung bei umweltgerechter Mobilität und
- Förderung des Unterhaltungsangebots, insbesondere auch unter Beachtung der Schutzziele des Parkgebiets.

Es stellt sich des Weiteren die Frage, ob sich, ausgehend von den Ausführungen zum Hamburger Veranstaltungsgebiet, allgemeine Folgerungen für einen übergreifenden Konzeptionsrahmen zur Entwicklung eines Freizeitgebiets formulieren lassen.

7.3 Ein integrativer Konzeptionsvorschlag für Freizeitstandorte

Es konnte im vorhergehenden Gliederungspunkt aufzeigt werden, welche Möglichkeiten sich bieten, um einzelne Freizeitkomponenten konzeptionell zu verbinden. Die gewonnenen Erkenntnisse sollen dazu dienen, einen Versuch zu unternehmen, ein allgemeines Rahmenkonzept für Freizeitstandorte zu entwickeln.

Es geht im Kern darum, ökologisch und ökonomisch verträgliche Lösungsvorschläge für Flächenkonkurrenzen innerhalb eines regionalen Systems zu finden. Nachhaltige Stadtentwicklung heißt in diesem Zusammenhang, auf einen dauerhaften, umfassenden Substanzerhalt der natürlichen Potenziale in einer Freizeitregion hinzuwirken. Die Ansiedelung von mehreren Nutzungsausrichtungen mit Freizeitimmobilien setzt dabei voraus, den Freizeit- und Erholungswert im Sinne der Nachhaltigkeit im Ausgangsniveau zu erhalten beziehungsweise nicht zu vermindern. Falls natürliche Ressourcen innerhalb eines Freizeitgebiets kontaminiert sind, bestünde sogar die Möglichkeit, durch die Ansiedelung neuer Freizeitprojekte eine positive nachhaltige Entwicklung erst zu generieren. Über die Immobilien-Projektentwicklung könnte dann „Natur wiederhergestellt werden". Dabei ist zu beachten, dass jeder Freizeitstandort die Immobilien-Projektentwicklung mit individuellen Aufgabenstellungen konfrontiert. Insofern beschränkt sich dieser Gliederungspunkt darauf, Ansätze zur weiteren Ausgestaltung vorzuschlagen. Ausgangspunkt ist die Projekt-Konzeption für den jeweiligen Veranstaltungsort. Für die Betrachtung sollen Cluster zu Grunde gelegt werden.[643]

Abbildung 28 stellt anhand einer systematischen Entwicklungsclusterung einen Lösungsweg dar, um unter dem Aspekt der Nachhaltigkeit einen Freizeit- und Erlebnisstandort zu entwickeln. In der ersten Dimension ist zunächst die erste Phase der Immobilien-Projektentwicklung umzusetzen; die Projekt-Konzeption ist festzulegen. Es entstehen die konzeptionellen Grundlagen, die für die weiteren Projekt-Stufen voraus-

[643] Cluster sind in diesem Zusammenhang regionale Ansammlungen von Anbietern einer Branche, die miteinander kooperieren. Mithilfe von Clustern sollen Standort- und Wettbewerbsvorteile aufgebaut werden. Vgl. Freie und Hansestadt Hamburg (2002), S. 20.

zusetzen sind. Stehen diese ersten Zielrichtungen fest, lassen sich weitere Komponenten in das Gesamtkonzept einbinden.

Abbildung 28: Entwicklung eines Freizeitstandortes über Cluster

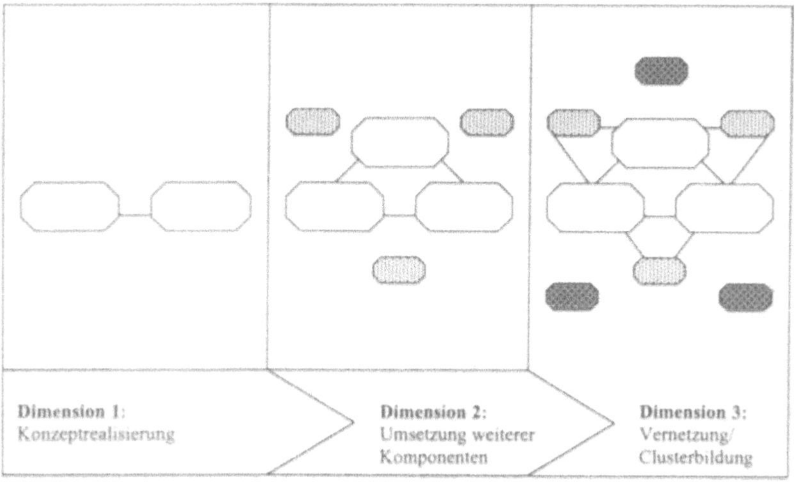

Um einen Freizeitstandort über Cluster zu entwickeln, ist es wichtig, dass die Clusterbildung von den Akteuren der Freizeitimmobilien, den Anbietern vor Ort und den Vertretern der Stadt unterstützt wird. Einen wichtigen Stellenwert im Bereich der freizeitwirtschaftlichen Nutzung einer Region nehmen die Kooperationskräfte der Anwohner ein. So ist die partizipative Meinungsfindung der Menschen in einem bestimmten Quartier nicht nur aus ökonomischer Sicht entscheidend für den Erfolg eines imageträchtigen Freizeitstandortes, auch die kommunalpolitischen Kräfte lassen sich so mobilisieren. Im Interesse eines hohen nachhaltigen Anspruchsniveaus, beispielsweise in Form eines kombinierten Nutzungsmix aus Wohnen, Arbeiten und Freizeit an einem Standort, ist es somit politisch sinnvoll, eine bürgernahe Projektentwicklung zu verfolgen.

Darüber hinaus ist es zur Vermeidung von Konfliktsituationen notwendig, auf die Bedürfnisse der Anwohner einzugehen. Es ist darauf zu achten, dass Freiflächen im Freizeitgebiet vielfältig nutzbar bleiben, um die emotionale Bindung der Anwohner an ihre Umgebung zu erhalten. Freiflächen, die für die Stadtbewohner nicht erreichbar sind, haben unter dem Gesichtspunkt des alltäglichen Freiraumgebrauchs keinen Nutzen. Über eine nachhaltige Immobilien-Projektent-wicklung lässt sich insofern ein symbolischer Ortsbezug der Anwohner erhalten.[644] Freizeitkulturelle Nutzung zielt nicht nur auf die Verbesserung des Freizeitangebots ab, sondern auch auf die Identifikation der Einwohner mit dem Stadtteil und die Förderung von Lebensqualität.

Werden sämtliche Akteure in die Immobilien-Projektentwicklung einbezogen, ließen sich ein vielseitiges Freizeit- und Unterhaltungsangebot für Menschen jeder Altersgruppe realisieren und branchenbezogene Wachstumsmärkte fördern. Vor diesem Hintergrund hat sich beispielsweise in Bremen gezeigt, dass die Kooperationsform eines Public Private Partnership für das Veranstaltungsmanagement große Entwicklungspotenziale bietet, um nachhaltige stadtwirtschaftliche Effekte zu generieren.[645] Mithilfe von öffentlich-privaten Kooperationen lassen sich Kommunikationsbarrieren zwischen den Beteiligten durchbrechen und gemeinsame Ziele verfolgen. Einige Zieldimensionen, um über eine kooperative Zusammenarbeit einen wissensbasierten Freizeitstandort zu komplettieren, können die folgenden sein:

- Bereitstellung einer anbietergerechten Infrastruktur,
- Implementierung von Forschungs- und Entwicklungsbereichen,
- Nachwuchsförderung,
- Netzwerkbildung unter den einzelnen Clustern,
- unterstützende Marketingmaßnahmen.[646]

Im Wirkungskreis einer nachhaltigen Immobilien-Projektentwicklung stellt sich des Weiteren die Frage, ob die Projekte umwelt- und ressourcenschonend gebaut werden können.[647]

Ist es möglich, die natürlichen Ressourcen der Standortes durch das Immobilien-Projekt nicht zu beeinträchtigen?

---

644 Vgl. Nohl, W. (1996), S. 39.

645 Vgl. Gliederungspunkte 3.3.1, S. 77, und 6.2, S. 164.

646 Vgl. Freie und Hansestadt Hamburg (2002), S. 21.

647 Die Freie und Hansestadt Hamburg hat spezielle Handlungsfelder hinsichtlich einer sparsamen Verwendung der Ressourcen Wasser und Energie festgelegt, die auch unter dem Stichwort „ökologisches Bauen“ bekannt sind. Vgl. Holdermann, M./Wilhelm, F. (1999), S. 22.

Schon in der Planungs- und Bauphase der Freizeitanlage sollten in diesem Zusammenhang diverse Richtlinien bei der Errichtung der Immobilie eingehalten werden. Dazu gehören unter anderem die folgenden Vorgaben:

- ausschließliche Verwendung von Baumaterialien, die regenerierbar oder recycelbar sind,
- Verbannung aller Baustoffe und Hilfsmittel mit gesundheitsbelastenden Emissionen,
- Erhaltung einer höchstmöglichen Artenvielfalt der Tier- und Pflanzenwelt und
- Vermeidung beziehungsweise Verwertung von Siedlungsabfällen.[648]

Ein Cluster-Ansatz kann wichtige Standorterfolge bedingen und erscheint deshalb auch für einen Freizeitstandort in Verbindung mit wissensbasierten Technologien sinnvoll. Als Beispiel für eine gelungene Immobilien-Projektentwicklung aus mehreren Komponenten (Freizeit, Wohnen und Arbeiten) lässt sich die Kooperation der Stadt Wolfsburg mit der Volkswagen AG nennen.[649] In einem Public-Private-Partnership-Modell wurde ein neuer Stadtteil entwickelt, dessen positive stadtwirtschaftliche Effekte sich zum Beispiel anhand der zurückgehenden Arbeitslosenquote der Region nachweisen lassen.[650]

Anders stellt sich die Situation in Hannover dar. Die Stadtentwicklung verfolgt das Ziel, auf dem ehemaligen EXPO-Weltausstellungsgelände einen Technologiestandort zu implementieren. Hierzu ist der Versuch unternommen worden, Unternehmen aus der Technologiebranche anzuwerben. Schwierigkeiten bereitet es jedoch, Unternehmen zu finden, die in das Technologiecluster passen. Rund um die Arena stehen viele Pavillons leer. Die Standgenehmigungen sind abgelaufen, und bisher fehlte vielen Unternehmen die Risikobereitschaft, in neue Immobilien-Projekte zu investieren. Die Vorgaben des Landes, lediglich Unternehmen einer speziellen Branche zuzulassen, schränkte den potenziellen Investorenkreis ein.[651] In diesem Fall sollte die strategische Ausrichtung auf den Technologiebereich gegebenenfalls überdacht werden, denn das Areal der Arena in Hannover bietet weiteres Entwicklungspotenzial. Die leerstehenden Pavillons könnten über einen groß angelegten Freizeit- und Erlebnispark wieder belebt

---

648 Vgl. Lucht, D. (1997), S. 171.

649 Dieses Public-Private-Partnership-Projekt (Autostadt) wird unter anderen von der Europäischen Union aus dem Strukturfonds EFRE kofinanziert. Vgl. Wolfsburg AG (Hrsg.) (2003), S. 13.

650 Es wurden im Zuge dieses Projekts rd. 15.000 neue Arbeitsplätze durch die Kooperation von der Stadt, der Wirtschaft und der Wolfsburg AG geschaffen. Vgl. Wolfsburg AG (Hrsg.) (2003a), S. 5. Ein weiteres Beispiel für ein entwicklungsfähiges Sport-, Freizeit- und Dienstleistungszentrum ist die sog. „Area Arena“ Berger Feld in Gelsenkirchen. Vgl. weiterführend Rogge, R. (2002), S. o. S.

651 Vgl. o. V. (2005e), S. 31.

werden. Viele Menschen, die nicht auf der EXPO waren, hätten dann die Möglichkeit, die Pavillons nachträglich zu besuchen, und das Gebiet ließe sich revitalisieren.

Für den Hamburger Freizeitstandort wurde im Rahmen des Leitbilds „Metropole Hamburg – Wachsende Stadt" beabsichtigt, Wachstumsfelder im Bereich Medien- und Informationstechnologie zu fördern, um im Vergleich zu Berlin, Köln und München konkurrenzfähig zu sein.[652] Hamburg verfügt bereits über entwicklungsfähige Potenziale insbesondere im Bereich Luftfahrtindustrie und auch in den so genannten „jungen Branchen" Informationstechnologie, Medien und Life Science (Bio- und Medizintechnik, Medizin- und Gesundheitswesen).

Diese Unternehmensbasis bedeutet für die Stadt einen Wettbewerbsvorteil, der am Volkspark weiter gefestigt werden könnte. Über die Vernetzung von verschiedenen Clustern in diesen Bereichen ließe sich im Altonaer Volkspark ein besonderes Kompetenzzentrum ausbilden und kommunizieren.

7.4 Fazit

Die geographische Beschaffenheit des Grundstücks der Arena, der weiteren Flächen des Bebauungsplans 37/Eidelstedt 64 und des denkmalgeschützten Parks verdeutlicht die raumbezogene Wertigkeit des Untersuchungsgebiets. Besonders im Hinblick auf die Parkanlage sind die noch zu entwickelnden Flächenbestände auf dem Freizeitareal zukünftig ressourcenschonend zu entwickeln.

In den beiden konträren Charaktermerkmalen des Altonaer Volksparks „Naherholung – Ruhe" und „Freizeitanlagen – Lärm" liegt eine besondere Herausforderung für die Immobilien-Projektentwicklung. Vielleicht liegt in dieser Herausforderung die Begründung dafür, dass bisher keine weiteren Nutzungen am Standort umgesetzt wurden.

Der Altonaer Volkspark ist ein etablierter Veranstaltungsort, was bereits implizieren könnte, dass die multifunktionale Großveranstaltungshalle in ein bestehendes infrastrukturelles Gerüst integriert ist; allerdings besteht dieses Gerüst nicht in einem entwickelten Gesamtkonzept. Arena, Stadion und das Naherholungswaldgebiet des Volksparks bestehen nebeneinander, ohne dass sie über raumbezogene Integrationsbestandteile verbunden sind. Es verbleibt dadurch weiteres Gestaltungspotenzial für die Stadtentwicklung. Die stadtentwicklungsspezifischen Möglichkeiten des Areals sind jedoch bisher ungenutzt; Planungsziele und tatsächliche Entwicklung klaffen auseinander, und dies, obwohl der Bebauungsplan 37/Eidelstedt 64 klar definierte Flächen für weitere Konzeptbausteine aufweist. Allerdings konnten bislang keine Investoren für die geplanten Immobilien-Projekte gefunden werden; die zu kalkulierenden Sanie-

---

[652] Vgl. Peiner, W. (2002), S. 16. Aus dem Aufbau von Wachstumsfeldern können auch Wettbewerbsvorteile entstehen. Vgl. Strecker, N. (1997), S. 121 ff.; vgl. zu den Entwicklungschancen und -risiken Schättle, H. (1997), S. 126 ff.

rungs- beziehungsweise Entsorgungskosten bestimmter Bereiche könnten ein Grund dafür sein.

Es hat sich ergeben, dass eine erfolgreiche Entwicklung von Freizeitprojekten in wechselseitiger Beziehung zu einem für die Anwohner attraktiven Lebensumfeld steht. Insofern liegt es im Interesse des Projektentwicklers, Angebote zu entwickeln, die eine komplexe Projektqualität aufweisen. Durch die harmonische Einbettung von Freizeitprojekten in eine ökologisch wertvolle Umwelt kann sich dann nicht nur für die Besucher der Freizeitanlagen ein freizeitkultureller Nutzen ergeben; auch die Anwohner im Bezirk des Freizeitstandortes profitieren dadurch.

Es bestünde die Möglichkeit, die Entwicklung der Flächen über öffentlich-private Partnerschaften voranzubringen. Für die Hamburger Freizeitflächen wäre dieser Ansatz eine Möglichkeit, die zukünftige Entwicklung anzuschieben und das Gesamtkonzept zu realisieren.

Die Möglichkeiten zur zukünftigen Entwicklung des Altonaer Volksparks spiegeln einerseits das große Potenzial dieses Standortes wider, andererseits aber auch die Planungsunsicherheit. Es wurden Gutachten und Studien, um weitere Planungsschritte umsetzen zu können, von der Stadt in Auftrag gegeben. Bisher zeichnet sich jedoch keine Trendwende am Veranstaltungsgebiet ab.

Ein Großereignis, wie die Ausrichtung der Olympischen Spiele, könnte dazu beitragen, die Erschließung des Geländes weiter zu forcieren; Chancen für die Stadtentwicklung gibt es genügend.

Mit diesen Ergebnissen soll nun im letzten Gliederungspunkt versucht werden, die übergreifende Themenfrage in Form einer Schlussbetrachtung zu beantworten.

C Schlussbetrachtung

Durch die vielschichtigen Überschneidungen und Verknüpfungen der in dieser Arbeit behandelten Themengebiete, die einem steigenden öffentlichen Interesse und einem stetig wachsenden Praxisdruck unterliegen, ist der untersuchte Forschungsbereich selbst einem stetigen Wandel unterworfen. In diesem Sinne kann die vorliegende Arbeit als Anregung für neue Denkmuster zur kritischen Diskussion in Theorie und Praxis dienen. Demzufolge wurde neben den eingebrachten Ideen für die Praxis ein theoretisch fundierter, langfristig ausgerichteter Rahmen aufgespannt, um freizeitspezifische Ansätze in die wichtigen Bereiche der Immobilien-Projektentwicklung einzubringen.

Die Arbeit umfasst mit der Immobilien-Projektentwicklung, dem Veranstaltungsmanagement und den stadtwirtschaftlichen Effekten einer multifunktionalen Großveranstaltungshalle ein breites Beobachtungsfeld. Trotz der in der Literatur umfangreichen Auseinandersetzung mit der Projektentwicklung wird der Freizeitbereich lediglich am Rande behandelt. Deshalb sind im ersten Kapitel der Arbeit die Grundlagen für die Entwicklung einer Immobilie im Generellen und einer Freizeitimmobilie im Speziellen erarbeitet worden.

In der Untersuchung hat sich ergeben, dass die Immobilien-Projektentwicklung vordergründig durch ökonomische Zielkomponenten geprägt ist; ihr Ursprung liegt in der Immobilienökonomie, die ihre Wurzeln in den Wirtschaftswissenschaften hat. Dadurch bestimmen einzel- und gesamtwirtschaftliche Frageperspektiven die Betrachtung.[653] Es konnte herausgestellt werden, dass sich die jeweils einzigartige Ausgangssituation des Prozesses der Immobilien-Projektent-wicklung aus den Faktoren Standort, Projektidee und Kapital zusammensetzt. Im Mittelpunkt steht dabei das Immobilien-Projekt, dessen Management sich über die Koordination von Angebot und Nachfrage mit Kennzahlen wie Besucheraufkommen, Umsatz und Rendite messen lässt.

Die Darstellung der theoretischen Voraussetzungen der Immobilien-Projektentwicklung in Teil A begründete die in Teil B folgende Fallbeispieluntersuchung. So ließen sich anhand der Hamburger Arena eine Reihe von Übereinstimmungen zwischen Theorie und Praxis nachweisen. Die einzelnen Prozessphasen verdeutlichen dabei den großen Umfang des Tätigkeitsgebiets. Vor allem der Einfluss von strategischen Zielausrichtungen konnte belegt werden.

Aus den vielschichtigen räumlichen und wettbewerbsbezogenen Interdependenzen innerhalb des Aktionsradius der Betreiber- und Managementimmobilie Arena folgt eine besondere Bedeutung des jeweiligen Standortes der Immobilie. Hamburg, Bremen, Hannover: Diese Orte mit veranstaltungsrelevanten Freizeitimmobilien weisen zwar unterschiedliche Standortfaktoren auf, übereinstimmend ist jedoch, dass ihre Veranstaltungshallen stadtwirtschaftliche Effekte induzieren. Über das Zusammenspiel von

[653] Vgl. Gliederungspunkt 1.1, S. 3.

Immobilie und Stadt können sowohl positive als auch negative stadtwirtschaftliche Effekte entstehen.[654]

Die nachstehende Tabelle 22 beinhaltet einen abschließenden Überblick über prägnante positive und negative stadtwirtschaftliche Effekte, die im Zusammenhang mit der Immobilien-Projektentwicklung von Arenen auftreten können.

Tabelle 22: Beispiele potenzieller stadtwirtschaftlicher Effekte[655]

Stadtwirtschaftliche Effekte/Einflussdimensionen	
Ökonomische Effekte	+ Konsumausgaben, Investitionsbereitschaft, steigende Beschäftigung. – Potenzielle Verdrängung schwächerer Marktteilnehmer.
Öffentliche Effekte	+ Moderne Freizeitfazilitäten, verbesserte Infrastruktur, höhere Attraktivität der Region für Touristen, erhöhtes Steueraufkommen, Steigerung der lokalen Identität und des internationalen Ansehens. – Kommerzialisierung privater und öffentlicher Leistungen, Konflikte zwischen Anwohnern und Besuchern, Gefahr der Vernachlässigung von Breitensportmöglichkeiten.
Ökologische Effekte	+ Erschließung bisher ungenutzter Flächenpotenziale, Beseitigung von Kontaminierungen. – Umweltbelastungen durch Baumaßnahmen, Zerstörung von notwendigen Freiflächen und erhöhtes Verkehrsaufkommen.

Makroökonomische Auswirkungen von Großveranstaltungshallen lassen sich über Kriterien wie Gesamtproduktion, Wertschöpfung, Einkommen, Beschäftigung, Steuerrückzahlungen et cetera spezifizieren. Hier begründet sich bereits das öffentliche Interesse an der Entwicklung und Etablierung von Arenen für eine Stadtregion. Um negative und positive Auswirkungen von Immobilien-Projekten abzuschätzen, war aus sozio-ökonomischer Sicht die Frage zu beantworten, wie die öffentliche Förderung eines bestimmten Investment-Projekts gerechtfertigt werden kann.[656]

Der gesellschaftliche Nutzen einer Arena liegt in dem direkten Nutzen begründet, dem nicht-monetären Wert, den sie für den Zuschauer von Veranstaltungen hat: der Begeisterungsfähigkeit der Menschen für die Bereiche „Kultur" und „Sport" einen Rahmen

[654] Vgl. Gliederungspunkt 3.3.1, S. 77.

[655] Einige Effekte sind kurz- bis mittelfristig wirksam, andere treten langfristig in Erscheinung.

[656] Mit der Kosten-Nutzen-Analyse kann der Nutzen für die Öffentlichkeit gemessen werden. Vgl. Heinemann, K. (1999), S. 26 ff.; vgl. Thöni, E. (1999), S. 343 ff.

zu geben. Daraus ergibt sich wiederum für die Stadt die Möglichkeit zur eigenen Imageförderung, zur Steigerung des Freizeitwertes bis hin zur internationalen Anerkennung als europäische Sport- und Freizeitstadt.[657]

In Hamburg konnte durch die Etablierung der Hamburger Arena die Anzahl der Tages- und Übernachtungstouristen erhöht werden.[658] Im Zuge dessen entstehen weitere stadtwirtschaftliche Effekte im Tourismusbereich durch Gastronomie und Shopping, denn auf Grund der Ausstrahlungskraft der Stadt zieht es die Arenabesucher während ihrer Aufenthaltsdauer in Hamburg vor allem in den Innenstadtbereich. Der suburbane Raum Hamburgs profitiert schlussfolgernd in geringerem Umfang.[659]

Aber es können auch beträchtliche indirekte Nutzeneffekte entstehen. Der indirekte Nutzen schließt den zusätzlichen Konsum ein, der durch das Projekt realisiert wird, und ist deshalb nicht exakt zu spezifizieren. Ob es sich wirklich um einen zusätzlichen Nutzen oder lediglich um eine Verlagerung des existierenden Einkommens handelt, kann nicht endgültig belegt werden. Für den Fall, dass es zu einem Nettoanstieg im Einkommen kommt, führen die Extra-Ausgaben nur dann zu indirektem Nutzen für die lokale Wirtschaft, wenn das zusätzliche Einkommen innerhalb der Region bleibt. Falls das gesamte zusätzlich generierte Einkommen außerhalb der Region ausgegeben wird, gehen die indirekten Gewinne verloren.[660]

Negative stadtwirtschaftliche Effekte induzieren beispielsweise ein steigendes Verkehrsaufkommen; Immobilien-Projekte können sich verkehrserzeugend in der Stadt auswirken und zu steigenden Kraftfahrzeugzahlen führen. Eine verschlechterte Immissionssituation wäre für das Wohnumfeld die Folge. Vor dem Hintergrund der städtischen Verkehrsstruktur in Hamburg mit kurzen Wegen, die größtenteils im Citykernbereich zu hohem Verkehrsaufkommen führen, ist es wichtig, über die zukünftige Verkehrsstrategie nachzudenken.[661]

---

[657] Vgl. Senat der Freien und Hansestadt Hamburg (2003), S. 1.

[658] Die Anzahl der in Hamburg zur Verfügung stehenden Hotelbetten kann die zusätzliche Anzahl an Übernachtungsgästen ohne Probleme aufnehmen. Vgl. Bürgerschaft der Freien und Hansestadt Hamburg (2002), Anlage Bewerbungskonzept für die Ausrichtung der Olympischen Sommerspiele 2012 in Hamburg, S. 70.

[659] Vgl. Gliederungspunkt 5.2.3, S. 143.

[660] Hierfür gibt es ökonomische Wirkungsanalysen (standardisierte Multiplikator-Analysen), um die indirekten Effekte von Investitionen in Projekte zu evaluieren. Der Multiplikator kann allerdings nur den Anstieg des Netto-Einkommens messen, nicht sämtliche Einkommen, die über die Großveranstaltungen der Halle hervorgerufen werden. Die Gefahr besteht darin, den Multiplikatoreffekt zu überschätzen. Vgl. Késenne, S. (1999), S. 341.

[661] Die durchgeführten Verkehrsuntersuchungen der Freien und Hansestadt Hamburg und der Bietergemeinschaft zum Bau der Hamburger Arena zeigen, dass die wirtschaftsgeographischen Auswirkungen im Bereich der Verkehrszuführung und Verkehrsabführung derzeit in annehmbaren Grenzen liegen. Vgl. Gliederungspunkt 7.1.1, S. 180.

Problematisch ist auch, dass die immissionsbedingten Zusammenhänge zwischen Struktur und Verkehr sowie Stadt und Umland bisher noch wenig durchleuchtet sind. Es böte sich ein Instrumenteneinsatz an, über den sich die Mobilität steuern ließe.[662] Zum Beispiel trägt die Flexibilisierung der Ladenöffnungszeiten zu einer Entzerrung verkehrsbedingter Ballungszeiten bei. Deswegen ist die Möglichkeit sinnvoll, Freizeitstandorte „rund-um-die-Uhr" zu öffnen.

Aus der Bauleitplanung resultieren ebenfalls stadtwirtschaftliche Effekte, da für jede neue Immobilie Bodenflächen bereitzustellen sind; aus den Baumaßnahmen können sodann umweltverändernde Effekte folgen. Deshalb sind die geographischen Auswirkungen eines Immobilien-Projekts auf die Raumstruktur zu prüfen. Maßgebend ist dabei die Abstimmung mit dem Baugesetzbuch, die bereits bei den Planungsvorschlägen beginnen sollte.[663] Umzusetzende Projektziele stehen somit im Zusammenhang mit der Entwicklung innerstädtischer Nutzungspotenziale. Es ist von besonderer Bedeutung, ökonomische und ökologische Strategien zu verzahnen, da groß angelegte Veranstaltungsanlagen ein hohes Publikumsinteresse auf sich ziehen. Dies gilt nicht nur für kleinräumige Strukturen; auch für Regionen übergreifende Strukturen sollten Zieldimensionen mit dem Anspruch einer nachhaltigen Flächenentwicklung aufgestellt werden.

Die freizeitwirtschaftliche Immobilien-Projektentwicklung befindet sich inmitten eines Konflikts zwischen Gewinn- und Wachstumsstreben, Bereitstellung öffentlicher Freizeitinfrastruktur und Förderung von Raumstrukturen am Rande der Stadt. Um ein ausgewogenes Gleichgewicht zwischen diesen Bestrebungen herzustellen, die nicht zu Lasten der Umwelt gehen dürfen, stellt sich die Frage, welche Richtung zukünftige Aktivitäten und Maßnahmen zur Stadtentwicklung einschlagen sollen. Die Möglichkeit, Stadtentwicklung über neue Projekte und Großveranstaltungen zu gestalten, sollte in der Form wahrgenommen werden, dass die natürlichen Ressourcen so schonend wie möglich genutzt werden, um ihre Regenerierbarkeit sicherzustellen (Sustainable-Development-Konzept).

Angesichts der Debatte um die fortschreitende Zersiedelung der Landschaft bis hin zur Schaffung zwischenstädtischer Strukturen rückte die räumliche Entwicklung in den Kern der Betrachtung. Aus Sicht einer räumlichen Entwicklung werden Freizeitgebiete in der öffentlichen Wahrnehmung oftmals als Bedrohung für die bestehenden Innenstädte gesehen. In jüngster Vergangenheit sind einige Immobilien-Projekte entstanden, die Freizeit und Einzelhandel kombiniert anbieten. Veranstaltungs- und Einzelhandelszentren entstehen vielfach an den Rändern oder im Umland der Städte. Daraus lässt sich eine Strukturveränderung im Freizeitsegment ableiten. Die Nutzungsvielfalt in den Innenstädten als wesentlichen Orten des Handels, zentralen Orten der Kommu-

---

[662] Vgl. Oelmann, H. (1998), S. 189 ff.

[663] Vgl. Spitzer, H. (Hrsg.) (1995), S. 186 f. Die Bedeutung einer urbanen nachhaltigen Projekt- und Stadtentwicklung ist im Gliederungspunkt 7, S. 173, herausgearbeitet worden.

nikation und wichtigen Standorten für Dienstleistungen und kulturelle Einrichtungen droht durch neu entstehende Freizeit- und Dienstleistungszentren am Stadtrand zu verschwinden. Gegenwärtig gibt es viele Initiativen zur Stärkung der Innenstädte und zur Erhaltung ihrer oberzentralen Funktion. Über gesetzliche Verordnungen werden Einzelhandelsschwerpunkte in peripheren Lagen verhindert, da eine zentrenschädigende Wirkung befürchtet wird. Gleichzeitig haben die Innenstädte in den letzten Jahren an Einkaufsattraktivität eingebüßt; die innerstädtische Kaufkraft ist zurückgegangen.

Die Ursachen dieser Entwicklung liegen einerseits in den veränderten Einkaufgewohnheiten der Menschen begründet; filialisierter und großflächiger Handel bestimmt das Angebot. Andererseits führt die zunehmende Suburbanisierung zu neuen Nachfragestrukturen. Die Entwicklung einer Arena ist somit stets in diesem Wirkungskreis zu betrachten. Es gilt abzuwägen, welche Nutzungsfunktionen sich eignen, um einen Freizeitstandort zu unterstützen und damit einhergehend keine Konkurrenz für bereits bestehende Flächenräume zu fördern. Am Hamburger Fallbeispiel konnten wichtige Abwägungen dargestellt werden, die schließlich die gegenwärtig zulässigen Nutzungen begründen. Der Entwicklungsstand des Veranstaltungsgebiets am Altonaer Volkspark zeigt, dass gesetzliche Vorgaben ohne unterstützende öffentliche Förderung zu einem Umsetzungsstillstand führen können; einzelne städtische Funktionsräume beeinflussen sich gegenseitig.

Im Hinblick auf die zukünftige Flächenentwicklung des Altonaer Volksparks besteht dennoch vielfältiges Gestaltungspotenzial. Wenn die bestehenden Flächenräume konzeptionell neu strukturiert sind, kann sich der Hamburger Standort besonders ausprägen. Bevor die Flächenentwicklung jedoch weiter vorangebracht wird, ist das Zusammenspiel aller beteiligten Akteure über die Immobilien-Projektentwicklung in Einklang zu bringen, denn Ökonomie, Öffentlichkeit und Ökologie stehen in einem interdependenten Wirkungszusammenhang. Damit das öffentliche Vorgehen nicht wirkungslos bleibt, sollten Rückkoppelungen mit privaten Investoren stattfinden. Hierfür eignen sich öffentlich-private Kooperationen (PPP), die eine Chance darstellen, um weitere Projekte zu entwickeln.

Eine gute Gelegenheit, lokale Zusammenhänge im Untersuchungsgebiet zu stärken, ist die wissensbasierte Förderung von clusterorientierten Wirkungsbeziehungen. Besonders die herausragende städtische Stellung Hamburgs inmitten der Metropolregion lässt sich nutzen, um eine junge kreative Zielgruppe anzusprechen. Unterstützt wird diese Strategie von den Zuwanderungsströmen zwischen Hamburg und seinem Umland; junge Menschen ziehen verstärkt in die Stadt. Im gesellschaftspolitischen Betrachtungsrahmen sind in der Stadt kulturelle und freiheitliche Erfahrungen zu sammeln. Aus ökonomischer Sicht bietet die Stadt jungen Menschen ein adäquates technologisches und wissenschaftliches Dienstleistungsangebot.[664] Die Stadt profitiert wiederum von dem Wertschöpfungspotenzial dieser Zielgruppe. Es besteht somit die

---

[664] Vgl. weiterführend Florida, R. (2004), S. 67 ff.

Möglichkeit, diese Entwicklung zu nutzen und aus dem derzeitigen solitären Standort am Altonaer Volkspark einen integrierten zukunftsorientierten Standort zu entwickeln, der über die Grenzen Hamburgs hinausgehend Nachfrage schafft und zur Entwicklung von weiterem städtischem Potenzial beitragen kann.

Diese Erkenntnis spricht dafür, dass es in der Immobilien-Projektentwicklung wichtig ist, gesellschaftliche Veränderungen wahrzunehmen und die Projekte so zu modulieren, dass Freiraum für zukünftige Nutzungen bestehen bleibt. Die eingangs erwähnte, oftmals vereinfacht kommunizierte Formel „Ökonomie versus Ökologie“ wird der Komplexität des gewählten Themengebiets nicht gerecht. Es kommt vor allem bei Flächen wie dem Freizeit- und Erholungsgebiet des Altonaer Volksparks darauf an, ökonomische und gesellschaftliche Veränderungen durch die Stadtplanung zu berücksichtigen. Eine Vernetzung mit weiteren Zielebenen kann so auch über die Stadtgrenzen hinaus stattfinden.

Bemerkenswerter Weise sind stadtwirtschaftliche Effekte durch die multifunktionale Großveranstaltungshalle in Hamburg entstanden, obwohl die Projekt-Konzeption nicht vollständig umgesetzt wurde. Offensichtlich realisieren sich stadtwirtschaftliche Effekte bereits ohne abgeschlossene Umsetzung sämtlicher Bestandteile der Projekt-Konzeption. Dies bestätigt die große Bedeutung der Arena für die Stadt Hamburg; zukünftige Projekte könnten ebenfalls Nutzen stiftend wirken. Um indirekte Effekte am Standort zu fördern und dadurch den Betrieb der Arena zu unterstützen, liegt es nun an Hamburg, die Weichen für weitere Entwicklungsschritte zu stellen.

Das Themengebiet der Immobilien-Projektentwicklung wird auch in Zukunft nicht an Attraktivität verlieren, da es stets einen Bedarf an Immobilien-Projekten gibt. Die Metropolregion Hamburg, besonders die Freie und Hansestadt Hamburg, zieht nicht nur internationale Investitionen an, sondern auch Wohlstand, Kaufkraft und junge Menschen. Ein international anerkanntes Freizeit- und Veranstaltungsgebiet kann sich zum Kristallisationspunkt für künftige Innovationen ausbilden. Es ist zu beobachten, dass die Zusammenarbeit, aber auch der Wettbewerb zwischen Regionen konzentrierter geworden ist. Unter diesem Einfluss von beschleunigten Innovationszyklen und wachsendem Wettbewerb entscheidet ein Alleinstellungsmerkmal oftmals über einen Spitzenstandort. Hamburg hat einen bedeutenden, aber weitestgehend noch ungenutzten Spitzenstandort, den es in Zukunft zu entwickeln gilt.

Die Bildung von Kompetenzfeldern ist eine Möglichkeit, um sich im Wettbewerb zu behaupten. Nun sollten aus Sicht der Stadtentwicklung schnellstmöglich Vorschläge unterbreitet werden, um die Planungsunsicherheit der gegenwärtigen Situation aufzuheben und gleichzeitig keinen Zweifel an der Umsetzungsbereitschaft der Stadt aufkommen zu lassen.

Literatur- und Quellenverzeichnis

Aaker, D. A. (1989): Strategisches Markt-Management. Wettbewerbsvorteile erkennen. Märkte erschließen. Strategien entwickeln. Wiesbaden.

Ahlert, G. (2002): Fußball-WM 2006. Makroökonomische Analyse alternativer Finanzierungsstrategien. In: Horch, H.-D. (Hrsg.) et al.: Finanzierung des Sports. Beiträge des 2. Kölner Sportökonomie-Kongresses. Edition Sportökonomie und Sportmanagement. Bd. 2. Aachen, S. 99–110.

Albers, G. (1991): Anmerkungen zur Stadtregion aus der Sicht der Stadtplanung. In: Goppel, K./Schaffer, F. (Hg.): Raumplanung in den 90er Jahren. Grundlagen, Konzepte, politische Herausforderungen in Deutschland und Europa – Bayern im Blickpunkt. Festschrift für *Karl Ruppert.* Augsburg, S. 258–265.

Alois Info (2004): Stoffdefinitionen. In: avl: url: http://www.aloisinfo.de/Stoffdefinitionen.htm. 21.10 Uhr. 28.07.2004, S. 1–6.

Altekamp, K./Dieckert, J./Koch, J./Winkler, J. (1982): Materialien zum Sport in Nordrhein-Westfalen. Eine Schriftenreihe des Kultusministers. Sport-Mehrzweckhallen. H. 3. Köln.

Altmannshofer, R. (2003): Modell der Zukunft? Public Private Partnership als Ausweg aus dem Investitionsstau. In: Der Facility Manager. H. 5. Merching, S. 40–41.

Amelung, V. E. (1996): Gewerbeimmobilien: Bauherren. Planer. Wettbewerber. Berlin.

Amelung, V. E. (1996a): Baukosten besser einschätzen. In: Immobilien Manager. H. 4. Köln, S. 14–16.

Ammer, U./Buchwald, K. (1998): Freizeit, Tourismus und Umwelt. In: Buchwald, K./Engelhardt, W. (Hrsg.): Umweltschutz – Grundlagen und Praxis. Bd. 11. Bonn, S. 1–9.

Amtlicher Anzeiger (1997): Bekanntmachungen. Einleitung eines Bebauungsplanverfahrens. Einleitung einer Anderung des Flächennutzungsplans.09.05.1997. Hamburg, S. 1113.

Angebot der Bietergemeinschaft zur Arena (1997): Eine Mehrzweckhalle für Hamburg verbunden mit dem Umbau des Volksparkstadions eingebunden in die Entwicklung eines Freizeit- und Erlebniszentrums im Hamburger Volkspark. Bietergemeinschaft (Arena AG/Holzmann AG/Arena Management AG/Deuteron Holding GmbH & Co. KG/DDP Deuteron GmbH/ Deuteron Entertainment Development Group, L. P.). Hamburg.

Arena Hannover GmbH (2005): Daten der Hannover Arena. In: http:// www.gp-papenburg.de/p_arena/frameset.php?URL=http://www.gppapenburg.de/p_arena/veranstaltungen/veranstaltungen.php. 09.08.2005. 10.58 Uhr, S. 1.

Arlt, G./Pfeil, F. (1996): Flächennutzungskonkurrenzen – Typisierung von Nutzungskonflikten. In: Brake, K./Richter, U. (Hrsg.): Methoden zur Analyse und Bewertung von Flächennutzungs- und Standortmustern. Nachhaltige Entwicklung von Großstadtregionen. Dokumentation der 2. und 3. Projektwerkstatt. Dezernat Stadtentwicklung und Bau Dresden. 14./15.03.1996. Dezernat Stadtentwicklung und Raumplanung Leipzig. 17./18.06.1996. Oldenburg, S. 27–44.

Arlt, G./Siedentop, S. (1996): Grundzüge eines Sustainability-Konzepts für Siedlungs- und Flächenentwicklung in Großstadtregionen. In: Brake, K./Richter, U. (Hrsg.): Sustainable Urban Development. Ausgangsüberlegungen zur Theorie einer nachhaltigen Stadtentwicklung. Dokumentation der 1. Projektwerkstatt. Referat für Stadtplanung und Bauordnung München. 29./30.06.1995. Oldenburg, S. 13–30.

Arlt, G./Weise, P. (1996): Zur ökonomischen Bewertung von Flächennutzungen. In: Brake, K./Richter, U. (Hrsg.): Methoden zur Analyse und Bewertung von Flächennutzungs- und Standortmustern. Nachhaltige Entwicklung von Großstadtregionen. Dokumentation der 2. und 3. Projektwerkstatt. Dezernat Stadtentwicklung und Bau Dresden. 14./15.03.1996. Dezernat Stadtentwicklung und Raumplanung Leipzig. 17./18.06.1996. Odenburg, S. 45–52.

Ausschreibungsunterlagen zur Arena am Volkspark (1996): Ausschreibungsunterlagen zum Investorenwettbewerb der Mehrzweckhalle Hamburg vom 17.04.1996. Freie und Hansestadt Hamburg. Hamburg.

Barrett, S. M./Stewart, M./Underwood, J. (1978): The land market and the Development Process. A Review of Research and Policy. In: Occasional Paper. School of Advanced Urban Studies. No. 2. Bristol. o. S.

Bathelt, H./Glückler, J. (2003): Wirtschaftsgeographie. Okonomische Beziehungen in räumlicher Perspektive. 2. Aufl. Stuttgart.

Bau- und Umweltschutzdirektion Kanton Basel-Landschaft (2003): Merkblatt „Teerhaltige Beläge". Vorgehen beim Ausbau, bei der Aufbereitung und der Entsorgung. Basel/Liestal.01.03.2003. In: http://www.aue-bs.ch/de /abfall/_pdf/Merkblatt Teer.pdf. 28.07.2004. 20.43 Uhr, S. 1–3.

BauGB (2004): Beck'sche Textausgaben. Baugesetzbuch mit Wertermittlungsverordnung und Richtlinien. Baunutzungsverordnung. Planzeichenverordnung. Raumordnungsgesetz und Raumordnungsverordnung. 23. Aufl. Stand: 07/2004. München.

BauNVO (2004): Verordnung über die bauliche Nutzung der Grundstücke – Baunutzungsverordnung in der Fassung der Bekanntmachung vom 23. Januar 1990. In: BauGB: Beck'sche Textausgaben. Baugesetzbuch mit Wertermittlungsverordnung und Richtlinien. Baunutzungsverordnung. Planzeichenverordnung. Raumordnungsgesetz und Raumordnungsverordnung. 23. Aufl. Stand: 07/2004. München, S. 255–351.

Becker, J. (1993): Marketing-Konzeption. Grundlagen des strategischen Marketing-Manage-ments. 5. Aufl. München.

Becker, J. (1998): Marketing-Konzeption. Grundlagen des strategischen und operativen Marketing-Management. 6. Aufl. München.

Begründung zum Bebauungsplan (2004): Begründung zum Bebauungsplan Bahrenfeld 37/Eidelstedt 64. Auslegung 1997. Freie und Hansestadt Hamburg – Behörde für Wirtschaft und Arbeit. Hamburg.

Benkenstein, M. (1997): Strategisches Marketing. Ein wettbewerbsorientierter Ansatz. Stuttgart/Berlin/Köln.

Bergler, R. (1991): Standort als Imagefaktor. In: Deutsche Public Relations Gesellschaft e. V. (DPRG): Führung und Kommunikation. Erfolg durch Partnerschaft. Standort als Imagefaktor. DPRG-Jahrestagung vom 09. bis 11.05.1991 in Essen. Bonn, S. 47–50.

Bette, K.-H./Schimank, U. (2000): Sportevents. Eine Verschränkung von „erster" und „zweiter Moderne". In: Gebhardt, W./Hitzler, R./Pfadenhauer, M. (Hrsg.): Events. Soziologie des Außergewöhnlichen. Opladen, S. 307–323.

Beyard, M. D. et al. (1998): Developing Urban Entertainment Centers. Urban Land Institute. Washington D. C.

Bezirksversammlung Hamburg-Nord (2005): Drucksache 0367/05. Große Anfrage der CDU-Fraktion zur Alsterdorfer Sporthalle (AS) und Antwort des Bezirksamtes. Hamburg.

Bialas, G. (2000): Stadt-Events. Zur Akzeptanz innerstädtischer Großveranstaltungen. In: Keul, A. G./Bachleitner, R. (Hrsg.) et al.: Gesund durch Erleben? Beiträge zur Erforschung der Tourismusgesellschaft. Tourismuswissenschaftliche Manuskripte. Bd. 8. München, S. 113–119.

Billing, K. (1996): Die Kosten-Nutzen-Analyse als Methode zur Bewertung von Flächennutzungskonkurrenzen. In: Brake, K./Richter, U. (Hrsg.): Methoden zur Analyse und Bewertung von Flächennutzungs- und Standortmustern. Nachhaltige Entwicklung von Großstadtregionen. Dokumentation der 2. und 3. Projektwerkstatt. Dezernat Stadtentwicklung und Bau Dresden. 14./15.03.1996. Dezernat Stadtentwicklung und Raumplanung Leipzig. 17./18.06.1996. Oldenburg, S. 53–59.

Billing, K./Meurer, P. (1996): Das Beispiel Heller – Vorgehensweise für eine Kosten-Nutzen-Bewertung alternativer Entwicklungspfade der Flächennutzung. In: Brake, K./Richter, U. (Hrsg.): Methoden zur Analyse und Bewertung von Flächennutzungs- und Standortmustern. Nachhaltige Entwicklung von Großstadtregionen. Dokumentation der 2. und 3. Projektwerkstatt. Dezernat Stadtentwicklung und Bau Dresden. 14./15.03.1996. Dezernat Stadtentwicklung und Raumplanung Leipzig. 17./18.06.1996. Oldenburg, S. 67–86.

Bisson, M. (2003): Breaking new ground. In: Stadia magazine: The price is right. Is the game up for fixed-price tickets? Issue 21.03.2003. Brighton. UK, S. 37–38.

Bisson, M. (2005): English venues join the European arenas boom. The European arenas market is coming of age with the development of a new breed of facilities according to one developer. In: http://www.stadia.tv/archive/user /news_article.tpl?id=20030612113600. 18.03.2005. 15.43 Uhr, S. 1–2.

Blomeyer, G. (2002): Immobilienmarketing. In: Schäfer, J./Conzen, G. et al. (Hrsg.): Praxishandbuch der Immobilien-Projektentwicklung. München, S. 497–538.

Blotevogel, H. H. (1997): Berlin in der Entwicklung des deutschen Städtesystems. In: Süß, W./Quast, W. (Hg.): Berlin-Metropole im Europa der Zukunft. Internationales Symposium. Freie Universität Berlin am 06.05.1997. Berlin, S. 130–136.

Bobber, M./Brade, K. (2002): Immobilienmarketing. In: Schulte, K.-W. (Hrsg.) et al.: Immobilienökonomie. Bd. 1. Betriebswirtschaftliche Grundlagen.2. Aufl. München/Wien, S. 581–644.

Boczek, B. (2004): Qualifizierungspotenziale der urbanen Landschaft von der Konfrontation zur Kooperation. In: Bölling, L./Sieverts, T. (Hrsg.): Mitten am Rand. Auf dem Weg von der Vorstadt über die Zwischenstadt zur regionalen Stadtlandschaft. Bd. 1. Wuppertal, S. 136–151.

Bölling, L. (2004): Zwischenstadt lesen. Spurensuche zwischen „Downtown Eschborn-Sossenheim" und „Airport Rhein-Main". In: Bölling, L./Sieverts, T. (Hrsg.): Mitten am Rand. Auf dem Weg von der Vorstadt über die Zwischenstadt zur regionalen Stadtlandschaft. Bd. 1. Wuppertal, S. 94–113.

Bölling, L./Sieverts, T. (2004): Einleitung. In: Bölling, L./Sieverts, T. (Hrsg.): Mitten am Rand. Auf dem Weg von der Vorstadt über die Zwischenstadt zur regionalen Stadtlandschaft. Bd. 1. Wuppertal, S. 6–9.

Bone-Winkel, S. (1994): Das Strategische Management von offenen Immobilienfonds unter besonderer Berücksichtigung der Projektentwicklung von Gewerbeimmobilien. Diss. Schriften zur Immobilienökonomie. Köln.

Bone-Winkel, S./Sotelo, R. (1995): Warum werden Büroflächen (nicht) vermietet? Einige grundlegende Anmerkungen über den Immobilienmarkt am Beispiel Berlins. In: Grundstücksmarkt und Grundstückswert (GuG). 6. Jg. H. 4. o. O., S. 199–205.

Bönig, C. (2003): Rund um die beiden Arenen droht der Verkehrskollaps. In: Die Welt. 10.04.2003. Hamburg, S. 41.

Borden, N. H. (1964): The concept of marketing mix. In: Journal of Advertising Research. Vol. 4. o. O., S. 2–7.

Bortz, J./Doering, N. (1996): Forschungsmethoden und Evaluation. Berlin.

Bose, M. (1994): Wirkungsanalyse eines stadtregionalen Siedlungsstrukturkonzepts und Ansätze für eine Neuorientierung. Das Entwicklungsmodell für Hamburg und sein Umland. Hamburg.

Boustedt, O. (1975): Grundriss der empirischen Regionalforschung. Teil I. Raumstrukturen. Bd. 4. Hannover.

Boustedt, O. (1975a): Grundriss der empirischen Regionalforschung. Teil III. Siedlungsstrukturen. Bd. 6. Hannover.

Boustedt, O. (1978): Überlegungen zur planerischen Beeinflussung der Suburbanisierung. In: Akademie für Raumforschung und Landesplanung: Beiträge zum Problem der Suburbanisierung. 2. Teil. Ziele und Instrumente der Planung im suburbanen Raum. Forschungs- und Sitzungsberichte. Bd. 125. Hannover, S. 69–84.

Brake, K. (2004): Der suburbane Raum als Standorttyp zwischen „Appendix" und „Abkoppelung"? Ein Beitrag zur aktuellen Ortsbestimmung. In: Bölling, L./Sieverts, T. (Hrsg.): Mitten am Rand. Auf dem Weg von der Vorstadt über die Zwischenstadt zur regionalen Stadtlandschaft. Bd. 1. Wuppertal, S. 196–199.

Brake, K./Netzbandt, A. (1996): Ziele und Leitbilder „nachhaltiger Entwicklung" im Hinblick auf die Siedlungsstruktur in Großstädten. In: Brake, K./Richter, U. (Hrsg.): Grundzüge eines Sustainability-Konzepts für Siedlungs- und Flächenentwicklung in Großstadtregionen. In: Brake, K./Richter, U. (Hrsg.): Sustainable Urban Development. Ausgangsüberlegungen zur Theorie einer nachhaltigen Stadtentwicklung. Dokumentation der 1. Projektwerkstatt. Referat für Stadtplanung und Bauordnung München. 29./30.06.1995. Oldenburg, S. 31–35.

Brannasch, A. (1993): Die Sport-Studie. Hamburg.

Brenck, A. (1992): Moderne umweltpolitische Konzepte. Sustainable Development und ökologisch-soziale Marktwirtschaft. In: Zeitschrift für Umweltpolitik und Umweltrecht. H. 4. o. O., S. 380–384.

British American Tobacco Germany (2004): Freizeitmobilität: Die Lust am Autofahren. Forschung aktuell. 135. Ausg. 18. Jg.. 11.06.1997. In: http://www.62.67.60.101/_default/_a/16qbhw3/_default/Aktuell.PublikationDetail?FE=0&CID=360&CE=47. 02.08.2004. 13.20 Uhr, S. 1–3.

Bruhn, M. (1991): Sponsoring. Unternehmen als Mäzene und Sponsoren. 2. Aufl. Frankfurt.

Bruhn, M. (1997): Kommunikationspolitik. Bedeutung. Strategien. Instrumente. München.

Brychcy, U. (1992): Arenen-Fieber in den Städten. In: Süddeutsche Zeitung. 26./27.09.1992. München, S. 21.

Brysch, A. (1999): Die wirtschaftliche Bedeutung des Tourismus. In: Schnell, P./Potthoff, K. E. (Hrsg.): Wirtschaftsfaktor Tourismus. Vorträge einer Tagung der Arbeitsgemeinschaft Angewandte Geographie Münster e. V. (AAG) am Institut für Geographie der Westfälischen Wilhelms-Universität Münster und des Arbeitskreises Tourismus des Deutschen Verbandes für Angewandte Geographie e. V. (DVAG). Münster, S. 1–6.

Budäus, D. (2000): New Public Management und Stadtmarketing. In: Zerres, M./Zerres, I. (Hg.): Kooperatives Stadtmarketing. Konzepte, Strategien und Instrumente zur Erhöhung der Attraktivität einer Stadt. Stuttgart, S. 61–76.

Budäus, D. (2002): Wandel des öffentlichen Sektors und daraus resultierende Konsequenzen für Fachverwaltungen In: Horch, H.-D. (Hrsg.) et al.: Finanzierung des Sports. Beiträge des 2. Kölner Sportökonomie-Kongresses. Edition Sportökonomie und Sportmanagement. Bd. 2. Aachen, S. 225–243.

Bund für Umwelt und Natur Deutschland/Misereor (Hrsg.) (1996): Zukunftsfähiges Deutschland. Ein Beitrag zu einer global nachhaltigen Entwicklung. Basel/Boston/Berlin, S. 252.

Bundesamt für Bauwesen und Raumordnung (1975): Raumordnungsprogramm für die großräumige Entwicklung des Bundesgebietes. Bonn.

Bundesamt für Bauwesen und Raumordnung (2000): Stadtentwicklung und Städtebau in Deutschland. Ein Überblick. Bd. 5. Bonn.

Bundesamt für Bauwesen und Raumordnung (2002): Europäische Verflechtungen deutscher Metropolräume und Auswirkungen auf die Raumstruktur des Bundesgebietes. H. 109. Bonn.

Bundesamt für Bauwesen und Raumordnung (2002a): Anwendungsstudie zum regionalen Flächennutzungsplan. Endbericht. H. 108. Bonn.

Bundesamt für Bauwesen und Raumordnung (2003): Szenarien zur Raumentwicklung. Raum- und Siedlungsstrukturen Deutschlands. H. 112. Bonn.

Bundesforschungsanstalt für Landeskunde und Raumordnung (Hrsg.) (1994): Freizeit- und Ferienzentren. Umfang und regionale Verteilung. Forschungsprojekt im Auftrag des Bundesministeriums für Raumordnung, Bauwesen und Städtebau. Bonn.

Bundesministerium für Raumordnung, Bauwesen und Städtebau (1993): Raumordnungspolitischer Orientierungsrahmen. Leitbild für die räumliche Entwicklung der Bundesrepublik Deutschland. Bonn.

Bundesministerium für Raumordnung, Bauwesen und Städtebau (1996): Siedlungsentwicklung und Siedlungspolitik. Nationalbericht Deutschland zur Konferenz HABITAT II. Ein Überblick. Bonn.

Bundesministerium für Verkehr, Bau- und Wohnungswesen/Bundesministerium für wirtschaftliche Zusammenarbeit und Entwicklung (2001): Auf dem Weg zu einer nachhaltigen Siedlungsentwicklung. Nationalbericht der Bundesrepublik Deutschland zur 25. Sondersitzung der Generalversammlung der Vereinten Nationen („Istanbul + 5"). Abschließend beraten auf der Sitzung des deutschen Nationalkomitees am 8. Februar 2001. Berlin.

Bürgerschaft der Freien und Hansestadt Hamburg (1995): Drucksache 15/4100. Abschlussbericht der Enquete-Kommission „Stadtentwicklung" der Hamburgischen Bürgerschaft. Bd. 1. Bericht, Ziele und Aufgaben der künftigen Stadtentwicklung. Hamburg.

Bürgerschaft der Freien und Hansestadt Hamburg (1995a): Drucksache 15/4100. Abschlussbericht der Enquete-Kommission „Stadtentwicklung" der Hamburgischen Bürgerschaft. Bd. 2. Grundsatzpapiere. Hamburg.

Bürgerschaft der Freien und Hansestadt Hamburg (1997): Drucksache 15/7026. Mitteilung des Senats an die Bürgerschaft. Anhandgabe der Grundstücksflächen A, B und C1 bis C4 gemäß Anlage zur Mitteilung an die Bürgerschaft für den Bau einer privatwirtschaftlich finanzierten Mehrzweckhalle und die Sicherung eines langfristig bespielbaren Fußballstadions für nationale und internationale Ligaspiele im Volkspark-Altona. 15. Wahlperiode. 25.02.1997. Hamburg.

Bürgerschaft der Freien und Hansestadt Hamburg (1997a): Drucksache 15/7281. Mitteilung des Senats an die Bürgerschaft. Kommunale Agenda 21 Hamburg. Sachstandsbericht. 15. Wahlperiode. 08.04.1997. Hamburg.

Bürgerschaft der Freien und Hansestadt Hamburg (1997b): Drucksache 15/7314. Bericht des Haushaltsausschusses über die Drucksache 15/7026. Anhandgabe der Grundstücksflächen A, B und C1 bis C4 gemäß Anlage zur Mitteilung an die Bürgerschaft für den Bau einer privatwirtschaftlich finanzierten Mehrzweckhalle und die Sicherung eines langfristig bespielbaren Fußballstadions für nationale und internationale Ligaspiele im Volkspark-Altona. 15/7098 und 15/7099. 15. Wahlperiode. 18.04.1997. Hamburg.

Bürgerschaft der Freien und Hansestadt Hamburg (1999): Drucksache 16/2083. Schriftliche Kleine Anfrage des Abgeordneten *Volker Okun* (CDU) vom 03.02.1999 und Antwort des Senats. Betr.: Sportstättenförderung. 16. Wahlperiode. 12.02.1999. Hamburg.

Bürgerschaft der Freien und Hansestadt Hamburg (2000): Drucksache 16/3906. Mitteilung des Senats an die Bürgerschaft. Bau einer Mehrzweckhalle im Volkspark-Altona. 16. Wahlperiode. 29.02.2000. Hamburg.

Bürgerschaft der Freien und Hansestadt Hamburg (2000a): Drucksache 16/5220. Mitteilung des Senats an die Bürgerschaft. Grundstücksübertragung zum Bau einer Mehrzweckhalle im Volkspark-Altona. 16. Wahlperiode. 05.12.2000. Hamburg.

Bürgerschaft der Freien und Hansestadt Hamburg (2002): Drucksache 17/2012. Mitteilung des Senats an die Bürgerschaft. Dringlicher Antrag. Bewerbungskonzept für die Ausrichtung der Olympischen Sommerfestspiele 2012 in Hamburg. 17. Wahlperiode. 30.04.2002. Hamburg.

Bürgerschaft der Freien und Hansestadt Hamburg (2004): Drucksache 18/677. Bericht des Sportausschusses zum Thema Tennis Masters in Hamburg – Rückblick und Ausblick (Selbstbefassungsangelegenheit). 18. Wahlperiode. 04.08.2004. Hamburg.

Bürgerschaft der Freien und Hansestadt Hamburg (2004a): Drucksache 18/1510. Mitteilung des Senats an die Bürgerschaft. Stellungnahme des Senats zu dem Ersuchen der Bürgerschaft vom 10. Juni 2004. Arenen einbinden. Drucksache 18/424. 18. Wahlperiode. 21.12.2004. Hamburg.

Bürgerschaft der Freien und Hansestadt Hamburg (2004b): Drucksache 18/84. Schriftliche Kleine Anfrage des Abgeordneten *Jürgen Schmidt* (SPD) vom 06.04.2004 und Antwort des Senats. 18. Wahlperiode. 13.04.2004. Hamburg.

Bürgerschaft der Freien und Hansestadt Hamburg (2004c): Drucksache 18/1190. Große Anfrage der Abgeordneten *Jens Kerstan* u. a. (GAL) und Fraktion vom 09.11.2004. Krise des Einzelhandels in Hamburg – was nützen Sanierungsgebiete und Business Improvement Districts? 18. Wahlperiode. 07.12.2004. Hamburg.

Bürgerschaft der Freien und Hansestadt Hamburg (2004d): Nr. 18/3 und Nr. 18/5. Wortprotokoll der öffentlichen Sitzung des Sportausschusses und des Stadtentwicklungsausschusses. 18. Wahlperiode. 19.08.2004. Hamburg.

Bürgerschaft der Freien und Hansestadt Hamburg (2005): Drucksache 18/1674. Bericht des Sportausschusses über die Drucksache 18/320. Masterplan Volkspark. Zukunft des Altonaer Volksparks unter Einbeziehung von Sport-, Freizeit- und Erholungseinrichtungen. Antrag der CDU-Fraktion. 18. Wahlperiode. 01.02.2005. Hamburg.

Bürgerschaft der Freien und Hansestadt Hamburg (2005a): Drucksache 18/1674. Anlage. Stellungnahme des Stadtentwicklungsausschusses an den Sportausschuss über die Drucksache 18/320. Masterplan Volkspark. Zukunft des Altonaer Volksparks unter Einbeziehung von Sport-, Freizeit- und Erholungseinrichtungen. Antrag der CDU-Fraktion. 18. Wahlperiode. 01.02.2005. Hamburg.

Bürgerschaft der Freien und Hansestadt Hamburg (2005b): Drucksache 18/1685. Antrag der Abgeordneten *Jürgen Schmidt* u.a. (SPD) und Fraktion. Altonaer Jugendpark. 18. Wahlperiode. 02.02.2005. Hamburg.

Burgess, E. W. (1961): The Growth of the City. An Introduction to a Research Project. In: Theodorson, G. A. (Hrsg.): Studies in Human Ecology. Evanston. New York, S. 37–44.

Burmeister, J. (1988): Sport als Aufgabe kommunaler Selbstverwaltung? In: Burmeister, J. (Hrsg.): Sport im kommunalen Wirkungskreis. Heidelberg, S. 37–66.

Chapman, K./Walker, D. (1987): Industrial Location: Principles and Policies. Oxford/New York.

Chmielewicz, K. (1994): Forschungskonzeptionen der Wirtschaftswissenschaften. 3. Aufl. Stuttgart.

Christ, W./Bölling, L. (2004): Zwischenstadt – Gezeichnete Hypothesen. In: Bölling,L./Sieverts, T. (Hrsg.): Mitten am Rand. Auf dem Weg von der Vorstadt über die Zwischenstadt zur regionalen Stadtlandschaft. Bd. 1. Wuppertal, S. 232–233.

Christaller, W. (1980/1933): Die zentralen Orte in Süddeutschland: Eine ökonomisch-geographische Untersuchung über die Gesetzmäßigkeiten der Verbreitung und Entwicklung der Siedlungen mit städtischen Funktionen. 3. Aufl. Darmstadt.

Craig, S. C./Ghosh, A./McLafferty, S. (1984): Models of Retail Location Process. A Review. In: Journal of Retailing. Vol. 60. Nr. 1. o. O., S. 24.

D+J Arena Hamburg GmbH (2002): Presseinformation. Die Color Line Arena: die modernste Multifunktionsarena Europas. Stand: 11/2002. Hamburg.

D+J Arena Hamburg GmbH (2002a): Die Kapazitäten der Color Line Arena. Stand 11/2002. Hamburg.

D+J Arena Hamburg GmbH (2004): Color Line Arena. In: http://www.colorline-arena.de/yesFlash.htm. 15.08.2004. 13.20 Uhr, S. 1–10.

D+J Arena Hamburg GmbH (2005): Lageplan der Hamburger Arena. In: http:// www.colorline-arena.com/besucherinfos/anfahrt.html. 25.03.2005. 17.31 Uhr, S. 1.

D+J Arena Hamburg GmbH (2005a): Anfahrtsplan der Hamburger Arena. In: http:// www.colorline-arena.com/besucherinfos/anfahrt/popup_ anfahrts-plan.html. 25.03.2005. 18.07 Uhr, S. 1.

Danielzyk, R./Oßenbrügge, J. (2003): Globale Bedingungen und lokale Perspektiven für Wettbewerbs- und Kooperationsformen in Metropolregionen. In: Döring, E. M./Engelhardt, G. H./Feindt, P. H./Oßenbrügge, J. (Hg.): Stadt – Raum – Natur. Die Metropolregion als politisch konstruierter Raum. Hamburg, S. 17–37.

De Moragas Spà, M. (2001): Information oder Produktion? Die neuen Synergie-Effekte zwischen Massenmedien und Sport. In: Heinemann, K./Schubert, M. (Hrsg.): Sport und Gesellschaften. Schorndorf, S. 209–226.

Dehne, P. (2002): Regionale Entwicklungskonzepte. Begriffsbestimmung und Funktionen. In: Keim, K.-D./Kühn, M.: Akademie für Raumforschung und Landesplanung. Regionale Entwicklungskonzepte: Strategien und Steuerungswirkungen. Hannover, S. 24–33.

Dettmer, H. et al. (Hrsg.) (2000): Tourismustypen. München.

Deutsche Gesellschaft für Geographie (Hrsg.) (2003): DGfG Presseinformationen. Neue Trends in der Freizeitbranche. In: http://www.geographie.de/aktuell/presse/71.html. 24.04.04. 15.35 Uhr, S. 1–2.

Deutsche Tourismus Analyse (2004): Eine Analyse der Freizeit-Forschungsinstitut GmbH/B.A.T. British American Tobacco Germany. Hamburg.

Deutscher Städte- und Gemeindebund DStGB (2002): Public Private Partnership – Neue Wege in Städten und Gemeinden. Dokumentation Nr. 28. Ausg. 12/2002. Berlin.

Diederichs, C. J. (1994): Grundlagen der Projektentwicklung. Teil 1. In: Bauwirtschaft. H. 11. o. O., S. 46.

Diederichs, C. J. (1996): Grundlagen der Projektentwicklung. In: Diederichs, C. J. (Hrsg.): Handbuch der strategischen und taktischen Bauunternehmensführung. Berlin, S. 347–382.

Dietl, H. M./Pauli, M. (2001): Rechtfertigen die erwarteten Tourismusausgaben eine öffentliche Finanzierung neuer Fußballstadien anlässlich der WM 2006? In: Tourismus-Journal. 5. Jg. H. 2. Stuttgart, S. 147–168.

Dietl, H./Pauli, M. (2002): Stadionfinanzierung im deutschen Fußball. Eine lohnende Investition für private Investoren und Profivereine? In: Horch, H.-D. (Hrsg.) et al.: Finanzierung des Sports. Beiträge des 2. Kölner Sportökonomie-Kongresses. Edition Sportökonomie und Sportmanagement. Bd. 2. Aachen, S. 111–130.

Dietrich, K./Heinemann, K. (Hrsg.) (1989): Der nicht-sportliche Sport. Beiträge zum Wandel im Sport. Schorndorf.

Digel, H. (1986): Über den Wandel der Werte in Gesellschaft, Freizeit und Sport. In: Heinemann, K. (Hrsg.) et al.: Die Zukunft des Sports. Materialien zum Kongress Menschen im Sport 2000. Berlin, S. 14–43.

DIN Deutsches Institut für Normung e. V. (2005): Qualitätsmanagement-Lexikon (QM-Lexikon). In: avl: url: http://www.quality.de/lexikon/qualitaet.htm. 04.06.2005. 16.45 Uhr, S. 1.

DIN Deutsches Institut für Normung e.V. (Hrsg.) (1987): DIN 69901 – Projektwirtschaft. Projektmanagement. Begriffe. Berlin u. a.

Dorsey, B. (2001): In the lap of luxury. Understanding suite design trends. In: Stadia. Issue 09.05.2001. Wyndeham Grange. UK, S. 87–90.

Eckey, H.-F. (1978): Das Suburbanisierungsphänomen in Hamburg und seinem Umland. In: Akademie für Raumforschung und Landesplanung: Beiträge zum Problem der Suburbanisierung. 2. Teil. Ziele und Instrumente der Planung im suburbanen Raum. Forschungs- und Sitzungsberichte. Bd. 125. Hannover, S. 185–210.

Einacker, I./Mäding, H. (2004): Kräfte und Akteure in der Zwischenstadt. In: Bölling, L./Sieverts, T. (Hrsg.): Mitten am Rand. Auf dem Weg von der Vorstadt über die Zwischenstadt zur regionalen Stadtlandschaft. Bd. 1. Wuppertal, S. 186–189.

Einig, K./Petzold, H./Siedentop, S. (1998): Zukunftsfähige Stadtregionen durch ressourcenoptimierte Flächennutzung. In: Walcha, H./Deesbach, P.-P. (Hrsg.) (1998): Nachhaltige Stadtentwicklung. Impulse. Projekte. Perspektiven. Stuttgart u. a., S. 41–93.

Engert, K. (1997): Kunst, Kultur und Kreativität in einer Metropole. Stadtgeographische und stadtwirtschaftliche Implikationen einer empirischen Untersuchung in Mailand. Diss. H. 32. 1. Aufl. Bremen.

Entschließung der Ministerkonferenz für Raumordnung zur Gestaltung der Ordnungsräume vom 31. Oktober 1977 (1978): In: Akademie für Raumforschung und Landesplanung: Beiträge zum Problem der Suburbanisierung. 2. Teil. Ziele und Instrumente der Planung im suburbanen Raum. Forschungs- und Sitzungsberichte. Bd. 125. Hannover, S. 211–214.

Estermann, H. (1997): Deutschland und Berlin als Wirtschaftsstandort. In: Süß, W./Quast, W./Landesbank Berlin (Hg.): Berlin-Metropole im Europa der Zukunft. Internationales Symposium. Freie Universität Berlin am 06.05.1997. Berlin, S. 116–120.

Eulering, J. (1986): Sportstätten – Zur Entwicklung der Bewegungsumwelt. In: Heinemann, K. (Hrsg.) et al.: Die Zukunft des Sports. Materialien zum Kongress Menschen im Sport 2000. Berlin, S. 112–128.

Eulering, J. (1996): Die sportgerechte Stadt. Zur Zukunftsfähigkeit des Sportstättenbaus. In: Wopp, C. (Hrsg.): Die Zukunft des Sports in Vereinen, Hochschulen und Städten. Symposium „Szenarien zur Zukunft des Sports an Hochschulen und Vereinen“ vom 28. bis 30.09.1993 in Oldenburg. Aachen, S. 198–203.

EXPO 2000 Hannover GmbH (1996): EXPO 2000 Hannover. Die Weltausstellung vom 01. bis 31.10.2000. Erlebnis Zukunft. Der Themenpark der EXPO 2000 Hannover. Berlin.

Falk, B. (Hrsg.) (1996): Fachlexikon Immobilienwirtschaft. Köln.

Fernau, A. K. (1997): Werkzeuge zur Analyse und Beurteilung der internationalen Wettbewerbsfähigkeit von Regionen. Diss. Wiesbaden.

Ferrando, M. G./Hargreaves, J. (2001): Das Olympische Paradox und Nationalismus. Der Fall der Olympischen Spiele in Barcelona. In: Heinemann, K./Schubert, M. (Hrsg.): Sport und Gesellschaften. Schorndorf, S. 63–85.

Ficek, E. F./Henderson, T. P./Johnson, R. H. (1994): Real estate principles and practices. New York.

Fickel, F. W. (1997): Optimale Standortwahl im Einzelhandel. Wiesbaden.

Flächennutzungsplan (1997): Freie und Hansestadt Hamburg. Stadtentwicklungsbehörde – Landesplanungsamt. Neubekanntmachung 10/1997. Hamburg.

Florida, R. (2004): The Rise of the creative Class. And how it's transforming work, leisure, community and everyday life. New York.

Follak, K. P. (1993): Immobilien-Projektfinanzierung. Joint-ventures und andere Modelle zur Teilung von Profit und Risiko. In: Der langfristige Kredit (LFK). 44. Jg. H. 4, S. 100–103.

Follak, K. P. (2004): Basel II. The new capital accord. The current state of the consultation process in February 2004. In: Bank-Archiv. Bd. 52. H. 3, o. O., S. 159–171.

Franck, J. (1997): Spaß muss sein. Urban Entertainment Centers. In: Immobilien Manager. H. 6. Köln, S. 8–18.

Frank, S./Roth, S. (2000): Die Säulen der Stadt. Festivalisierung, Partizipation und lokale Identität am Beispiel des Events „Weimar 99". In: Gebhardt, W./Hitzler, R./Pfadenhauer, M. (Hrsg.): Events. Soziologie des Außergewöhnlichen. Opladen, S. 203–221.

Freie und Hansestadt Bremen/Hattig, J. (Hrsg.) (2004): Wirtschaftsstandort Bremen 2003–2004. Bremen.

Freie und Hansestadt Hamburg – Staatliche Pressestelle (1995): Standort Volkspark. Richtungsentscheidung der Senatskommission für Stadtentwicklung, Umwelt und Verkehr zur Mehrzweckhalle Hamburg vom 31.03.1995. Hamburg.

Freie und Hansestadt Hamburg – Staatliche Pressestelle (1999): Im Untergrund nichts Neues. Mitteilung vom 28.12.1999. Hamburg.

Freie und Hansestadt Hamburg – Staatliche Pressestelle (2000): Senat beurteilt Finanzierungskonzept positiv. Arena kann kommen. Mitteilung vom 13.10.2000. Hamburg.

Freie und Hansestadt Hamburg – Stadtentwicklungsbehörde (Hrsg.) (1996): Stadtentwicklungskonzept. Leitbild, Orientierungsrahmen und räumliche Schwerpunkte. Stand 12/1996. Hamburg

Freie und Hansestadt Hamburg – Stadtentwicklungsbehörde (Hrsg.) (2000): Die Zukunft der Stadt gestalten. Leitlinien der Stadtentwicklungsbehörde. Hamburg.

Freie und Hansestadt Hamburg – Umweltbehörde (1995): Sachstandsbericht zur Erkundung der Verdachtsfläche 5840-04. Hellgrundweg (Standortalternative Mehrzweckhalle Fläche „A"). Anhang zum Kapitel „Baugrundbeschaffenheit im engeren Untersuchungsbereich". Hamburg.

Freie und Hansestadt Hamburg – Wirtschaftsbehörde (Hrsg.) (1995): Strukturkonzept Wirtschaft Hamburg. Analysen und Vorschläge für eine neue Standortinitiative. Hamburg.

Freie und Hansestadt Hamburg – Wirtschaftsbehörde (Hrsg.) (1996): Wirtschaftsstandort Hamburg. Eine zukunftsorientierte und investitionsfreundliche Metropole in Europa. Hamburg.

Freie und Hansestadt Hamburg (2001): Drucksache 17/2012. Bewerbungskonzept für die Ausrichtung der Olympischen Sommerspiele 2012 in Hamburg. Hamburg.

Freie und Hansestadt Hamburg (2002): Leitbild Metropole Hamburg – Wachsende Stadt. Hamburg.

Freizeit- und Erlebniswelten Services GmbH (Hrsg.) (2003): Freizeit in Deutschland 2003. München/Wien.

Freyer, W. (Hrsg.) (1991): Handbuch des Sport-Marketings. 2. Aufl. Wiesbaden.

Friedrichs, J. (1978): Steuerungsmaßnahmen und Theorie der Suburbanisierung. In: Akademie für Raumforschung und Landesplanung. Beiträge zum Problem der Suburbanisierung. 2. Teil. Ziele und Instrumente der Planung im suburbanen Raum. Forschungs- und Sitzungsberichte. Bd. 125. Hannover, S. 15–34.

Fußhöller, M./Honert, S./Kendschek, H. (1995): Stadtmarketing. Ein Leitfaden für die Praxis. Deutsches Seminar für Städtebau und Wirtschaft (DSSW). DSSW-Schriften. Nr. 14. Bonn.

Gall, I. (2005): Die Metropolregion wächst weiter. In: Die Welt. 15.07.2005. Hamburg, S. 44.

Garagen- und Stellplatzverordnung (1993): Satzung über die Herstellung von Garagen und Stellplätzen der Stadt Radeberg. In: http://www.radeberg.de/satzung/stellplatzordnung.htm. 11.18 Uhr. 30.07.2005, S. 1–4.

Gebhardt, W. (2000): Feste, Feiern und Events. Zur Soziologie des Außergewöhnlichen. In: Gebhardt, W./Hitzler, R./Pfadenhauer, M. (Hrsg.): Events. Soziologie des Außergewöhnlichen. Opladen, S. 17–31.

Geipel, R./Helbrecht, I./Pohl, J. (1993): Die Münchner Olympischen Spiele von 1972 als Instrument der Stadtentwicklungspolitik. In: Häußermann, H./Siebel, W. (Hrsg.): Festivalisierung der Stadtpolitik. Stadtentwicklung durch große Projekte. Opladen, S. 278–304.

Gist, N. P./Fava, S. F. (1974): Urban Society. New York.

Globalrichtlinie (1998): GR 2/98. Notwendige Stellplätze und notwendige Fahrradplätze. Senatsbeschluss vom 16.06.1998. Behörde für Bau und Verkehr. Amt für Bauordnung und Hochbau. Hamburg.

Globalrichtlinie (2002): GR 2/2002. Notwendige Stellplätze und notwendige Fahrradplätze. Senatsbeschluss vom 23.07.2002. Behörde für Bau und Verkehr. Amt für Bauordnung und Hochbau. Hamburg.

Golasowski, W. (2000): Vortrag zum Thema „Public Private Partnership – Chancen und Risiken im IT-Bereich". Referat auf dem 37. Erfahrungsaustausch Bund/Länder/ Kommunaler Bereich am 09.03.2000 in Berlin. Bremen.

Gop, R. (1994): Aufreißer für enge Märkte. Projektentwicklung in Deutschland. In: Immobilien Manager. H. 4. Köln, S. 6–22.

Gore, T./Nicholson, D. (1991): Models of the Land-Development Process. A Critical Review. In: Environment and Planning. Vol. 23, S. 705–730.

Grabow, B./Henckel, D./Hollbach-Groemig, B. (1995): Weiche Standortfaktoren. Stuttgart.

Griffith, G. (1989): Developer as Generalist. In: The Journal of Real Estate Development. Vol. 5. No. 1. o. O., S. 51–55.

Grochla, E. (1976): Praxeologische Organisationstheorie durch sachliche und methodologische Integration. In: Zeitschrift für betriebswirtschaftliche Forschung. 28. Jg. Düsseldorf, S. 617–637.

Grünberg, R. (2005): Hamburgs Halle für die Basis. Kommentar. In: http://www.abendblatt.de/daten/2005/07/05/455558.html. 04.08.2005. 20.04 Uhr, S. 1.

Grünberg, R./Jaeger, H.-E. (2004): Hamburgs neues Sportzentrum. In: Hamburger Abendblatt. 03.08.2004. Hamburg, S. 23.

Grünberg, R./Meyer-Odewald, J. (2004): Das Ende des Rothenbaums? In: Hamburger Abendblatt. 05.05.2004. Hamburg, S. 25.

Grünberg, R./Meyer-Odewald, J. (2005): Volkspark: Dritte Arena wird gebaut. In: Hamburger Abendblatt. 05.07.2005. Hamburg, S. 24.

Grupe, O. (Hrsg.) (2000): Vom Sinn des Sports. Kulturelle, pädagogische und ethische Aspekte. Schorndorf.

Guratzsch, D. (2004): Dann werden aus Städten Ruinen. Wie die Kommunalpolitik auf die Entwicklung im Einzelhandel reagiert. In: Die Welt. 28.06.2004. Hamburg, S. 15.

Gutachten zur Stadthalle Bremen (2002): Regionalwirtschaftliche Bedeutung der Stadthalle Bremen unter besonderer Berücksichtigung des geplanten Ausbaus. Gutachten der Institut für Wirtschaftsforschung GmbH im Auftrag der HVG Hanseatischen Veranstaltungsgesellschaft mbH. Stand 02/2002. Bremen.

Hahn, A./Steinbusch, M. (2004): Qualifizierung durch Offnung. Der Weg zur „Bedeutungsgestalt der Zwischenstadt". In: Bölling, L./Sieverts, T. (Hrsg.): Mitten am Rand. Auf dem Weg von der Vorstadt über die Zwischenstadt zur regionalen Stadtlandschaft. Bd. 1. Wuppertal, S. 210–213.

Hahne, U. (1984): Ökologische Regionalentwicklung. Anmerkungen zu einer endogenen Entwicklung aus regionalökonomischer Sicht. In: Bundesforschungsanstalt für Landeskunde und Raumordnung (Hrsg.): Informationen zur Raumentwicklung. H. 1/2. Bonn, S. 54–68.

Hamburg Messe und Congress GmbH (2003): Geschäftsbericht 2003. Hamburg.

Hamburg Tourismus GmbH (2003): Geschäftsbericht 2002. Hamburg.

Hamburg Tourismus GmbH (Hrsg.) (2002): Hamburg Tourismus Marketingplan 2002–2005. Hamburg.

Hamburg Tourismus GmbH (Hrsg.) (2002a): Hamburg Point of Sale. Wirtschaftsfaktor Tourismus. Hamburg.

Hamburg Tourismus GmbH (Hrsg.) (2004): Newsletter vom 12.05.2004. Nr. 3. Hamburg.

Hamburgisches Gesetz- und Verordnungsblatt (1997): Bekanntmachung vom 14. Juli 1997. Beschluss über das Landschaftsprogramm einschließlich Artenschutzprogramm. Hamburg.

Hamprecht, M. (1996): Controlling von Konzernplanungssystemen. Wiesbaden.

Handelskammer Hamburg (Hrsg.) (2005): Hamburgs Zukunft unternehmen. Hamburg.

Hannemann, C. (2004): Die Transformation der sozialistischen zur schrumpfenden Stadt. In: Siebel, W. (Hrsg.): Die europäische Stadt. Frankfurt am Main, S. 197–207.

Hansmann, K.-W. (Hrsg.) (1999): Industrielles Management. 6. Aufl. München.

Hansmeyer, K.-H./Rührup, B. (1973): Umweltgefährdung und Gesellschaftssystem. In: Wirtschaftspolitische Chronik. H. 2. Köln, S. 7.

Hanusch, H./Kuhn, T. et al. (1994): Nutzen-Kosten-Analyse. 2. Aufl. München.

Harris, C. D./Ullman, E. L. (1945): The Nature of Cities. In: Annals of the American Academy of Political Science. No. 242. o. O., S. 7–17.

Hasse, E. S. (2005): Forscher glauben an Wachsende Stadt. In: Die Welt. 17.06.2005. Hamburg, S. 34.

Hatzfeld, U. (1997): Die Produktion von Erlebnis, Vergnügen und Träumen. Freizeitgroßanlagen als wachsendes Planungsproblem. In: Arch.Komm.wiss. 36/II. o. O., S. 282–308.

Hatzfeld, U./Roters, W. (1998): Zentrum – Peripherie: Was sollen wir wollen oder: Spielen auf Zeit? In: IzR. H. 7/8. Bonn, S. 521–535.

Haubl, R. (1996): „Welcome to the pleasuredome". Einkaufen als Zeitvertreib. In: Hartmann, H./Haubl, R. (Hrsg.): Freizeit in der Erlebnisgesellschaft. Amüsement zwischen Selbstverwirklichung und Kommerz. Opladen, S. 199–224.

Hauser, S. (2004): Anästhesie und Lesbarkeit. Stichworte. In: Bölling, L./Sieverts, T. (Hrsg.): Mitten am Rand. Auf dem Weg von der Vorstadt über die Zwischenstadt zur regionalen Stadtlandschaft. Bd. 1. Wuppertal, S. 206–209.

Hauser, S. (2004a): Industrie-Areale als urbane Räume. In: Siebel, W. (Hrsg.): Die europäische Stadt. Frankfurt am Main, S. 146–157.

Häußermann, H./Siebel, W. (1987): Neue Urbanität. 1. Aufl. Bd. 432. Frankfurt am Main.

Häußermann, H./Siebel, W. (1992): Urbanität als Lebensweise. Zur Kritik der Ausstattungskultur. In: Informationen zur Raumentwicklung. 1/1992. o. O., S. 29–35.

Häußermann, H./Siebel, W. (1993): Die Politik der Festivalisierung und die Festivalisierung der Politik. Große Ereignisse in der Stadtpolitik. In: Häußermann, H./Siebel, W. (Hrsg.): Festivalisierung der Stadtpolitik. Stadtentwicklung durch große Projekte. Opladen, S. 7–31.

Hautau, H. (2003): Regional- und umweltökonomische Aspekte der hafenzentrierten Zukunftsorientierung der Metropolregion Hamburg. In: Döring, E. M./Engelhardt, G. H./Feindt, P. H./Oßenbrügge, J. (Hg.): Stadt – Raum – Natur. Die Metropolregion als politisch konstruierter Raum. Hamburg, S. 79–94.

Heineberg, H. (2001): Grundriss Allgemeine Geographie. Stadtgeographie. 2. Aufl. Paderborn.

Heinemann, K. (1986): Zum Problem der Einheit des Sports. In: Heinemann, K. (Hrsg.) et al./Deutscher Sportbund: Die Zukunft des Sports: Materialien zum Kongress Menschen im Sport 2000. Berlin, S. 112–128.

Heinemann, K. (1999): Ökonomie des Sports – Eine Standortbestimmung. In: Horch, H.-D. (Hrsg.) et al.: Professionalisierung im Sportmanagement. Beiträge des 1. Kölner Sportökonomie-Kongresses. Edition Sportökonomie und Sportmanagement. Bd. 1. Aachen, S. 13–47.

Heinrichs, W. (1999): Kommunales Kulturmanagement. Rahmenbedingungen – Praxisfelder – Managementmethoden. Baden-Baden.

Heinrichs, W./Klein, A./Bendixen, P. et al. (1999): Kultur- und Stadtentwicklung. Kulturelle Potenziale als Image- und Standortfaktoren in Mittelstädten. Forschungsprojekt im Auftrag der Wüstenrot Stiftung. Ludwigsburg.

Heinz, W. (1993): Public Private Partnership – ein neuer Weg zur Stadtentwicklung? In: Heinz, W. (Hrsg.): Public Private Partnership – ein neuer Weg zur Stadtentwicklung? Stuttgart, S. 29–61.

Heinz, W. (1993a): Wesentliche Merkmale von Partnerschaftsansätzen bei der Stadtentwicklung und Stadterneuerung. In: Heinz, W. (Hrsg.): Public Private Partnership – ein neuer Weg zur Stadtentwicklung? Stuttgart, S. 483–542.

Heinzmann, O./Bohn, T. (2002): Management für Projektentwicklung und Planung. In: Schäfer, J./Conzen, G. (Hrsg.) et al.: Praxishandbuch der Immobilien-Projektent-wicklung. München, S. 228–248.

Heinzmann, O./Bohn, T. (2002a): Projektmanagement bis zum Realisierungsbeginn. In: Schäfer, J./Conzen, G. (Hrsg.) et al.: Praxishandbuch der Immobilien-Projektent-wicklung. München, S. 293–342.

Hellerforth, M. (1999): Marketing in der Immobilienwirtschaft. Hamburg.

Henckel, D./Herkommer, B. (2004): Gemeinsamkeiten räumlicher und zeitlicher Strukturen und Veränderungen. In: Siebel, W. (Hrsg.): Die europäische Stadt. Frankfurt am Main, S. 52–66.

Hendler, B. S. (1996): Planning for Project Development. Smoothing the Bumps in the Road From Concept to Reality. In: Development Magazine. Vol. 18. No. 3. o. O., S. 14–18.

Hermann, A./Bob Bomliz Group GmbH (Hrsg.) (2002): Sponsoring Trends 2002. Institut für Marketing. Universität der Bundeswehr München. München.

Heuer, H. (1975): Sozioökonomische Bestimmungsfaktoren der Stadtentwicklung. Diss. Berlin.

Hitzler, R. (2000): „Ein bisschen Spaß muss sein!" Zur Konstruktion kultureller Erlebniswelten. In: Gebhardt, W./Hitzler, R./Pfadenhauer, M. (Hrsg.): Events. Soziologie des Außergewöhnlichen. Opladen, S. 401–412.

Hochbaudepartement der Stadt Zürich (Hrsg.) (2000): Stadion Zürich. Typentscheid für das wichtigste Sportstadion der Schweiz. Medienorientierung vom 18.05.2000. Zürich.

Höfler, H. (2002): Projektentwicklungspartnerschaften. In: Schäfer, J./Conzen, G. (Hrsg.) et al.: Praxishandbuch der Immobilien-Projektentwicklung. München, S. 81–88.

Hofmann, B. (1994): UFA Fußballstudie. Zielgruppen. Vereine. Ligen. Veranstaltungen. Medien. Kommunikation. o. O.

Holdermann, M./Wilhelm, F. (1999): Nachhaltige räumliche Entwicklung? Wunschdenken oder Wirklichkeit? Institut für Regionalwissenschaft (IfR). IfR-Diskussionspapier. Nr. 33. Karlsruhe.

Holz, I.-H. (1994): Stadtentwicklungs- und Standorttheorien unter Einbeziehung des Immobilienmarktes. Diss. Mannheim.

Homann, F. (2001): „Tourismus – Potenzial für nachhaltiges Wirtschaftswachstum". In: Job, H./Schwaiger, M. (Hrsg.): Jahrbuch für Fremdenverkehr 2001. Organ des Deutschen Wirtschaftswissenschaftlichen Instituts für Fremdenverkehr e. V. an der Universität München. Jg. 44. München, S. 8–10.

Homola, J. (1993): Erfolgreiches Zusammenspiel Bauherr, Projektsteuerer, Architekt und Projektbeteiligte. In: Motzel, E. (Hrsg.): Projektmanagement in der Baupraxis bei industriellen und öffentlichen Bauprojekten. Berlin, S. 171–179.

Honorarordnung für Architekten und Ingenieure (2002): Honorarordnung für Architekten und Ingenieure (HOAI) Volltext (2002). In: http://www.hoai.de. 20.05.2004. 18.15 Uhr, o. S.

Hopfinger, H./Ullenberger A. (2000): Schöner Schein und Mega Thrill. Freizeitparks in der Erlebnisgesellschaft am Beispiel der Entwicklung in Florida. In: Keul, A. G./Bachleitner, R. (Hrsg.) et al.: Gesund durch Erleben? Beiträge zur Erforschung der Tourismusgesellschaft. Tourismuswissenschaftliche Manuskripte. Bd. 8. München, S. 102–112.

Hörbst, G. (2004): Schwarzes Loch in Bremen. In: Hamburger Abendblatt. 04.06.2004. Hamburg, S. 5.

Horch, H.-D./Schütte, N. (2002): Ursachen des Wandels kommunaler Sportverwaltungen. In: Horch, H.-D. (Hrsg.) et al.: Finanzierung des Sports. Beiträge des 2. Kölner Sportökonomie-Kongresses. Edition Sportökonomie und Sportmanagement. Bd. 2. Aachen, S. 225–243.

Hoyt, H. (1939): The Structure and Growth of Residential Neighborhoods in American Cities. Washington D. C.

Hübler, K.-H. (1981): Funktionsräumliche Arbeitsteilung aus raumpolitischer Sicht – Disparitätenabbau und Funktionsverteilung. In: Veröffentlichungen der Akademie für Raumforschung und Landesplanung: Funktionsräumliche Arbeitsteilung. Forschungs- und Sitzungsberichte. Teil I. Allgemeine Grundlagen. Bd. 138. Hannover, S. 39–60.

Hungenberg, H. (2001): Strategisches Management in Unternehmen. Ziele. Prozesse. Verfahren. 2. Aufl. Wiesbaden.

HVG Hanseatische Veranstaltungsgesellschaft mbH (2005): Lageplan der Stadthalle Bremen. In: http://www.awd-dome-bremen.de/frame5.html.25.03. 2005. 18.40 Uhr, S. 1.

HWF Hamburgische Gesellschaft für Wirtschaftsförderung mbH (Hrsg.) (2001): Erfolg mit Hamburg. Wirtschaftszentrum für Nordeuropa. Hamburg.

Institut für Landes- und Stadtentwicklungsforschung des Landes Nordrhein-Westfalen ILS (Hrsg.) (1994): Kommerzielle Freizeit-Großeinrichtungen. Bausteine für Planungspraxis in Nordrhein-Westfalen. 1. Aufl. Duisburg.

Isenhöfer, B. (2002): Strategisches Management von Projektentwicklungsunternehmen. In: Schulte, K.-W./Bone-Winkel, S. (2002): Handbuch Immobilien-Projektent-wicklung. 2. Aufl. Köln, S. 547–608.

Isenhöfer, B./Väth, A. (2000): Immobilienanalyse. In: Schulte, K.-W. (Hrsg.): Immobilienökonomie. Bd. 1. Betriebswirtschaftliche Grundlagen. 2. Aufl. München/Wien, S. 317–379.

Isenhöfer, B./Väth, A. (2000a): Projektentwicklung. In: Schulte, K.-W. (Hrsg.): Immobilienökonomie. Bd. 1. Betriebswirtschaftliche Grundlagen. 2. Aufl. München/Wien, S. 149–228.

Jacob, H./Voigt, K.-I. (1996): Investitionsrechnung. 5. Aufl. Wiesbaden.

Jessen, J. (2004): Europäische Stadt als Bausteinkasten für die Städtebaupraxis – die neuen Stadtteile. In: Siebel, W. (Hrsg.): Die europäische Stadt. Frankfurt am Main, S. 92–104.

Kagelmann, H. J. (2000): Erlebnisse. Erlebniswelten. Erlebnisgesellschaft. Bemerkungen zum Stand der Erlebnistheorien. In: Keul, A. G./Bachleitner, R. (Hrsg.) et al.: Gesund durch Erleben? Beiträge zur Erforschung der Tourismusgesellschaft. Tourismuswissenschaftliche Manuskripte. Bd. 8. München, S. 90–101.

Kairies, P. (1997): So analysieren Sie Ihre Konkurrenz. Konkurrenzanalyse und Benchmarking in der Praxis. Renningen-Malmsheim.

Kaiser, C. (1996): Stadtmarketing – eine Bestandsaufnahme in deutschen Städten. Deutsches Institut für Urbanistik. Aktuelle Information. Berlin.

Kaltenbrunner, R. (2004): Randständig. Die „Zwischenstadt“ als Domäne analytischer und urbanistischer Intervention. In: Bölling, L./Sieverts, T. (Hrsg.): Mitten am Rand. Auf dem Weg von der Vorstadt über die Zwischenstadt zur regionalen Stadtlandschaft. Bd. 1. Wuppertal, S. 54–67.

Kalusche, W. (2002): Projekt-Management in der Bauplanung und Bauführung. In: Schulte, K.-W./Bone-Winkel, S. (Hrsg.): Handbuch Immobilien-Projektentwicklung. 2. Aufl. Köln, S. 287–342.

Kammermeier, E./Weikamp, K. (2002): Fallstudie am Beispiel eines Urban Entertainment Centers. In: Schulte, K.-W./Bone-Winkel, S. (2002): Handbuch Immobilien-Projektentwicklung. 2. Aufl. Köln, S. 863–884.

Kastendieck, H. (2005): Sporthalle – Kaum Events, wenig Gäste. In: Die Welt. 02.05.2005. Hamburg, S. 19.

Kegler, H. (2004): Charrette-Verfahren: die Beispiele Eggesin und Gräfenhainichen. In: Bundesamt für Bauwesen und Raumordnung (Hrsg.): Suburbia: Perspektiven jenseits von Zersiedelung. Ausg. 1. Bonn, S. 18–22.

Keim, K.-D. (2004): Ein kreativer Blick auf schrumpfende Städte. In: Siebel, W. (Hrsg.): Die europäische Stadt. Frankfurt am Main, S. 208–218.

Keim, K.-D./Kühn, M. (2002): Strategien und Steuerungswirkungen regionaler Entwicklungskonzepte. Ereignisse und Schlussfolgerungen. In: Keim, K.-D./Kühn, M. (Hrsg.): Regionale Entwicklungskonzepte. Strategien und Steuerungswirkungen. Akademie für Raumforschung und Landesplanung. Hannover, S. 83–87.

Kemper's Verlag & Agentur GmbH (2005): CityNews 1/2005. Informationen für Eigentümer, Investoren und Projektentwickler. Düsseldorf.

Késenne, S. (1999): Kosten-Nutzen-Analysen von Sport Events. In: Horch, H.-D. (Hrsg.) et al.: Professionalisierung im Sportmanagement. Beiträge des 1. Kölner Sportökonomie-Kongresses. Edition Sportökonomie und Sportmanagement. Bd. 1. Aachen, S. 337–354.

Khanna, T/Palepu, K. (1997): „Why Focused Strategies May be Wrong for Emerging Markets“ In: Harvard Business Review. Vol. 75. Nr. 4. o. O., S. 41–51.

Kipp, O./Freitag, D. (2003): Freizeit – Rien ne va plus? In: Wenzel Consulting: Branchen-Report I/2003. Hamburg, S. 2–4.

Kirchhof, F. (1988): Sport als Mittel der Förderung kommunaler Wirtschaftsstruktur. In: Burmeister, J. (Hrsg.): Sport im kommunalen Wirkungskreis. Heidelberg, S. 3–20.

Kirsch, G./Kempf, H. (2002): Staatliche Finanzierung des Sports – Ein Auslaufmodell? In: Horch, H.-D. (Hrsg.) et al.: Finanzierung des Sports. Beiträge des 2. Kölner Sportökonomie-Kongresses. Edition Sportökonomie und Sportmanagement. Bd. 2. Aachen, S. 254–266.

Klingmüller, A./Siebold, M. (2004): Comfort zone. Premium seating trends in Germany. In: Stadia. Issue from 29.07.2004. Wyndeham Grange. UK, S. 50–52.

Knür, D. (2004): Laut Statistik sind die Hamburger fit. Studie zeigt Spitzenstellung: größtes Studio-Angebot, die meisten Pools, höchste Beiträge. In: Die Welt. 30.06.2004. Hamburg, S. 35.

Köhl, W./Turowski, G. (1976): Systematik der Freizeitinfrastruktur. Schriftenreihe des Bundesministers für Jugend, Familie und Gesundheit. Bd. 105. Stuttgart.

Körner, S. (2004): Der Beitrag von Naturschutz und Okologie zur Gestaltung der Zwischenstadt. Ein wissenschaftlicher Essay. In: Bölling, L./Sieverts, T. (Hrsg.): Mitten am Rand. Auf dem Weg von der Vorstadt über die Zwischenstadt zur regionalen Stadtlandschaft. Bd. 1. Wuppertal, S. 200–205.

Kossak, E. (1995): Innere Verdichtung und innere Stadterweiterung. In: Bürgerschaft der Freien und Hansestadt Hamburg. Drucksache 15/4100. Abschlussbericht der Enquete-Kommission „Stadtentwicklung" der Hamburgischen Bürgerschaft. Bd. 3. Anhangband. Hamburg, S. 237–243.

Kotler, P. (2004): Marketing und Vertrieb. Vortragsunterlagen. Word Business Forum 2004. 19.10.2004. Frankfurt am Main.

Kotler, P./Bliemel, F. (1999): Marketing-Management. Analyse, Planung, Umsetzung und Steuerung. 9. Aufl. Stuttgart.

Kramer, D. (Hrsg.) (1997): Aus der Region – für die Region. Konzepte für einen Tourismus mit menschlichem Maß. Wien u. a.

Krentz, K. (2003): Brot und Spiele. Kommunen und Investoren setzen auf moderne Arenen, die ihre Deckungsbeiträge mit einer Vielzahl von Einnahmequellen erwirtschaften. Die Risiken sind allerdings hoch. In: Schiller, A. (Hrsg.): Immobilien Manager. H. 10. Köln, S. 20–22.

Kurz, R. (1997): Unternehmen und nachhaltige Entwicklung. In: de Gijsel, P. et al. (Hg.): Okonomie und Gesellschaft. Nachhaltigkeit in der ökonomischen Theorie. Jahrbuch 14. Frankfurt/Main, S. 78–102.

Kyrein, R. (Hrsg.) (2002): Immobilien-Projektmanagement, Projektentwicklung und -steuerung, 2. Aufl. Köln.

Lamnek, S. (1993): Qualitative Sozialforschung. Bd. 2. 2. Aufl. Weinheim.

Lanz, S./Becker, J. (2001): Metropolen. Hamburg.

Leitz, A. (2004): Zur Ausweisung gemeinsamer zentraler Orte – Chancen, Probleme und denkbare Lösungsansätze zur Effizienzsteigerung. In: Goppel, K./Schaffer, F./Spannowsky, W./Troeger-Weiß, G. (Hrsg.): Implementation der Raumordnung. Wissenschaftliches Lesebuch für *Konrad Goppel.* B. 18. 2. Aufl. Augsburg/Kaiserslautern, S. 361–370.

Lemcon Baumanagement GmbH (1999): Objekte im Bereich Projekt-Management. Stand 15.07.1999. Hamburg.

Lerchenmüller, M. (1998): Handelbetriebslehre. Ludwigshafen.

Löbbe, K. (Hrsg.) (1997): Der Wirtschaftsstandort Deutschland vor dem Hintergrund regionaler Entwicklung in Europa. Untersuchungen des Rheinisch-Westfälischen Instituts für Wirtschaftsforschung. H. 22. Essen.

Lucht, D. (1997): Immobilienwirtschaft und „Sustainable City". Sind Investoreninteressen mit einer nachhaltigen Stadtentwicklung vereinbar? In: Knoll, M./Kreibich, R. (Hrsg.): „Sustainable City" – Zukunftsfähige Städte. Weinheim, S. 165–192.

Lüer, C. H. (1998): Kognition und Strategie. Zur konstruktiven Basis des Strategischen Managements. Wiesbaden.

Lüthje, K. (1994): Freizeit- und Ferienzentren. Umfang und regionale Verteilung. Forschungsprojekt im Auftrag des Bundesministeriums für Raumordnung, Bauwesen und Städtebau. Bundesforschungsanstalt für Landeskunde und Raumordnung. Bonn.

Machbarkeitsstudie zur Stadthalle Bremen (2000): Zechbau, Klumpp und Wegner. Stadthalle Bremen. Halle 1 – Erweiterung. Bremen.

Maennig, W. (1991): Kosten-Nutzen-Analysen Olympischer Spiele in Deutschland. In: List Gesellschaft Düsseldorf (Hrsg.): List Forum für Wirtschafts- und Finanzpolitik. Bd. 17. H. 1/4. Baden-Baden, S. 336–362.

Maennig, W. (1997): Olympische Spiele und Wirtschaft. Weitverbreitete Missverständnisse und achtzehn (Gegen-)Thesen. In: Ommo, G. (Hrsg.): Olympischer Sport. Rückblick und Perspektiven. Schorndorf, S. 157–179.

Maennig, W. (2004): „Stadien als Motor der regionalen Wirtschaft." Ableitungen aus den Arenen für 2006. Vortragsunterlagen vom 28.09.2004. Hamburg.

Maennig, W./Duvinage, P./Speck, T./Pirzer, C. (2002): Freistoß zum Erfolg? Arenen und Stadien. Investment und Betrieb. Diskussionsunterlagen zum Messeauftakt der Expo Real am 28.10.2002. München.

Maier, G./Tödtling, F. (2001): Regional- und Stadtökonomik. Standorttheorie und Raumstruktur. 3. Aufl. Wien u. a.

Markenverband e. V. (2004): Die Bedeutung von Marke und Markenartikelindustrie. Eine volkswirtschaftliche Perspektive. Wiesbaden/München.

Maybaum, T. (2003): Wintersport-Arena. Eine Million Besucher erwartet. In: Wirtschaft aktuell. Zeitschrift der Wirtschaftsförderer in der südlichen Metropolregion Hamburg. Nr. 8/9. 2. Jg. H. 12778 F. Stadtlohn, S. 30–31.

Meadows, D. H. et al. (1972): Die Grenzen des Wachstums. Stuttgart.

Meffert, H. (1994): Marketing-Management. Analyse – Strategie – Implementierung. Wiesbaden.

Meffert, H. (1998): Marketing. Grundlagen marktorientierter Unternehmensführung. Konzepte – Instrumente – Praxisbeispiele. 8. Aufl. Wiesbaden.

Meffert, H. (1999): Wettbewerbsstrategische Aspekte der Globalisierung. Status und Perspektiven der länderübergreifenden Integration. In: Meffert, H. (Hrsg.): Marktorientierte Unternehmensführung im Wandel. Retrospektive und Perspektiven des Marketings. Wiesbaden, S. 411–440.

Meffert, H./Kirchgeorg, M. (1993): Das neue Leitbild Sustainable Development – der Weg ist das Ziel. In: Harvard Business Manager. 19 Jg. H. 2. o. O., S. 34–45.

Meffert, H./Kirchgeorg, M. (1999): Das neue Leitbild Sustainable Development – der Weg ist das Ziel. Wir müssen unsere Produktions- und Konsumprozesse von den Zinsen, nicht von der Substanz des natürlichen Systems bestreiten. In: Meffert, H. (Hrsg.): Marktorientierte Unternehmensführung im Wandel. Retrospektive und Perspektiven des Marketings. Wiesbaden, S. 313–332.

Mellerowicz, K. (1967): Allgemeine Betriebswirtschaftslehre. Bd. 3. 12. Aufl. Berlin.

Mensing, M./Rahn, T. (2000): Einführung in das Stadtmarketing. In: Zerres, M./Zerres, I. (Hg.): Kooperatives Stadtmarketing. Konzepte, Strategien und Instrumente zur Erhöhung der Attraktivität einer Stadt. Stuttgart, S. 21–38.

Merlin Entertainment Group (2004): Merlin Entertainment Group – die Betreiber des Sea Life Speyer. In: http://www.work-online.de/ sealife/basisinfo.php?nr=208. 24.04.2004. 20.20 Uhr, S. 1.

Miles, M. E. et. al. (1991): Real Estate Development. Principles and Process. Washington D. C.

Ministerkonferenz für Raumordnung MKRO (Hg.) (1995): Raumordnungspolitischer Handlungsrahmen. Beschluss der MKRO vom 08.03.1995. Bonn.

Mombaur, P.-M. (1988): Brauchen wir einen zweiten Goldenen Plan? Sportstätten von morgen. In: Deutscher Sportbund: Menschen im Sport 2000. Dokumentation des Kongresses „Menschen im Sport". Schorndorf, S. 198–209.

Müller, W.-H. (1993): Aufgaben, Leistungsbild und Honorierung von Projektsteuerungsleistungen. In: Motzel, E. (Hrsg.): Projektmanagement in der Baupraxis bei industriellen und öffentlichen Bauprojekten. Berlin, S. 121–149.

Müller-Stewens, G./Lechner, C. (2001): Strategisches Management. Wie strategische Initiativen zum Wandel führen. Stuttgart.

Muncke, G./Dziomba, M./Walther, M. (2002): Standort- und Marktanalyse in der Immobilienwirtschaft. Ziele, Gegenstand, methodische Grundlagen und Informationsbeschaffung. In: Schulte, K.-W./Bone-Winkel, S. (Hrsg.): Handbuch Immobilien-Projektentwicklung. 2. Aufl. Köln, S. 131–200.

Napp, H.-G./Vornholz, G. (2002): Finanzierungsalternativen im Sportstättenbau – Probleme und Perspektiven. In: Horch, H.-D. (Hrsg.) et al.: Finanzierung des Sports. Beiträge des 2. Kölner Sportökonomie-Kongresses. Edition Sportökonomie und Sportmanagement. Bd. 2. Aachen, S. 89–98.

Nath-Esser, M. (1999): Freie und Hansestadt Hamburg. Umweltbehörde. Betr.: Tragfähigkeitsanalyse und Angebot der Firma Deuteron an die FHH für die Arena im Volkspark. Vermerk über ein Gespräch in der Umweltbehörde am 16.11.1999. Hamburg.

Netzle, S. (1987): Sponsoring von Sportverbänden. Vertrags-, persönlichkeits- und vereinsrechtliche Aspekte des Sport-Sponsorings. Diss. Zürich.

Nieschlag, R./Dichtl, E./Hörschgen, H. (1997): Marketing. 18. Aufl. Berlin.

Nohl, W. (1996): Soziokulturelle Brauchbarkeit der Stadt und nachhaltige Stadtentwicklung. In: Brake, K./Richter, U. (Hrsg.): Sustainable Urban Development. Ausgangsüberlegungen zur Theorie einer nachhaltigen Stadtentwicklung. Dokumentation der 1. Projektwerkstatt. Referat für Stadtplanung und Bauordnung München. 29./30.06.1995. Oldenburg, S. 37–44.

o. V. (1995): Der Volkspark ist der ideale Standort. In: Hamburger Abendblatt. 17.11.1995. Hamburg, S. 20.

o. V. (1996): Niedersachsen-Stadion – Investoren planen Neubau mit Schiebedach und beweglichem Fußballfeld. In: Hannoversche Allgemeine Zeitung. 25.06.1996. Hannover, S. 9.

o. V. (1996a): Weltausstellung – Ein guter Tag für die EXPO. *Schröder* will acht Millionen bereitstellen. Neue Chance für die Arena. In: Hannoversche Allgemeine Zeitung. 25.07.1996. Hannover, o. S.

o. V. (1996b): Arenafinanzierung der 18.000-Zuschauerhalle fast komplett. *Diener* will Konzerne gewinnen. Nur wenige Millionen Eigenkapital fehlen noch. In: Hannoversche Allgemeine Zeitung. 27.07.1996. Hannover, S. 11.

o. V. (1996c): EXPO-Finanzhilfe des Landes. Kabinett billigt 8 Millionen für den Arena-Bau. In: Hannoversche Allgemeine Zeitung. 31.07.1996. Hannover, o. S.

o. V. (2001): Color Line Arena. Europas modernste Multifunktionshalle für Sport, Show und Entertainment. Hamburgs neue Superhalle. Die Hansestadt wird zum Treffpunkt der Weltstars. In: Die Welt. Verlagsbeilage. 28.11.2001. Hamburg, S. 1.

o. V. (2001a): Kongresse und Messen – Segmente des Tourismus? In: Conference & Incentive Management CIM. Ausg. 3/2001. o. O., S. 6–10.

o. V. (2002): Fußballspektakel lässt Investoren tief in die Taschen greifen. In: Die Welt am Sonntag. Sonderveröffentlichung Expo Real. 26./27.10.2002. München, S. 4–5.

o. V. (2002a): Immobilienprofis huldigen König Fußball. In: Die Welt. 28.10.2002. Hamburg, S. 23.

o. V. (2003): Blutgrätsche des *Hans Eichel.* In: Horizont. Ausg. 8/2003. Frankfurt am Main, S. 20.

o. V. (2003a): Metropolregion Hamburg im Wettbewerb. Regionen der Zukunft. In: http://www.hamburg.de/MR/broschregzukunft/8.html. 14.04.2003. 20.26 Uhr, S. 1–4.

o. V. (2003b): Hamburger Hotels setzen sich an die Spitze. Makleranalyse – Auslastung steigt auf 69 Prozent und klettert weiter – Musicals und neue Arena beleben die Nachfrage. In: Die Welt. 16.04.2003. Hamburg, S. 35.

o. V. (2003c): Berlins Großbaustellen sterben nicht aus. In: Die Welt. 01.07.03. Hamburg, S. 23.

o. V. (2003d): Die „Stadt aus Eisen" wird zur Freizeitimmobilie. Ferropolis. Fördermittel von Land, Bund und EU sollen Ansiedelungen von Hotels und Yachtclubs beschleunigen. In: Die Welt. 30.06.03. Hamburg, S. 21.

o. V. (2003e): Bremen. Ungleiche Flächenverteilung drückt auf eine stabile Innenstadtentwicklung. In: Comfort Marktbericht. Ausg. 06/2003. Hamburg, S. 7.

o. V. (2004): Sportstätten sollen für die Vereine mietfrei bleiben. In: Die Welt. 19.06.04. Hamburg, S. 38.

o. V. (2004a): Kathedralen des 21. Jahrhunderts. Forschung aktuell. 143. Ausg. 19. Jg. 06.10.1998. In: http://www.62.67.60.101/_default/_a/16qbhw3/_default/Aktuell.PublikationDetail?FE=0&CID=354&CE=38.28.06.2004. 17.15 Uhr, S. 1–3.

o. V. (2004b): Kathedralen des 21. Jahrhunderts. Forschung aktuell. 154. Ausg. 21. Jg. 23.05.2000. In: http://www.62.67.60.101/_default/_a/16qbhw3/_default/Aktuell.PublikationDetail?FE=0&CID=336&CE=27.28.06.2004. 17.07 Uhr, S. 1–3.

o. V. (2004c): Hotelmarkt wächst ungebrochen. 6,5 Prozent mehr Ubernachtungen. Zunahme der internationalen Ketten. In: Die Welt. 19.06.2004. Hamburg, S. 42

o. V. (2004d): Hoher Flächenverbrauch hält an. Umweltbundesamt fordert Stopp der Förderung für Neubauten. In: Die Welt. 12.07.2004. Hamburg, S. 21.

o. V. (2004e): *Gerard Mortier* stellte dritte Staffel der Ruhr Triennale vor. Hauptspielstätten: Bochumer Jahrhunderthalle und Gebläsehalle im Landschaftspark Duisburg Nord. In: LEG Landesentwicklungsgesellschaft NRW GmbH (Hrsg.): Gewerbeflächen Journal. Ausg. 3/2004. Krefeld, S. 22–24.

o. V. (2004f): Krise der deutschen Kinobranche spitzt sich zu. In: Die Welt. 08.05.2004. Berlin, S. 13.

o. V. (2004g): Hamburgs neuester Musentempel ruht auf privater Finanzierung. In: Die Welt. 14.05.2004. Hamburg, S. 24.

o. V. (2004h): Hamburg dreht am Riesenrad. Die Tennisanlage am Rothenbaum soll verkauft werden, damit das Turnier weiterleben kann. In: Süddeutsche Zeitung. 06.05.2004. München, S. 32.

o. V. (2004i): „Mamma Mia!" – ein Musical erobert von Hamburg aus die Welt. In: http://www.abendblatt.de / daten / 2004/07/30/323741.html?prx=1. 14.08. 2004. 13.20 Uhr, S. 1–2.

o. V. (2004j): Kongresstourismus nimmt zu. Hotelbranche trotzt einem bundesweiten Trend. In der Region Hannover übernachten viele Tagungsgäste und Geschäftsleute. In: Die Welt. Sonderveröffentlichung. 30.06.2004. Hamburg, S. HR1.

o. V. (2004k): Unterm Strich. In: http://www.taz.de/pt/2003/01/03/a0104.nf/text.de. 14.08.2004. 12.26 Uhr, S. 1–2.

o. V. (2004l): Edukativen Anlagen gehört die Zukunft. In http://www.finanznachrichten.de/nachrichten/artikel-3153371.asp. 24.04.2004. 15.40 Uhr, S. 1–5.

o. V. (2004m): An Wochenenden ist Hamburg beliebteste Stadt Europas. In: Hamburger Abendblatt. 07.09.2004. Hamburg, S. 15.

o. V. (2004n): Color Line Arena und AOL-Arena. Kampf gegen das Parkplatzchaos. In: Norddeutsche Rundschau. 26.08.2004. Hamburg, S. 5.

o. V. (2004o): Zehn Jahre Space Park Bremen. Chronik eines mehrfachen Scheitern. In:http://www.taz.de/pt/2004/09/25/a0409.nf/textdruck. 25.09.2004. 17.30 Uhr, S. 1–3.

o. V. (2005): Sportzentrum Volkspark verzögert sich. In: Die Welt. 08.01.2005. Hamburg, S. 34.

o. V. (2005a): Space Park Bremen. In: http://www.infosystem-freizeitparks.de. 15.02.2005. 15.45 Uhr, S. 1–4.

o. V. (2005b): Abenteuer Raumfahrt mitten in Bremen. In: avl: url: http:// www.bremen-tourism.de/D/d4-presse-detail.cfm?index=17.15.02.2005. 16.06 Uhr, S. 1–2.

o. V. (2005c): Dresdner Bank sucht Käufer für Space Park. In: http://www. welt.de/data/2005/02/07/459554.html?prx=1.15.02.2005. 16.10 Uhr, S. 1.

o. V. (2005d): Technologiestadtteil Bremen. In: http://www.ig-technologiepark.de/ stadtteil.html. 16.33 Uhr, S. 1–2.

o. V. (2005e): Mittelstandshaus auf dem EXPO-Gelände. In: Immobilien Zeitung: Fachzeitung für die Immobilienwirtschaft. Ausg. 12/2005. Nr. 12. 02.06.2005. Wiesbaden, S. 31.

o. V. (2005f): Die Wirtschaft denkt nicht in Landesgrenzen. In: Immobilien Zeitung: Fachzeitung für die Immobilienwirtschaft. Ausg. 12/2005. Nr. 12. 02.06.2005. Wiesbaden, S. 26.

o. V. (2005g): Intensive Suche nach Flächenreserven. In: Immobilien Zeitung. Fachzeitung für die Immobilienwirtschaft. Ausg. 12/2005. Nr. 12. 02.06.2005. Wiesbaden, S. 30.

o. V. (2005h): Kieler Bedenken gegen Metropolregion mit Lübeck. In: Die Welt. 03.06.2005. Hamburg, S. 44.

o. V. (2005i): Naming rights deal not far off for Houston arena. In: http://www. stadia.tv/archive/user/news_article.tpl?id=20030627144307.15.07.2005. 17.31 Uhr, S. 1.

Oelmann, H. (1998): Nachhaltiges Mobilitätsmanagement in Metropolen. Das Beispiel Köln. In: Walcha, H./Deesbach, P.-P. (Hrsg.) (1998): Nachhaltige Stadtentwicklung. Impulse. Projekte. Perspektiven. Stuttgart u. a., S. 186–215.

Oho, W./Schelnberger, F.-J. (1996): Steuerfolgen verschiedener Rechts- und Finanzierungsformen der Immobilienentwicklung und -investition. In: Usinger, W. (Hrsg.): Immobilien-Recht und Steuern. Handbuch für die Immobilienwirtschaft. Köln, S. 1113–1175.

Opaschowkski, H. W. (1987): Sport in der Freizeit. Mehr Lust als Leistung. Auf dem Weg zu einem neuen Sportverständnis. B.A.T. Freizeit-Forschungsinstitut. Bd. 8. Hamburg.

Opaschowski, H. W. (1995): Freizeit und Mobilität. Analyse einer Massenbewegung. B.A.T. Freizeit-Forschungsinstitut. Bd. 12. Hamburg.

Opaschowski, H. W. (2002): Erlebniswelt Freizeit. Zukunftsperspektiven und Zukunftsmärkte. Vortrag im Rahmen der Freizeitwirtschaftstage der Handelskammer Hamburg am 01.11.2002. Hamburg.

Opaschowski, H. W./Neubauer, U. (1986): Freizeitverhalten. Allein und in der Familie. B.A.T. Freizeit-Forschungsinstitut. Bd. 1. Hamburg.

Ordnungsplan Zentrale Standorte (1977): Ordnungsplan Zentrale Standorte – Flächen des Einzelhandels. Fortschreibung 1977. Erläuterungsbericht. Teil 1. Gesamthamburgische Aussagen. Freie und Hansestadt Hamburg – Baubehörde Landesplanungsamt. Hamburg.

Ordnungsplan Zentrale Standorte (1981): Ordnungsplan Zentrale Standorte – Flächen des Einzelhandels. Fortschreibung 1977/ 1981. Erläuterungsbericht. Teil 2. Aussagen für die Einzugsbereiche der Bezirkszentren und den citynahen Einzugsbereich. Freie und Hansestadt Hamburg – Baubehörde Landesplanungsamt. Hamburg.

Orr, R. (2003): Paradoxe Märkte. In: Die Welt. Welt Report. Immobilien-Messe MIPIM. 1./2.03.2003. Hamburg, S. M 1.

Oßenbrügge, J. (1991): Raumwirtschaftliche Analyse des Umweltschutzmarktes in Norddeutschland. Empirische Beiträge zur Wirtschafts- und Sozialgeographie des Umweltschutzes. Arbeitsberichte und Ergebnisse zur wirtschafts- und sozialgeographischen Regionalforschung. H. 14. Paderborn.

Oßenbrügge, J. (1999): Hamburg. Globalisierungsprozesse und Integration in einer Metropolregion. In: Praxis Geographie. H. 1642. Ausg. 10/1999. Braunschweig, S. 4–9.

Oßenbrügge, J./Heeg, S./Klagge, B. (2002): „Metropole Hamburg – Wachsende Stadt". Begleitgutachten im Auftrag der Senatskanzlei der Freien und Hansestadt Hamburg. Hamburg.

Oßenbrügge, J./Heeg, S./Klagge, B. (2004): Entwicklungstrends europäischer Metropolregionen und konzeptionelle Bausteine für das Hamburger Leitbild „Wachsende Stadt". In: Altrock, U./Schubert, D. (Hrsg.): Wachsende Stadt. Leitbild – Utopie – Vision? 1. Aufl. Lengerich, S. 41–56.

Papier, H.-J. (1988): Planungsrecht für Sportanlagen. In: Burmeister, J. (Hrsg.): Sport im kommunalen Wirkungskreis. Heidelberg, S. 21–36.

Pearce, D. et al. (1990): Sustainable Development. Economics and Environment in the Third World. Brookfield.

Peiner, W. (2002): Vortrag zum Thema „Wachsende Stadt". Technische Universität Hamburg-Harburg. 28.11.2002. Hamburg.

Petersen, D. C. (1997): Sports, Convention, and Entertainment Facilities. Urban Land Institute. Washington D. C.

Petersen, D. C. (2001): Developing Sports, Convention, and Performing Arts Centers. Third Edition. Urban Land Institute. Washington D. C.

Pfeiffer, U. (1988): Öffentliche und private Partnerschaft bei der städtebaulichen und wirtschaftlichen Erneuerung in großen amerikanischen Städten. Bonn.

Pfnür, A. (2002): Betriebliche Immobilienökonomie. Habil-Schr. Heidelberg.

Pieper, H.-G. (2002): Öffentliches Baurecht. 1. Aufl. Münster.

Platz, S. (2003): Veranstaltungszentren – Kostenfalle oder Gewinnbringer für die Kommune? In: Wenzel Consulting: Branchen-Report II/2003. Hamburg, S. 7–8.

Pohlmann, M. (1991): Macht, Recht und Vertrauen zwischen Abnehmer und Zuliefe-rer. Lüneburg.

Porter, M. E. (1985): Competitive Advantage. New York.

Porter, M. E. (1996): What is strategy? In: Harvard Business Review. Vol. 74. Nr. 6. o. O., S. 61–78.

Porter, M. E. (1999): Wie die Wettbewerbskräfte die Strategie prägen. In: Porter, M. E. (Hrsg.): Wettbewerb und Strategie. München, S. 27–44.

Porter, M. E. (1999a): Wettbewerbsvorteile (Competitive Advantage) Spitzenleis-tungen erreichen und behaupten. 5. Aufl. Frankfurt/New York.

Porter, M. E. (1999b): Wettbewerbsstrategie (Competitive Strategy). Methoden zur Analyse von Branchen und Konkurrenten. 10 Aufl. Frankfurt am Main.

Porter, M. E. (2004): Strategies. Word Business Forum 2004. 20.10.2004. Frankfurt am Main.

Rahmann, B. (1999): Kosten-Nutzen-Analyse der Fußball-Weltmeisterschaft 2006 in Deutschland. Ausgewählte konzeptionelle Aspekte und Ereignisse. In: Horch, H.-D. (Hrsg.) et al.: Professionalisierung im Sportmanagement. Beiträge des 1. Kölner Sportökonomie-Kongresses. Edition Sportökonomie und Sportmanagement. Bd. 1. Aachen, S. 337–354.

Raike Kommunikation GmbH (2002): Die Color Line Arena. Die modernste Multifunktionsarena Europas. Presseinformation Stand 11/2002. Hamburg.

Rattmann, C. (2004): Markt für Sponsoring wächst trotz Werbekrise. Neue Studie zeigt – als Geldgeber für Sport- oder Kulturevents steigern Firmen ihre Sympathiewerte deutlich. In: Die Welt. 19.01.2004. Hamburg, S. 32.

Rifkin, J. (2004): Der Europäische Traum. Die Vision einer leisen Supermacht. Frankfurt/New York.

Rittner, V./Breuer, C. (2002): Zur Legitimation staatlicher Sportfinanzierung unter veränderten Rahmenbedingungen. In: Horch, H.-D. (Hrsg.) et al.: Finanzierung des Sports. Beiträge des 2. Kölner Sportökonomie-Kongresses. Edition Sportökonomie und Sportmanagement. Bd. 2. Aachen, S. 267–282.

Rogge, R. (2002): Area Arena. Sport-, Freizeit- und Dienstleistungszentrum Berger Feld. Stadt Gelsenkirchen. Stadtentwicklung und Wirtschaftsförderung. Gelsenkirchen.

Rometsch, A. (2002): Strukturmerkmale und Organisation der Projektentwickler in Deutschland. In: Schulte, K.-W. (Hrsg.): Handbuch Immobilien-Projektentwicklung. 2. Aufl. Köln, S. 535–545.

Ronzheimer, M. (2003): Space Park Bremen. In: http://www.berlinews.de/archiv-2003/1872.shtml. 15.02.2005. 15.35 Uhr, S. 1–5.

Roost, F. (2000): Die Disneyfizierung der Städte. Großprojekte der Entertainmentindustrie am Beispiel des New Yorker Times Square und der Siedlung Celebration in Florida. Bd. 13. Hemsbach.

Rozek, J. M. (1986): The Marketing Myth of the Century: Location, Location, Location. In: Real Estate Review. Vol. 16. No. 1. o. O., S. 55–59.

Rudolph, H. (1999): Tourismus-Betriebswirtschaftslehre In: Dorn, D./Fischbach, R. (Hrsg.): Managementwissen für Studium und Praxis. München.

Rummelt, P. (1998): Moderne – Sport – Kommune. Plädoyer für eine moderne Sportkommune. Habil.-Schr. Leipzig.

Runkel, P. (1997): Berlin und die deutschen Regionalmetropolen. In: Süß, W./Quast, W. (Hg.): Berlin-Metropole im Europa der Zukunft. Internationales Symposium. Freie Universität Berlin am 06.05.1997. Berlin, S. 138–142.

Schättle, H. (1997): Die Hauptstadt und die Medien. In: Süß, W./Quast, W. (Hg.): Berlin-Metropole im Europa der Zukunft. Internationales Symposium. Freie Universität Berlin am 06.05.1997. Berlin, S. 126–129.

Schätzl, L. (2003): Wirtschaftsgeographie 1. Theorie. 9. Aufl. Paderborn.

Schilling, R. (2000): Innovative Struktur- und Stadtentwicklungspolitik. In: Zerres, M./Zerres, I. (Hg.): Kooperatives Stadtmarketing. Konzepte, Strategien und Instrumente zur Erhöhung der Attraktivität einer Stadt. Stuttgart, S. 41–60.

Schneck, O. (1996): Management-Techniken. Einführung in die Planung, Strategiebildung und Organisation. Regensburg.

Schneider, D. (1996): Investition, Finanzierung und Besteuerung. 6. Aufl. Wiesbaden.

Schneider, H. (1997): Stadtentwicklung als politischer Prozess. Stadtentwicklungsstrategien in Heidelberg, Wuppertal, Dresden und Trier. Opladen.

Schneider, W./Völker, A. (2002): Marktanalyse. In: Schäfer, J./Conzen, G. (Hrsg.): Praxishandbuch der Immobilien-Projektentwicklung. München, S. 47–68.

Schnermann, J. (1992): Projektentwicklung für Gewerbeimmobilien. In: Falk, B. (Hrsg.): Gewerbeimmobilien. 5. Aufl. Landsberg, S. 297–310.

Scholz, E.-G. (2004): Parteien fordern: S-Bahn zu den Arenen muss kommen. Senatsbeschluss stößt auch bei Veranstaltern auf Kritik. In: Hamburger Abendblatt. 13.02.2004. Hamburg, S. 14.

Schreiber, K. (2004): Das Programm „Soziale Stadt“. Erfahrungen zur Halbzeit. CliD Ausländer in Deutschland. Ausg. 2/2003. 19 Jg. 25.07.2003. In: http://www.isoplan.de/aid/2003-2/segregation.htm. 14.08.2004. 22.36 Uhr, S. 1–3.

Schröder, A. (2004): Schwarzes Loch an der Weser. In: http://www.spiegel.de/politik /deutschland/0,1518,295415,00.html. 21.04.2004. 13.46 Uhr, S. 1–3.

Schulte, K.-W. (2000): Betrachtungsgegenstand der Immobilienökonomie. In: Schulte, K.-W. (Hrsg.) et al.: Immobilienökonomie. Betriebswirtschaftliche Grundlagen. Bd. 1. 2. Aufl. München/Wien, S. 13–80.

Schulte, K.-W. (2002): Rentabilitätsanalyse für Immobilienprojekte. In: Schulte, K.-W./Bone-Winkel, S. (Hrsg.): Handbuch Immobilien-Projektentwicklung. 2. Aufl. Köln, S. 223–256.

Schulte, K.-W./Allendorf, G. J./Ropeter, S.-E. (2000): Immobilieninvestition. In: Schulte, K.-W. (Hrsg.) et al.: Immobilienökonomie. Betriebswirtschaftliche Grundlagen. Bd. 1. 2. Aufl. München/Wien, S. 507–580.

Schulte, K.-W./Bone-Winkel, S./Rottke, N. (2002): Grundlagen der Projektentwicklung aus immobilienwirtschaftlicher Sicht. In: Schulte, K.-W./Bone-Winkel, S. (Hrsg.): Handbuch Immobilien-Projektentwicklung. 2. Aufl. Köln, S. 27–90.

Schultes, W. (2000): Public Private Partnership zur Stadtentwicklung – eine praxisorientierte Einführung. In: Zerres, M./Zerres, I. (Hg.): Kooperatives Stadtmarketing. Konzepte, Strategien und Instrumente zur Erhöhung der Attraktivität einer Stadt. Stuttgart, S. 159–166.

Schütte, G. (2004): Ist die Hamburger Hochkultur wirklich vom Sockel gestürzt? Das B.A.T. Freizeitforschungs-Institut legte eine breit angelegte Studic zur Entwicklung der Kultur in Hamburg vor – und befragte 500 Hanseaten. In: http://www.welt.de/data/2003/11/18/198735.html?prx=1. 14.08.2004. 12.15 Uhr, S. 1.

Schwab, W. A. (1992): The Sociology of Cities. Englewood Cliffs.

Schwarz, W. (2001): Industrieräumliche Prozesse, Standortbonität und Regionalpolitik. In: Seger, M./Institut für Geographie und Regionalforschung der Universität Klagenfurt (Hrsg.): Klagenfurter Geographische Schriften. H. 21. Klagenfurt.

Selle, K. (1993): EXPO 2000. Ein Großprojekt als Mittel der Stadtentwicklung? In: Häußermann, H./Siebel, W. (Hrsg.): Festivalisierung der Stadtpolitik. Stadtentwicklung durch große Projekte. Opladen, S. 164–207.

Selle, K. (2004): Öffentliche Räume in der europäischen Stadt – Verfall und Ende oder Wandel und Belebung? Reden und Gegenreden. In: Siebel, W. (Hrsg.): Die europäische Stadt. Frankfurt am Main, S. 131–145.

Senat der Freien und Hansestadt Hamburg (2003): Fortschreibung des Leitbildes: Metropole Hamburg – Wachsende Stadt. Senatsdrucksache Nr. 2003/0923 vom 11.07.2003. Hamburg.

Sewig, C. (2004): Musicals – Hamburg wieder spitze. In: Hamburger Abendblatt. 16.02.2004. Hamburg, S. 15.

Siebel, W. (2004): Die europäische Stadt. In: Siebel, W. (Hrsg.): Die europäische Stadt. Frankfurt am Main, S. 11–50.

Siebers, W. (2003): Center sind nicht alles. In: Die Welt. Welt Report. Immobilien-Messe MIPIM. 1./2.03.2003. Hamburg, S. M 5.

Siedlungsverband Ruhrkohlebezirk (Hrsg.) (1969): Siedlungsschwerpunkte im Ruhrgebiet. Grundlagen eines Planungskonzeptes. In: http://www.ruhrgebietregionalkunde.de/homeregionalkunde/glossar/SSP.htm. 14.07.2005. 18.27 Uhr, S. 1.

Siegel, R. A. (1986): Market Structures and Market Studies. In: The Journal of Real Estate Development. Vol. 1. No. 3. o. O., S. 30-34.

Sieverts, T. (1994): Was wird aus der Stadt? In: Kulturgut Stadt: Überlegungen zur Zukunft der europäischen Stadt. Ein Cappenberger Gespräch, veranstaltet am 26.03.1993 in Münster. Köln, S. 46–59.

Sieverts, T. (2001): Zwischenstadt zwischen Ort und Welt, Raum und Zeit, Stadt und Land. 3. Aufl. Gütersloh/Berlin/Basel.

Sieverts, T. (2004): Die Kultivierung von Suburbia. In: Siebel, W. (Hrsg.): Die europäische Stadt. Frankfurt am Main, S. 85–91.

Sinz, M. (2004): Europäische Stadt – Europäische Städtepolitik. In: Siebel, W. (Hrsg.): Die europäische Stadt. Frankfurt am Main, S. 345–358.

Sistenich, F./Zanger, C. (2000): Das Marketing-Event als metakommunikativer Baustein zur Etablierung von Kundenbeziehungen. In: Gebhardt, W./Hitzler, R./Pfadenhauer, M. (Hrsg.): Events. Soziologie des Außergewöhnlichen. Opladen, S. 365–380.

Sloczyk, J. (1999): Freie und Hansestadt Hamburg. Umweltbehörde. Betr.: Geplante Mehrzweckhalle im Volkspark-Altona. Schriftverkehr mit *Herrn Tuligowski.* 25.11.1999. Hamburg.

Smeral, E. (1994): Tourismus 2005. Entwicklungsaspekte und Szenarien für die Tourismus- und Freizeitwirtschaft. Wien.

Sohns, M./Weilguny, M./Klotz, P. (2002): Europäischer Fußball. Umdenken nach dem TV-Crash In: Sponsors Magazin für Sponsoring und Sportbusiness. 7. Jg. Ausg. 11/02. Mainz, S. 18–34.

Sohns, M./Weilguny, M./Klotz, P. (2002a): Der Event im Event. Plattform für weitere Nutzbarkeiten. In: Sponsors Magazin für Sponsoring und Sportbusiness. 7. Jg. Ausg. 12/02. Mainz, S. 20–31.

Sorenson, R. C. (1990): Why real estate projects fail. In: The Journal of Commercial Bank Lending. Ausg. 04/1990. o. O., S. 4–11.

Soyka, A. (2004): Neue raumwirtschaftliche Muster in der Stadtregion Rhein-Main zwischen Dispersion, Ausdifferenzierung und Rekonzentration. In: Bölling, L./Sieverts, T. (Hrsg.): Mitten am Rand. Auf dem Weg von der Vorstadt über die Zwischenstadt zur regionalen Stadtlandschaft. Bd. 1. Wuppertal, S. 190–195.

Sparschuh, R. (1998): Lebendige Stadtzentren. In: Walcha, H./Deesbach, P.-P. (Hrsg.): Nachhaltige Stadtentwicklung, Impulse. Projekte. Perspektiven. Stuttgart u. a., S. 94–125.

Spiegel, E. (2004): Die europäische Stadt – eine schrumpfende Stadt. In: Siebel, W. (Hrsg.): Die europäische Stadt. Frankfurt am Main, S. 182–196.

Spittler, R. (1999): Tourismus zwischen Okonomie und Okologie. In: Schnell, P./Potthoff, K. E. (Hrsg.): Wirtschaftsfaktor Tourismus. Vorträge einer Tagung der Arbeitsgemeinschaft Angewandte Geographie Münster e. V. (AAG) am Institut für Geographie der Westfälischen Wilhelms-Universität Münster und des Arbeitskreises Tourismus des Deutschen Verbandes für Angewandte Geographie e. V. (DVAG). Münster, S. 67–76.

Spitzer, H. (Hrsg.) (1995): Einführung in die räumliche Planung. Stuttgart.

Spitzkopf, H. A. et al. (2002): Finanzierungen von Immobilien-Projekten. In: Schulte, K.-W. (Hrsg.): Handbuch Immobilien-Projektentwicklung. 2. Aufl. Köln, S. 257–285.

Sportbericht der Bundesregierung (1995): Achter Sportbericht der Bundesregierung. Bundesministerium des Innern. Wechmar.

Sportstättenstatistik der Länder (2002): Sportministerkonferenz in Zusammenarbeit mit dem Deutschen Sportbund und dem Deutschen Städtetag. Stand 11/2002. Berlin.

Springer, F. (1997): Aussprache und Ergebnisse der 29. ordentlichen Hauptversammlung des Deutschen Städtetages vom 03. bis 05.06.1997 in Hamburg. Sonderdruck für den Deutschen Städtetag. Stuttgart u.a.

Spronk, W. (1988): Das beschwingte Erbe der Olympischen Spiele von 1972. In: Burmeister, J. (Hrsg.): Sport im kommunalen Wirkungskreis. Heidelberg, S. 1–2.

Stadia magazine (2002): Making a splash. Color Line Arenas blueprint for Europe. Germany's new Color Line Arena has got off to a flying start with sell-out events and rave reviews. And the trend looks set to continue. Brighton. UK. 09.12.2002. 15.32 Uhr. In: http://www.stadia.tv, S. 1–3.

Stadtkarte von Hamburg (2002): CDROM. Ausg. 2002. 4. Aufl. Freie und Hansestadt Hamburg – Behörde für Bau und Verkehr. Amt für Geoinformation und Vermessung. Hamburg.

Stahn, H. (2004): Dem Space Park droht das Aus in acht Wochen. In: http://www.welt.de/data/2004/05/19/279902.html. 21.05.2004. 9.28 Uhr, S. 1.

Stahn, H. (2004a): Abgehoben, abgestürzt. In: Die Welt. 25.08.2004. Hamburg, S. 16.

Statistisches Bundesamt (2004): Mehr Freizeit als vor 10 Jahren. In: http://www.destatis.de/presse/deutsch/pm2004/zdw9.htm.19.07.2004. 10.20 Uhr, S. 1.

Statistisches Landesamt der Freien und Hansestadt Hamburg (Hrsg.) (2002): Hamburger Statistisches Jahrbuch 2002/2003. Hamburg.

Steinebach, G. (1998): Entwicklung wirtschaftlicher Lebenskraft in Stadtregionen – Neue Nutzung auf alten Flächen. In: Walcha, H./Deesbach, P.-P. (Hrsg.) (1998): Nachhaltige Stadtentwicklung, Impulse, Projekte, Perspektiven, Stuttgart u. a., S. 126–159.

Steinecke, A. (1999): Tourismus und neue Konsumkultur: Kundenbedürfnisse – Schauplätze Werthaltungen. In: Schnell, P./Potthoff, K. E. (Hrsg.): Wirtschaftsfaktor Tourismus: Vorträge einer Tagung der Arbeitsgemeinschaft Angewandte Geographie Münster e. V. (AAG) am Institut für Geographie der Westfälischen Wilhelms-Universität Münster und des Arbeitskreises Tourismus des Deutschen Verbandes für Angewandte Geographie e. V. (DVAG), Münster, S. 67–76.

Steinmann, H./Schreyögg, G. (1997): Management: Grundlagen der Unternehmensführung: Konzepte – Funktionen – Fallstudien. 4. Aufl. Wiesbaden.

Stepper, G. (1978): Landesplanerische Ordnungs- und Entwicklungsvorstellungen für den suburbanen Raum. In: Akademie für Raumforschung und Landesplanung: Beiträge zum Problem der Suburbanisierung. 2. Teil. Ziele und Instrumente der Planung im suburbanen Raum. Forschungs- und Sitzungsberichte. B. 125. Hannover, S. 85–96.

Stich, R. (2002): Öffentliches Planungs- und Baurecht. In: Schulte, K.-W./Bone-Winkel, S. (Hrsg.): Handbuch Immobilien-Projektentwicklung, 2. Aufl. Köln, S. 383–422.

Stratmann, B. (1999): Stadtentwicklung in globalen Zeiten. Lokale Strategien, städtische Lebensqualität und Globalisierung. Diss. Bd. 75. Berlin.

Strecker, N. (1997): Wirtschaftliche Internationalisierungspotentiale. In: Süß, W./Quast, W. (Hg.): Berlin-Metropole im Europa der Zukunft. Internationales Symposium. Freie Universität Berlin am 06.05.1997. Berlin, S. 121–125.

Thöni, E. (1999): Zur Evaluierung der sozio-ökonomischen Effekte von Sportgroßereignissen (Olympische Spiele, Weltmeisterschaften). In: Horch, H.-D. (Hrsg.) et al.: Professionlisierung im Sportmanagement: Beiträge des 1. Kölner Sportökonomie-Kongresses. Edition Sportökonomie und Sportmanagement. Bd. 1. Aachen, S. 343–354.

Tourismus-Zentrale Hamburg GmbH (Hrsg.) (2003): Hamburg. Meeting & Incentives. Hamburg.

Tragfähigkeitsanalyse Forum Volkspark (1999): Arbeitsgemeinschaft gesa Gesellschaft für Handels-, Standort- und Immobilienberatung mbH/Wenzel & Partner BDU. Gutachten vom 09.06.1999. Hamburg.

Treiber, D. (2005): Kreditregeln verteuern Bau. In: Die Welt. 15.05.2005. Hamburg, S. IM 1.

Umweltbundesamt (Hrsg.) (1997): In die Zukunft reisen. Berlin.

UmwR (2004): Umweltrecht. Wichtige Gesetze und Verordnungen zum Schutz der Umwelt. 16. Aufl. Stand 01.09.2004. München.

Väth, A./Hoberg, W. (1998): Instrumente der Immobilienanalyse. In: Schulte, K.-W. (Hrsg.): Handbuch Immobilien-Investition. Köln, S. 79–123.

Verkehrskartographie Arena am Volkspark (1997): Netz des öffentlichen Personennahverkehrs – ÖPNV. Bestand 1997. Masuch und Olbrisch Ingenieurgesellschaft mbH. Hamburg.

Verkehrsuntersuchung Arena am Volkspark (1999): Fortschreibung der Verkehrsuntersuchung Arena/Volksparkstadion Hamburg vom 11.10.1999. Masuch und Olbrisch Ingenieurgesellschaft mbH im Auftrag der DDP Deuteron Development Gesellschaft für Projektentwicklung und Consulting mbH. Hamburg.

Vogler, J. H. (1998): Risikoerkennung, -messung und -steuerung für Immobilieninvestoren. In: Schulte, K.-W. (Hrsg.): Handbuch Immobilien-Investition. Köln, S. 271–306.

von Beust, O. (2004): Das Leitbild „Metropole Hamburg – Wachsende Stadt". In: Altrock, U./Schubert, D. (Hrsg.): Wachsende Stadt. Leitbild – Utopie – Vision? 1. Aufl. Lengerich, S. 23–40.

von Beust, O. (2004a): Hamburg – Eine Stadt zum Leben und zum Erleben. In: http://www.fhh.hamburg.de/stadt/Aktuell/senat/reden-unddokumente/meinewoche/2004-08-02-tourismus.html. 14.08.2004. 12.54 Uhr, S. 1–2.

von Hayek, F. A. (1972): Die Theorie komplexer Systeme. Tübingen.

von Nell, J./Emenlauer, R. (2002): Die Entwicklung einer Nutzungskonzeption als Grundstein der Projektentwicklung. In: Schulte, K.-W./Bone-Winkel, S. (Hrsg.): Handbuch Immobilien-Projektentwicklung. 2. Aufl. Köln, S. 113–130.

Vornholz, G. (1997): Die neue Sicht der Nachhaltigkeit und die neoklassische Ressourcen- und Umweltökonomie. In: de Gijsel, P. et al. (Hg.): Ökonomie und Gesellschaft. Nachhaltigkeit in der ökonomischen Theorie. 14. Jahrbuch. Frankfurt/Main, S. 19–45.

Vornholz, G. (2002): Sensitivitätsanalyse. In: Schlösser, M. (Hrsg.): Sponsors Magazin für Sponsoring und Sportbusiness. 7. Jg. Ausg. 11/2002. Mainz, S. 52–53.

Wachten, K. (2004): Gestaltende Regionalplanung. Programme und Initiativen in Nordrhein-Westfalen. In: Bölling, L./Sieverts, T. (Hrsg.): Mitten am Rand. Auf dem Weg von der Vorstadt über die Zwischenstadt zur regionalen Stadtlandschaft. Bd. 1. Wuppertal, S. 152–163.

Wachter, M. (2001): Künstliche Freizeitwelten. Touristisches Phänomen und kulturelle Herausforderung. Europäische Hochschulschriften. Geographie. Bd. 20. Diss. Frankfurt.

Walcha, H. (1998): Stadtregionen im Dialog. In: Walcha, H./Deesbach, P.-P. (Hrsg.): Nachhaltige Stadtentwicklung. Impulse. Projekte. Perspektiven. Stuttgart u. a., S. 9–19.

Waldeyer, H. (2004): Neue Einzelhandelszentren künftig erst nach Abstimmung zwischen den Kommunen. In: Deutsche Industriebank AG IKB (Hrsg.): Immobilienbrief. Ausg. 09/2004. o. O., S. 12–13.

Wauschkuhn, F. (2003): Der Chef der Color Line Arena. Von Natur aus Optimist. In: Schümanns Hamburger: Die Menschen der Hansestadt. Nr. 10. Ausg. 10/2003. Hamburg, S. 10–11.

Weber, A. (1909): Über den Standort der Industrien. Teil 1. Theorie des Standortes. Tübingen.

Weber, W. (1995): Die wirtschaftliche Bedeutung des Sports. Abschlussbericht. Forschungsauftrag des Bundesinstituts für Sportwissenschaft und des Kultusministeriums des Landes Nordrhein-Westfalen an die Universität Paderborn. Fachbereich Wirtschaftswissenschaften. Schriftenreihe des Bundesinstituts für Sportwissenschaft. 1. Aufl. Schorndorf.

Weise, P. (1996): Nachhaltige Entwicklung aus ökonomischer Sicht. In: Brake, K./Richter, U. (Hrsg.): Sustainable Urban Development. Ausgangsüberlegungen zur Theorie einer nachhaltigen Stadtentwicklung. Dokumentation der 1. Projektwerkstatt. Referat für Stadtplanung und Bauordnung München. 29./30.06.1995. Oldenburg, S. 45–52.

Weise, P. (1996a): Selbstähnlichkeit, Nachhaltigkeit und Typisierung von Flächennutzungen. In: Brake, K./Richter, U. (Hrsg.): Methoden zur Analyse und Bewertung von Flächennutzungs- und Standortmustern. Nachhaltige Entwicklung von Großstadtregionen. Dokumentation der 2. und 3. Projektwerkstatt. Dezernat Stadtentwicklung und Bau Dresden. 14./15.03.1996. Dezernat Stadtentwicklung und Raumplanung Leipzig. 17./18.06.1996. Oldenburg, S. 61–66.

Weiss, W. H. A. (2002): Termin-, Kosten- und Qualitätsmanagement im Rahmen der Baurealisierung. In: Schäfer, J./Conzen, G. et al. (Hrsg.): Praxishandbuch der Immobilien-Projektentwicklung. München, S. 415–452.

Wenzel, C.-O. (2003): Freizeit und Edutainment – neue Perspektiven für die Entwicklung Norddeutschlands. 2. Messe Expansion am 19.06.2003. Hamburg.

Westdeutsche Immobilien Holding (1999): WestSite Research aktuell. Nr. 6/99. Düsseldorf.

Westfalenhallen Dortmund GmbH (Hrsg.) (2003): Jahresabschluss 2002 der Westfalenhallen Dortmund GmbH. In: http://www.westfalenhallen.de/ presse3102.html. 01.08.2003. 10.48 Uhr, S. 1.

Whitney, D. (1993): Öffentlich-private Partnerschaften bei der Stadterneuerung und Stadtentwicklung. Sind die Beteiligten der öffentlichen und privaten Hand gleichgestellte Partner? In: Heinz, W. (Hrsg.): Public Private Partnership – ein neuer Weg zur Stadtentwicklung? Stuttgart, S. 245–274.

Wieland, H. (Hrsg.)/Rütten, A. (1991): Sport und Freizeit in Stuttgart. Sozialempirische Erhebung zur Sportnachfrage in einer Großstadt. Schriftenreihe des Instituts für Sportwissenschaft der Universität Stuttgart. Bd. 3. Stuttgart.

Wilkens, I. (2003): Der mögliche Beitrag der Sozioökonomie zur Entschärfung von Naturschutzkonflikten. In: Döring, E. M./Engelhardt, G. H./Feindt, P. H./Oßenbrügge, J. (Hg.): Stadt – Raum – Natur. Die Metropolregion als politisch konstruierter Raum. Hamburg, S. 113–132.

Wittkämper, G. W. (1994): Ökologie und Ökonomie in der urbanen Kultur. In: Kulturgut Stadt: Überlegungen zur Zukunft der europäischen Stadt. Ein Cappenberger Gespräch, veranstaltet am 26.03.1993 in Münster. Köln, S. 70–76.

Wöhe, G. (1990): Einführung in die Allgemeine Betriebswirtschaftslehre. 17. Aufl. München.

Wolf, P. M. (2005): Einzelhandel warnt vor Flächenzuwachs. Sinkende Umsätze. Mehr als 600 Läden geben auf. Appell an die Politik: Metropolfunktion ausbauen. In: Die Welt. 14.01.2005. Hamburg, S. 33.

Wolfsburg AG (Hrsg.) (2003): Eine Stadt in Bewegung. Wolfsburg.

Wolfsburg AG (Hrsg.) (2003a): Eine Vision mit konkreten Perspektiven. Wolfsburg.

Wollmann, H. (2004): Wird der deutsche Typus kommunaler Selbstverwaltung den Druck von EU-Liberalisierung, New Public Management und Finanzkrise überleben? In: Siebel, W. (Hrsg.): Die europäische Stadt. Frankfurt am Main, S. 359–370.

Wopp, C. (Hrsg.) (1996): Die Zukunft des Sports in Vereinen, Hochschulen und Städten. Oldenburg.

Zimmermann, H. (1980): Entscheidungswissenschaften und Unternehmensführung. In: Hahn, D. (Hrsg.): Führungsprobleme industrieller Unternehmungen, S. 395–419.

Zimmermann, M. (2002): Standortplanung für Dienstleistungsunternehmen. Das Beispiel multifunktionaler Sportanlagen. Diss. 1. Aufl. Wiesbaden.

Zuppinger, U. (2004): Raumplanung im Zeitalter der Zwischenstadt. In: Bölling, L./Sieverts, T. (Hrsg.): Mitten am Rand. Auf dem Weg von der Vorstadt über die Zwischenstadt zur regionalen Stadtlandschaft. Bd. 1. Wuppertal, S. 222–225.

Zimmermann, M. (2002): Standortplanung für Dienstleistungsunternehmen. Das Beispiel multifunktionaler Sportanlagen. Diss. 1. Aufl. Wiesbaden.

Zuppinger, U. (2004): Raumplanung im Zeitalter der Zwischenstadt. In: Bölling, L./Sieverts, T. (Hrsg.): Mitten am Rand. Auf dem Weg von der Vorstadt über die Zwischenstadt zur regionalen Stadtlandschaft. Bd. 1. Wuppertal, S. 222–225.

Verzeichnis der Gesprächspartner

Senator Jens Eckhoff MdBB (16. Februar 2005), Präses der Behörde für Bau, Umwelt und Verkehr. Bremen.

Uwe Frommhold (24. Januar 2005), Managing Director Color Line Arena, D+J Arena Hamburg GmbH. Hamburg.

Claus Kleyboldt (24. März 2005), Geschäftsführer/Arenamanager awd-dome, HVG Hanseatische Veranstaltungs-GmbH. Geschäftsbereich Sport und Entertainment. Bremen.

Rafael Voigt (17. Januar 2005), Geschäftsführer Arena Hannover GmbH. Hannover.

FSC
www.fsc.org
MIX
Papier | Fördert gute Waldnutzung
FSC® C083411

Kolibri 360 GmbH
Ferdinand-Jühlke-Straße 7
99095 Erfurt, Deutschland
produktsicherheit@kolibri360.de